2024 年全国税务师职业资格考试教材

税　法（Ⅰ）

全国税务师职业资格考试教材编写组　编

中国税务出版社

图书在版编目（CIP）数据

税法．Ⅰ/全国税务师职业资格考试教材编写组编
．－－北京：中国税务出版社，2024.5
2024 年全国税务师职业资格考试教材
ISBN 978 - 7 - 5678 - 1489 - 9

Ⅰ．①税…　Ⅱ．①全…　Ⅲ．①税法－中国－资格考试
－教材　Ⅳ．①D922.22

中国国家版本馆 CIP 数据核字（2024）第 056745 号

书　　名：税　　法（Ⅰ）
　　　　　SHUIFA（Ⅰ）
作　　者：全国税务师职业资格考试教材编写组　编
责任编辑：张　赛
责任校对：姚浩晴
技术设计：林立志
出版发行：中国税务出版社
　　　　　北京市丰台区广安路 9 号国投财富广场 1 号楼 11 层
　　　　　邮政编码：100055
　　　　　网址：https://www.taxation.cn
　　　　　投稿：https://www.taxation.cn/qt/zztg
　　　　　发行中心电话：(010)83362083/85/86
　　　　　传真：(010)83362047/49
经　　销：各地新华书店
印　　刷：涿州市星河印刷有限公司
规　　格：787 毫米×1092 毫米　1/16
印　　张：23.5
字　　数：554000 字
版　　次：2024 年 5 月第 1 版　2024 年 5 月第 1 次印刷
书　　号：ISBN 978 - 7 - 5678 - 1489 - 9
定　　价：59.00 元

前　言

　　税务师职业资格属国家专业技术人员水平评价类职业资格,列入国家职业资格目录清单,其前身为注册税务师执业资格。2015 年,人力资源和社会保障部、国家税务总局联合印发了《关于〈税务师职业资格制度暂行规定〉和〈税务师职业资格考试实施办法〉的通知》(人社部发[2015]90 号,以下简称人社部发[2015]90 号文件),开启了税务师职业资格考试的新时代。税务师作为税务专业人员,已列入 2015 年版《中华人民共和国职业分类大典》(职业代码为 2 - 06 - 05 - 01)。

　　人社部发[2015]90 号文件明确规定,税务师职业资格实行全国统一大纲、统一命题、统一组织的考试制度,通过考试并取得职业资格证书的人员,表明其已具备从事涉税专业服务的职业能力和水平,可以进入税务师事务所等涉税专业服务机构,从事纳税申报代理、一般税务咨询、专业税务顾问、税收策划、涉税鉴证、纳税情况审查等涉税服务。人力资源和社会保障部、国家税务总局对中国注册税务师协会实施的税务师职业资格考试工作进行指导、监督和检查。

　　为做好 2024 年全国税务师职业资格考试工作,更好地为广大考生服务,中国注册税务师协会发布了经人力资源和社会保障部、国家税务总局审定的《2024 年度税务师职业资格考试大纲》。根据考试大纲要求,税务师职业资格考试教材编写组对全国税务师职业资格考试的各科教材进行了系统修订,使其适应 2024 年税务师职业资格考试要求。

2024 年全国税务师职业资格考试教材包括《税法（I）》《税法（II）》《涉税服务相关法律》《涉税服务实务》《财务与会计》5 种。全套教材力求突出税务师应具备的基本专业知识和操作技能，内容翔实、具体，具有很强的时效性、权威性和适用性，是广大考生参加税务师考试的必备用书，同时也可作为纳税人、缴费人和社会各界学习税法、掌握纳税技能的工具书。

本套教材适用的法律、法规、规章和规范性文件的截止日期以大纲规定为准。

在本套教材出版之际，谨对参加教材编写、审定的有关领导和专家学者表示衷心感谢！

由于编写时间紧迫，书中疏漏之处在所难免，恳请读者批评指正。

全国税务师职业资格考试教材编写组

2024 年 4 月

目　　录

第一章 税法基本原理

第一节 税法概述

一、税法的概念与特点

(一)税法的概念

讨论税法的概念,首先要明确什么是税收。就税收的概念而言,至少包括这样几个共同点:第一,征税的主体是国家,除国家之外,任何机构和团体,都无权征税;第二,国家征税依据的是其政治权力,这种政治权力凌驾于财产权利之上,没有国家的政治权力为依托,征税就无法实现;第三,征税的基本目的是满足政府为实现国家职能的支出需要;第四,税收分配的客体是社会剩余产品;第五,税收具有强制性、无偿性、固定性的特征。

税收是经济学概念,税法则是法学概念。税法,是指有权的国家机关制定的有关调整税收分配过程中形成的权利义务关系的法律规范总和。

首先,所谓有权的国家机关,在我国即全国人民代表大会及其常务委员会。同时,在一定的法律框架之下,地方人大及其常委会也往往拥有一定的税收立法权,因此也是制定税法的主体。此外,全国人大及其常委会还可以授权行政机关制定某些税法,获得授权的行政机关也是制定税法的主体的构成者。

其次,税法的调整对象是税收分配中形成的权利义务关系。从经济角度来讲,税收分配关系是国家参与社会剩余产品分配所形成的一种经济利益关系,包括国家与纳税人之间的税收分配关系和各级政府间的税收利益分配关系两个方面。这种经济利益关系是借助法的形式规定国家与纳税人可以怎样行为、应当怎样行为和不得怎样行为,即通过设定税收权利义务来实现的。如果说实现税收分配是目标,从法律上设定税收权利义务则是实现目标的手段。税法调整的是税收权利义务关系,而不是税收分配关系。

最后,税法可以有广义和狭义之分。从广义上讲,税法是各种税收法律规范形式的总和。从立法层次上划分,则包括由全国人大及其常委会正式立法制定的税收法律,由国务院制定的税收法规或由省级人民代表大会制定的地方性税收法规,由有规章制定权的单位制定的税务部门规章。从狭义上讲,税法指的是经过全国人大及其常委会正式立法的税收法律,如《中华人民共和国个人所得税法》《中华人民共和国企业所得税法》《中华人民共和国税收征收管理法》等。

法是税收的存在形式,税收之所以必须采用法的形式,是由税收和法的本质与特性决定的。

第一,从税收的本质来看,税收是国家与纳税人之间形成的以国家为主体的社会剩余产品分配关系。国家向纳税人征税,是将一部分社会剩余产品或一部分既得利益从纳税人所有转变为国家所有。然而,在这种经济利益的转移过程中,其总量与结构都是不能随意改变的,必须按照事先确定的标准,由国家与纳税人双方共同遵守,违反这种约定要受到一定的惩罚,出现争议要有公平的解决方式。所以,不能将征税仅视为一种经济利益的转移。而借助法律,通过规定税收权利义务的方式可以提供一种行为模式。如果作为法律主体的国家或纳税人不履行法定义务或不适当地行使法定权利,法律将以强制手段予以追究责任,出现纠纷或争议也可以用诉讼这种规范的法律形式予以解决,从而保证法律调整机制的实现。严格地讲,只有法才是真正以规定人们权利与义务为其调整机制的。因此,税收所反映的分配关系要通过法的形式才能得以实现。

第二,从形式特征来看,税收具有强制性、无偿性、固定性的特点。其中,无偿性是核心,强制性是基本保障。原因在于税收的无偿性要求有很高的强制权力作征税保障,这种权力只能是国家政治权力,法使这种政治权力得以体现和落实。①法依据的是国家强制力,与税收凭借的国家政治权力是一致的,这是最高的权力,其他权力必须服从;②构成法的一系列原则、规则、概念为人们提供了全面、具体、明确的行为模式,借助法可以使税收强制性的目标更为明确;③法有一整套完备、有效的实施保障系统,可以使税收的强制性落到实处,得到长期、稳定的保证;④税收凭借的是政治权力,但是税收权力并非不受任何限制、可以随意行使,能够对税收权力起到规范、制约作用的,只有法;⑤法所提供的行为规则必须具备规范、统一、稳定的特征,法律的制定、修改、废止必须经过一定的程序,这些都为实现税收的稳定性提供了必要条件。

第三,从税收职能来看,调节经济是其重要方面。这种调节不是盲目的,一方面调节目标必须明确,另一方面也需要纳税人对税收调节有切实的感受,适当调整自身的经济行为,这样才能使税收调节达到预期目的。税收采用法的形式,就可以借助法律的评价作用,按照法律提供的行为标准,判定纳税人的经济行为是否符合税收调节经济的要求,对违法者强制地改变其经济行为,使之符合税收调节的需要。借助法律的预测、指引作用,纳税人能预知自己在各种情况下的纳税义务、法律责任以及经济后果,从而对自己的经营活动作出最有利的选择,主动适应税收调节的要求。总之,税收采用法的形式,才能增加其调节的灵敏度,收到实效。监督管理是税收的另一个重要职能。保证监督管理的公正性是税收得以顺利实现的基本前提,这就要有一套事先确定的标准作为税收监督管理的规则。法以其权威性、公正性、规范性成为体现纳税规则的最佳方式。

(二)税法的特点

所谓税法的特点,是指税法带共性的特征,这种特征可以从三个方面加以限定。首先,税法的特点应与其他法律部门的特点相区别,也不应是法律所具有的共同特征,否则即无所谓"税法的特点";其次,税法的特点是税收上升为法律后的形式特征,应与税收属于经济范畴的形式特征相区别;最后,税法的特点是指其一般特征,不是某一历史时期、某一社会形态、某一国家税法的特点。按照这样的理解,税法的特点可以概括成以下几个方面。

1. 从立法过程来看,税法属于制定法。现代国家的税法都是经过一定的立法程序制定出来的,即税法是由国家制定而不是认可的,这表明税法属于制定法而不是习惯法。尽管从税收形成的早期历史来考察,不乏由种种不规范的缴纳形式逐渐演化而成的税法,但其一开始就是以国家强制力为后盾形成的规则,而不是对人们自觉形成的纳税习惯以立法的形式予以认可。因此,虽然不能绝对地排除习惯法或司法判例构成税法渊源的例外,但是从总体上讲,税法是由国家制定而不是认可的。税法属于制定法而不属于习惯法,其根本原因在于国家征税权凌驾于生产资料所有权之上,是对纳税人收入的再分配。征纳双方在利益上的矛盾与对立是显而易见的,离开法律约束的纳税习惯并不存在,由纳税习惯演化成习惯法只能是空谈。同时,为确保税收收入的稳定,需要提高其可预测性,这也促使税收采用制定法的形式。

2. 从法律性质来看,税法属于义务性法规。义务性法规是相对于授权性法规而言的,是指直接要求人们从事或不从事某种行为的法规,即直接规定人们某种义务的法规。义务性法规的一个显著特点是具有强制性,它所规定的行为方式明确而肯定,不允许任何个人或机关随意改变或违反。授权性法规与义务性法规的划分,只是表明其基本倾向,而不是说一部法律的每一规则都是授权性或义务性的。税法属于义务性法规的道理在于以下几点:

第一,从定义推理,税收是纳税人的经济利益向国家的无偿让渡。从纳税人的角度来看,税法是以规定纳税义务为核心构建的,任何人(包括税务执法机关)都不能随意变更或违反法定纳税义务。同时,税法的强制性是十分明显的,在诸多法律中,其力度仅次于刑法,这与义务性法规的特点相一致。

第二,权利义务对等是一个基本的法律原则,但这是就法律主体的全部权利义务而言的,并不是说某一法律主体在每一部具体法律、法规中的权利义务都是对等的,否则就没有授权性法规与义务性法规之分了。从财政的角度来看,纳税人从国家的公共支出中享受许多权利,这些权利是通过其他授权性法规赋予的。但从税法的角度来看,纳税人则以尽义务为主,所以我们称税法为义务性法规,纳税人权利与义务的统一只能从财政的大范畴来考虑。

第三,税法属于义务性法规,并不是指税法没有规定纳税人的权利,而是说纳税人的权利是建立在其纳税义务的基础之上,是从属性的,并且这些权利从总体上看不是纳税人的实体权利,而是纳税人的程序性权利。例如,纳税人有依法申请行政复议的权利,有依法提请行政诉讼的权利等。这些权利都是以履行纳税义务为前提派生出来的,从根本上讲也是为履行纳税义务服务的。

3. 从内容来看,税法具有综合性。税法不是单一的法律,而是由实体法、程序法、争讼法等构成的综合法律体系,其内容涉及课税的基本原则、征纳双方的权利义务、税收管理规则、法律责任、解决税务争议的法律规范等,包括立法、行政执法、司法各个方面。从目前世界各国的实际情况来看,其结构大致有宪法加税收法典,宪法加税收基本法加税收单行法律、法规,宪法加税收单行法律、法规等不同的类型。税法具有综合性,是保证国家正确行使课税权力,有效实施税收管理,确保依法足额取得财政收入,保障纳税人合法权利,建立合作信赖的税收征纳关系的需要,也表明税法在国家法律体系中的重要地位。

二、税法原则

税法原则是构成税收法律规范的基本要素之一,是调整税收权利义务关系的法律规范的抽象和概括,是贯穿税收立法、执法、司法等全过程的具有普遍指导意义的法律准则。税法基本原则是一定社会经济关系在税收法制中的体现,是国家税收法治的理论基础。任何国家的税法体系和税收法律制度都要建立在一定的税法原则基础上。税法原则可以分为税法基本原则和适用原则两个层次。

（一）税法基本原则

从法理学的角度分析，税法基本原则可以概括成税收法律主义、税收公平主义、税收合作信赖主义与实质课税原则。

1. 税收法律主义

税收法律主义也称税收法定性原则，是指税法主体的权利义务必须由法律加以规定，税法的各类构成要素都必须且只能由法律予以明确规定，征纳主体的权力（利）义务只以法律规定为依据，没有法律依据，任何主体不得征税或减免税收。税收法律主义的要求是双向的：一方面，要求纳税人必须依法纳税；另一方面，课税只能在法律的授权下进行，超越法律规定的课征是违法和无效的。从现代社会来看，税收法律主义的功能则偏重保持税法的稳定性与可预测性，这对于市场经济的有序性和法治社会的建立与巩固是十分重要的。税收法律主义可以概括成课税要素法定、课税要素明确和依法稽征三个具体原则。

第一，课税要素法定原则，即课税要素必须由法律直接规定。首先，这里的课税要素不仅包括纳税人、征税对象、税率、税收优惠，还应包括征税基本程序和税务争议的解决办法等。其次，课税要素的基本内容应由法律直接规定，实施细则等仅是补充，以行政立法形式通过的税收法规、规章，如果没有税收法律作为依据或者违反了税收法律的规定都是无效的。最后，税收委托立法只能限于具体和个别的情况，不能做一般的、没有限制的委托，否则即构成对课税要素法定原则的否定。

第二，课税要素明确原则，即有关课税要素的规定必须尽量地明确而不出现歧义、矛盾，在基本内容上不出现漏洞。课税要素明确原则更多的是从立法技术的角度保证税收分配关系的确定性。出于适当保留税务执法机关的自由裁量权、便于征收管理、协调税法体系的目的和立法技术上的要求，有时在税法中作出较原则的规定是难免的。一般并不认为这是对税收法律主义的违背，但是这种模糊的规定必须受到限制，至少，税务行政机关的自由裁量权不应是普遍存在和不受约束的。经过法律解释含义仍不确切的概念也是不能在税法中成立的，否则，课税要素明确原则就失去了存在的价值。

第三，依法稽征原则，即税务行政机关必须严格依据法律的规定稽核征收，而无权变动法定课税要素和法定征收程序。除此之外，纳税人同税务机关一样都没有选择开征、停征、减免、退补税收及延期纳税的权力，即使征纳双方就此达成一致也是违法的。依法稽征原则包含依法定课税要素稽征和依法定征收程序稽征两个方面。依法稽征原则的适用，事实上也受到一定的限制，这主要是由税收法律主义与其他税法原则的冲突和稽征技术上的困难造成的。但是，无论如何，其根本目的必须是提高税务行政效率、方便纳税人缴税、解决稽征技术上的困难，而不是对税法的规避。

党的十八届三中全会明确提出"落实税收法定原则"，开启了税收法律制度体系建设的新阶段，重申了严格落实《中华人民共和国立法法》（以下简称《立法法》）提出的税收基本制度属于全国人民代表大会的专属立法权限，也为未来税制改革提供了法治方向，具有十分重要的现实意义。

2021 年 3 月，中共中央办公厅、国务院办公厅印发《关于进一步深化税收征管改革的意见》，指出："健全税费法律法规制度。全面落实税收法定原则，加快推进将现行税收暂行条例上升为法律。完善现代税收制度，更好发挥税收作用，促进建立现代财税体制。推动修订税收征收管理法、反洗钱法、发票管理办法等法律法规和规章。加强非税收入管理法制化建设。"

2. 税收公平主义

税收公平主义是近代法的基本原理,即平等性原则在课税思想上的具体体现,与其他税法原则相比,税收公平主义渗入了更多的社会要求。一般认为,税收公平最基本的含义是:税收负担必须根据纳税人的负担能力分配,负担能力相等,税负相同;负担能力不等,税负不同。当纳税人的负担能力相等时,以其获得收入的能力为确定负担能力的基本标准,但收入指标不完备时,财产或消费水平可作为补充指标;当人们的负担能力不等时,应当根据其从政府活动中期望得到的利益大小缴税或使社会牺牲最小。法律上的税收公平主义与经济上要求的税收公平较为接近,其基本思想内涵是相通的,但是两者也有明显的不同。第一,经济上的税收公平往往是作为一种经济理论提出来的,可以作为制定税法的参考,但是对政府与纳税人尚不具备强制性的约束力,只有当其被国家以立法形式所采纳时,才会上升为税法基本原则,在税收法律实践中得到全面的贯彻。第二,经济上的税收公平主要是从税收负担带来的经济后果上考虑,而法律上的税收公平不仅要考虑税收负担的合理分配,还要从税收立法、执法、司法各个方面考虑。纳税人既可以要求实体利益上的税收公平,也可以要求程序上的税收公平。第三,法律上的税收公平是有具体法律制度予以保障的。例如,对税务执法中受到的不公正待遇,纳税人可以通过税务行政复议、税务行政诉讼制度维护其合法权益。由于税收公平主义源于法律上的平等性原则,所以许多国家的税法在贯彻税收公平主义时,都特别强调"禁止不平等对待"的法理,禁止对特定纳税人给予歧视性对待,也禁止在没有正当理由的情况下对特定纳税人给予特别优惠。因为对一部分纳税人的特别优惠,很可能就是对其他纳税人的歧视。

3. 税收合作信赖主义

税收合作信赖主义,也称公众信任原则。它在很大程度上汲取了民法"诚实信用"原则的合理思想,认为税收征纳双方的关系就其主流来看是相互信赖、相互合作的,而不是对抗性的。一方面,纳税人应按照税务机关的决定及时缴纳税款,税务机关有责任向纳税人提供完整的税收信息资料,征纳双方应建立起密切的税收信息联系和沟通渠道。税务机关用行政处罚手段强制征税也是基于双方合作关系,目的是提醒纳税人与税务机关合作自觉纳税。另一方面,没有充足的依据,税务机关不能对纳税人是否依法纳税有所怀疑,纳税人有权利要求税务机关予以信任,纳税人也应信赖税务机关的决定是公正和准确的,税务机关作出的行政解释和事先裁定,可以作为纳税人缴税的根据,当这种解释或裁定存在错误时,纳税人并不承担法律责任,纳税人因此而少缴的税款也不必缴纳滞纳金。

税收合作信赖主义与税收法律主义存在一定的冲突,因此,许多国家税法在适用这一原则时都作了一定的限制。第一,税务机关的合作信赖表示应是正式的,纳税人不能根据税务人员个人私下作出的表示,而认为是税务机关的决定,要求引用税收合作信赖主义少缴税。第二,对纳税人的信赖必须是值得保护的。如果税务机关的错误表示是基于纳税人方面隐瞒事实或虚假报告作出的,则对纳税人的信赖不值得保护。第三,纳税人必须信赖税务机关的错误表示并据此已作出某种纳税行为。也就是说,纳税人已经构成对税务机关表示的信赖,但没有据此作出某种纳税行为,或者这种信赖与其纳税行为没有因果关系,也不能引用税收合作信赖主义。

4. 实质课税原则

实质课税原则，是指应根据纳税人的真实负担能力决定纳税人的税负，不能仅考核其表面上是否符合课税要件。也就是说，在判断某个具体的人或事件是否满足课税要件、是否应承担纳税义务时，不能受其外在形式的蒙蔽，而要深入探求其实质，如果实质条件满足了课税要件，就应按实质条件的指向确认纳税义务。反之，如果仅仅是形式上符合课税要件，而实质上并不满足，则不能确定其负有纳税义务。之所以提出这一原则，是因为纳税人是否满足课税要件，其外在形式与内在真实之间往往会因一些客观因素或纳税人的刻意伪装而产生差异。例如，纳税人借转让定价而减少计税所得，若从表面来看，应按其确定的价格计税。但是，这不能反映纳税人的真实所得，因此，税务机关根据实质课税原则，有权重新估定计税价格，并据以计算应纳税额。实质课税原则的意义在于防止纳税人的避税与偷税，增强税法适用的公正性。

（二）税法适用原则

税法适用原则，是指税务行政机关和司法机关运用税收法律规范解决具体问题所必须遵循的准则。其作用在于，在使法律规定具体化的过程中提供方向性的指导，判定税法之间的相互关系，合理解决法律纠纷，保障法律顺利实现，以达到税法认可的各项税收政策目标，维护税收征纳双方的合法权益。税法适用原则并不违背税法基本原则，而且在一定程度上体现着税法基本原则。但是与其相比，税法适用原则含有更多的法律技术性准则，更为具体化。

1. 法律优位原则

法律优位原则也称行政立法不得抵触法律原则，其基本含义为法律的效力高于行政立法的效力。法律优位原则在税法中的作用主要体现在处理不同等级税法的关系上。与一般法律部门相比，税法与社会经济生活的联系十分紧密。为了适应市场经济条件下社会经济生活的复杂多变性，税法体系变得越来越庞大，内部分工越来越细致，立法的层次性越来越鲜明；不同层次税法之间在立法、执法、司法中的越权或缺位也就更容易出现。因此，界定不同层次税法的效力关系十分有必要。法律优位原则明确了税收法律的效力高于税收行政法规的效力，对此还可以进一步推论为税收行政法规的效力优于税收行政规章的效力。效力低的税法与效力高的税法发生冲突时，效力低的税法是无效的。

2. 法律不溯及既往原则

法律不溯及既往原则是绝大多数国家所遵循的法律程序技术原则。其含义为：一部新法实施后，对新法实施之前人们的行为不得适用新法，而只能沿用旧法。在税法领域内坚持这一原则，目的在于维护税法的稳定性和可预测性，使纳税人能在知道纳税结果的前提下作出相应的经济决策，税收的调节作用才会较为有效。否则就会违背税收法律主义和税收合作信赖主义，对纳税人也是不公平的。但是，在某些特殊情况下，税法对这一原则的适用也有例外。一些国家在处理税法的溯及力问题时，还坚持"有利溯及"原则，即对税法中溯及既往的规定，对纳税人有利的，予以承认；对纳税人不利的，则不予承认。

3. 新法优于旧法原则

新法优于旧法原则也称后法优于先法原则，其含义为：新法、旧法对同一事项有不同规定时，新法的效力优于旧法。其作用在于避免因法律修订带来新法、旧法对同一事项有不同的规定而给法律适用带来的混乱，为法律的更新与完善提供法律适用上的保障。新法优于旧法原则的适用,以新法生效实施为标志,新法生效实施以后用新法,新法实施以前包括新法公布以后尚未实施这段时间,仍沿用旧法,新法不发生效力。新法优于旧法原则在税法中普遍适用,但是当新税法与旧税法处于普通法与特别法的关系时,以及某些程序性税法引用"实体从旧,程序从新原则"时,可以例外。

4. 特别法优于普通法原则

特别法优于普通法原则的含义为:对同一事项两部法律分别订有一般规定和特别规定时,特别规定的效力高于一般规定的效力。当对某些税收问题需要作出特殊规定,但是又不便于普遍修订税法时,即可以通过特别法的形式予以规范。凡是特别法中作出规定的,即排斥普通法的适用。不过这种排斥仅就特别法中的具体规定而言,并不是说随着特别法的出现,原有的居于普通法地位的税法即告废止。特别法优于普通法原则打破了税法效力等级的限制,即居于特别法地位级别较低的税法,其效力可以高于作为普通法的级别较高的税法。

5. 实体从旧,程序从新原则

实体从旧,程序从新原则的含义包括两个方面:一是实体税法不具备溯及力,二是程序性税法在特定条件下具备一定的溯及力。即对于一项新税法公布实施之前发生的纳税义务在新税法公布实施之后进入税款征收程序的,原则上新税法具有约束力。在一定条件下允许"程序从新",是因为程序性税法规范的是程序性问题,不应以纳税人的实体性权利义务发生的时间为准,判定新的程序性税法与旧的程序性税法之间的效力关系。并且程序性税法主要涉及税款征收方式的改变,其效力发生时间的适当提前,并不构成对纳税人权利的侵犯,也不违背税收合作信赖主义。

6. 程序优于实体原则

程序优于实体原则是关于税收争讼法的原则,其含义为:在诉讼发生时税收程序法优于税收实体法适用。即纳税人通过税务行政复议或税务行政诉讼寻求法律保护的前提条件之一,是必须事先履行税务行政执法机关认定的纳税义务,而不管这项纳税义务实际上是否完全发生。否则,税务行政复议机关或司法机关对纳税人的申诉不予受理。适用这一原则,是为了确保国家课税权的实现,不因争议的发生而影响税款的及时、足额入库。

三、税法的效力与解释

(一)税法的效力

税法的效力,是指税法在什么地方、在什么时间、对什么人具有法律约束力。税法的效力范围表现为空间效力、时间效力和对人的效力。

1. 税法的空间效力

税法的空间效力,是指税法在特定地域内发生的效力。由一个主权国家制定的税法,原则上必须适用于其主权管辖的全部领域,但是具体情况有所不同。我国税法的空间效力主要包括两种情况:

(1)在全国范围内有效。由全国人民代表大会及其常务委员会制定的税收法律,国务院颁布的税收行政法规,财政部、国家税务总局制定的税收行政规章以及具有普遍约束力的税务行政命令在除个别特殊地区外的全国范围内有效。这里所谓"个别特殊地区"主要指我国的香港、澳门、台湾地区和保税区等。

（2）在地方范围内有效。这里包括两种情况：一是由地方立法机关或政府依法制定的地方性税收法规、规章、具有普遍约束力的税务行政命令在其管辖区域内有效，二是由全国人民代表大会及其常务委员会、国务院、财政部、国家税务总局制定的具有特别法性质的税收法律、税收法规、税收规章和具有普遍约束力的税收行政命令在特定地区（如经济特区，老、少、边、贫地区等）有效。

2. 税法的时间效力

税法的时间效力，是指税法何时开始生效、何时终止效力和有无溯及力的问题。

（1）税法的生效。在我国，税法的生效主要分为三种情况。一是税法通过一段时间后开始生效。其优点在于可以使广大纳税人和执法人员事先了解、熟悉和掌握该税法的具体内容，便于其被准确地贯彻、执行。二是税法自通过发布之日起生效。一般来说，重要税法个别条款的修订和小税种的设置，对于执法人员和纳税人来讲易于理解、掌握，实施前也不需要更多的准备，因此大多采用这种生效方式，这样可以兼顾税法实施的及时性与准确性。三是税法公布后授权地方政府自行确定实施日期，这种税法生效方式实质上是将税收管理权限下放给地方政府。

（2）税法的失效。税法的失效表明其法律约束力的终止，其失效通常有三种类型。一是以新税法代替旧税法，这是最常见的税法失效宣布方式，即以新税法的生效日期为旧税法的失效日期。二是直接宣布某项税法失效，当税法结构调整，需要取消某项税法，又没有新的相关税法设立时，往往需要另外宣布这项税法失效。三是税法本身规定失效的日期，即在税法的有关条款中预先确定失效的日期，届时税法自动失效。就税收法律来看，在税收立法实践中，第三种方法较少采用。

税法时间效力的另一个问题是溯及力问题。一部新税法实施后，对其实施之前纳税人的行为是否适用，涉及税法时间效力。对法律溯及力的规定，概括起来包括有从旧、从新、从旧兼从轻、从新兼从轻四大基本原则。一般而言，税收实体法多采用从旧原则，禁止其具有溯及既往的效力；税收程序法多采用从新原则，不仅便于税收征管，还不会对纳税人的实体权利构成损害。在税法实践活动中往往还坚持"有利溯及"的原则，即在对纳税人有利的环境下，坚持税法适用上的"从轻原则"。

3. 税法对人的效力

税法对人的效力，是指税法对什么人适用、能管辖哪些人。由于税法的空间效力、时间效力最终都要归结为对人的效力，因此在处理税法对人的效力时，国际上通行的原则有三个。一是属人主义原则，凡是本国的公民或居民，不管其身居国内还是国外，都要受本国税法的管辖。二是属地主义原则，凡是本国领域内的法人和个人，不管其身份如何，都适用本国税法。三是属人、属地相结合的原则，我国税法即采用这一原则。凡我国公民，在我国居住的外籍人员，以及在我国注册登记的法人，或虽未在我国设立机构但有来源于我国收入的外国企业、公司、经济组织等，均适用我国税法。

（二）税法的解释

税法的解释是指其法定解释，即有法定解释权的国家机关，在法律赋予的权限内，对有关税法或其条文进行的解释。税法解释之所以必要，有以下原因：

第一，税收法律规范是一种概括的、普遍的行为规范，只规定一般的适用条件、行为模式和法律后果。它不可能把涉税活动的各个方面都一一规定，但在执法、司法过程中遇到的却是个别、特殊的问题。因此，要把一般的税收法律规定准确适用于具体的税收法律实际，需对税收法律规范作出必要的解释。

第二，税收法律规范一经合法制定便具有相对稳定性，不能朝令夕改，而经济活动却不断发展变化。为了解决原有的税收法律规范和经济活动不相协调的矛盾，使税收法律规范适应不断发展变化的经济活动的需要，也要对税收法律规范进行新的解释，以保证税收法律规范的稳定性。

第三，在税收立法工作中，由于各种主客观原因，税收法律与其他法律部门的法律之间，各种税收法律之间可能出现矛盾或抵触现象，同时也可能存在界限不明或缺位问题，这需要税收法律解释予以解决，以保证税收法律规范的统一实施。

第四，税收法律规范具有一定的抽象性，常采用专门的税收法律概念、术语加以表述，不易为人们理解。同时，由于各自的情况不同，如在年龄、职业、文化水平、生活经验等方面的差异，人们常会对同一税收法律规范产生不同的理解。为了帮助人们正确地理解、掌握税收法律，提高公民的税收法律意识，使公民自觉守法、执法、护法，也要求对税收法律规范作出正确、统一的解释。

一般来说，法定解释应严格按照法定的解释权限进行，任何有权机关都不能超越权限进行解释。因此，法定解释具有专属性。只要法定解释符合法的精神及法定的权限和程序，这种解释就具有与被解释的法律、法规、规章相同的效力。因此，法定解释同样具有法的权威性。法定解释大多是在法律实施过程中，特别是在法律的适用过程中进行的，是对具体的法律条文、具体的事件或案件作出的，所以具有针对性，但其效力不限于具体的法律事件或事实，而具有普遍性和一般性。

税法解释除遵循税法的基本原则之外还要遵循法律解释的具体原则，包括文义解释原则，立法目的原则，合法、合理性原则，经济实质原则和诚实信用原则。

第一，文义解释原则，是指以文义作为法律解释的起点，通过文字、语法分析来确定税法条文的含义，而不考虑立法者意图或法律条文以外的其他要求。文义解释原则并不是机械地、单纯地以文义为界限，在文义之外，还原则上允许在法律条文的外延不明确，或者按照字面含义可能产生两种或更多解决办法，或者导致荒谬结果时，在未超出文义范围或损及文义互信的基础上，根据其他税法解释的原则和方法对税法条文进行解释。

第二，立法目的原则，是指当从法律条文文字本身难以确定法律的具体含义，或根据这种含义适用法律将导致荒谬的结果时，允许解释者通过对立法过程中有关资料的分析来了解立法背景，在此前提下确定出立法者的目的、理由和初衷，并以此为根据得出解释结论。立法目的原则仍需以文义为基础，是基于对法律文本的意思提出正确或正当解释为前提进行的，如果法律条文的规定并没有不明确之处，则仍需以文义解释为主而无须再探求立法目的。

第三，合法、合理性原则要求在税法解释主体资格、税法解释的权限、税法解释的程序等方面都必须是合法的，同时还必须具有合理性。

第四，经济实质原则，是指在税法解释过程中对于一项税法规范是否应适用于某一特定情况，除考虑该情况是否符合税法所规定的税收要素外，还应根据实际情况，尤其要结合经济目的和经济生活的实质，来判断该情况是否符合税法所规定的税收要素，以决定是否征税。

第五，诚实信用原则，即税务机关对税法所作出的解释即使是错误的，但是既然已经向

9

纳税人作出了意思表示，就要信守其承诺。① 诚实信用原则在税法中的适用，是针对纳税人个体在适用税法时作出的解释，不是一般意义上普遍适用的法律解释。

1. 按解释权限划分，税法的法定解释可以分为立法解释、司法解释和行政解释。

（1）税法立法解释。

税法立法解释，是指立法机关对所设立税法的正式解释。根据《立法法》规定，法律解释权属于全国人大常委会。法律有以下情况之一的，由全国人大常委会解释：法律的规定需要进一步明确具体含义的；法律制定后出现新的情况，需要明确适用法律依据的。国务院、中央军事委员会、国家监察委员会、最高人民法院、最高人民检察院和全国人大各专门委员会以及省、自治区、直辖市的人大常委会可以向全国人大常委会提出法律解释要求。全国人大常委会的法律解释同法律具有同等效力。应当由全国人大及其常委会制定法律的事项，国务院根据全国人大及其常委会的授权决定先制定的行政法规，如国务院经全国人大及其常委会授权制定的税收暂行条例，其解释权归国务院负责，同时国务院还制定了经全国人大及其常委会授权明确的税法实施条例。地方税收法规，由制定相应法规的地方人大及其常委会负责解释，由于目前地方税收立法权较小，因此这类立法解释仅限于少数经济特区或民族地区及个别税种。税法立法解释包括事前解释和事后解释。事前解释一般是为预防税收法律、法规的有关条款或概念在执行和适用时产生疑问，而预先在税收法律、法规中加以解释，这种解释通常包含在税收法律、法规的正文或附则中。事后解释是指税收法律、法规在实际执行和适用时产生疑问而由制定税收法律、法规的机关所作出的解释。我们通常所说的税收立法解释是指事后解释。

（2）税法司法解释。

税法司法解释，是指最高司法机关对如何具体办理税务刑事案件和税务行政诉讼案件所作的具体解释或正式规定。税法司法解释可进一步划分为由最高人民法院和最高人民检察院作出的审判解释，如自2024年3月20日起施行的《最高人民法院　最高人民检察院关于办理危害税收征管刑事案件适用法律若干问题的解释》（法释〔2024〕4号），对《中华人民共和国刑法》（以下简称《刑法》）关于偷税罪、抗税罪的规范作了全面的解释。根据我国宪法和有关法律的规定，司法解释的主体只能是最高人民法院和最高人民检察院，它们的解释具有法的效力，可以作为办案与适用法律和法规的依据。其他各级法院和检察院均无解释法律的权力。在适用法律的过程中，如果审判解释和检察解释有原则分歧，则应报请全国人大常委会解释或决定。"两高"在审判工作中具体应用法律的解释不产生一般解释的效力。上述规定也适用于税法的司法解释。在我国，税法的司法解释限于税收犯罪范围，占整个税法解释的比重很小。而在一些发达国家，税法的司法解释往往成为税法解释的主体，并且司法解释权不限于最高法院，内容也不限于税务诉讼，以确保在税法领域内司法的独立性。这种区别主要源于司法制度的不同及其对司法功能认识上的差异。

（3）税法行政解释。

税法行政解释也称税法执法解释，是指国家税务机关在执法过程中对税收法律、法规等如何具体应用所作的解释。在我国，税法行政解释是税法解释的重要组成部分，主要由

---

① 刘剑文.税法学［M］.北京：人民出版社,2003：215－220.

国家税务行政主管机关下达的大量具有行政命令性质的文件、"通知"或"公告"构成。税法的规范性行政解释在执法中具有普遍的约束力。但原则上讲,不能作为法庭判案的直接依据,这一点在我国司法实践中得到了确认。在实际案例中,也有人民法院对税务机关的行政解释不予支持的例子。至少,对于具体案例,税务机关的个别性行政解释不得在诉讼提起后作出,或者说不得因为为一个已经实施的具体行政行为寻求法律依据而对税法作出解释。

2. 按照解释的尺度不同,税法解释还可以分为字面解释、限制解释与扩充解释。

(1)字面解释。

按照文义解释原则,必须严格依税法条文的字面含义进行解释,既不扩大也不缩小,这是字面解释。但是作为其补充,立法目的原则允许从立法目的与精神出发来解释条文,以避免按照字面意思解释可能得出的荒谬或背离税法精神的结论,消除税法条文含义的不确定性。这样就可能出现税法解释大于其字面含义与小于其字面含义的情况,即扩充解释与限制解释。

字面解释是税法解释的基本方法,税法解释首先应当坚持字面解释。进行字面解释涉及四个层次的问题。一是税法条文所使用文字取汉语的通常含义,税法解释即解释其汉语语义的内涵,但实际上除了个别内涵与外延不是很清楚的词语,需要作出这种解释的时候并不很多。二是税法越来越多地使用各类法律及各相关学科的术语,不过税法在对其加以引用时并没有附加特别的含义,那么需要税法作出相应解释时,应取其本意,而不应作出与其所在学科不同的解释。三是某些专门用语与专业术语,税法在引用时附加了特别的含义或限制,那么,税法的解释就要体现这种差别,如《中华人民共和国个人所得税法》(以下简称《个人所得税法》)规定的"居民"即附加了 个纳税年度内在我国境内住满 183 天的条件,需要税法解释加以明示;但是对于税法没有特别规定的,不能通过税法解释来改变其原有含义。四是对于税法固有的概念,应当按照税法的本意要求加以解释,而不能受其他学科或法律解释的干扰。

(2)限制解释。

税法的限制解释,是指为了符合立法精神与目的,对税法条文所进行的窄于其字面含义的解释。这种解释,在我国税法中也时有使用。例如,《个人所得税法》第一条规定,在中国境内有住所,或者无住所而一个纳税年度内在中国境内居住累计满 183 天的个人,从中国境内和境外取得的所得,依照该法规定缴纳个人所得税。《中华人民共和国个人所得税法实施条例》(以下简称《个人所得税法实施条例》)第二条规定,《个人所得税法》所称在中国境内有住所,是指因户籍、家庭、经济利益关系而在中国境内习惯性居住。其范围窄于"有住所"的字面含义。

(3)扩充解释。

税法的扩充解释,是指为了更好地体现立法精神,对税法条文所进行的大于其字面含义的解释。由于解释税法要考虑其经济含义,仅进行字面解释有时不能充分、准确地表达税法的真实意图,故在税收法律实践中有时难免要对税法进行扩充解释,以更好地把握立法者的本意。税法的扩充解释以体现税法本意为出发点,但是如果不加以适当限制,往往会走向反面,即违背税法本意。因此,扩充解释尽管在税法中存在,但一般不将其作为一项解释方法去使用。

税法解释是税法顺利运行的必要保证,是提高税法灵活性与可操作性的基本手段之一。完善税法解释可以弥补立法的不足,例如,通过行政解释可以解决税法没有规定到的具体问题,解决立法前后矛盾、立法不配套、立法滞后等问题。反过来,累积起来的税法解释也是下一步修订或设立税法的准备和依据。此外,税法解释对于税收执法、税收法律纠纷的解决都是必不可少的。

四、税法的作用

税法的作用,是指税法实施所产生的社会影响,可以从规范作用和经济作用两个方面进行分析。

(一)税法的规范作用

税法的规范作用,是指税法调整、规范人们行为的作用,其实质是法律的基本作用在税法中的体现与引申,具体可以分为以下几种。

1. 指引作用

税法的制定为人们的行为提供一个模式、标准和方向,即起到一种指引作用。通过国家颁布的税法,人们可以知道国家在税收领域要求什么、反对什么以及什么是必须做的、什么是可以做或不可以做的。税法的指引因税法规范的不同有两种形式:确定的指引和不确定的指引。确定的指引主要是通过税法的义务性规范来实现的,它明确规定了税收法律关系主体应该怎么做或不应该怎么做,其目的在于防止人们作出违反税法规定的行为;不确定的指引主要是通过税法的授权性规范来实现的,这些规范给人们的行为提供了一个选择的余地,它规定人们可以怎样行为,允许人们自行决定是否这样行为,其目的在于鼓励人们从事税法所允许的行为。

2. 评价作用

税法作为法律规范具有判断、衡量人们的行为是否合法的作用。税法是法律体系的组成部分,其评价作用有较突出的客观性和普遍有效性。税法对人们纳税行为的评价大体上不会因人而异,如果不想受到法律的制裁,人们的行为就必须在客观上与税法协调起来。

3. 预测作用

依靠税法指引的方向和提供的评价标准,可以预先估计到人们相互间将如何行为,从而在税法许可范围内,对自己的行为作出最合理的安排。从整个社会来看,税法提供税收活动中公认的、权威的行为规则,可以减少人们税收活动的盲目性和无序性,提高整个社会税收活动的整体效果。

4. 强制作用

税法的强制作用,是指对违反税法的行为进行制裁而产生的法律保证,是税收强制性的法律依据。强制的对象是已经发生的违反税法的行为。由于税法对违法行为的制裁而产生的对征纳双方履行应尽税收义务的强制力,其强制作用不仅在于惩罚违法犯罪行为、提高税法的权威性,还在于预防违法犯罪行为、保护人们在税收活动中的正当权利、增强人们在进行合法征纳活动时的安全感。

5. 教育作用

税法的实施可以对以后人们的行为产生一定的影响,这种作用可以说是税法评价作用与强制作用的延伸。它借助税法提供的行为模式,使人们调整自己的行为,使之逐渐与税法的要求相一致,养成守法的习惯。同时,对违法行为的制裁不仅对违法者,还对其他人也将起到教育作用,以后再作出此类行为者也将受到同样的惩罚。反过来,对合法行为的鼓励、保护也可以对一般人的行为起到示范和促进作用。税法的这种教育作用对公民纳税意识的培养是必不可少的。

（二）税法的经济作用

税法是调整经济分配关系的法律,因此,必然会产生种种经济职能,从而使税收的经济功能在法律形式的保障下得以充分发挥。

1. 税法是税收根本职能得以实现的法律保障

组织财政收入是税收最根本的职能。税法为取得税收收入提供的保证作用,一方面,体现在税法作为义务性法规,设定了种种纳税义务,纳税人没有履行纳税义务,就是违反国家法律,就要受到相应的法律制裁。这样就使税收的强制性上升为法律的强制性,并且税法的强制性在诸法律部门中,仅次于刑法,成为取得税收收入的根本保证。另一方面,法律要求相对的稳定性,不能朝令夕改。因此,税收制度一旦成为法律,其固定性就有了法律保证,即使国家也不能对基本的税制要素随意改动。从长远看,这是国家及时、稳定取得财政收入的一个重要保证。

2. 税法是正确处理税收分配关系的法律依据

税收分配是社会剩余产品由纳税人向国家的无偿、单向的转移。因此,税收征纳关系始终是一对矛盾,否定这一点,也就否认了税收的强制性。调节这一矛盾,更好地进行税收分配,需要一套具备权威性、对征纳双方都有约束力的规范标准。没有这样一套客观公正的标准,就不能判定纳税人是否及时足额纳税,国家则不能保证及时稳定地取得财政收入,纳税人的合法权益也不能得到有力的保护。此外,国家的课税权不受任何约束,还容易导致征收无度无序,激化征纳矛盾,不利于税收分配关系的稳定。在现有的各种规范、标准中,最权威、最公正、最客观、最具约束力的唯有税收的法律形式,即税法。

3. 税法是国家调控宏观经济的重要手段

调节宏观经济是税收的基本职能之一。税收采用法的形式,可以将税收的经济优势与法律优势结合起来,使税收杠杆在宏观经济调控中更为灵敏、有力。其一,市场经济是法治经济,税收采用法的形式,可以为调控宏观经济提供最具权威性的规则和效力最高的保证体系,使调节的力度与预期的一致,防止税收杠杆的软化;其二,法律具有评价、预测和教育作用,税收借助法律的这些作用,可以增强税收杠杆的导向性,使其对宏观经济的调控更为灵敏。

4. 税法是监督管理经济活动的有力武器

税收采用法的形式,使其对经济活动的监督上升到法律的高度,成为法律监督的组成部分,其约束力无疑大为增强。在已有的法律中,尚没有哪部法律像税法那样对经济活动监督具有如此的广度和深度、全面性和经常性,这使税法监督具有特别的意义:一方面,可以及时发现一般性违反税法的行为,并依法予以纠正,保证税收作用的正常发挥;另一方面,税法也是打击税收领域犯罪活动的有力武器,据此可以对抗税、逃税等行为予以最有力的打击,这在税收没有采用法律形式的情况下是无法做到的。在市场经济条件下,税法的监督还有另一层意义,即市场经济作为法治经济,一切经济活动都是在一定的法律规范保护和约束下有规则地进行的。这样,税法对经济活动的监督管理就更为重要了。因为国家要实施宏观管理就必须建立较完备的监督体系，对市场及经营者的活动实施直接或间接的监督管理，这样才能维护市场规则，健全经济法制。

5. 税法是维护国家权益的重要手段

在对外经济交往中，税法是维护国家权益的基本手段之一。其一，关税的征收，可以改变进出口商品的实际销售价格，对进口商品征税，使其销售价格提高、竞争力削弱；对出口商品免税，可以使其无税进入国际市场，竞争力得到加强，对落后的发展中国家具有特别意义。其二，对跨国纳税人征收所得税，可以防止国家税收利益向国外流失。其三，所得税和其他税种的征收，可使国内纳税人与跨国纳税人获得相同的税收待遇，防止税收歧视。税收采用法的形式，有助于提高税收维护国家权益的权威性和总体效力，便于在签订有关双边或多边国际税收协定时坚持国际通用的法律原则和法律规范，对等处理税收利益关系。同时，也有益于消除外商对我国税收政策稳定性的疑虑，更好地吸引外资。

五、税法与其他部门法的关系

税收活动涉及社会经济生活的各个层面，调整税收关系的税法与国家其他部门法具有密切的关系。

（一）税法与宪法的关系

宪法是一个国家的根本大法，代表着法律的最高权威。它规定了一个国家最根本的社会制度，主要是调整与规范国家和社会生活中的根本性、全面性问题，属于母法，是其他法律的立法基础。与宪法相比较，税法只是用来调整税收法律关系，主要规范国家税务机关征税和纳税人缴纳税款行为的法律，属于部门法，其位阶低于宪法。税法从总体上讲是依据宪法制定的，这种对宪法的依从表现在两个层面上：一是直接依据宪法中有关税收的条款规范税法的相关内容，税法是宪法有关税收条款的具体化和延伸；二是根据宪法的原则精神制定税法，宪法对税法的这种影响更多、更大一些。税法既然是依据宪法制定的，其立法、执法、司法就必须符合宪法的立法精神和各项规定。任何税法，不管是税收基本法还是税收实体法或税收程序法，违反宪法的规定都是无效的。税收是国家履行其职能的物质基础，是国家调控经济的重要手段。所以，尽管各个国家因国体、政体、国情的不同，宪法的内容、结构、规模有所不同，但是，不管是联邦制国家还是单一制国家，一般都将税收作为重要内容列入宪法，以提高税法的地位，保证税收有效地发挥作用。列入宪法的税收内容包括征税的基本法源、税收立法权限的划分、税收立法的基本程序、公民依法纳税的义务等。例如，早期的《美国宪法》（1787 年 9 月制宪会议通过）短短七条规定中，就有五条属于涉税条款，规定了税权的划分、课税原则等内容。我国税法也是依据宪法制定的，《中华人民共和国宪法》（以下简称《宪法》）第五十六条规定："中华人民共和国公民有依照法律纳税的义务。"

（二）税法与民法的关系

民法是用来调整平等主体的公民之间、法人之间、公民和法人之间的财产关系和人身关系的法律规范的总和。民事法律关系在相当程度上是经济关系在法律上的体现，这种关系主要发生在商品经济中。民法是最基本的法律形式之一，在诸法律部门中，民法形成的时间较早，法律规范较为成熟和完善，其他法律部门的建立与发展都不同程度地借鉴了民法的法律规范。税法作为新兴的部门法与民法的密切联系主要表现在大量借用了民法的概念、规则和原则。

第一，税法借用了民法的概念。例如：税法中对于纳税人的确定，必须以民法中关于民事法律关系主体的条件为依据；税法对自然人和法人的解释与确定必须与民法相一致；税法中经常使用的居民、企业、财产、固定资产、无形资产、商标权、专利权、代理、抵押、担保、赔偿、不可抗力等概念都来自民法。

第二，税法借用了民法的规则。例如，民法规定法人以其所有的财产或者以国家授予其经营的财产承担民事责任，自然人以个人或家庭财产承担民事责任，对于纳税责任，这一条也是适用的；再如，税法中某些规定，应与相关法律中关于财产所有权的规定相一致，对产权使用和转让收益征税时纳税人的确定，也必须与民法中有关知识产权的规定相一致；又如，税法中纳税人与纳税担保人、纳税人与税务代理人之间的法律关系具有民事法律关系的性质，民法中规定的"代理"也成为履行税法的一个具体方法；等等。

第三，税法借用了民法的原则。从总体上看，税法与民法的原则是不同的，但是也有例外。如税法的合作信赖原则就有民法诚实信用原则的影子，其原理是相近的。

税法虽然与民法联系密切，但毕竟两者分属不同法律部门，分别属于公法与私法体系，它们的区别是明显的。这种区别主要表现在：

第一，调整的对象不同。民法调整的是平等主体的财产关系和人身关系，属于横向经济关系；税法调整的是国家与纳税人之间的税收征纳关系，属于纵向经济关系。税收法律关系的一方固定是国家及其税务机关，民事法律关系的主体双方则是国家机关、企事业单位、社会团体法人、公民之间不固定的关系。

第二，法律关系的建立及其调整适用的原则不同。民事法律关系建立及其调整是按照自愿、公平、等价有偿、诚实信用的原则进行的，民事主体双方的地位平等，意思表示自由。民法原则从总体上说不适用于税收法律关系的建立和调整。税收法律关系体现国家单方面的意志，权利义务关系不对等，这些特点是与民法完全对立的。民法与税法法律关系上的差异是由这两类法律关系中的不同主体的地位不同、税法的义务性特征等因素决定的。

第三，调整的程序和手段不同。民事纠纷应按民事诉讼程序解决，而税务纠纷一般先由上一级税务机关复议。纳税人对复议决定不服时，才可通过法院按照行政诉讼程序解决。然而随着税法的私法化倾向，也有些特殊的税收诉讼问题涉及民事诉讼程序，如税收代位权的诉讼、税收撤销权的诉讼、税收优先权的诉讼等。一般来说，民法以民事手段作为调整手段，违法者承担的主要法律责任是民事责任。如违反合同要承担违约责任，支付违约金、赔偿损失等。税法的调整手段则具有综合性，不仅包括民事性质的责任追究，如补缴所欠税款、追缴滞纳金等，更多的是行政处罚和刑罚手段，违法者承担的法律责任主要是行政责任与刑事责任。如偷税者要补缴税款、处以罚款，情节严重的还要依法追究其刑事责任。同时，处理民事纠纷适用调解原则，而解决税收法律关系中的争议不适用此原则。不过作为例外，涉及税务行政赔偿的，可以适用调解原则。

(三)税法与行政法的关系

行政法是调整国家行政管理活动的法律规范的总称。税法与行政法有着十分密切的联系。这种联系主要表现在税法具有行政法的一般特征：第一，调整国家机关之间、国家机关与法人或自然人之间的法律关系；第二，法律关系中居于领导地位的一方总是国家；第三，体现国家单方面的意志，不需要双方意思表示一致；第四，解决法律关系中的争议，一般都按照行政复议程序和行政诉讼程序进行。因此,有人认为,税法属于行政法。

然而,税法虽然与行政法联系密切,但又与一般行政法有所不同。第一,税法具有经济分配的性质,并且是经济利益由纳税人向国家的无偿单向转移,这是一般行政法所不具备的;第二,税法与社会再生产,特别是与物质资料再生产的全过程密切相连,不论是生产、交换、分配还是消费,都有税法参与调节,其联系的深度和广度是一般行政法所无法比拟的;第三,税法是一种义务性法规,并且是以货币收益转移的数额作为纳税人所尽义务的基本度量,而行政法大多为授权性法规,少数义务性法规也不涉及货币收益的转移。因此,简单地将税法体系归并到行政法部门是不够严谨的。

(四)税法与经济法的关系

税法与经济法有着十分密切的联系。这种密切联系首先表现在税法具有较强的经济属性,即在税法运行过程中,始终伴随着经济分配的进行;其次,经济法中的许多法律是制定税法的重要依据,例如,我国企业所得税的立法就与公司法、企业法、破产法等密切相连;最后,经济法中的一些概念、规则、原则也在税法中大量应用,例如,公司、合同的概念在企业所得税、印花税中的使用,等等。

税法与经济法有密切联系,但它们之间也存在差别:首先,从调整对象来看,经济法调整的是经济管理关系,而税法的调整对象则含有较多的税务行政管理的性质;其次,税法解决争议的程序适用行政复议、行政诉讼等行政法程序,而不适用经济法中普遍采用的协商、调解、仲裁、民事诉讼程序。

(五)税法与刑法的关系

刑法是关于犯罪和刑罚的法律规范的总和,其中犯罪是指危害社会、触犯刑法、应受到刑事处分的行为。刑法是国家法律的基本组成部分。税法与刑法从不同的角度规范人们的社会行为,但两者的联系十分密切。税法与刑法的联系表现在四个方面。第一,税法与刑法在调整对象上有衔接和交叉,刑法关于“危害税收征管罪”的规定,就其内容来看是直接涉及税收的,相关的内容在税法中也有所规范,如对于税收犯罪的设定,刑法与《中华人民共和国税收征收管理法》(以下简称《税收征管法》)的界定是完全相同的,并且在追究法律责任上有所分工。2009年,《中华人民共和国刑法修正案(七)》将原来的“偷税罪”修改为“逃避缴纳税款罪”,《税收征管法》还未予以修正。第二,对税收犯罪的刑罚,在体系和内容上虽然可以认为是构成税法的一部分,但在其解释和执行上,主要还是依据刑法的有关规定。第三,税收犯罪的司法调查程序同刑事犯罪的司法调查程序是一致的。第四,税法与刑法都具备明显的强制性,并且,从一定意义上讲,刑法是实现税法强制性最有力的保证。

虽然税法与刑法联系密切,然而区别也是明显的。第一,从调整对象来看,刑法是通过规定什么行为是犯罪和对罪犯的惩罚来实现打击犯罪的目的;而税法是调整税收权利义务关系的法律规范,两者分属不同的法律部门。尽管税法与刑法的调整范围都比较宽泛,但是其交叉的部分是有限的。第二,税法属于义务性法规,主要用来建立正常的纳税义务关系,其本身并不带有惩罚性;刑法属于禁止性法规,目的在于明确什么是犯罪,对犯罪者应施以何种刑罚,两者的性质是不同的。第三,就法律责任的承担形式来说,对税收法律责任的追究形式是多重的,而对刑事法律责任的追究只能采用自由刑与财产刑的刑罚形式。

(六)税法与国际法的关系

税法原本是国内法,是没有超越国家权力的约束力的。然而,随着国际交往的加深,各国的经济活动日益国际化,税法与国际法的联系越来越密切,并且在某些方面出现交叉。这种密切联系与交叉体现在以下三个方面。第一,在跨国经济活动中,为避免因税收管辖权的重叠而出现国际双重征税以及国家间的避税,国与国之间形成了一系列的双边或多边税收协定、国际税收公约。这些协定或公约是国际法的重要组成部分。换一个角度看,被一个国家承认的国际税法也应是这个国家税法的组成部分。第二,由于国际经济合作的深入,一个国家的税法总是有或多或少的部分涉及外籍纳税人,有时习惯于将其称为"涉外税法"。为了使涉外税法较好地起到吸引外来投资的作用,立法时往往较多地吸取了国际法特别是国际税法中合理的理论和原则以及有关法律规范。第三,按照国际法高于国内法的原则,被一个国家所承认的国际法不能不对其国内税法的立法产生较大的影响和制约作用。反之,国际法也不是凭空产生的,各个国家的国内法(包括税法)是国际法规范形成的基础。没有国内税法,国际税法就无法实施。所以,税法与国际法应当是相互影响、相互补充、相互配合的。

第二节　税收法律关系

一、税收法律关系的概念与特点

(一)税收法律关系的概念

税收法律关系是税法所确认和调整的,国家与纳税人之间在税收分配过程中形成的权利义务关系。税收法律关系包括:国家与纳税人之间的税收宪法性法律关系,征税机关与纳税主体之间的税收征纳关系,相关国家机关之间的税收权限划分法律关系,国际税收权益分配法律关系,税收救济法律关系,等等。税收法律关系是法律关系的一种具体形式,具有法律关系的一般特征。

关于税收法律关系的性质,有两种不同的学说,即"权力关系说"和"债务关系说"。权力关系说将税收法律关系理解为纳税人对国家课税权的服从关系,课税以国家政治权力为依据,体现国家的意志,国家在课税过程中始终处于主导地位,课税权的行使以税收法规的制定、课税行为的实施、税务罚则的运用为基本模式进行。债务关系说则认为税收法律关系是一种公法上的债权债务关系,因为税收从本质上看是一种金钱的给付,是以国家为债权人而依法设定的债。

权力关系说代表较为传统的观念,是从税法基本概念作出的推理。它抓住了税收是国家利用政治权力强制纳税人服从这一核心问题,突出了国家在税收法律关系中的特殊地位,其论据是充分的。但是这一学说也有局限性,主要是没有体现税法的经济属性。在税收越来越深入人们的经济生活,一些民法、经济法的规范相继引入税法范畴之后,单纯地用权力关系说已难以对所有税收法律关系问题作出圆满的解释,对纳税担保问题即是如此。债务关系说则揭示了税收法律关系的经济属性,即一种公法上的债权债务关系,从而充实了税收法律关系的理论基础。

（二）税收法律关系的特点

1. 主体的一方只能是国家

在税收法律关系中，国家不仅以立法者与执法者的姿态参与税收法律关系的运行与调整，还直接以税收法律关系主体的身份出现。这样，构成税收法律关系主体的一方可以是任何负有纳税义务的法人和自然人，但是另一方只能是国家。没有国家的参与，在一般当事人之间发生的法律关系不可能成为税收法律关系。因为税收本身就是国家参与社会剩余产品分配而形成的特殊社会关系，没有国家的直接参与，就不称其为税收分配，其法律关系自然也就不是税收法律关系。这与民法、经济法等法律部门中，公民法人等当事人之间也能构成法律关系是完全不同的，因此有一方主体固定为国家，成为税收法律关系的特点之一。

2. 体现国家单方面的意志

任何法律关系都体现国家的意志。在此前提下，一些法律关系也体现其主体的意志。例如，民事法律关系就是依主体双方意思表示一致达成协议产生的，双方意思表示一致是民事法律关系成立的要件之一。但是，税收法律关系只体现国家单方面的意志，不体现纳税人一方主体的意志。税收法律关系的成立、变更、消灭不以主体双方意思表示一致为要件。税收法律关系之所以只体现国家单方面的意志，是因为税收以无偿占有纳税人的财产或收入为目标，从根本上讲，双方不可能意思表示一致。在这里，国家的意志是通过法律规定表现出来的。只要当事人发生了税法规定的应纳税的行为或事件，就产生了税收法律关系。纳税事宜不能由税务机关以税收法律关系一般当事人的身份与其他当事人商定，即税收法律关系的成立不以双方意思表示一致为要件。

3. 权利义务关系具有不对等性

税法作为一种义务性法规，其规定的权利义务是不对等的。即在税收法律关系中，国家享有较多的权利，承担较少的义务；纳税人则相反，承担较多的义务，享受较少的权利。这种权利义务关系的不对等性，根源在于税收是国家无偿占有纳税人的财产或收益，必须采用强制手段才能达到目的。赋予税务机关较多的权利和要求纳税人承担较多的义务恰恰是确保税收强制性，以实现税收职能的法律保证。但是，国家与纳税人之间权利与义务的不对等性，只能存在于税收法律关系中。

4. 具有财产所有权或支配权单向转移的性质

一般民事法律关系或经济法律关系大多涉及财产和经济利益。财产所有权和经济利益的让渡转移，通常是主体双方在平等协商、等价有偿原则基础上进行的，财产或经济利益既可以是由甲转移给乙，也可以是由乙转移给甲。如涉及经济法的购销关系、租赁关系、借贷关系、偿付关系等，都具有这一特征。然而，在税收法律关系中，纳税人履行纳税义务，缴纳税款，就意味着将自己拥有或支配的一部分财物，无偿地交给国家，成为政府的财政收入，国家不再直接返还给纳税人。所以，税收法律关系中的财产转移，具有无偿、单向、连续等特点，只要纳税人不中断税法规定的应纳税行为，税法不发生变更，税收法律关系就将一直延续下去。

二、税收法律关系的基本构成

（一）税收法律关系的主体

税收法律关系的主体，也称为税法主体，是指在税收法律关系中享有权利和承担义务的当事人,征税主体为税务机关,纳税主体为纳税人。

1. 征税主体

税务机关,是指参加税收法律关系,享有国家税收征管权力和履行国家税收征管职能,依法对纳税主体进行税收征收管理的当事人。严格意义上讲,只有国家才能享有税收的所有权。因此,国家是真正的征税主体。但是,国家总是通过法律授权的方式赋予具体的国家职能机关来代其行使征税权力,因此,税务机关通过获得授权成为法律意义上的征税主体。

2. 纳税主体

纳税主体,就是通常所称的纳税人,即法律、行政法规规定负有纳税义务的单位和个人。对于纳税主体,有许多不同的划分方法。根据纳税主体在民法中身份的不同,可以分为自然人、法人、非法人单位;根据征税权行使范围的不同,可以分为居民纳税人和非居民纳税人等。不同种类的纳税主体,在税收法律关系中享受的权利和承担的义务也不尽相同。

(二)税收法律关系的内容

税收法律关系的内容,是指税收法律关系主体所享有的权利和所承担的义务,主要包括纳税人的权利义务和征税机关的权利义务。

(三)税收法律关系的客体

税收法律关系的客体,是指税收法律关系主体的权利义务所指向的对象,一般认为,税收法律关系的客体就是税收利益,包括物和行为两大类。具体而言,在税收征纳法律关系中,税收利益表现为纳税主体部分财产的单向转移,同时也表现为征税主体税收收入的无偿取得。

三、税收法律关系的产生、变更、消灭

与其他社会关系一样,税收法律关系也是处于不断发展变化之中的,这一发展变化过程可以概括为税收法律关系的产生、变更、消灭。

(一)产生

税收法律关系的产生,是指在税收法律关系主体之间形成权利义务关系。由于税法属于义务性法规,税收法律关系的产生应以引起纳税义务成立的法律事实为基础和标志。而纳税义务产生的标志应当是纳税主体进行的应当课税的行为,如销售货物、取得应税收入等,不应当是征税主体或其他主体的行为。国家颁布新税法、出现新的纳税主体都可能引发新的纳税行为出现,但其本身并不直接产生纳税义务,税收法律关系的产生只能以纳税主体应税行为的出现为标志。

(二)变更

税收法律关系的变更,是指由于某一法律事实的发生,税收法律关系的主体、内容和客体发生变化。引起税收法律关系变更的原因是多方面的,归纳起来,主要有以下几点:

1. 由于纳税人自身的组织状况发生变化。例如,纳税人发生改组、分设、合并、联营、迁移等情况,需要向税务机关申报办理变更登记,从而引起税收法律关系的变更。

2. 由于纳税人的经营或财产情况发生变化。例如,某个体工商户注销税务登记,重新注册成立有限公司,则由缴纳个人所得税改为缴纳企业所得税。

3. 由于税务机关组织结构或管理方式发生变化。例如,国税地税征管体制改革后,征税主体由国家税务局、地方税务局变为税务局,也会带来税收法律关系的某些变更。

4. 由于税法的修订或调整。例如,1994 年税制改革以后,原有的许多个案减免税取消,纳税人由享受一定的减免税变为依法纳税,类似的税法修订或调整,将使税收法律关系发生量或质的变更。

5. 因不可抗力造成破坏损失。例如,由于自然灾害等不可抗拒的原因,纳税人遭受重大财产损失,被迫停产、减产。纳税人向主管税务机关申请减税得到批准的,税收法律关系发生变更。

（三）消灭

税收法律关系的消灭,是指这一法律关系的终止,即其主体间权利义务关系的终止。税收法律关系消灭的原因主要有以下几个方面:

1. 纳税人履行纳税义务。这是最常见的税收法律关系消灭原因,它包括纳税人依法如期履行纳税义务和税务机关采取必要的法律手段,使纳税义务强制地履行这两类情况。

2. 纳税义务因超过期限而消灭。《税收征管法》规定,因纳税人、扣缴义务人计算错误等失误,未缴或者少缴税款的,税务机关在 3 年内可以追征税款、滞纳金;有特殊情况的,追征期可以延长到 5 年。超过追征期的,即使纳税人没有履行纳税义务,税务机关也不能再追征税款,税收法律关系因而消灭。

3. 纳税义务的免除。纳税人符合免税条件,并经税务机关审核确认后,纳税义务免除,税收法律关系消灭。

4. 某些税法的废止。例如,1994 年我国税制改革后,原有的"烧油特别税"废止,由此产生的税收法律关系归于消灭。

5. 纳税主体的消失。没有纳税主体,纳税无法进行,税收法律关系因此而消灭。

第三节　税收实体法与税收程序法

一、税收实体法

税收实体法是规定税收法律关系主体的实体权利、义务的法律规范的总称。其主要内容包括纳税主体、征税客体、计税依据、税目、税率、减税、免税等,是国家向纳税人行使征税权和纳税人负担纳税义务的要件,只有具备这些要件时,纳税人才负有纳税义务,国家才能向纳税人征税。税收实体法直接影响到国家与纳税人之间权利义务的分配,是税法的核心部分,没有税收实体法,税法体系就不能成立。

税收实体法的结构具有规范性和统一性的特点,主要表现在以下两个方面。一是税种与税收实体法的一一对应性,一税一法。由于各税种的开征目的不同,国家一般按单个税种立法,使征税有明确的、可操作的标准和法律依据。二是税收要素的固定性。虽然各单行税种法的具体内容有别,但就每一部单行税种法而言,税收的基本要素（如纳税人、课税对象、税率、计税依据等）是必须予以规定的。我国税收实体法内容主要包括:货物劳务税法,是调整以货物劳务额为课税对象的税收关系的法律规范的总称,货物劳务税具体指增值税、消费税、关税等;所得税法,是调整所得额之税收关系的法律规范的总称,即以纳税人的所得额或收益额为课税对象的一类税,所得税具体指个人所得税、企业所得税等;财产税法,是调整财产税关系的法律规范的总称,财产税是以法律规定的纳税人的某些特定财产的数量或价值额为课税对象的税,具体指房产税、契税、车船税等;行为税法,是以某种特定行为的发生为条件,对行为人加以课税的一类税,具体指耕地占用税等。本部分主要介绍税收实体法的构成要素。

税收实体法要素主要包括以下内容。

(一)纳税义务人

纳税义务人简称"纳税人",是税法中规定的直接负有纳税义务的单位和个人,也称"纳税主体"。无论征收什么税,其税负总要由有关的纳税人来承担。每一种税都有关于纳税义务人的规定,通过规定纳税义务人落实税收法律责任。纳税义务人一般分为自然人和法人两种。

自然人,指依法享有民事权利,并承担民事义务的公民个人。例如,在我国从事工商业活动的个人,以及工资薪金和劳务报酬的获得者等,都是以个人身份来承担法律规定的民事责任及纳税义务。

法人,指依法成立,能够独立地支配财产,并能以自己的名义享受民事权利和承担民事义务的社会组织。例如,我国的国有企业、集体企业、合资企业等,都是以其社会组织的名义承担民事责任的,称为法人。法人同自然人一样,负有依法向国家纳税的义务。

实际纳税过程中与纳税义务人相关的概念如下:

负税人。纳税人与负税人是两个既有联系又有区别的概念。纳税人是直接向税务机关缴纳税款的单位和个人,负税人是实际负担税款的单位和个人。纳税人如果能够通过一定途径把税款转嫁或转移出去,纳税人就不再是负税人。否则,纳税人同时也是负税人。如某些商品供不应求时,纳税人可以通过提高价格把税款转嫁给消费者,从而使纳税人与负税人不一致。

代扣代缴义务人。代扣代缴义务人,是指有义务从持有的纳税人收入中扣除其应纳税款并代为缴纳的企业、单位或个人。对税法规定的扣缴义务人,税务机关应向其颁发代扣代缴证书,明确其代扣代缴义务。代扣代缴义务人必须严格履行扣缴义务。对不履行扣缴义务的,税务机关应视情节轻重予以适当处置,并责令其补缴税款。如《个人所得税法》规定,个人所得税以所得人为纳税义务人,以支付所得的单位或个人为扣缴义务人。

代收代缴义务人。代收代缴义务人,是指有义务借助与纳税人的经济交往而向纳税人收取应纳税款并代为缴纳的单位,如《中华人民共和国消费税暂行条例》(以下简称《消费税暂行条例》)规定,委托加工的应税消费品,除受托方为个人外,由受托方在向委托方交货时代收代缴税款。

代收代缴义务人不同于代扣代缴义务人。代扣代缴义务人直接持有纳税人的收入,可以从中扣除纳税人的应纳税款;代收代缴义务人不直接持有纳税人的收入,只能在与纳税人的经济往来中收取纳税人的应纳税款并代为缴纳。

代征代缴义务人。代征代缴义务人,是指因税法规定,受税务机关委托而代征税款的单位和个人。由代征代缴义务人代征税款,不仅便利了纳税人税款的缴纳,有效地保证了税款征收的实现,还对于有效地杜绝和防止税款流失有明显作用。如进口环节增值税、消费税由海关代征。

纳税单位。纳税单位,是指申报缴纳税款的单位,是纳税人的有效集合。所谓有效,就是为了征管和缴纳税款的方便,可以允许在法律上负有纳税义务的同类型纳税人作为一个纳税单位,填写一份申报表纳税。

(二)课税对象

课税对象又称征税对象,是税法中规定的征税的目的物,是国家据以征税的依据。通过规定课税对象,解决对什么征税这一问题。

每一种税都有自己的课税对象,否则这一税种就失去了存在的意义。被列为课税对象的,就属于该税种的征收范围;未被列为课税对象的,就不属于该税种的征收范围。例如,我国增值税的课税对象包括货物和应税劳务,所得税的课税对象是企业利润和个人工资、薪金等项所得,房产税的课税对象是房屋,等等。总之,每一种税首先要选择确定它的课税对象,因为它体现着不同税种征税的基本界限,决定着不同税种名称的由来以及各个税种在性质上的差别,并对税源、税收负担问题产生直接影响。

课税对象随着社会生产力的发展变化而变化。自然经济中,土地和人丁是主要的课税对象。商品经济中,商品的流转额、企业利润和个人所得成为主要的课税对象。在可以作为课税对象的客体比较广泛的情况下,选择课税对象一般应遵循有利于保证财政收入、有利于调节经济和适当简化的原则。要保证财政收入,就必须选择经常而普遍存在的经济活动及其成果作为课税对象。要调节国民经济中生产、流通、分配和消费,课税对象就不能是单一的,而应该多样化。但为了节省税收成本和避免税收负担的重复,又必须注意适当的简化。

课税对象是构成税收实体法诸要素中的基础性要素,其原因有三个。第一,课税对象是一种税区别于另一种税的最主要标志。也就是说,税种的不同最主要是起因于课税对象的不同。正是由于这一原因,各种税的名称通常都是根据课税对象确定的。例如,增值税、所得税、房产税、车船税等。第二,课税对象体现着各种税的征税范围。第三,其他要素的内容一般都是以课税对象为基础确定的。例如,国家开征一种税,之所以要选择这些单位和个人作为纳税人,而不选择其他单位和个人作为纳税人,是因为这些单位和个人拥有税法或税收条例中规定的课税对象,或者是发生了规定的课税行为。可见,纳税人同课税对象相比,课税对象是第一性的。凡拥有课税对象或发生了课税行为的单位和个人,才有可能成为纳税人。又如税率这一要素,也是以课税对象为基础确定的。税率本身表示对课税对象征税的比率或征税数额,没有课税对象,也就无从确定税率。此外,纳税环节、减税免税等,也都是以课税对象为基础确定的。与课税对象相关的概念有计税依据、税源和税目。

1. 计税依据

计税依据又称税基,是指税法中规定的据以计算各种应征税款的依据或标准。正确掌握计税依据,是税务机关贯彻执行税收政策、法令,保证国家财政收入的重要工作,也是纳税人正确履行纳税义务,合理负担税收的重要标志。

不同税种的计税依据是不同的。我国增值税的计税依据是货物和应税劳务的增值额,所得税的计税依据是企业和个人的利润、工资或薪金所得额,消费税的计税依据是应税产品的销售额等。需要注意的是,计税依据在表现形态上一般有两种。一种是价值形态,即以征税对象的价值作为计税依据。在这种情况下,课税对象和计税依据一般是一致的,如所得税的课税对象是所得额,计税依据也是所得额。另一种是实物形态,就是以课税对象的数量、重量、容积、面积等作为计税依据。在这种情况下,课税对象和计税依据一般是不一致的,如我国的车船税,它的课税对象是各种车辆、船舶,而计税依据则是车船的吨位等。

课税对象与计税依据的关系是:课税对象是指征税的目的物,计税依据则是在目的物已经确定的前提下,对目的物据以计算税款的依据或标准;课税对象是从质的方面对征税所作的规定,而计税依据则是从量的方面对征税所作的规定,是课税对象量的表现。

2. 税源

税源,是指税款的最终来源,或者说税收负担的最终归宿。税源的大小体现着纳税人的负担能力。纳税人缴纳税款的直接来源是一定的货币收入,而一切货币收入都是由社会产品价值派生出来的。在社会产品价值中,能够成为税源的只能是国民收入分配中形成的各种收入,如工资、奖金、利润、利息等。当某些税种以国民收入分配中形成的各种收入为课税对象时,税源和课税对象就是一致的,如对各种所得课税。但是,很多税种的课税对象并不是或不完全是国民收入分配中形成的各种收入,如消费税、房产税等。可见,只有在少数的情况下,课税对象同税源才是一致的。对于大多数税种来说两者并不一致,税源并不等于课税对象。课税对象是据以征税的依据,税源则表明纳税人的负担能力。

3. 税目

税目是课税对象的具体化,反映具体的征税范围,代表征税的广度。不是所有的税种都规定税目,有些税种的征税对象简单、明确,没有另行规定税目的必要,如房产税、土地增值税等。但是,从大多数税种来看,一般课税对象都比较复杂,且税种内部不同课税对象之间又需要采取不同的税率档次进行调节。这样就需要对课税对象作进一步的划分,作出具体的界限规定,这个规定的界限范围,就是税目。一般来说,在只有通过划分税目才能够明确本税种内部哪些项目征税、哪些项目不征税,并且只有通过划分税目,才能对课税对象进行归类并按不同类别和项目设计高低不同的税率,平衡纳税人负担的情况下,对这类税种才有必要划分税目。

划分税目的主要作用有两个。一是进一步明确征税范围。凡列入税目的都征税,未列入的不征税,如消费税。二是解决课税对象的归类问题,并根据归类确定税率。每一个税目都是课税对象的一个具体类别或项目,通过这种归类可以为确定差别税率打下基础。实际工作中,确定税目同确定税率是同步考虑的,并以"税目税率表"的形式将税目和税率统一表示出来。例如,消费税税目税率表、资源税税目税率表等。

税目一般可分为列举税目和概括税目。

列举税目。列举税目就是将每一种商品或经营项目采用一一列举的方法,分别规定税目,必要时还可以在税目之下划分若干个细目。制定列举税目的优点是界限明确,便于征管人员掌握;缺点是税目过多,不便于查找,不利于征管。

在我国现行税法中,列举税目的方法也可分为两类。一类是细列举,即在税法中按每一产品或项目设计税目,本税目的征税范围仅限于列举的产品或项目,属于本税目列举的产品或项目,则按照本税目适用的税率征税。否则,就不能按照本税目适用的税率征税,如消费税中的"小汽车"等税目。另一类是粗列举,即在税种中按两种以上产品设计税目,本税目的征税范围不体现为单一产品,而是列举的两种以上产品都需按本税目适用的税率征税,如消费税中的"鞭炮、焰火"税目。

概括税目。概括税目就是按照商品大类或行业采用概括方法设计税目。制定概括税目的优点是税目较少,查找方便;缺点是税目过粗,不便于贯彻合理负担政策。

在我国现行税法中,概括税目又可分为两类:一类是小概括,即在本税目下属的各个细目中,凡不属于规定细目内的征税范围,但又同本税目征税范围的产品,在材质上、用途上或生产工艺方法上相近的,则另增列一个细目,把其划归为本细目的征收范围,如消费税"酒"税目中的"其他酒"等;另一类是大概括,即在本税种下属的各个税目中,凡不属于规定税目内的征税范围,但又确属本税种征税范围的产品,则另增列一个税目,将其全部划归为本税目的征税范围,如消费税中的"其他贵重首饰和珠宝玉石"税目。在税法中适当采用概括性税目,可以大大简化税种的复杂性,但过于概括,又不利于充分发挥税收的经济杠杆作用。所以,在具体运用上,应注意把概括税目同列举税目有机地结合起来。

(三)税率

税率是应纳税额与计税依据之间的比例,是计算税额的尺度,代表课税的深度,关系着国家的收入多少和纳税人的负担程度。

各税种的职能作用,主要是通过税率来体现的,因此,税率是税收制度的核心和灵魂。合理地设计税率,正确地执行有关税率的规定,是依法治税的重要内容。我国税率设计的总体原则是合理负担,取之适度。不同税种之间,税率的设计原则并不完全一致,但总的设计原则是一致的,即税率的设计要体现国家政治、经济政策,如消费税税率设计原则之一是体现国家消费政策,限制某些商品的消费;税率的设计要公平、简化。

税率是一个总的概念,在实际应用中可分为两种形式:一种是按绝对量形式规定的固定征收额度,即定额税率,它适用于从量计征的税种;另一种是按相对量形式规定的征收比例,这种形式又可分为比例税率和累进税率,它适用于从价计征的税种。

1. 比例税率

比例税率,是指对同一征税对象或同一税目,不论数额大小只规定一个比例,都按同一比例征税,税额与课税对象呈正比例关系。

在具体运用上,比例税率又可分为以下几种:

(1)产品比例税率,即一种(或一类)产品采用一个税率。我国现行的消费税、增值税等都采用这种税率形式。分类、分级、分档比例税率是产品比例税率的特殊形式,是按课税对象的性质、用途、质量、设备、生产能力等规定不同的税率。如消费税中,酒按类设计税率,卷烟原来按级设计税率,小汽车依照排气量分档设计税率,等等。

(2)行业比例税率,即对不同行业采用不同的税率。如增值税中,交通运输业、有形动产租赁服务适用不同税率。

(3)地区差别比例税率,即对同一课税对象,按照不同地区的生产建设水平和收益水平,采用不同的税率,如城市维护建设税。

(4)有幅度的比例税率,即对同一课税对象,税法只规定最低税率和最高税率,在这个幅度内,各地区可以根据自己的实际情况确定适当的税率,如资源税。

比例税率的基本特点是税率不随课税对象数额的变动而变动。这就便于按不同的产品设计不同的税率,有利于调整产业(产品)结构,实现资源的合理配置。同时,课税对象数额越大,纳税人相对税负越轻,从而在一定程度上推动经济的发展。但是,从另一个角度来看,这种情况有悖于税收公平的原则。这表明比例税率调节纳税人收入的能力不及累进税率,这是它的不足。比例税率的另一个优点是计算简便,其道理是显而易见的。

2. 累进税率

累进税率,是指对于同一课税对象,随着数量的增大,征收比例也随之增高的税率,表现为将课税对象按数额大小分为若干等级,不同等级适用由低到高的不同税率,包括最低税率、最高税率和若干等级的中间税率,一般多在收益课税中使用。它可以更有效地调节纳税人的收入,正确处理税收负担的纵向公平问题。按照税率累进依据的性质,我国现行税制中,累进税率分为"额累"和"率累"两种。额累是按课税对象数量的绝对额分级累进,如所得税一般按所得额大小分级累进。率累是按与课税对象有关的某一比率分级累进,如我国目前征收的土地增值税就是按照增值额与扣除项目金额的比率实行四级超率累进税率。额累和率累按累进依据的构成又可分为"全累"和"超累"。如额累分为全额累进和超额累进,率累分为全率累进和超率累进。全累是对课税对象的全部数额,都按照相应等级的累进税率征收。超累是对课税对象数额超过前级数额的部分,分别按照各自对应的累进税率计征税款。两种方式相比,全累的计算方法比较简单,但在累进分界点上税负呈跳跃式递增,不够合理。超累的计算方法复杂一些,但累进程度比较缓和,因而比较合理。

全额累进税率,是以课税对象的全部数额为基础计征税款的累进税率。它有两个特点:一是对具体纳税人来说,在应税所得额确定以后,相当于按照比例税率计征,计算方法简单;二是税收负担不合理,特别是在各级征税对象数额的分界处负担相差悬殊,甚至会出现增加的税额超过增加的课税对象数额的现象,不利于鼓励纳税人增加收入。

超额累进税率,是分别以课税对象数额超过前级的部分为基础计算应纳税的累进税率。采用超额累进税率征税的特点有三个。①计算方法比较复杂,征税对象数量越大,包括等级越多,计算步骤也越多。②累进幅度比较缓和,税收负担较为合理。特别是在征税对象级次分界点上下,只就超过部分按高一级税率计算,一般不会发生增加的税额超过增加的征税对象数额的不合理现象,有利于鼓励纳税人增产增收。③边际税率和平均税率不一致,税收负担的透明度较差。

目前,我国个人所得税对经营所得、综合所得(包括工资薪金所得、劳务报酬所得、稿酬所得、特许权使用费所得)实行超额累进税率。为解决超额累进税率计算税款比较复杂的问题,在实际工作中引进了"速算扣除数"这个概念,通过预先计算出的速算扣除数,即可直接计算应纳税额,不必再分级分段计算。

速算扣除数是为简化计税程序,而按全额累进税率计算超额累进税额时所使用的扣除数额,反映的具体内容是按全额累进税率和超额累进税率计算的应纳税额的差额。采用速算扣除数方法计算的应纳税额同分级分段计算的应纳税额,其结果完全一样,但方法简便得多。通常,速算扣除数事先计算出来后,附在税率表中,并与税率表一同颁布。

超率累进税率,是指以课税对象数额的相对率为累进依据,按超累方式计算应纳税额的税率。采用超率累进税率,首先需要确定课税对象数额的相对率,如在对利润征税时以销售利润率为相对率,对工资征税时以工资增长率为相对率,然后再把课税对象的相对率从低到高划分为若干级次,分别规定不同的税率。计税时,先按各级相对率计算出应税的课税对象数额,再按对应的税率分别计算各级税款,最后汇总求出全部应纳税额。现行税制中的土地增值税即采用超率累进税率计税。

超倍累进税率,是指以课税对象数额相当于计税基数的倍数为累进依据,按超累方式计算应纳税额的税率。采用超倍累进税率,首先必须确定计税基数,然后把课税对象数按相当于计税基数的倍数划分为若干级次,分别规定不同的税率,再分别计算应纳税额。计税基数可以是绝对数,也可以是相对数。当是绝对数时,超倍累进税率实际上是超额累进税率,因为可以把递增倍数换算成递增额;当是相对数时,超倍累进税率实际上是超率累进税率,因为可以把递增倍数换算成递增率。我国曾实行的个人收入调节税采用过此税率方式。

3. 定额税率

定额税率又称固定税额。这种税率是根据课税对象计量单位直接规定固定的征税数额。课税对象的计量单位可以是重量、数量、面积、体积等自然单位,也可以是专门规定的复合单位。例如,现行税制中的城镇土地使用税、耕地占用税分别以"平方米"和"亩"这些自然单位为计量单位,消费税中的汽油、柴油分别以"升"为计量单位。按定额税率征税,税额的多少只同课税对象的数量有关,同价格无关。当价格普遍上涨或下跌时,仍按固定税额计税。定额税率适用于从量计征的税种。

定额税率在表现形式上可分为单一定额税率和差别定额税率两种。在同一税种中只采用一种定额税率的,为单一定额税率;同时采用几个定额税率的,为差别定额税率。差别定额税率,又有以下几种形式:

(1)地区差别定额税率,即对同一课税对象按照不同地区分别规定不同的征税数额。该税率具有调节地区之间级差收入的作用。现行税制中的城镇土地使用税、耕地占用税等都属于这种定额税率,而且又是有幅度的地区差别税率。

(2)分类分项定额税率,即首先按某种标志把课税对象分为几类,每一类再按一定标志分为若干项,然后对每一项分别规定不同的征税数额。如现行税制中的车船税。

定额税率的基本特点是:税率与课税对象的价值量脱离了联系,不受课税对象价值量变化的影响。这使它适用于对价格稳定、质量等级和品种规格单一的大宗产品征税的税种。同时对某些产品采用定额税率,有助于提高产品质量或改进包装。但是,如果对价格变动频繁的产品采用定额税率,由于产品价格变动的总趋势是上升的,因此,产品的税负就会呈现累退性。从宏观上看,将无法保证国家财政收入随国民收入的增加而持续稳定地增长。

4. 其他有关税率的概念

(1)名义税率与实际税率。

名义税率与实际税率是分析纳税人负担时常用的概念。名义税率是指税法规定的税率。实际税率是指实际负担率,即纳税人在一定时期内实际缴纳税额占其计税依据实际数额的比例。由于某些税种中计税依据与征税对象不一致、减免税政策的享受等因素的实际存在,实际税率常常低于名义税率。这时,区分名义税率和实际税率,确定纳税人的实际负担水平和税负结构,为设计合理可行的税制提供依据是十分必要的。

(2)边际税率与平均税率。

边际税率,是指在增加一些收入时,增加的这部分收入所纳税额同增加收入之间的比例。在这里,平均税率是相对于边际税率而言的,它是指全部税额与全部收入之比。

在比例税率条件下,边际税率等于平均税率。在累进税率条件下,边际税率往往要大于平均税率。边际税率的提高还会带动平均税率的上升。边际税率上升的幅度越大,平均税率提高就越多,调节收入的能力也就越强,但对纳税人的反激励作用也越大。因此,通过两者的比较易于表明税率的累进程度和税负的变化情况。

（3）零税率与负税率。

零税率是以零表示的税率,表明课税对象的持有人负有纳税义务,但无须缴纳税款。通常适用于两种情况:一是在所得课税中,对部分所得规定税率为零,目的是保证所得少者的生活和生产需要;二是在商品税中,对出口商品规定税率为零,即退还出口商品的产、制和流转环节已缴纳的商品税,使商品以不含税价格进入国际市场,以增强商品在国际市场上的竞争力。

负税率,是指政府利用税收形式对所得额低于某一特定标准的家庭或个人予以补贴的比例。负税率主要用于负所得税的计算。所谓负所得税,是指现代一些西方国家把所得税和社会福利补助制度结合的一种主张和试验,即对那些实际收入低于维持一定生活水平所需费用的家庭或个人,按一定比例给付所得税。负税率的确定是实施负所得税计划的关键。西方经济学家一般认为,负税率的设计必须依据社会意愿加以运用的社会福利函数来衡量。百分之百的负税率,将会严重削弱人们对于工作的积极性,成为阻碍工作的因素。因此,确定负税率必须适度,应使其对工作的阻碍作用降到最低点。

（四）减税、免税

减税、免税是对某些纳税人或课税对象的鼓励或照顾措施。减税是从应征税款中减征部分税款,免税是免征全部税款。减税、免税规定是为了解决按税制规定的税率征税时所不能解决的具体问题而采取的一种措施,是在一定时期内给予纳税人的一种税收优惠,同时也是税收的统一性和灵活性相结合的具体体现。正确制定并严格执行减免税规定,可以更好地贯彻国家的税收政策,发挥税收调节经济的作用。按照《税收征管法》的规定,减税、免税依照法律的规定执行,法律授权国务院的,依照国务院制定的行政法规的规定执行。

1. 减免税的基本形式

（1）税基式减免,即通过直接缩小计税依据的方式实现的减税、免税。具体包括起征点、免征额、项目扣除以及跨期结转等。其中,起征点是征税对象达到一定数额开始征税的起点,免征额是在征税对象的全部数额中免予征税的数额。起征点与免征额同为征税与否的界限,对纳税人来说,在其收入没有达到起征点或没有超过免征额的情况下,都不征税,两者是一样的。但是,它们又有明显的区别。其一,当纳税人收入达到或超过起征点时,就其收入全额征税;而当纳税人收入超过免征额时,则只就超过的部分征税。其二,当纳税人的收入恰好达到起征点时,就要按其收入全额征税;而当纳税人收入恰好与免征额相同时,则免予征税。两者相比,享受免征额的纳税人就要比享受同额起征点的纳税人税负轻。此外,起征点只能照顾一部分纳税人,而免征税额则可以照顾适用范围内的所有纳税人。项目扣除,是指在课税对象中扣除一定项目的数额,以其余额作为依据计算税额。跨期结转是将以前纳税年度的经营亏损等在本纳税年度经营利润中扣除,也等于直接缩小了税基。

（2）税率式减免,即通过直接降低税率的方式实行的减税、免税。具体包括重新确定税率、选用其他税率等形式。

（3）税额式减免,即通过直接减少应纳税额的方式实行的减税、免税。具体包括全部免征、减半征收、核定减免率、抵免税额以及另定减征税额等。

在上述三种形式的减税、免税中,税基式减免使用范围最广泛,从原则上说它适用于所有生产经营情况;税率式减免比较适合于对某个行业或某种产品这种"线"上的减免,所以货物劳务税中运用最多;税额式减免适用范围最窄,它一般仅限于解决"点"上的个别问题,往往仅在特殊情况下使用。

2. 减免税的分类

(1)法定减免,凡是由各种税的基本法规定的减税、免税都称为法定减免。它体现了该种税减免的基本原则规定,具有长期的适用性。法定减免必须在基本法规中明确列举减免税项目、减免税的范围和时间。如《中华人民共和国增值税暂行条例》(以下简称《增值税暂行条例》)明确规定,农业生产者销售的自产农产品等免税。

(2)特定减免,是根据社会经济情况发展变化和发挥税收调节作用的需要,而规定的减税、免税。特定减免主要有两种情况:一是在税收的基本法确定以后,随着国家政治经济情况的发展变化所作的新的减免税补充规定;二是在税收基本法中,不能或不宜一一列举,而采用补充规定的减免税形式。

以上两种特定减免,通常是由国务院或作为国家主管业务部门的财政部、国家税务总局、海关总署作出规定。特定减免可分为无限期的和有限期的两种。大多数的特定减免都是有限期的,减免税到了规定的期限,就应该按规定恢复征税。

(3)临时减免,又称"困难减免",是指除法定减免和特定减免以外的其他临时性减税、免税,主要是为了照顾纳税人的某些特殊的暂时的困难,而临时批准的一些减税、免税。它通常是定期的减免税或一次性的减免税。

国家之所以在税法中要规定减税、免税,是因为各税种的税收负担是根据经济发展的一般情况下的社会平均负担能力来考虑的,税率基本上是按平均销售利润率来确定的,而在实际经济生活中,不同的纳税人之间或同一纳税人在不同时期,由于受各种主、客观因素的影响,在负担能力上会出现一些差别,在有些情况下这些差别比较悬殊,因此,在统一税法的基础上,需要有某种与这些差别相适应的灵活的调节手段,即减税、免税政策来加以补充,以解决一般规定所不能解决的问题,照顾经济生活中的某些特殊情况,从而达到调节经济和促进生产发展的目的。

(五)税收附加与加成

减税、免税是减轻税负的措施。相反,税收附加和税收加成是加重纳税人负担的措施。

税收附加也称为地方附加,是地方政府按照国家规定的比例随同正税一起征收的列入地方预算外收入的一种款项。正税是指国家正式开征并纳入预算内收入的各种税收。税收附加由地方财政单独管理并按规定的范围使用,不得自行变更。例如,教育费附加只能用于发展地方教育事业。税收附加的计算方法是以正税税款为依据,按规定的附加率计算附加额。

税收加成,是指根据税法规定的税率征税以后,再以应纳税额为依据加征一定成数的税额。加征一成相当于纳税额的10%,加征成数一般规定在一成到十成之间。和加成相对应的还有税收加倍,即在应纳税额的基础上加征一定倍数的税款。加成和加倍没有实质性区别。税收加成或加倍实际上是税率的延伸,但因这种措施只是针对个别情况,所以没有采取提高税率的办法,而是以已征税款为基础再加征一定的税款。

无论税收附加还是税收加成,都增加了纳税人的负担,但这两种加税措施的目的是不同的。实行地方附加是为了给地方政府筹措一定的机动财力,用于发展地方建设事业;实行税收加成则是为了调节和限制某些纳税人获取的过多收入,或者是对纳税人违章行为进行处罚。

（六）纳税环节

纳税环节，是指税法上规定的课税对象从生产到消费的流转过程中应当缴纳税款的环节。纳税环节有广义和狭义之分。广义的纳税环节指全部课税对象在再生产中的分布情况。例如，资源税分布在生产环节，商品税分布在流通环节，所得税分布在分配环节，等等。狭义的纳税环节是指应税商品在流转过程中应纳税的环节，具体指每一种税的纳税环节，是商品课税中的特殊概念。商品经济条件下，商品从生产到消费要经过许多环节。如工业品一般要经过产制、批发和零售环节，农产品一般要经过产制、收购、批发和零售环节。这些环节都存在商品流转额，都可以成为纳税环节。但是，为了更好地发挥税收促进经济发展、保证财政收入的作用，以及便于征收管理，国家对不同的商品课税往往确定不同的纳税环节。按照纳税环节的多少，可将税收课征制度划分为两类：一次课征制和多次课征制。

一次课征制，是指同一税种在商品流转的全过程中只选择某一环节课征的制度，是纳税环节的一种具体形式，如车辆购置税。实行一次课征制，纳税环节多选择在商品流转的必经环节和税源比较集中的环节，以便既避免重复课征，又避免税款流失。多次课征制，是指同一税种在商品流转全过程中选择两个或两个以上环节课征的制度，如消费税中的卷烟。

（七）纳税期限

纳税期限是纳税人向国家缴纳税款的法定期限。国家开征的每一种税都有纳税期限的规定。合理确定和严格执行纳税期限，对于保证财政收入的稳定性和及时性有重要作用。不同性质的税种以及不同情况的纳税人，其纳税期限也不相同。这主要是由以下两个因素决定的。①税种的性质。不同性质的税种，其纳税期限也不同。例如：货物劳务税，据以征税的是经常发生的销售收入或营业收入，故纳税期限比较短；所得税，据以征税的是企业利润和个人的工资、奖金等各项所得，企业利润通过年终决算才能确定，个人所得一般是按月或按次计算，因此，企业所得税是按年征收，个人所得税是按月或按次征收。②应纳税额的大小。同一种税，纳税人生产经营规模大、应纳税额多的，纳税期限短，反之则纳税期限长。

我国现行税制的纳税期限有三种形式。①按期纳税，即根据纳税义务的发生时间，通过确定纳税间隔期，实行按日纳税。如《增值税暂行条例》规定，增值税按期纳税的纳税期限分别为 1 日、3 日、5 日、10 日、15 日、1 个月或者 1 个季度。②按次纳税，即根据纳税行为的发生次数确定纳税期限。如车辆购置税、耕地占用税以及临时经营者发生应税行为，个人所得税中的劳务报酬所得等均采取按次纳税的办法。③按年计征，分期预缴或缴纳。例如：企业所得税按规定的期限预缴税款，年度结束后汇算清缴，多退少补；房产税、城镇土地使用税实行按年计算、分期缴纳。这是为了对按年度计算税款的税种及时、均衡地取得财政收入而采取的一种纳税期限。分期预缴一般是按月或按季预缴。

采取哪种形式的纳税期限缴纳税款，同课税对象的性质有着密切关系。一般来说，商品课税大多采取"按期纳税"形式，所得课税采取"按年计征，分期预缴"形式。无论采取哪种形式，如纳税期限的最后一天是法定节假日，或期限内有连续 3 日以上法定节假日，都可以顺延。

二、税收程序法

（一）税收程序法概述

税收程序法，也称税收行政程序法，是指规范税务机关和税务行政相对人在行政程序中权利义务的法律规范的总称，即只要是与税收程序有关的法律规范，不论其存在于哪个法律文件中，都属于税收程序法的范畴。如有关行政处罚、行政许可、行政强制的法律规定，同样适用于税收行政行为，并对其产生约束力。

税收程序法的作用主要表现在：

1. 保障实体法的实施，弥补实体法的不足

税收实体法规定了税收行政法律关系主体的权利义务，但这些权利义务不会自动实现，必须通过一定的程序动作才能成为现实，表现为：一是税收程序法通过规定税务机关履行职责的具体步骤、方式、顺序、时限等，将税收实体法内容具体化为可操作的程序，使税收实体法的实施有章可循；二是税收程序法规定了征纳双方的程序权力（利）和义务，从而为权力（利）的实现提供了可靠的保障；三是税收程序法中规定有一系列的证据规则，有助于税务机关正确认定事项，准确适用法律，从而保证税收实体法的正确实施。此外，税收程序法还可以弥补实体法的不足。由于社会现象极其繁杂，事物发展较快，税收实体法又具有相对稳定性，实体法的内容可能就会存在相对滞后的问题，如原有实体性内容无法覆盖新事物，出现课税范围的不完全现象，这可以通过必要的税收程序法加以弥补。

2. 规范和控制行政权的行使

只有对权力进行制约，才能保护权力作用对象的权利。这一作用表现有三点。一是可以规范行政权力的行使。税收程序法规定了税务机关履行职权的步骤、形式、时限和顺序等，也就意味着制约税务机关的一切活动，并将税务机关的行政行为始终置于公开、公正的标准上，通过在税务机关的职权中附加程序义务，实现了依法治权。二是以权力和权利制约权力。行政程序法以行政权力为规范对象。行使税收执法权，首先受到权力的制约。一方面，来自上级税务机关和专门行政机关的监督和制约；另一方面，司法机关对税务机关的具体执法行为是否符合法定程序要进行审查，制约税务机关的权力行使。此外，立法机关通过法的创设，制约税收执法权的行使。其次还以权利制约权力，税收程序法的基本制度规定如听证、说明理由等，以相对人的程序权利制约税收执法权，确保税收执法权公正行使。三是可以控制自由裁量权的行使。法律赋予执法者一定的自由裁量权，这不仅是提高行政效率的需要，还是法律调整各种社会关系的需要，但在行使过程中可能会导致滥用。实体法的控制能力不足，只有通过健全的行政法律程序、通过自由裁量权的过程控制才是根本。

3. 保障纳税人合法权益

就其实质而言，税收程序法是从程序角度限制税收执法行为的法律规范，其目的在于保护纳税人的合法权利。一方面，税收程序法肯定了纳税人在行政活动中的主体地位，明确了纳税人的基本权利，并通过一系列程序制度的规定，对税收执法权予以制约，在规范和控制税收执法权的同时，保护了纳税人的合法权益；另一方面，税收程序法对纳税人权利保障的救济制度向事前、事中扩展，体现在行政活动的参与上。

4. 提高执法效率

税收程序法通过统一、明确各执法主体执法的规则、制度、时限要求，防止拖拉推诿，有

助于提高行政效率,并通过简易程序等的设计,使征纳双方的权利、义务更加明确,从而全面提高执法效率。

(二)税收程序法的主要制度

1. 表明身份制度

表明身份制度,是指税务机关及其工作人员在进行税务行政行为之始,向税务行政相对人出示履行职权证明的制度。这一制度不仅是为了防止假冒、诈骗,还是为了防止税务机关及其工作人员超越职权、滥用职权。《税收征管法》第五十九条规定:"税务机关派出的人员进行税务检查时,应当出示税务检查证和税务检查通知书,并有责任为被检查人保守秘密;未出示税务检查证和税务检查通知书的,被检查人有权拒绝检查。"

2. 回避制度

回避制度,是指税务人员同所处理的税务事务有利害关系的,应由税务机关另行指定其他税务人员处理该事务的制度。这是实现公正原则的一项重要制度。《税收征管法》第十二条规定:"税务人员征收税款和查处税收违法案件,与纳税人、扣缴义务人或者税收违法案件有利害关系的,应当回避。"

3. 职能分离制度

职能分离制度,直接调整的不是税务机关与纳税人的关系,而是税务机关内部的机构和人员的关系。该制度要求将税务机关内部的某些相互联系的职能加以分离,使之分属于不同的机关或不同的工作人员掌管和行使。该制度的法律意义在于保障税务行政的公平、公正,加强对税务行政权的制约和监督,保护纳税人的合法权益。《税收征管法》第十一条规定:"税务机关负责征收、管理、稽查、行政复议的人员的职责应当明确,并相互分离、相互制约。"

4. 听证制度

听证制度,是指税务机关在作出影响纳税人合法权益的决定之前,向纳税人告知决定理由和听证权利,纳税人随之向税务机关表达意见,提供证据以及税务机关听取其意见,采纳其证据的程序所构成的一种法律制度。听证制度被公认为现代行政程序法基本制度的核心,对于行政程序的公开、公正和公平起到重要的保障作用。《中华人民共和国行政处罚法》首次确立听证制度,该法于2021年1月修订,自2021年7月15日起施行,其第六十三条规定,行政机关拟作出下列行政处罚决定,应当告知当事人有要求听证的权利,当事人要求听证的,行政机关应当组织听证:①较大数额罚款;②没收较大数额违法所得、没收较大价值非法财物;③降低资质等级、吊销许可证件;④责令停产停业、责令关闭、限制从业;⑤其他较重的行政处罚;⑥法律、法规、规章规定的其他情形。

税务机关对公民作出2000元以上(含本数)罚款或者对法人或者其他组织作出1万元以上(含本数)罚款的行政处罚之前,应当向当事人送达《税务行政处罚事项告知书》,告知当事人已经查明的违法事实、证据、行政处罚的法律依据和拟将给予的行政处罚,并告知有要求举行听证的权利。

5. 时限制度

时限制度,是指税务行政行为的全过程或其中某些阶段受到时间限制的制度。《中华人民共和国税收征收管理法实施细则》(以下简称《税收征管法实施细则》)第四十二条第二款规定:"税务机关应当自收到申请延期缴纳税款报告之日起20日内作出批准或者不予批准的决定;不予批准的,从缴纳税款期限届满之日起加收滞纳金。"

第四节　税法的运行

一、税收立法

(一)税收立法的概念

税收立法,是指国家机关依照其职权范围,通过一定程序制定(包括修改和废止)税收法律规范的活动,即特定的国家机关就税收问题所进行的立法活动。税收立法是国家整个立法活动的组成部分,具有一般立法的共性,可以作广义和狭义的划分。广义的税收立法指国家机关依据法定权限和程序,制定、修改、废止税收法律规范的活动;狭义的税收立法则是指全国人大及其常委会制定税收法律规范的活动。按照《立法法》,通常所说的立法活动包括制定法律、行政法规、行政规章等,体现出广义立法的范畴。税收立法通常也采用广义立法的含义。理解税收立法的概念,应注意以下几点:

第一,从税收立法的主体来看,国家机关包括全国人大及其常委会、国务院及其有关职能部门、拥有地方立法权的地方政权机关等,按照宪法和国家法律的有关规定,可以制定有关调整税收分配活动的法律规范。

第二,税收立法权的划分,是税收立法的核心问题。立法权限不清,税收立法就必然会出现混乱,这也是易于引发立法质量不高的重要因素。

第三,税收立法必须经过法定程序。税收立法严格遵守各种形式法律规范制定的程序性规定,这是法的现代化的基本标志之一。

第四,制定税法是税收立法的重要部分,但不是其全部,修改、废止税法也是其必要的组成部分。

立法是确立税收法律身份、实现税收职能必不可少的步骤。从法的运行过程来看,立法是首要环节。没有税收立法,税收执法也就失去了依据;没有税收立法,税收司法也就失去了标准,税收司法的公正性也将会无从谈起;没有税收立法,纳税人的守法也就成为没有约束力的空谈。从税收法律实践活动的情况看,税收作为一柄"双刃剑",其功能的充分发挥总是与税收立法的完善程度有着密切的关系。

(二)税收立法权

税收立法权,是指特定的国家机关依法所行使的,通过制定、修订、废止税收法律规范,调整一定税收法律关系的综合性权力体系。

税收立法权的划分,应与国家一般立法权的基本类型结合起来,从而成为划分税收立法权的法律依据。一般来说,立法权分为以下几种类型:国家立法权,是由全国人大及其常委会行使的立法权;专属立法权,指一定范围内只能由特定国家机关制定法律规范的权力,在此范围内,其他任何机关未经授权,不得立法;委托立法权,又称授权立法,指有关政权机关由立法机关委托而获得的一定的立法权;行政立法权,是指依据《宪法》及《立法法》的规定,由行政机关行使的立法权;地方立法权,指特定的地方权力机关,依据法律的规定,在本行政区域内行使的立法权。

在我国,划分税收立法权的直接法律依据主要是《宪法》与《立法法》。

首先，根据《宪法》第五十八条和第六十二条关于由全国人大及其常委会行使国家立法权和制定基本法律的规定、《立法法》第十一条关于只能制定法律的 11 个方面的事项(含税收基本制度)的规定,税种的设立、税率的确定和税收征收管理等税收基本制度应当由全国人大及其常委会制定法律。

其次,《立法法》第十二条规定:"本法第十一条规定的事项尚未制定法律的,全国人民代表大会及其常务委员会有权作出决定,授权国务院可以根据实际需要,对其中的部分事项先制定行政法规"。国务院对尚未完成立法的部分税种,如增值税、消费税等,以暂行条例的形式发布了税收行政法规。同时,国务院根据税收法律中的明确授权,制定了税收法律的实施细则、实施条例以及专门规定。此外,国务院可以根据《宪法》规定向全国人大及其常委会提出税收立法议案。

再次,根据《宪法》第一百条规定,省级地方人大及其常委会在不违背宪法、法律、行政法规的前提下,行使制定地方性法规的权力。

最后,全国人大及其常委会、最高人民法院和最高人民检察院根据宪法和有关法律,制定具有法律效力的税收立法解释和税收司法解释规定。

(三)税收立法的形式

1. 税收法律

税收法律,是指享有国家立法权的全国人大及其常委会,依照法律程序制定的有关税收分配活动的基本制度。按照《立法法》规定,只能由全国人大及其常委会制定法律。我国税收法律也是由全国人大及其常委会制定的,其法律地位和法律效力仅次于宪法而高于税收法规、规章。

税收法律创制的程序包括四项。一是税收法律案的提出,由有权提出议案的机关、组织和人员依据法定程序向立法机关提出的关于修改、制定,废止法律的建议。实践中,一般由国务院向全国人大及其常委会提出税收法律案。二是税收法律案的审议,有法案审判权的机关对法律案运用审判权,决定其是否应列入议事日程、是否需要对其加以修改。三是税收法律案的通过,它是采取表决方式进行的,通常由全体代表过半数或常委会全体组成人员过半数方可通过。四是税收法律案的公布,经过全国人大及其常委会通过的税收法律案均应由国家主席签署主席令予以公布,并以全国人大常委会公报上的法律文本为标准文本。

目前,在我国现行税法体系中,属于全国人大通过的税收法律有《中华人民共和国企业所得税法》《中华人民共和国个人所得税法》,属于全国人大常委会通过的税收法律有《中华人民共和国车船税法》《中华人民共和国税收征收管理法》《中华人民共和国环境保护税法》《中华人民共和国烟叶税法》《中华人民共和国船舶吨税法》《中华人民共和国资源税法》《中华人民共和国车辆购置税法》《中华人民共和国耕地占用税法》《中华人民共和国城市维护建设税法》《中华人民共和国契税法》《中华人民共和国印花税法》。

2. 税收法规

税收法规,是指国家最高行政机关根据其职权或全国人大及其常委会的授权,依据宪法和税收法律,通过一定法定程序制定的有关税收活动的实施规定或办法。国务院是国家最高行政机关,依宪法和法律制定行政法规。税收行政法规的创制程序包括:一是立项,国务院税务主管部门(财政部或国家税务总局)向国务院报请立项;二是起草,根据《立法法》,行政法规由国务院负责起草,通常由国务院税务主管部门负责拟定;三是审查,国务院法制机构负责审查,提请国务院常务会议审议;四是决定和公布,国务院通过行政法规实行决定制,由总理最终决定,并由总理签署国务院令公布实施,行政法规应在公布后的 30 日内报全国人大常委会备案。目前,在我国税法体系中,税收法律的实施细则或实施条例都是以税收行政法规的形式出现的。如《个人所得税法实施条例》《增值税暂行条例》等都属于税收行政法规。

3. 税务规章

《宪法》规定,国务院各部、各委员会有权根据法律和国务院的行政法规、决定、命令,在本部门的权限内发布规章。这是国家税务总局制定税务规章的法律渊源。

为了规范税务部门规章制定工作,根据《立法法》和《规章制定程序条例》,国家税务总局于 2002 年 2 月 1 日发布《税务部门规章制定实施办法》(国家税务总局令第 1 号)。2019年重新修改税务部门规章制定实施办法,发布了《国家税务总局关于修改〈税务部门规章制定实施办法〉的决定》(国家税务总局令第 45 号),同年 3 月 1 日开始实行。

(1)税务规章的权限范围。

国家税务总局根据法律和国务院的行政法规、决定、命令,在权限范围内制定对税务机关和税务行政相对人具有普遍约束力的税务规章。首先,只有在法律或国务院行政法规等对税收事项已有规定的情况下,才可以制定税务规章,否则不得以税务规章的形式予以规定,除非得到全国人大或国务院的明确授权;其次,制定税务规章的目的是执行法律和国务院的行政法规、决定、命令,不能另行创设法律和国务院的行政法规、决定、命令没有规定的内容;最后,税务规章原则上不得重复法律和国务院的行政法规、决定、命令已经明确规定的内容。

制定税务规章,应当贯彻落实党的路线方针政策和决策部署,体现全面深化改革、全面依法治国精神,符合社会主义核心价值观的要求。制定政治方面法律的配套税务规章和制定对经济社会有重大影响的税务规章,在提交局务会议审议前应当向国家税务总局党委报告。按照规定应当向党中央、国务院报告的重要税务规章,依照有关程序办理。

制定税务规章,应当符合上位法的规定,体现职权与责任相统一的原则,切实保障税务行政相对人的合法权益。没有法律或者国务院的行政法规、决定、命令的依据,税务规章不得设定减损税务行政相对人权利或者增加其义务的规范,不得增加本部门的权力或者减少本部门的法定职责。

税务规章不得溯及既往,但是为了更好地保护税务行政相对人权益而作出的特别规定除外。

(2)税务规章的制定程序。

税务规章的制定程序主要包括:税务规章的立项、起草、审查、决定、公布、解释、修改和废止。税务规章以国家税务总局令公布。

(3)税务规章的施行时间。

按照现行法律、行政法规的有关规定,税务规章一般应当自公布之日起 30 日后施行。但对涉及国家安全、外汇汇率、货币政策的确定以及公布后不立即施行将有碍规章施行的,可以自公布之日起施行。

(4)税务规章的解释。

税务规章由国家税务总局负责解释。有下列情况之一的,国家税务总局需要对税务规章进行解释:一是税务规章的规定需要进一步明确具体含义的;二是税务规章制定后出现新的情况,需要明确适用规章依据的。税务规章解释与税务规章具有同等效力。

(5)税务规章的评估。

国家税务总局可以根据需要,开展税务规章立法后评估。

(6)税务规章的清理。

国家税务总局根据全面深化改革、经济社会发展需要以及上位法规定,及时组织开展税务规章清理工作。对不适应全面深化改革和经济社会发展要求、不符合上位法规定的税务规章,应当及时修改或者废止。

4. 税务规范性文件

国家税务总局于 2010 年出台了《税收规范性文件制定管理办法》(国家税务总局令第 20 号,以下简称原《办法》),并于 2010 年 7 月 1 日开始实施。2017 年 2 月 24 日,国家税务总局审议通过新的《税收规范性文件制定管理办法》(国家税务总局令第 41 号,以下简称《办法》),于 2017 年 7 月 1 日起实施,原《办法》同时废止。

2019 年 11 月 21 日,国家税务总局审议通过《关于修改〈税收规范性文件制定管理办法〉的决定》(国家税务总局令第 50 号),决定将《办法》名称修改为"税务规范性文件制定管理办法",《办法》中"税收规范性文件"修改为"税务规范性文件",自 2020 年 1 月 1 日起施行。2021 年 12 月对部分内容进行修改,自 2022 年 2 月 1 日起施行。

(1)概念及特征。

税务规范性文件,是指县以上税务机关依照法定职权和规定程序制定并发布的,影响纳税人、缴费人、扣缴义务人等税务行政相对人权利、义务,在本辖区内具有普遍约束力并在一定期限内反复适用的文件。这里并未包括财政部门或其他部门与税务部门联合发布的文件,理解《办法》所称税务规范性文件的范畴,应着重把握好以下几点:一是制定主体必须是税务机关,二是必须依法定职权和法定程序作出,三是必须影响税务行政相对人的权利义务,四是必须是在本辖区内具有普遍约束力并可反复适用的文件。税务规范性文件与税务规章的区别主要表现在:一是制定程序上的区别,二是设定权的区别,三是效力上的区别,四是发布形式上的区别。税务规范性文件的起草、审查、决定、发布、备案、清理等工作,适用《办法》。

税务规范性文件的特征可概括为以下几点。一是属于非立法行为的行为规范,税务规范性文件是税务机关履行其法定职责过程中所制定或发布的行为规则,是规范税务行政行为的重要表现方式。它不仅约束税务行政相对人,还约束税务机关本身。税务机关行使征税权的具体行政行为中,不仅要依据法律、法规和规章,还应依据税务规范性文件。二是适用主体的非特定性。税务规范性文件制定普遍适用的规范,即以普遍的行政管理事项或相对人为规范对象,而不是以特定的人或事为规范对象。如"批复"性质的文件就不属于税务规范性文件。它仅对符合相应条件的某一类人或事均具有普遍的约束力。三是不具有可诉性。税务规范性文件属于抽象税务行政行为,按照行政诉讼法的规定,只有具体行政行为才具有可诉性,才构成人民法院的受案范围。但按照行政复议法的规定,税务行政相对人在提请行政复议时,可附带提请税务规范性文件的审查,税务规范性文件的制定机关必须对该文件的合法性、合理性作出答复。四是具有向后发生效力的特征。税务规范性文件一般是对上位法等的具体适用所作的阐述,往往先于税务具体行政行为而形成,因而其效力往往是针对以后发生的人和事。它是一种法律精神的延伸,是对未来法律事项的一种明确和对具体行政行为实施的指导。

（2）权限范围。

按照《办法》的规定,税务规范性文件的权限范围主要包括两个方面:一是税务规范性文件设定权问题,二是税务规范性文件制定权问题。

①税务规范性文件设定权。税务规范性文件不得设定税收开征、停征、减税、免税、退税、补税事项,不得设定行政许可、行政处罚、行政强制、行政事业性收费以及其他不得由税务规范性文件设定的事项。税务规范性文件不得溯及既往,但是为了更好地保护税务行政相对人权利和利益而作出的特别规定除外。

②税务规范性文件制定权。县税务机关制定税务规范性文件,应当依据法律、法规、规章或者省以上税务机关税务规范性文件的明确授权;没有授权又确需制定税务规范性文件的,应当提请上一级税务机关制定。各级税务机关的内设机构、派出机构和临时性机构,不得以自己的名义制定税务规范性文件。

（3）制定规则。

①税务规范性文件名称。税务规范性文件可以使用"办法""规定""规程""规则"等名称,但是不得称"条例""实施细则""通知""批复"等。

②税务规范性文件要素。税务规范性文件应当根据需要,明确制定目的和依据、适用范围和主体、权利义务、具体规范、操作程序、施行日期或者有效期限等事项。

③税务规范性文件表述方式。税务规范性文件可以采用条文式或者段落式表述。采用条文式表述的税务规范性文件,需要分章、节、条、款、项、目的,章、节应当有标题,章、节、条的序号用中文数字依次表述;款不编序号;项的序号用中文数字加括号依次表述;目的序号用阿拉伯数字依次表述。

④税务规范性文件授权。上级税务机关需要下级税务机关对规章和税务规范性文件细化具体操作规定的,可以授权下级税务机关制定具体的实施办法。被授权税务机关不得将被授予的权力转授给其他机关。

⑤税务规范性文件解释权限。由制定机关负责解释。制定机关不得将税务规范性文件的解释权授予本级机关的内设机构或者下级税务机关。

⑥文件执行时间。文件应当自发布之日起30日后施行。税务规范性文件发布后不立即施行将有碍执行的,可以自发布之日起施行。

与法律、法规、规章或者上级机关决定配套实施的税务规范性文件,其施行日期需要与前述文件保持一致的,不受时限规定的限制。

（4）文件审查。

各级纳税服务部门、政策法规部门负责对税务规范性文件进行审查,包括权益性审核、合法性审核、世界贸易组织规则合规性评估。

税务机关牵头与其他机关联合制定规范性文件,省以下税务机关代地方人大及其常委会、政府起草涉及税务行政相对人权利义务的文件,业务主管部门应当将文件送审稿或者会签文本送交纳税服务部门和政策法规部门审查。

（5）发布形式。

税务规范性文件应当以公告形式发布;未以公告形式发布的,不得作为税务机关执法依据。制定机关应当及时在本级政府公报、税务部门公报、本辖区范围内公开发行的报纸或者在政府网站、税务机关网站上刊登税务规范性文件。

二、税收执法

(一)税收执法概述

1. 税收执法的概念

执法，即法的执行，它是法的运行的一个中间环节。一般而言，执法是指国家机关及其公务人员依照法定的职权和程序，贯彻实施法律的活动，包括一切执行法律和适用法律的活动。而在现实法律实践活动中，将执法界定为行政执法，是国家行政机关独立的职能，以有别于立法与司法等法律活动。

税收执法又称税收行政执法，存在广义和狭义两种理解。广义的税收执法，是指国家税务行政主管机关执行税收法律、法规的行为，既包括具体行政行为，也包括抽象行政行为以及行政机关的内部管理行为。狭义的税收执法，专指国家税收机关依法定的职权和程序将税法的一般法律规范适用于税务行政相对人或事件，调整具体税收关系的实施税法的活动。通常意义上，都是指狭义的税收执法含义而言。税收执法的实质，是税收执法主体将深藏在税法规范、法条中的国家意志贯彻落实到社会经济生活与税收活动之中。

2. 税收执法的特征

税收执法作为行政执法的一个组成部分，具有行政行为的一般特征，如从属法律性、裁量性、单方意志性、效力先定性和强制性等。具体来说，税收执法具有以下特征：

(1)税收执法具有单方意志性和法律强制力。税收执法是税务机关或经法定授权的组织代表国家进行的税收管理活动，其实施无须与相对人协商，仅凭单方意志即可实施。而且以国家强制力作为执法的保障，其遇到执法障碍时，可以运用行政权力和手段，消除障碍，保证税收执法行为的实现。

(2)税收执法是具体行政行为。税收执法是税务机关或经法定授权的组织在其职权范围内，针对特定的人或事采取行政措施的活动。作为具体行政行为，税收执法具有可救济性，当事人可以申请行政复议或提起行政诉讼。

(3)税收执法具有裁量性。税收执法必须依据法律严格进行，这是税收法律主义在税法执行领域的要求；但是并不意味着税务机关只能机械地执行法律，而没有任何主动性地参与其间。事实上，税法规定不可能面面俱到，总是留下一定的空间让税务机关自由裁量，如税务行政处罚的幅度等。

(4)税收执法具有主动性。这是与税收司法活动相区别的重要特点，税收执法是积极、主动的行为，而不像税收司法活动具有被动性，遵循"不告不理"原则。这是税收执法具有的职权和职责相统一特点的体现。税收执法既是税务机关的职权，又是税务机关的职责，当涉税事实出现时，税务机关必须依法履行这种职权行为，而不需要税务相对人的意思表示，更不得放弃、转让。

(5)税收执法具有效力先定性。税收执法机关一经作出税收执法决定或采取措施，就事先假定其符合税法规定，对征纳双方具有约束力，除非被国家有权机关依法宣布失效。税务相对人申请行政救济，不影响税务机关执法决定的执行。

(6)税收执法是有责行政行为。有责行政是现代行政法的基本要求，这是为了克服税收执法主体专制和滥用权力,保障税务相对人权利的根本措施。税务机关必须对其行政执法行为所产生的后果承担法律责任,对于违法行政给相对人造成的损害要负赔偿责任。

(二)税收执法基本原则

1. 税收执法合法性原则

合法性原则,是指行政权的存在、行使必须依据法律,符合法律,不得与法律相抵触。它是税收法律主义的题中应有之义,因为税收法律主义的基本要求就是税收要素法定、税收要素明确和依法征税。税收执法合法性原则的具体要求有以下几个方面:

(1)执法主体法定。税收执法的主体是国家税务机关及其公职人员或经法定授权的组织。根据法律规定,目前我国的税收执法主体主要包括国家税务总局,各地税务局、税务分局、税务所和按照国务院规定设立的并向社会公告的社会机构。它们根据《税收征管法》的规定和国务院规定的税收征收管理的权限、范围分别进行税收征收管理活动。而根据《税收征管法实施细则》的规定,省以下税务局的稽查局也被赋予了税收执法主体的资格,专司偷税、逃避追缴欠税、骗税、抗税案件的查处。

(2)执法内容合法。税收执法主体必须在税法规定的范围内活动,不得超越职权,也不得滥用职权。税务机关不得违反法律、行政法规的规定,擅自作出税收开征、停征以及减税、免税、退税、补税和其他与税收法律、行政法规相抵触的决定。对于与税收法律、行政法规相抵触的决定,税务机关不得执行,并应当向上级税务机关报告。税务机关须依法履行法定职责,否则构成不作为违法,相对人可以依法请求行政或司法救济。

(3)执法程序合法。税收执法程序合法的具体内容包括执法步骤合法、执法形式合法、执法顺序合法和执法时限合法,目的在于防止税务机关滥用职权,但更关键的在于赋予相对人申辩和防御的权利。

(4)执法根据合法。执法根据包括法律根据和事实根据。法律根据包括实体法和程序法,除税收实体法外,《税收征管法》及其实施细则、《中华人民共和国发票管理办法》(以下简称《发票管理办法》)等一系列程序性法律、法规,税务机关也必须严格遵守。事实根据合法,指税务机关作出的具体行政行为必须有充分的事实根据,切忌证据不足而妄断行为。尤其在税收违章处罚中,税务机关收集证据必须全面、客观,要保证取得的证据合法、可靠,既要收集相对人违法的证据,也要收集对相对人有利的证据。

2. 税收执法合理性原则

合理性原则,是指行政行为的内容要求合理、适度、合乎理性。合理性原则存在的主要原因是行政自由裁量权的存在。行政行为根据受法律拘束范围的大小分为羁束行政行为和自由裁量行政行为,行政合理性原则主要适用于自由裁量行政行为,但对行政自由裁量权的控制却绝非行政合理性原则所能独立实现的。税收法律主义是税法的基本原则,但并不表示税务机关必须机械地执行法律。公共选择理论破除了人们对行政机关保护的"公共利益"的迷信,"社会中只存在不同个人和团体的独特利益,立法过程体现出来的仅仅是彼此冲突之利益团体相互撞击而形成的妥协,考虑所有受影响的利益之后所作出的行政决定,就在微观意义上基于和立法一样的原则而获得了合法性",这就是现代行政法的利益代表模式。如《税收征管法》对纳税人违反税法进行处罚时的罚款数额都规定了一个幅度,这就是对税务机关自由裁量权的赋予。但为防止税务机关滥用职权、侵害纳税人的权利,必须对其自由裁量权的行使施以一定的限制,即要求其遵循行政合理性原则。行政合理性原则又称为比例原则或最小侵害原则,要求行政行为所运用的手段必须达到目的,而且只需达到法定目的即可,不得超出法定目的的"度"。

(三)税收执法监督

税收执法监督,是指作为行政监督主体的税务机关,依照国家税收管理体制和有关法律法规的规定,对所属税务机关及其工作人员税收执法行为实施的监督检查,具有以下三个特征:

一是税收执法监督的主体是税务机关。非税务机关的组织或者个人,如审计机关,也可以依法对税务机关及其工作人员进行监督,但这不属于税收执法监督的范围。

二是税收执法监督的对象是税务机关及其工作人员。也就是说,税收执法监督的着眼点是"对内",这不同于税务稽查。税务稽查主要是针对纳税人和其他税务行政相对人。

三是税收执法监督的内容是税务机关及其工作人员的行政执法行为。非行政执法行为,如税务机关及其工作人员的非职务行为,或者税务机关的人事任免等内容均不属于税收执法监督的监督范围。

税收执法监督包括事前监督、事中监督和事后监督。事前监督,是指在税收执法行为作出之前对执法行为所实施的监督,目的在于强化源头控制,确保执法行为合法。税务规范性文件合法性审核制度就是一种重要的事前监督方式。事中监督,是指将执法权力相对比较集中的环节进行权力分解,在权力行使过程中各环节相互制约。重大税务案件审理制度是事中监督的重要形式。事后监督,是指对执法结果实施的监督,目的在于发现问题、整改问题。税收执法检查、复议应诉等工作是典型的事后监督。

三、税收司法

(一)税收司法概述

1. 税收司法的含义

一般来说,税收司法仅指审判机关依法对涉税案件行使审判权,这是一般传统的表述,也是一种狭义的解释。广义的税收司法,包括涉税案件过程中刑事侦查权、检察权和审判权等一系列司法权力的行使。《宪法》第一百四十条规定:"人民法院、人民检察院和公安机关办理刑事案件,应当分工负责,互相配合,互相制约,以保证准确有效地执行法律。"可见,宪法以根本法的权威,确认我国司法权行使的主体是人民法院、人民检察院和公安机关。从这一宪法根据来看,税收司法应采用广义的理解,即税收司法是指各级公安机关、人民检察院和人民法院等国家司法机关,在宪法和法律规定的职权范围内,按照法定程序处理涉税行政、民事和刑事案件的专门活动。

2. 税收司法的基本原则

税收司法的基本原则,是对涉税的司法过程中贯穿始终的基本规则的概括和抽象,是司法机关在司法中应遵循的法律准则。

(1)税收司法独立性原则。它是指税收司法机关依法独立行使司法权,不受行政机关、社会团体和个人的干涉。它要求法院在审理税务案件时,必须自己作出判断;法院在体制上独立于行政机关;法院审判权的行使不受上级法院的干涉。司法权独立原则是宪法规定的一条原则。独立性是司法权的生命。独立自主地认定案件事实和适用法律是独立性原则的核心,司法权独立行使能够保证司法机关作出的裁判结论最大限度地接近法律的意志和精神。

（2）税收司法中立性原则。它是指法院在审判时必须居于裁判的地位，不偏不倚。税收司法的中立性要求法院"不告不理"，对税务案件要在当事人起诉的范围内作出判决，非因诉方、控方请求不得主动干预。只有坚持中立的审判态度，才能作出公正的司法判断。

（二）税收行政司法

1. 税收行政司法制度的概念及作用

税收行政司法是指法院等司法机关所受理的涉及税务机关的诉讼案件和非诉讼案件的执行申请等，既包括涉税行政诉讼制度，也包括税务机关或法院所采取的强制执行程序制度。

税收行政司法制度，一方面，它作为法律上的一项救济性的制度安排，保障纳税人的合法权益是应有之义，也是立法者进行制度架构的初衷。当税务机关在征收税款的过程中侵犯纳税人的相关权益时，纳税人可以依照法律规定，提起行政复议或者直接提起行政诉讼，启动司法救济程序来保护其合法权益；税收行政司法程序旨在给纳税人救济的机会，对于税务机关的违法征收行为进行矫正。另一方面，它可以通过对税务机关的征税行为加以审查监督，督促其依法行政。尤其是通过司法机关的审判活动对税务机关的行政行为进行合法性甚至合理性的审查，达到有力监督和制约税务机关行为的目的，并且遏制税收行政权自身具有的膨胀性，实现行政和司法机关之间的合理分权和配合。

2. 税收行政司法制度的特点

税收领域中的司法审查具有以下特点：

一是以具体税收行政行为为审查对象，相应排除了将抽象税收行政行为纳入税收行政诉讼的受案范围。在税收行政行为运行的实践过程中，有时严格区分具体税收行政行为和抽象税收行政行为的界限是很困难的；另外，从税收行政救济制度的规定来看，已将抽象行政行为纳入行政赔偿诉讼和行政复议的范围，按照行政复议法的规定，申请人可以对行政机关作出的具体行政行为提出复议申请，但认为具体行政行为依据的法律、法规、规章以外的其他税务规范性文件不合法时，对具体行政行为申请复议的同时，可以一并向复议机关提出对该规范性文件的审查申请。

二是对具体行政行为的审查，仅局限于合法性审查。《中华人民共和国行政诉讼法》（以下简称《行政诉讼法》）第六条规定："人民法院审理行政案件，对行政行为是否合法进行审查。"从这一规定来看，行政机关在法律法规规定范围内作出的具体行政行为是否适当，原则上应由行政复议处理，人民法院不能代替行政机关作出决定。

（三）税收刑事司法

税收刑事司法是以《刑法》和《中华人民共和国刑事诉讼法》（以下简称《刑事诉讼法》）为法律依据，以危及税收的行为为规制对象，以规制国家权力、保障当事人权利为目的的责任制度与程序制度。

1. 税收刑事责任制度

税收刑事责任，是指行为人因实施刑法禁止的税收犯罪行为所应承担的，由司法机关代表国家依据《刑法》对其行为所给予的否定性评价。税收刑事责任是实施税务刑事处罚的基础，而税务刑事处罚是税收刑事责任的实现方式。税收刑事责任制度包括两项。一是规范税务机关及其执法人员依法履行职责的刑事实体制度。从构成要件上看，主要指徇私舞弊发售发票、抵扣税款、出口退税罪,违法提供出口凭证罪,还包括《税收征管法》第五章的有关条款以及《刑法》中的相关罪名等。二是保障和维护税收征管秩序的刑事实体制度。这里主要包括对纳税人、扣缴义务人及其他一些人的违法行为的刑法层面的规制。

2. 税收刑事程序制度

在税收刑事程序中,有税务机关、公安机关、检察院和法院四个国家机关参与,经历案件移送、立案侦查、提起公诉和司法裁判四个阶段。

(四)税收民事司法

税法与民法的关系,在一定程度上体现出公法与私法的关系。税法作为一个新兴的部门法大量借用了民法的概念、规则和原则,对税收领域的各项活动都有着直接的影响。这不仅大量体现在税收实体法制建设过程中,对税收程序法也有越来越大的影响。由于税收权力的债权性质,对各类税收进行债权保护,需要在税法上设定相关的民事司法保护制度予以救济。其中税收的优先权、代位权、撤销权制度等,都是有关税收债权的重要保护制度。

1. 税收优先权

按照民法对优先权的定义,税收优先权,是指当国家征税的权力与其他债权同时存在时,税款的征收原则上应优先于其他债权。《税收征管法》第四十五条第一款、第二款规定:"税务机关征收税款,税收优先于无担保债权,法律另有规定的除外;纳税人欠缴的税款发生在纳税人以其财产设定抵押、质押或者纳税人的财产被留置之前的,税收应当先于抵押权、质权、留置权执行。纳税人欠缴税款,同时又被行政机关决定处以罚款、没收违法所得的,税收优先于罚款、没收违法所得。"

2. 税收代位权、撤销权

税收代位权,是指欠缴税款的纳税人怠于行使其到期债权而对国家税收即税收债权造成损害时,由税务机关以自己的名义代替纳税人行使其债权的权利。税收撤销权,是指税务机关对欠缴税款的纳税人滥用财产处分权而对国家税收造成损害的行为,请求法院予以撤销的权利。目前《税收征管法》第五十条对税收代位权、撤销权作了框架性规定:欠缴税款的纳税人因怠于行使到期债权,或者放弃到期债权,或者无偿转让财产,或者以明显不合理的低价转让财产而受让人知道该情形,对国家税收造成损害的,税务机关可以依照规定行使代位权、撤销权,但不免除欠缴税款的纳税人尚未履行的纳税义务和应承担的法律责任。

第五节　税收制度的建立与发展

一、中国历史上的税收制度

(一)中国古代的税收制度

1. 奴隶社会

(1)夏、商、周时期。税收制度的建立总是与国家的建立相伴的。考察我国历史,夏朝是第一个奴隶制国家,夏朝及以后的商朝和周朝,都是我国奴隶社会发展的重要时期,这一时期分别出现了贡、助、彻三种税收的雏形。

（2）春秋战国时期。春秋战国时期是一个社会激变的时代。统一的集权国家被分封的奴隶制国家取代，战争不断，井田制遭到破坏，社会思想比较活跃，同时社会生产力发展较快，税收制度也产生了较大的变化。鲁宣公十五年（公元前594年），鲁国实行"初税亩"，改革旧有田赋征收制度，不论公田和私田，一律按田亩多少征税，标志着中国税收从雏形阶段进入了成熟时期。

2. 封建社会

封建社会是我国历史上发展得最为充分、最为完备的社会形态，这一时期大约跨越两千年的历史长河，是中华文明形成与发展的主要时期。与封建制度相适应的税收制度在调整中逐渐稳定下来，并不断地完善，但在不同的朝代也发生着不同的变革，体现着时代的特征。

（1）秦汉时期。秦始皇统一中国，开始了漫长的封建专制时代。秦朝先后颁布了《田律》《仓律》和《徭律》，主要征收田赋、户赋和口赋，奠定了封建社会税收制度的基本模式。公元前216年，秦始皇发布律令，"使黔首自实田"，即命有产之民向国家自报土地数量，政府据以征税。

（2）唐宋时期。唐朝是我国封建社会发展的巅峰时期，社会经济空前繁荣，税源相对丰足，在唐初，统治阶级还比较注意征收有度，缓解社会经济矛盾。

唐朝中期税法最大的改革是实行"两税法"。"两税法"的具体内容，可归纳为以下几点。第一，国家取得财政收入按照"量出制入"的原则，采用配赋税的形式，即在确定第二年的财政征收总额时先要对国家各项经费开支进行估算，以此确定征收总额，再按一定比例下达全国，组织征收。第二，以各地现居人口（不分主、客户）为纳税人。行商无固定地点，则在所在州、县征收。第三，税率的确定是：户税，按九等分摊；地税，以大历十四年（779年）的垦土数为基准按比例分摊；不分丁男中男，一律按资产多少摊征，商人按其收入的三十分之一摊征。第四，税款分夏、秋两次缴纳，夏税不得晚于六月底，秋税不得迟于十一月底。第五，实物税与货币税并重，但以实物税为主。原则上户税交钱，地税交实物，但在实际缴纳时再按国家规定或折钱，或折物。第六，鳏寡孤独及赤贫者免征。第七，原来的租庸调和一切杂徭、杂税的征收制度作废。第八，如在两税外擅自加征者，以违法论处。①"两税法"是我国赋税史上的重大改革，它对于平衡税负，合理负担，促进经济发展，巩固中央财政都曾起到了积极作用。

宋朝商品经济发达，商税和田赋分开，形成了近似现代意义上的商税制度，而且，从中央到地方都建立了严密的商税征收网络，商税征收的管理体系基本确立。宋代的商税分为"过税"（货物流通税）和"住税"（商品交易税）两大类。②

宋朝著名的改革是王安石变法，其中涉及税收的改革是方田均税法，又称方田。王安石主持变法时，为解决以往各地田赋不均，税户隐田逃税，对各州县耕地进行清查丈量，核定各户占有土地的数量，然后按照地势、土质等条件分成等级地编制地籍及各项簿册，并确定各等级地的每亩税额。

（3）明清时期。明朝赋役制度的改革主要是实行著名的"一条鞭法"。为了缓解严重的政治与经济危机，巩固明王朝的统治，神宗万历九年（1581年），内阁首辅张居正提出赋役制

---

① 孙翊刚. 中国财政史［M］. 北京：中国社会科学出版社，2003：154－155.

② 曾国祥. 赋税与国运兴衰［M］. 北京：中国财政经济出版社，2013.

度改革方案,在查实土地数量的基础上,实行"一条鞭法":①把明初以来分别征收的田赋和徭役合并为一,总编为一条,并入田赋的夏、秋二税中一起征收;②每一州县每年需要的力役,由官府从所收的税款中拿出钱来雇募,不再无偿调发平民;③把以前向地方索取的土贡方物,以及上缴京库备作岁需和留在地方备作供应的费用,都在"一条鞭"中课征;④课征对象为田亩,纳税形态是以银折办,即所谓"计亩征银";⑤赋、役、土贡等合并后,国家的课税总额不得改变,国家财政收入得到了保证;⑥盐税、酒税、茶课、商课、矿课等税收,仍然继续分别课征。[①]

"一条鞭法"的出现,是我国封建社会赋税史上的一件大事,其积极意义表现在增加了课税,均平了税负,简化了税制,由历代对人征税转为对物征税,由缴纳实物到缴纳货币,有利于促进社会分工和商品经济的发展。

清朝实行的主要税收制度改革是实行"摊丁入亩"制度。其基本做法是,将康熙五十五年(1716年)各省应征丁银数与各省应征田赋数相除,得出每田赋银一两应摊丁银若干(或粮食若干)。各省也以此计算各州负担地丁银数。

"摊丁入亩"是明代"一条鞭法"的继续与发展,也是我国赋税史上的一次重大改革。其积极意义在于税负得到均平,税制得到简化,税收收入得到增加,促进了社会经济发展。

(二) 中国半殖民地半封建时期的税收制度

自1840年以后,中国逐步沦为半殖民地半封建社会。社会矛盾不断激化,国家主权部分丧失,但同时现代工商业兴起,税源结构发生很大变化,税收制度也受到世界列强的影响而逐步走向现代。

1. 清朝末期

为了应付大量赔款、军费开支和洋务运动带来的财政压力,清政府在加重田赋、盐税等旧税的同时,陆续开征了关税、厘金税等新税种。

田赋由正税与附加构成。正税有两种:一种为地丁,是"摊丁入亩"后田赋正税的名称;另一种为漕粮,是向京师供应粮食的省份所交。田赋附加的名称各地有所不同。当时的工商税收有盐税、茶税、矿税、当税等各种税。

在鸦片战争失败,被迫"五口通商"后,新开征了海关税,包括进口税、出口税、子口税、复进口税、吨税等。进口税、出口税一律值百抽五。[②]

2. 北洋政府时期

1913年,北洋政府财政部订立了《国家地方税法草案》,规定中央税包括田赋、关税、常税、统捐、厘金、矿税、契税、盐税、烟税、酒税、茶税、糖税和渔业税等,地方税包括田赋附加、商税、牲畜税、粮米捐、土膏捐、油捐及杂货捐、店捐等。[③] 其中关税、盐税、烟酒税等在国家财政收入中占有重要地位。田赋的财政地位虽然在不断下降,但是除田赋正额外,还有田赋附加与田赋的预征。加在农民头上的另一个沉重负担是兵差,它是古代徭役的转化。兵差的征调,包括力役和实物两种形式。[④] 这一时期北洋政府虽然颁布了一些税法文件,但是由于军阀混战,并没有形成真正统一有效的税收制度。

① 孙翊刚. 中国财政史[M]. 北京:中国社会科学出版社,2003:275 - 278.
② 刘剑文. 税法学[M]. 北京:人民出版社,2003:56.
③ 郑学檬. 中国赋税制度史[M]. 厦门:厦门大学出版社,1994:672.
④ 《中国财政史》编写组. 中国财政史[M]. 北京:中国财政经济出版社,1997:495 - 505.

3. 国民政府时期

国民政府时期税收制度与北洋政府时期相比较,最大的不同点是田赋划归地方,中央收入主要靠工商税。这一方面固然是迁就北洋政府时期以来田赋尽为地方所截留这一既成事实,但另一方面也反映了这一时期商品货币关系的继续扩大,使国民政府有可能在流通和分配领域,特别是国内外商品流通中不断取得大量的收入。1935 年通过的《财政收支系统法》规定,中央税包括关税、盐税、统税、烟酒税、印花税、矿税、交易所税及收益税、所得税等税种,而以关税、盐税和统税三税为支柱。

抗日战争时期,由于沿海沿江大城市,工业和财富集中地区和重要盐区相继沦陷,关、盐、统三税锐减,课税收入在国库总收入中的比重急剧下降。

二、中华人民共和国成立后税收制度的建立与发展

（一）20 世纪 50—70 年代：税收制度的建立与调整

税收制度的建立总是与国家政权的建立相联系的。中华人民共和国成立之初,解放战争尚未完全结束,大批投降的国民党军政人员需要安置,国民党政府遗留下来的物价飞涨的经济形势亟待改变,经济建设亟须恢复,这一切都需要强有力的税收支持。因此,设立新税法的工作受到中共中央的高度重视。早在中华人民共和国成立前夕,由中国人民政治协商会议第一届全体会议行使国家最高立法机关权力通过的,起临时宪法作用的《中国人民政治协商会议共同纲领》,即对税收问题作出了明确规定:"国家的税收政策,应以保障革命战争的供给、照顾生产的恢复和发展及国家建设的需要为原则,简化税制,实行合理负担。"这一原则规定成为当时我国税法建设最基本的指导思想和最高法律依据。此后,经过 1949 年 11 月全国首次税务工作会议的准备,1950 年 1 月 30 日政务院发布《关于统一全国税政的决定》的通令,颁布《全国税政实施要则》《中央人民政府财政部全国各级税务机关暂行组织规程》和以暂行条例形式发布的"货物税""工商业税"等实体税法;《全国税政实施要则》成为当时的基本税法,其内容共 12 条,规定了合理负担,统一税法、税政,一切纳税人必须照章纳税等基本原则;明确了中央与各级地方政府的立法权限;设置了货物税、工商业税、盐税、关税、薪给报酬所得税、存款利息所得税、印花税、遗产税、交易税、屠宰税、房产税、地产税、特种消费行为税、使用牌照税等全国统一开征的税种。但是限于当时的实际情况,薪给报酬所得税和遗产税并没有实际征收。

随着我国大规模经济建设的逐步展开,经济结构有了较大的变化,以货物劳务税为主体的税制模式不适应商品流通环节的变化,加之不法商人借此偷税、漏税,出现了"经济日益繁荣,税收相对下降"的不正常情况。为此,根据"保证税收、简化税制"的精神,为满足进行大规模社会主义改造的要求,贯彻"公私区别对待,繁简不同"的税收政策,实体税法在 1953 年作出了较大的调整。主要内容包括试行商品流通税,简化货物税,修订营业税,取消特种消费行为税,停止征收药材交易税,将粮食、土布交易税并入商品流通税征收。经过 1953 年的修正,全国共有 14 个税种:商品流通税、货物税、工商业税、盐税、关税、农（牧）业税、印花税、屠宰税、牲畜交易税、城市房地产税、文化娱乐税、车船使用牌照税、利息所得税、契税。

1956 年,生产资料私有制的社会主义改造基本完成,原来针对私营经济利用、限制、改造的税收政策不再适应单一的公有制经济,为此实体税法又作了进一步简化,将原来的商品流通税、货物税、营业税、印花税合并为工商统一税,进一步简化了纳税环节,调整了税负。

1958 年实体税法先后作了一些调整,合并了一些税种,税制进一步简化。1958 年调整后征收的主要税种包括工商统一税、工商所得税、关税、盐税、牲畜交易税、城市房地产税、车船使用牌照税、屠宰税、契税、农业税等。

能够代表这一时期税法建设成就的工作主要有以下内容。

(1)1954 年,第一届全国人民代表大会第一次会议通过的首部《宪法》第一百零二条规定:"中华人民共和国公民有依照法律纳税的义务。"由此确立了税法最直接的宪法依据。

(2)1956 年 5 月 3 日,第一届全国人民代表大会常务委员会第三十五次会议通过《文化娱乐税条例》,并以中华人民共和国主席令的形式颁布。这是我国最高立法机关正式建立以后首次通过的税收法律。

(3)1958 年 6 月 3 日,第一届全国人民代表大会常务委员会第九十六次会议通过了《中华人民共和国农业税条例》,统一了全国农业税法,原来在新老解放区分别实行的农业税征收办法同时废止。农业税法是我国修改最少、执行时间最长的一部单行税法,该税法自公布实施后一直未作大的修改。

(4)1958 年 6 月 5 日,第一届全国人民代表大会常务委员会第九十七次会议通过了《国务院关于改进税收管理体制的规定》,下放了部分税收立法权,这是我国税收立法权的首次调整。主要包括省、自治区、直辖市可以对某些土特产品、副产品开征地方税;开征印花税、屠宰税等地方税;省、自治区、直辖市在中央统一规定的税收条例基础上,有权对这些税种的税目、税率作必要的调整。各自治区如认为全国统一税法与本自治区实际情况不相适应,可以制定本自治区的税收办法,报国务院备案。

自 1958 年以后,随着政治环境的变化,"非税论"思想逐渐抬头,认为对国有经济不能采用税收的方式参与其利益分配,税收的调节范围逐步缩小,税制越来越简化。特别是经过"文化大革命"的浩劫,我国国民经济受到严重摧残,法律制度受到严重破坏,税法也不例外。在此背景下,1973 年进行的税法修订,中心仍是简化税制。经过此次改革,对国营企业只征收工商税,对集体企业只征收工商税和所得税。1975 年修改后的《宪法》取消了 1954 年第一部《宪法》中仅有的"公民有依照法律纳税的义务"的税收条款。

(二)20 世纪 80 年代:税收法制建设的初创阶段

党的十一届三中全会以后,我国社会主义建设事业进入一个崭新的历史发展时期。以经济建设为中心,实行对外开放政策,经济体制改革从农村到城市全面展开,各项法律制度得到恢复和发展。1982 年通过的第四部《宪法》恢复了"中华人民共和国公民有依照法律纳税的义务"的税收条款。"非税论"思想禁忌被打破,税收的作用得到人们的重新评价与重视,税法体系的改革也逐步展开。

1. 涉外税收法制体系的建设

20 世纪 80 年代初,为了尽快适应改革开放的新形势,将吸引外资与维护国家税收权益结合起来,迫切需要有一套与国际惯例相衔接,较为完整规范、立法层次较高的税法体系。但在当时,国内经济体制改革尚未展开,税制改革的方向并不明确。因此,我国采用了涉外税法与国内税法相分离的独特立法方式,坚持"税负从轻、优惠从宽、手续从简"的涉外税制建设的基本原则,率先建立了涉外税收法制体系。1980 年 9 月 10 日,第五届全国人民代表大会第三次会议通过了《中华人民共和国中外合资经营企业所得税法》和《个人所得税法》,以全国人民代表大会常务委员会委员长令的形式颁布。同年 12 月,国务院颁布了这两个税法的实施细则。1981年12月13日，第五届全国人民代表大会第四次会议通过了《中华人民共和国外国企业所得税法》，1982年，经国务院批准，财政部发布了该法的实施细则。此后，《国务院关于鼓励外商投资的规定》（国发〔1986〕95号）、《财政部关于沿海经济开放区鼓励外商投资减征、免征企业所得税和工商统一税的暂行规定》（财政部〔1988〕第91号）等法规对上述三个涉外所得税法作了补充，其总的趋向是扩大税收优惠的范围与程度。这三部涉外所得税法实施后，对吸引外资起到了重要作用。同时，涉外企业仍然沿用1958年经全国人民代表大会常务委员会第一百零一次会议原则通过，国务院公布试行的《中华人民共和国工商统一税条例（草案）》。

2. 以利改税为核心的税收法制建设

在涉外税法的建立基本完成后，国内税法的改革也逐步展开。早在1981年，中央就批准了财政部提出的《关于改革工商税制的设想》，提出了税制改革的指导思想是：合理调节各方面的利益关系，正确处理国家、企业、个人之间的关系，中央与地方的关系，充分发挥税收作用，促进国民经济的发展。该设想明确提出了"逐步把国营企业的上缴利润改为征税"的建议。1982年，第五届全国人民代表大会第五次会议通过的《关于第六个五年计划的报告》中指出："今后三年内，在对价格不作大的调整的情况下，应该改革税制，加快以税代利的步伐……把上缴利润改为上缴税金这个方向，应该肯定下来。"鉴于当时经济体制改革正处于摸索阶段，发展方向尚不明朗，所以为适应不断发展变化的经济形势，国内税法体系尚不适合采用税收法律的形式。因此，1984年9月18日，第六届全国人民代表大会常务委员会第七次会议通过了《关于授权国务院改革工商税制发布有关税收条例草案试行的决定》。该决定规定，授权国务院在实施国营企业利改税和改革工商税制的过程中，拟定有关税收条例，以草案形式发布试行，再根据试行的经验加以修订，提请全国人大常委会审议。国务院发布试行的以上税收条例草案，不适用于涉外企业。自此以后，各项工商税制改革，基本上都是国务院按照全国人大常委会的授权，以制定税收行政法规，颁布有关税种的条例草案或暂行条例的形式完成的。国务院及有关部门颁布的主要法规包括：

1983年4月29日，财政部公布《关于对国营企业征收所得税的暂行规定》，自1983年6月1日起实行，此项改革被称为"第一步利改税"；1984年9月，国务院批准了财政部拟定的《国营企业第二步利改税试行办法》，9月18日，国务院发布《中华人民共和国国营企业所得税条例（草案）》和《国营企业调节税征收办法》，国营企业由原来的上缴利润改为征收所得税，此项改革被称为"第二步利改税"；同时，将原来的工商税一分为四，制定发布了《中华人民共和国产品税条例（草案）》《中华人民共和国增值税条例（草案）》《中华人民共和国营业税条例（草案）》《中华人民共和国盐税条例（草案）》四部税收行政法规及其实施细则。此外，先后通过实施的税收条例（草案）或暂行条例还有烧油特别税（1982年）、资源税（1984年）、城市维护建设税（1985年）、集体企业所得税（1985年）、国营企业工资调节税（1985年）、国营企业奖金税（1985年）、集体企业奖金税（1985年）、事业单位奖金税（1985年）、城乡个体工商户所得税（1986年）、房产税（1986年）、车船使用税（1986年）、个人收入调节税（1986年从个人所得税中划出）、耕地占用税（1987年）、私营企业所得税（1988年）、印花税（1988年）、城镇土地使用税（1988年）、筵席税（1988年）等。1989年以税收规章的形式制定了"特别消费税"。

此外，从1983年9月6日到1990年，我国先后与日本、美国、法国等国家正式签署了避免双重征税的双边税收协定,这些双边税收协定也是我国税法体系的组成部分。

3. 税收征管法制建设

随着税制改革的进行,加强税收管理法治建设的重要性凸显出来。与计划经济相适应的"一员进厂、各税统管、征管查合一"的征管模式被改变,确立了"征收、管理、检查三分离""管理、检查两分离"的征管模式。在把散见于各个税种法律法规中有关征管的内容以及国务院、财政部及各地先后制定的一些行之有效的征管制度和办法,进行归纳、补充和完善的基础上,1986 年 4 月 21 日,国务院发布了《中华人民共和国税收征收管理暂行条例》,我国税收管理有了独立、统一的行政法规,这标志着我国税收管理开始走上了法治的轨道。为了保证税法的有效实施,1979 年第五届全国人民代表大会第二次会议通过、自 1980 年 1 月 1 日起施行的《刑法》第一百二十一条对涉税犯罪中偷税罪与抗税罪定罪与刑罚作出了规定,指出违反税收法规,偷税、抗税,情节严重的,除按税法规定补税并予以罚款外,对直接责任者处 3 年以下有期徒刑或拘役。第一百二十四条还规定了伪造税票罪。这些规定虽然在严密性、规范性、可操作性上都存在一定的不足,但在当时还是起了积极作用的。

(三)20 世纪 90 年代:税收法制建设的完善阶段

进入 20 世纪 90 年代以后,随着经济体制改革的不断深化,我国对社会主义经济性质的认识,由"有计划的商品经济"转向"市场经济",改革目标更加明确。首先,按照"有计划商品经济"理论设计的税收制度已不适应市场经济的要求,存在着税法不统一、税负不公平、税制复杂、不够规范等问题;其次,随着我国参与国际经济分工程度的加深,我国经济制度需要与国际惯例接轨,这就要求我国税收制度作出进一步的改革与完善,此外,与经济高速发展不相适应,中央政府的税收利益在相对缩小,需要对税收收入划分作出一定的调整;最后,依照市场经济也是法治经济的理念,整个税法的法治化程度需要有更高的要求。在此背景之下,从 20 世纪 90 年代开始,按照"统一税法,公平税负,简化税制,合理分权,理顺分配关系,保障财政收入,建立符合社会主义市场经济要求的税收体系"的指导思想,我国实体税法又一次进行了新一轮全面改革。其主要内容包括以下四点。

1. 货物劳务税法以实行全面的增值税为核心

1993 年 11 月 26 日,国务院第十二次常务会议通过了《增值税暂行条例》《消费税暂行条例》《中华人民共和国营业税暂行条例》(以下简称《营业税暂行条例》)和《中华人民共和国资源税暂行条例》(以下简称《资源税暂行条例》),从 1994 年 1 月 1 日起施行。1993 年 12 月,财政部发布了上述四部税收法规的实施细则,原增值税、产品税、营业税、盐税、特别消费税的相应税收条例及其实施细则同时废止。根据第八届全国人民代表大会常务委员会第五次会议审议通过的《全国人民代表大会常务委员会关于外商投资企业和外国企业适用增值税、消费税、营业税等税收暂行条例的决定》(中华人民共和国主席令第 18 号),货物劳务税法首先实现了内外企业的统一,原有的工商统一税及其实施细则废止。最终,形成了以实行全面的增值税为主,在征收增值税的基础上选择少数消费品交叉征收消费税,对不实行增值税的劳务交易征收营业税的新的货物劳务税法格局。

2. 所得税法向税法的统一又迈出了重要的一步

将原有的国营企业所得税、集体企业所得税、私营企业所得税合并为企业所得税。1993 年 11 月 26 日,国务院第十二次常务会议通过了《中华人民共和国企业所得税暂行条例》,1994 年 2 月 4 日,财政部发布了该暂行条例的实施细则。1993 年 10 月 31 日,第八届全国人民代表大会常务委员会第四次会议通过了《关于修改〈中华人民共和国个人所得税法〉的决定》，将原有的"个人所得税""个人收入调节税""城乡个体工商户所得税"合并为新的个人所得税，1994年1月28日，以国务院令第142号的形式颁布了《个人所得税法实施条例》。1991年4月9日，第七届全国人民代表大会第四次会议通过了《中华人民共和国外商投资企业和外国企业所得税法》，将原来两部涉外所得税法进行了归并。

3. 其他税法也相应进行了调整、规范

为了达到合理调节土地增值收益，维护国家权益的目的，1993年12月13日，国务院发布了《中华人民共和国土地增值税暂行条例》，对土地增值额课税。此外，对固定资产投资方向调节税、印花税、城镇土地使用税、耕地占用税等予以保留，对城市维护建设税、屠宰税等予以修订。

4.《税收征管法》的实施

1992年9月4日，第七届全国人民代表大会常务委员会第二十七次会议通过了《税收征管法》。该法是有关税收征收管理和征税程序的最基本的税法，它对税收征管方式、程序、税务检查、法律责任等都作了较明确的规定。《税收征管法》的颁布实施，标志着我国税收法制建设上了一个新的台阶，也对新实体税法的实施起到了保障作用。

1994年实施的分税制改革，要求税收管理也要进行相应改革。为此，全国税务机关（国家税务总局除外）分设为国家税务局和地方税务局两部分。国家税务总局提出"促进征管查相协调，专业化与信息化相结合，全面强化管理"的要求，进行了征、管、查相分离的征管改革，税收征管模式由税务人员上门收税转化为纳税人自行申报纳税。

实行新的实体税法体系后，利用增值税专用发票偷税、骗税的犯罪活动有所抬头，对新税法的实施和国家财政收入的稳定构成严重威胁。为此，国家采用一系列法律手段，予以严厉打击。为了加强打击税收犯罪的力度，提高有关法律的可操作性，1992年3月16日，最高人民法院、最高人民检察院联合颁布了《关于办理偷税、抗税刑事案件具体应用法律的若干问题的解释》（法发〔1992〕12号、高检会〔1992〕5号）。同年9月，第七届全国人民代表大会常务委员会第二十七次会议又通过了《全国人民代表大会常务委员会关于惩治偷税、抗税犯罪的补充规定》（中华人民共和国主席令第61号），修订了对偷税罪的界定。经国务院批准，1993年12月23日财政部发布了《发票管理办法》，同年12月28日国家税务总局发布了其实施细则，并于12月30日制定了《增值税专用发票使用规定》，对增值税专用发票的使用管理作出严格规定。1994年6月3日，最高人民法院、最高人民检察院联合发布《关于办理伪造、倒卖、盗窃发票刑事案件适用法律的规定》（法发〔1994〕12号、高检会〔1994〕25号），1995年10月30日，第八届全国人民代表大会常务委员会第十六次会议公布《全国人民代表大会常务委员会关于惩治虚开、伪造和非法出售增值税专用发票犯罪的决定》（中华人民共和国主席令第57号），对利用增值税专用发票犯罪的定罪量刑作了比较明确、详细的规定。对伪造并出售伪造的增值税专用发票数量特别巨大、情节特别严重、严重破坏经济秩序的，处以无期徒刑或者死刑的最高刑罚。1997年3月14日，由第八届全国人民代表大会第五次会议修订的《刑法》，将有关纳税主体涉税犯罪的内容归纳为第三章第六节"危害税收征管罪"，形成了集12个罪名于一体的罪群，丰富了我国刑法的罪名体系，反映了我国刑事立法技术的进步，进一步适应了危害税收征管罪的犯罪事态。1996年《刑事诉讼法》修订后，涉税案件的刑事侦查工作由公安机关负责，有关部门之间的分工更为明确。税务部门与公、检、法机关密切配合,从重、从严、从快查处了一批大案要案,有力地震慑了犯罪分子,扼制了利用增值税专用发票犯罪的蔓延趋势,保障了新税制的正常运行。

在 1989 年 4 月通过《行政诉讼法》、1990 年 12 月国务院发布《行政复议条例》的基础上,税收救济法建设开始走上正轨。1999 年 4 月 29 日,第九届全国人民代表大会常务委员会第九次会议通过了《中华人民共和国行政复议法》(以下简称《行政复议法》),从同年 10 月 1 日开始实施,此后国家税务总局相应修订了《税务行政复议规则》,税收救济法建设得到进一步加强。

(四)21 世纪初:税收法制建设的新阶段

进入 21 世纪,我国经济进入了全面完善社会主义市场经济体制的新阶段,2001 年加入世界贸易组织(WTO),使我国经济的发展与世界经济融为一体。伴随着依法治国方略的确立,我国法制建设进入了一个新时期。

1. 税收立法及程序进一步规范

2000 年 3 月第九届全国人民代表大会第三次会议通过《立法法》,这是我国法制建设史上的一件大事。《立法法》明确规定"基本经济制度以及财政、税收、海关、金融和外贸的基本制度"只能制定法律。根据《立法法》的规定和要求,2001 年 11 月 16 日,国务院公布了《行政法规制定程序条例》和《规章制定程序条例》,对行政法规、规章的立项、起草、审查、决定、公布、解释等作了规定。2001 年 12 月 14 日,国务院公布了《法规规章备案条例》。

根据《立法法》规定,国务院各部、委员会、中国人民银行、审计署和具有行政管理职能的直属机构,可以根据法律和国务院的行政法规、决定、命令,在本部门的权限范围内,制定规章。2002 年 2 月 1 日,国家税务总局发布了《税务部门规章制定实施办法》(国家税务总局令第 1 号),对税务规章的表现形式、制定依据、制定程序等作出了规定。

2. 税收实体法制建设

2000 年 10 月 22 日,国务院公布了《中华人民共和国车辆购置税暂行条例》,实现了费改税历史性突破。2003 年 10 月 13 日,国务院出台了《关于改革现行出口退税机制的决定》(国发〔2003〕24 号),对我国现行的出口退税机制进行了大幅的改革,坚持"新账不欠,老账要还,完善机制,共同负担,推动改革,促进发展"的改革原则。经国务院批准,财政部、国家税务总局于 2004 年 9 月 14 日发布了《东北地区扩大增值税抵扣范围若干问题的规定》(财税〔2004〕156 号),实行消费型增值税的试点,并随后扩大到中部六省和内蒙古以及汶川地震受灾严重地区。2005 年 12 月 29 日,第十届全国人民代表大会常务委员会第十九次会议通过了废止《中华人民共和国农业税条例》的决定,结束了千年来农民负担"皇粮国税"的历史。

2005 年和 2007 年,第十届全国人民代表大会常务委员会对《个人所得税法》进行了修正、修改,提高了个人所得税的费用扣除标准。2006 年 4 月 28 日,国务院公布了《中华人民共和国烟叶税暂行条例》。2006 年 3 月 20 日,经国务院批准,财政部、国家税务总局发布了《关于调整和完善消费税政策的通知》(财税〔2006〕33 号),对消费税税目、税率及相关政策进行了调整。2006 年 12 月 31 日,国务院发布了《关于修改〈中华人民共和国城镇土地使用税暂行条例〉的决定》(国务院令第 483 号)。2006 年 12 月 29 日,国务院公布了《中华人民共和国车船税暂行条例》,废止了 1951 年 9 月 13 日政务院发布的《车船使用牌照税暂行条例》和 1986 年 9 月 15 日国务院发布的《中华人民共和国车船使用税暂行条例》。2007 年 3

月 16 日,全国人大公布了《中华人民共和国企业所得税法》,自 2008 年 1 月 1 日起实施,从而统一了内外资企业所得税制度。

2008 年 11 月 10 日,国务院公布了修订后的《增值税暂行条例》《消费税暂行条例》《营业税暂行条例》,并于 2009 年 1 月 1 日起施行。

3. 税收程序法制建设

2001 年 4 月 28 日,第九届全国人民代表大会常务委员会第二十一次会议对《税收征管法》进行了全面修订。与原法相比,修订后的《税收征管法》在税务管理、税款征收、税务检查和法律责任等方面都作出了许多新规定,比较突出地体现了对纳税人权益的保护。

2002 年 9 月 7 日,国务院颁布了《税收征管法实施细则》,对《税收征管法》的规定予以细化。2003 年 4 月 23 日,国家税务总局印发了《关于贯彻〈中华人民共和国税收征收管理法〉及其实施细则若干具体问题的通知》(国税发〔2003〕47 号),对税务登记代码、纳税申报等问题作了说明。随后,国家税务总局又相继发布了具体的管理办法,如《纳税信用等级评定管理试行办法》(国税发〔2003〕92 号)、《税务登记管理办法》(国家税务总局令第 7 号)、《税收减免管理办法(试行)》(国税发〔2005〕129 号)等。根据《行政复议法》及《税收征管法》的要求,国家税务总局于 2004 年 2 月发布《税务行政复议规则(暂行)》(国家税务总局令第 8 号),于 2009 年 12 月公布《税务行政复议规则》(国家税务总局令第 21 号),规定自 2010 年 4 月 1 日起施行,《税务行政复议规则(暂行)》同时废止。

根据国务院关于加强税收征管工作的要求,国家税务总局确立了"以申报纳税和优化服务为基础,以计算机网络为依托,集中征收,重点稽查,强化管理"的征管模式,在完善征管体制、夯实征管基础、强化税源管理、优化纳税服务、整合信息资源等方面作了许多尝试,确立了"科学化、精细化"的税务管理新思路。2002 年国家税务总局发布了《关于进一步做好所得税收入分享体制改革后征管工作的通知》(国税发〔2002〕120 号),对分享体制改革后的征管问题予以明确。2004 年国家税务总局发布了《关于进一步加强税收征管工作的若干意见》(国税发〔2004〕108 号),对强化税源管理等作了具体规定。同时,形成了纳税申报的"一窗式"、涉税事项的"一站式"、征管信息的"一户式"管理格局。

(五)21 世纪 10 年代:实施以完善立法为首要任务的财税改革

2013 年 11 月,党的十八届三中全会明确提出了未来税制改革的具体任务,2014 年 6 月 30 日中共中央政治局通过《深化财税体制改革总体方案》,主要涉及"六税一法"的改革,即增值税、个人所得税、消费税、资源税、房地产税、环境保护税和税收征收管理法的改革。深化财税体制改革的目标是建立统一完整、法治规范、公开透明、运行高效,有利于优化资源配置、维护市场统一、促进社会公平、实现国家长治久安的可持续的现代财政制度。

2015 年 3 月 15 日,第十二届全国人民代表大会第三次会议通过了《关于修改〈中华人民共和国立法法〉的决定》,明确规定税种的设立、税率的确定和税收征收管理等税收基本制度只能制定法律。

1. 税收实体法制建设

2011 年 9 月 30 日,国务院发布《关于修改〈中华人民共和国资源税暂行条例〉的决定》(国务院令第 605 号),规定自 2011 年 11 月 1 日起施行修订后的《资源税暂行条例》。为促进资源节约集约利用、加快生态文明建设,财政部、国家税务总局于 2016 年 5 月 9 日联合发布《关于全面推进资源税改革的通知》(财税〔2016〕53 号),扩大征税范围,对水征收资源税。2019年8月26日,第十三届全国人民代表大会常务委员会第十二次会议表决通过了《中华人民共和国资源税法》,该法自2020年9月1日起施行。

2011年2月25日,在《中华人民共和国车船税暂行条例》的基础上,全国人大颁布了《中华人民共和国车船税法》,该法自2012年1月1日起施行。

2016年12月25日,第十二届全国人民代表大会常务委员会第二十五次会议通过《中华人民共和国环境保护税法》,该法于2018年1月1日起实施。此外,相继颁布了《中华人民共和国烟叶税法》(自2018年7月1日起实施)、《中华人民共和国船舶吨税法》(自2018年7月1日起实施)、《中华人民共和国车辆购置税法》(自2019年7月1日起实施)、《中华人民共和国耕地占用税法》(自2019年9月1日起实施)。

经国务院批准,自2013年8月1日起,在对上海市等地进行试点的基础上,在全国范围内开展交通运输业和部分现代服务业营业税改征增值税的试点工作。从2014年起,相继在铁路运输业、邮政电信业推行营改增试点。自2016年5月1日起,生活服务业、金融业、建筑业、房地产业四个行业全面进入营改增试点,至此,增值税全面开始实施,营业税完成历史使命。

2018年3月,国务院常务会议决定,从5月1日起,降低增值税税率,以减轻企业税负。

自2018年10月1日起,个人所得税费用扣除标准由每月3500元提高至5000元并优化税率表。自2019年1月1日起,实施综合与分类相结合的个人所得税制度,并允许纳税人享受子女教育、继续教育、大病医疗、住房贷款利息、住房租金和赡养老人共6项专项附加扣除。

2019年,国务院常务会议决定,对小微企业推出一批新的普惠性减税措施。当年4月,为刺激经济发展,国务院决定进一步降低增值税税率。增值税一般纳税人销售货物、劳务、服务、无形资产、不动产以及进口货物,原适用16%税率的,税率调整为13%;原适用10%税率的,税率调整为9%。

2. 税收征管法制建设

2013年6月,国务院法制办公布了《税收征管法》修正案草案,公开征求意见,拉开了《税收征管法》新一轮修订的序幕。2019年5月,国务院将《税收征收管理法修订草案》列入立法工作计划中。

2015年12月28日,国家税务总局发布修正后的《税务行政复议规则》(国家税务总局令第39号),2018年6月15日再次修正。

2016年11月30日,国家税务总局制定了《税务行政处罚裁量权行使规则》(国家税务总局公告2016年第78号),该规则自2017年1月1日起施行。

3. 国税地税征管体制改革

党的十八大以来,习近平总书记关于全面深化改革的重要论述和关于税收工作的重要论述,为推动税收改革提供了根本遵循。2018年2月,党的十九届三中全会开启了国税地税征管体制改革的新征程。2018年3月,第十三届全国人民代表大会第一次会议审议通过的《国务院机构改革方案》,决定将省级和省级以下国税地税机构合并,具体承担所辖区域内各项税收、非税收入征管等职责。2018年6月15日,合并后的省级税务局统一挂牌。国税地税机构合并后,实行以国家税务总局为主与省(区、市)党委和政府双重领导的管理体制。

（六）21 世纪 20 年代：进一步深化税收征管改革

中国共产党第二十次全国代表大会于 2022 年 10 月 16 日召开，党的二十大报告中提出，"健全现代预算制度，优化税制结构，完善财政转移支付体系""加大税收、社会保障、转移支付等的调节力度。完善个人所得税制度，规范收入分配秩序，规范财富积累机制，保护合法收入，调节过高收入，取缔非法收入"。该阶段进一步深化税收征管改革的主要内容有以下几点。

1. 税收实体法制建设

2020 年 8 月 11 日，第十三届全国人民代表大会常务委员会第二十一次会议通过《中华人民共和国城市维护建设税法》《中华人民共和国契税法》，两部法律自 2021 年 9 月 1 日起实施。2021 年 6 月 10 日，第十三届全国人民代表大会常务委员会第二十九次会议通过《中华人民共和国印花税法》，该法自 2022 年 7 月 1 日起实施。

自 2022 年 1 月 1 日起，增加 3 岁以下婴幼儿照护个人所得税专项附加扣除。自 2023 年 1 月 1 日起，提高 3 岁以下婴幼儿照护、子女教育和赡养老人 3 项专项附加扣除标准。

2. 税收征管法制建设

（1）为深入推进税务领域"放管服"改革，完善税务监管体系，打造市场化法治化国际化营商环境，更好服务市场主体发展，2021 年 3 月，中共中央办公厅、国务院办公厅印发《关于进一步深化税收征管改革的意见》（以下简称《意见》）。

①指导思想。

以习近平新时代中国特色社会主义思想为指导，全面贯彻党的十九大和十九届二中、三中、四中、五中全会精神，围绕把握新发展阶段、贯彻新发展理念、构建新发展格局，深化税收征管制度改革，着力建设以服务纳税人缴费人为中心、以发票电子化改革为突破口、以税收大数据为驱动力的具有高集成功能、高安全性能、高应用效能的智慧税务，深入推进精确执法、精细服务、精准监管、精诚共治，大幅提高税法遵从度和社会满意度，明显降低征纳成本，充分发挥税收在国家治理中的基础性、支柱性、保障性作用，为推动高质量发展提供有力支撑。

②主要目标。

到 2022 年，在税务执法规范性、税费服务便捷性、税务监管精准性上取得重要进展。到 2023 年，基本建成"无风险不打扰、有违法要追究、全过程强智控"的税务执法新体系，实现从经验式执法向科学精确执法转变；基本建成"线下服务无死角、线上服务不打烊、定制服务广覆盖"的税费服务新体系，实现从无差别服务向精细化、智能化、个性化服务转变；基本建成以"双随机、一公开"监管和"互联网＋监管"为基本手段、以重点监管为补充、以"信用＋风险"监管为基础的税务监管新体系，实现从"以票管税"向"以数治税"分类精准监管转变。到 2025 年，深化税收征管制度改革取得显著成效，基本建成功能强大的智慧税务，形成国内一流的智能化行政应用系统，全方位提高税务执法、服务、监管能力。

（2）为贯彻落实《意见》，国家税务总局发布《关于优化若干税收征管服务事项的通知》（税总征科发〔2022〕87 号），规定自 2023 年 4 月 1 日起，进一步简化变更登记操作流程，包括自动变更登记信息、自动提示推送服务、做好存量登记信息变更工作；优化跨省迁移税费服务流程，包括优化迁出流程、优化迁入流程、明确有关事项；优化税源管理职责；加强与市场监管部门的登记业务协同，各省税务机关根据市场监管部门共享的注销登记、吊销营业执照、撤销设立登记等信息,在金税三期核心征管系统自动进行数据标识。

(3)2024年,国家税务总局对外发布《关于开展2024年"便民办税春风行动"的意见》(税总纳服发〔2024〕19号),以"持续提升效能·办好为民实事"为主题,紧紧围绕"高效办成一件事",持续开展"便民办税春风行动",集成推出4个方面惠民利企服务举措,进一步提高纳税人缴费人获得感、满意度。

(4)为促进涉税专业服务规范发展,助力优化税收营商环境,国家税务总局制定了《涉税专业服务基本准则(试行)》和《涉税专业服务职业道德守则(试行)》,自2023年10月1日起施行。

3. 服务"一带一路"倡议的税收措施

近年来,国家税务总局认真贯彻习近平总书记关于"一带一路"倡议的重要指示精神,按照党中央和国务院的有关部署,积极服务"一带一路"建设,大力推进共赢发展。

(1)建立机制,提供税收支持。相继出台推进"一带一路"建设的制度文件,促进我国装备"走出去"和国际产能合作;在国家税务总局国际税务司成立境外税务处,在商务部的支持下,已向有关国家派驻税务官员;打造"税路通"服务品牌,服务高水平对外开放。

(2)减轻税收负担,促进互惠发展。截至2023年12月底,我国已与111个国家(地区)正式签署了避免双重征税协定,其中与105个国家(地区)的协定已生效。内地和香港、澳门两个特别行政区签署了税收安排,大陆与台湾地区签署了税收协议。

(3)深入合作,促进互信互利。与共建"一带一路"国家主管税务当局建立双边税务合作;深度参与国际税收规则的制定;成功承办第十届税收征管论坛(FTA)大会;积极开展对外税收援助,为共建"一带一路"发展中国家举办税务研修班。

(4)优化服务,助力企业"走出去"。发布国别税收投资指南;积极打造国际纳税服务平台,创建12366上海(国际)纳税服务中心。

第二章 增 值 税

第一节 增值税概述

一、增值税的概念

增值税是以单位和个人生产经营过程中取得的增值额为课税对象征收的一种税。

(一)增值额

从理论上讲,增值额是企业在生产经营过程中新创造的那部分价值,即货物或劳务价值中的"V+M"部分,在我国相当于净产值或国民收入部分。现实经济生活中,对增值额这一概念可以从以下两个方面理解:第一,从一个生产经营单位来看,增值额是指该单位销售货物或提供劳务的收入额扣除为生产经营这种货物或劳务而外购的那部分货物或劳务价款后的余额;第二,从一项货物或劳务来看,增值额是该货物或劳务经历的生产和流通的各个环节所创造的增值额之和,也就是该项货物或劳务的最终销售价值。

例如,某项货物最终销售价格为260元,这260元是由制造环节、批发环节、零售环节共同创造的,那么该货物在三个环节中创造的增值额之和就是该货物的全部销售额。该货物每一环节的增值额和销售额的数量及关系见表2-1(为便于计算,假定每一环节没有物质消耗,都是该环节新创造的价值)。

表 2-1 　　　　　　　　　　　　货物在各环节的增值与关系 　　　　　　　　　　　　单位:元

项目	环节			合计
	制造环节	批发环节	零售环节	
增值额	150	50	60	260
销售额	150	200	260	—

该项货物在上述三个环节创造的增值额之和为260元,该项货物的最终销售价格也是260元。这种情况说明,在税率一致的情况下,对每一生产流通环节征收的增值税之和,实际上就是按货物最终销售额征收的增值税,或者说是销售税。

实行增值税的国家,据以征税的增值额都是一种法定增值额,并非理论上的增值额。法定增值额是指各国政府根据各自的国情、政策要求,在增值税制度中人为地确定的增值额。法定增值额可以等于理论上的增值额,也可以大于或小于理论上的增值额。造成法定增值额与理论增值额不一致的一个重要原因,是各国在规定扣除范围时,对外购固定资产的处理办法不同,有些国家允许扣除,有些国家不允许扣除。在允许扣除的国家,扣除情况也不一样。另外,由于存在一些难以征收增值税的行业以及对一些值得"褒奖"的项目给予减免税,理论增值额与法定增值额也有很大不同。举例说明如下。

假定某企业报告期货物销售额为 78 万元,从外单位购入的原材料等流动资产价款为 24 万元,购入机器设备等固定资产价款为 40 万元,当期计入成本的折旧费为 5 万元。根据上述条件计算该企业的理论增值额及在不同国别增值税制度下的法定增值额,见表 2 - 2。

表 2 - 2 　　　　　　　　　　　　　　　　　不同国别的法定增值额 　　　　　　　　　　　　　　　　单位:万元

国别	项目				
	货物销售额	允许扣除的外购流动资产价款	允许扣除的外购固定资产价款	法定增值额	法定增值额同理论增值额的差额
甲国	78	24	0	54	+5
乙国	78	24	5	49	0
丙国	78	24	40	14	-35

从表 2 - 2 可以看出,实行增值税的国家由于对外购固定资产价款的扣除额不同,计算出的法定增值额也不同,在同一纳税期内,允许扣除的数额越多,法定增值额则越少。

实行增值税的国家之所以都在本国税制中规定法定增值额,其原因有两个。第一,开征任何一种税都是为政府的经济政策和财政政策服务的,增值税也不例外,因此,各国征税的增值额可以由政府根据政策的需要来确定。例如:有些国家为鼓励扩大投资、加速固定资产更新,对外购固定资产价款允许在纳税期内一次扣除;有些国家考虑到财政收入的需要,规定外购固定资产的价款一律不准扣除,从而使增值额相应扩大。第二,只有规定法定增值额,才能保证增值税计算的一致性,从而保证增值税税负的公平合理。

(二) 增值税一般不直接以增值额作为计税依据

从以上对增值额这一概念的分析来看,纯理论的增值额对计算增值税并没有实际意义,而仅仅是对增值税本质的一种理论抽象阐述,因此各国都是根据法定增值额计算增值税的。但是,实施增值税的国家无论以哪种法定增值额作为课税基数,在实际计算增值税税款时都不是直接以增值额作为计税依据,也就是说,各国计算增值税时都不是先求出各生产经营环节的增值额,然后再据此计算增值税,而是采取从销售总额的应纳税款中扣除外购项目已纳税款的税款抵扣法。可见,增值额这一概念只有从理论角度看才具有现实意义,在实际计税中并不直接发挥作用。不直接通过增值额计算增值税的原因是,确定增值额在实际工作中是一件很困难的事,甚至难以做到。

二、增值税的类型

增值税按对外购固定资产处理方式的不同,可划分为生产型增值税、收入型增值税和消费型增值税。

(一) 生产型增值税

生产型增值税,是指计算增值税时,不允许扣除任何外购固定资产的价款,作为课税基数的法定增值额除包括纳税人新创造价值外,还包括当期计入成本的外购固定资产价款部分,即法定增值额相当于当期工资、利息、租金、利润等理论增值额和折旧额之和。从整个国民经济来看,这一课税基数大体相当于国内生产总值的统计口径,故称为生产型增值税。此种类型的增值税对固定资产存在重复征税,而且越是资本有机构成高的行业,重复征税就越严重。这种类型的增值税虽然不利于鼓励投资,但可以保证财政收入。

(二)收入型增值税

收入型增值税,是指计算增值税时,对外购固定资产价款只允许扣除当期计入产品价值的折旧费部分,作为课税基数的法定增值额相当于当期工资、利息、租金和利润等各增值项目之和。从整个国民经济来看,这一课税基数相当于国民收入部分,故称为收入型增值税。此种类型的增值税从理论上讲是一种标准的增值税,但由于外购固定资产价款是以计提折旧的方式分期转入产品价值的,且转入部分没有逐笔对应的外购凭证,故给凭发票扣税的计算方法带来困难,从而影响了这种方法的广泛采用。

(三)消费型增值税

消费型增值税,是指计算增值税时,允许将当期购入的固定资产价款一次全部扣除,作为课税基数的法定增值额相当于纳税人当期全部销售额扣除外购的全部生产资料价款后的余额。从整个国民经济来看,这一课税基数仅限于消费资料价值的部分,故称为消费型增值税。此种类型的增值税在购进固定资产的当期因扣除额大幅增加,会减少财政收入。但这种方法最宜规范凭发票扣税的计算方法,因为凭固定资产的外购发票可以一次将其已纳税款全部扣除,既便于操作,也便于管理,所以是三种类型中最简便、最能体现增值税优越性的一种类型。我国实行消费型增值税。

三、增值税的性质及其计税原理

(一)增值税的性质

增值税以增值额为课税对象,以销售额为计税依据,同时实行税款抵扣的计税方式,这一计税方式决定了增值税是属于货物劳务税性质的税种。作为货物劳务税,增值税同一般销售税以及对特定消费品征收的消费税有着很多共同的方面。

1. 都是以全部销售额为计税销售额。实行增值税的国家无论采取哪种类型的增值税,在计税方法上都是以货物或劳务的全部销售额为计税依据,这同消费税是一样的,所不同的只是增值税还同时实行税款抵扣制度。

2. 税负具有转嫁性。增值税实行价外征税,经营者出售商品时,税款附加在价格之上转嫁给购买者,随着商品流通环节的延伸,税款最终由消费者承担。

3. 按产品或行业实行比例税率,而不能采取累进税率。这一点与其他货物劳务税一样,但与所得税则完全不同。增值税的主要作用在于广泛征集财政收入,而非调节收入差距,因此不必也不应采用累进税率。

(二)增值税的计税原理

增值税的计税原理是通过增值税的计税方法体现出来的。增值税的计税方法是以每一生产经营环节上发生的货物或劳务的销售额为计税依据,然后按规定税率计算出货物或劳务的整体税负,同时通过税款抵扣方式将外购项目在以前环节已纳的税款予以扣除,从而完全避免了重复征税。该原理具体体现在以下几个方面:

1. 按全部销售额计算税款,但只对货物或劳务价值中新增价值部分征税。

2. 实行税款抵扣制度,对以前环节已纳税款予以扣除。

3. 税款随着货物或劳务的销售逐环节转移,最终消费者是全部税款的承担者,但政府并不直接向消费者征税,而是在生产经营的各个环节分段征收,各环节的纳税人并不承担增值税税款。

四、增值税的计税方法

增值税的计税方法分为直接计算法和间接计算法两种类型。

(一)直接计算法

直接计算法,是指首先计算出应税项目的增值额,然后用增值额乘以适用税率求出应纳税额。直接计算法按计算增值额的不同,又可分为加法和减法。

1. 加法

把企业在计算期内实现的各项增值项目一一相加,求出全部增值额,然后再依率计算增值税。增值项目包括工资、奖金、利润、利息、租金以及其他增值项目。这种加法只是一种理论意义上的方法,实际应用的可能性很小,甚至不可能。这是因为:①企业实行的财务会计制度不同,致使确定增值项目与非增值项目的标准也不尽相同,在实际工作中容易造成争执,难以执行;②增值额本身就是一个比较模糊的概念,很难准确计算,如企业支付的各种罚款、没收的财物或接收的捐赠等是否属于增值额有时难以确定。

2. 减法

以企业在计算期内实现的应税项目的全部销售额减去规定的外购项目金额以后的余额作为增值额,然后再依率计算增值税,这种方法又叫扣额法。当采取购进扣额法时,该计算方法同下述扣税法没有什么区别,但必须有一个前提条件,即只有在采用一档税率的情况下,这种计算方法才具有实际意义,如要实行多档税率的增值税制度,则不能采用这种方法计税。

(二)间接计算法

间接计算法,是指不直接根据增值额计算增值税,而是首先计算出应税的整体税负,然后从整体税负中扣除法定的外购项目已纳税款。由于这种方法是以外购项目的实际已纳税额为依据,所以又称为购进扣税法或发票扣税法。这种方法简便易行,计算准确,既适用于单一税率,又适用于多档税率,因此,是实行增值税的国家广泛采用的计税方法。

五、增值税的特点和优点

增值税虽属于货物劳务税,但其特有的计税方式使其有着自身的特点和优点。

(一)增值税的特点

1. 不重复征税,具有税收中性的特征。

税收中性,是指税收对经济行为包括企业生产决策、生产组织形式等不产生影响,由市场对资源配置发挥基础性、主导性作用。政府在建立税制时,以不干扰经营者的投资决策和消费者的消费选择为原则。增值税具有税收中性的特征,是因为增值税只对货物或劳务销售额中没有征过税的那部分增值额征税,对销售额中属于转移过来的、以前环节已征过税的那部分销售额则不再征税,从而有效地排除了重复征税因素。此外,增值税税率档次少,一些国家只采取一档税率,即使采取两档或三档税率的,其绝大部分货物或劳务一般也都是按一个统一的基本税率征税。这不仅使绝大部分货物或劳务的税负是一样的,还使同一货物或劳务在经历的所有生产和流通的各环节的整体税负也是一样的。这种情况使增值税对生产经营活动以及消费行为基本不发生影响，从而使增值税具有了税收中性的特征。

2. 逐环节征税，逐环节扣税，最终消费者是全部税款的承担者。

作为一种新型的货物劳务税，增值税保留了传统间接税按货物劳务额全值计税和道道征税的特点，同时还实行税款抵扣制度。即在逐环节征税的同时，还实行逐环节扣税。在这里，各环节的经营者作为纳税人只是把从买方收取的税款抵扣自己支付给卖方的税款后的余额缴给政府，而经营者本身实际上并没有承担增值税税款。这样，随着各环节交易活动的进行，经营者在出售货物的同时也出售了该货物所承担的增值税税款，直到货物卖给最终消费者时，货物在以前环节已纳的税款连同本环节的税款也一并转嫁给了最终消费者。可见，增值税税负具有逐环节向前推移的特点，作为纳税人的生产经营者并不是增值税的真正负担者，只有最终消费者才是全部税款的负担者。

3. 税基广阔，具有征收的普遍性和连续性。

无论从横向还是纵向来看，增值税都有着广阔的税基。从生产经营的横向关系看，无论工业、商业或者劳务服务活动，只要有增值收入就要纳税；从生产经营的纵向关系看，每一货物无论经过多少生产经营环节，都要按各道环节上发生的增值额逐次征税。

（二）增值税的优点

增值税的优点是由增值税的特点决定的。

1. 能够平衡税负，促进公平竞争。

增值税具有不重复征税的特点，能够彻底解决同一种货物由全能厂生产和由非全能厂生产所产生的税负不平衡问题，从一个企业来看，增值税税负的高低不受货物结构中外购协作件所占比重大小的影响；从一项货物来看，增值税不受该货物所经历的生产经营环节多少的影响。也就是说，一种货物无论由几家、十几家甚至几十家企业共同完成，还是自始至终由一家企业完成，货物只要最终销售价格相同，那么该货物所负担的增值税税负也相同，从而彻底解决了同一货物由全能厂生产和由非全能厂生产所产生的税负不平衡问题。增值税能够平衡税负的这种内在合理性使得增值税能够适应商品经济的发展，为在市场经济下的公平竞争提供良好的外部条件。

2. 既便于对出口商品退税，又可避免对进口商品征税不足。

世界各国为保护和促进本国经济的发展，在对外贸易上可以采取奖出限入的经济政策。而货物劳务税是由消费者负担的，出口货物是在国外消费的，因此，各国对出口货物普遍实行退税政策，使出口货物以不含税价格进入国际市场。在这种政策下，传统的货物劳务税按全部销售额征税，由于存在重复征税，在货物出口时，究竟缴了多少税是很难计算清楚的。这样，在出口退税工作中就不可避免地存在两个问题：一是退税不足，影响货物在国际市场的竞争力；二是退税过多，形成国家对出口货物的补贴。实行增值税则可以避免这些问题，因为货物的出口价格就是其全部增值额，用出口价格乘以增值税税率，即可准确地计算出出口货物应退税款，从而做到一次全部将已征税款准确地退还给企业，使出口货物以不含税价格进入国际市场。

对进口货物征收增值税，有利于贯彻国家间同等征税的原则，避免产生进口货物的税负轻于国内同类货物的现象。因为按全部销售额征税时，同一货物在国内因经历流转环节多而存在重复征税,税负较重;而对进口货物只能在进口环节按进口货物总值征一次税,不存在重复征税问题,导致进口货物的税负轻于国内同类货物的税负。实行增值税后,排除了国内货物重复征税因素,使进口货物和国内同类货物承担相同的税负,从而能够正确比较和衡量进口货物的得失,既体现了国家间同等征税的原则,又维护了国家经济权益。

3. 在组织财政收入上具有稳定性和及时性。

征税范围的广阔性,征收的普遍性和连续性,使增值税有着充足的税源和为数众多的纳税人,从而使通过增值税组织的财政收入具有稳定性和可靠性。

4. 在税收征管上可以互相制约,交叉审计。

与增值税实行税款抵扣的计税方法相适应,各国都实行凭发票扣税的征收制度,通过发票把买卖双方连为一体,并形成一个有机的扣税链条。即销售方开具的增值税发票既是销货方计算销项税额的凭证,同时也是购货方据以扣税的凭证。正是通过发票才得以把货物承担的税款从一个经营环节传递到下一个经营环节,最后传递到最终消费者身上。在这一纳税链条中,如有哪一环节少缴了税款,必然导致下一个环节多缴税款。

六、我国增值税制度的建立和发展

(一)增值税的起源及发展

1954 年法国最早实行增值税并成功推行后,对欧洲和世界各国都产生了重大影响,特别是对当时的欧洲共同体国家的影响更大。在随后的十几年里欧共体成员国相继实行了增值税,欧洲其他一些国家以及非洲和拉丁美洲的一些国家为改善自己在国际贸易中的竞争条件也实行了增值税,亚洲国家自 20 世纪 70 年代后期开始推行增值税。目前,世界上已有 190 多个国家和地区实行了增值税。从增值税在国际上的广泛应用可以看出,增值税作为一个国际性税种是为适应商品经济的高度发展应运而生的。

(二)我国增值税制度的发展历程

我国于 1979 年引进增值税,并在部分城市试行。1982 年财政部制定了《增值税暂行办法》,自 1983 年 1 月 1 日开始在全国试行。1984 年第二步利改税和全面工商税制改革时,在总结经验的基础上,国务院发布了《中华人民共和国增值税条例(草案)》,并于当年 10 月试行。1993 年税制改革,增值税成为改革的重点。国务院于 1993 年 12 月发布了《中华人民共和国增值税暂行条例》(以下简称《增值税暂行条例》),并于 1994 年 1 月 1 日起在全国范围内全面推行增值税。此时的增值税属于生产型增值税。

为了进一步完善税收制度,国家决定实行增值税转型试点,并于 2004 年 7 月 1 日开始在东北、中部等部分地区实行,试点工作运行顺利,达到了预期目标,为此,国务院决定全面实施增值税转型改革,修订了《增值税暂行条例》,2008 年 11 月经国务院第 34 次常务会议审议通过,于 2009 年 1 月 1 日起在全国范围内实行消费型增值税。

为建立健全有利于科学发展的税收制度,促进经济结构调整,支持现代服务业发展,自2012 年起,我国在部分地区和行业开展营业税改征增值税试点。

自 2012 年 1 月 1 日起,在上海市试点,将交通运输业(不含铁路运输业)和部分现代服务业由营业税改征增值税。

自 2012 年 9 月 1 日起,试点地区扩大到北京市、天津市、江苏省、安徽省、浙江省(含宁波市)、福建省(含厦门市)、湖北省、广东省(含深圳市)8 个省市。北京市于 2012 年 9 月 1 日,江苏省、安徽省于2012年10月1日,福建省、广东省于2012年11月1日,天津市、浙江省、湖北省于2012年12月1日,分别进行试点。

自2013年8月1日起,交通运输业(不含铁路运输业)和部分现代服务业营业税改征增值税试点在全国范围内推开,并将广播影视作品的制作、播映、发行纳入试点行业。

自2014年1月1日起,铁路运输业和邮政业在全国范围实施营业税改征增值税试点,至此,交通运输业全部纳入试点范围。

自2014年6月1日起,电信业纳入营业税改征增值税试点范围,实行差异化税率,基础电信服务和增值电信服务当时分别适用11%和6%的税率,为境外单位提供电信业服务免征增值税。

自2016年5月1日起,在全国范围内全面推开营业税改征增值税试点,建筑业、房地产业、金融业、生活服务业纳入试点范围,由缴纳营业税改为缴纳增值税,至此,营业税全部改征增值税。

自2017年11月19日,国务院公布了第691号令,决定废止《中华人民共和国营业税暂行条例》,同时对《增值税暂行条例》进行修改。

第二节　纳税义务人和扣缴义务人

一、增值税纳税人与扣缴义务人的基本规定

(一)纳税人

在中华人民共和国境内(以下简称境内)销售货物或者加工、修理修配劳务(以下简称劳务),销售服务、无形资产、不动产以及进口货物的单位和个人,为增值税的纳税人。

单位,是指一切从事销售或进口货物、提供劳务,销售服务、无形资产或不动产的单位,包括企业、行政单位、事业单位、军事单位、社会团体及其他单位。

个人,是指从事销售或进口货物、提供劳务,销售服务、无形资产或不动产的个人,包括个体工商户和其他个人。

单位以承包、承租、挂靠方式经营的,承包人、承租人、挂靠人(以下统称承包人)以发包人、出租人、被挂靠人(以下统称发包人)名义对外经营并由发包人承担相关法律责任的,以该发包人为纳税人。否则,以承包人为纳税人。

对报关进口的货物,以进口货物的收货人或办理报关手续的单位和个人为进口货物的纳税人。对代理进口货物,以海关开具的完税凭证上的纳税人为增值税纳税人。即对报关进口货物,凡是海关的完税凭证开具给委托方的,对代理方不征增值税;凡是海关的完税凭证开具给代理方的,对代理方应按规定征收增值税。

资管产品运营过程中发生的增值税应税行为,以资管产品管理人为增值税纳税人。资管产品管理人,包括银行、信托公司、公募基金管理公司及其子公司、证券公司及其子公司、期货公司及其子公司、私募基金管理人、保险资产管理公司、专业保险资产管理机构、养老保险公司。

建筑企业与发包方签订建筑合同后,以内部授权或者三方协议等方式,授权集团内其他纳税人(以下称第三方)为发包方提供建筑服务,并由第三方直接与发包方结算工程款

的,由第三方缴纳增值税,与发包方签订建筑合同的建筑企业不缴纳增值税。

(二)扣缴义务人

中华人民共和国境外(以下简称境外)的单位或个人在境内提供应税劳务,在境内未设有经营机构的,其应纳税款以境内代理人为扣缴义务人;在境内没有代理人的,以购买者为扣缴义务人。

境外单位或个人在境内销售服务、无形资产或者不动产,在境内未设有经营机构的,以购买方为增值税扣缴义务人。财政部和国家税务总局另有规定的除外。

二、增值税纳税人的分类、依据及目的

(一)增值税纳税人分类及依据

增值税纳税人分一般纳税人和小规模纳税人。增值税纳税人分类的基本依据是纳税人的年应税销售额。

(二)划分一般纳税人与小规模纳税人的目的

对增值税纳税人进行分类,主要是为了适应纳税人经营管理规模差异大、财务核算水平不一的实际情况。分类管理有利于税务机关加强重点税源管理,简化小型企业的计算缴纳程序。

三、小规模纳税人管理

(一)小规模纳税人划分的标准

根据《财政部　税务总局关于统一增值税小规模纳税人标准的通知》(财税〔2018〕33号)规定,自 2018 年 5 月 1 日起,增值税小规模纳税人标准统一为年应征增值税销售额 500万元及以下。

(二)特殊规定

年应税销售额超过小规模纳税人标准的其他个人按小规模纳税人纳税;年应税销售额超过规定标准但不经常发生应税行为的单位和个体工商户,以及非企业性单位、不经常发生应税行为的企业,可选择按照小规模纳税人纳税。

年应税销售额未超过规定标准的纳税人,会计核算健全,能够提供准确税务资料的,可以向主管税务机关办理一般纳税人登记。会计核算健全是指能够按照国家统一的会计制度规定设置账簿,根据合法、有效凭证进行核算。

四、一般纳税人登记管理

根据 2018 年 2 月 1 日开始执行的《增值税一般纳税人登记管理办法》(国家税务总局令第 43 号),增值税纳税人年应税销售额超过财政部、国家税务总局规定的小规模纳税人标准的,除按照政策规定选择按照小规模纳税人纳税的和年应税销售额超过规定标准的其他个人外,应当向主管税务机关办理一般纳税人登记。

1. 年应税销售额,是指纳税人在连续不超过 12 个月或 4 个季度的经营期内累计应征增值税销售额,包括纳税申报销售额、稽查查补销售额、纳税评估调整销售额。

销售服务、无形资产或者不动产有扣除项目的纳税人,其销售服务、无形资产或者不动产年应税销售额按未扣除之前的销售额计算。纳税人偶然发生的销售无形资产、转让不动

产的销售额,不计入销售服务、无形资产或者不动产年应税销售额。

2. 经营期,是指在纳税人存续期内的连续经营期间,含未取得销售收入的月份或季度。

纳税申报销售额,是指纳税人自行申报的全部应征增值税销售额,其中包括免税销售额和税务机关代开发票销售额。稽查查补销售额和纳税评估调整销售额计入查补税款申报当月(或当季)的销售额,不计入税款所属期销售额。

3. 除国家税务总局另有规定外,纳税人登记为一般纳税人后,不得转为小规模纳税人。

第三节 征税范围

目前,世界上实行增值税的国家由于经济发展特点和财政政策不同,增值税的征税范围也不同,归纳起来有以下几种情况。

一是征税范围仅限于工业制造环节。实行这种办法时,由于征税范围小,从整个再生产过程看并不能彻底解决重复征税问题,限制了增值税优越性的发挥。

二是在工业制造和货物批发两环节实行增值税。将征税范围扩展到货物批发,可以在较大范围内消除因货物流转环节不同而引起的税负失衡问题,促进货物的合理流通。特别是对由批发商直接出口的货物,实行增值税后可以方便、准确地计算出口退税。

三是在工业制造、货物批发和货物零售三环节实行增值税。这种大范围内实施的增值税,能够较充分地发挥增值税的优越性,更好地平衡进口货物和本国货物的税负。

四是将征税范围扩展到服务业。即在制造、批发和零售三个环节实施增值税的基础上,对服务业也实施增值税。此外,一些国家对农业、采掘业等初级产品的生产行业也实施了增值税。这种类型的增值税彻底排除了重复征税,是一种最完善的增值税。欧盟成员国就是在这一范围内实施增值税,我国也是在这一范围实施增值税。

一、增值税征税范围的规定

增值税征税范围包括货物的生产、批发、零售和进口四个环节,2016 年 5 月 1 日以后,营业税改征增值税试点行业扩大到销售服务、无形资产或者不动产,增值税的征税范围覆盖第一产业、第二产业和第三产业。目前,我国增值税的征税范围包括:境内销售货物或者劳务,销售服务、无形资产、不动产以及进口货物。

(一)销售货物

货物,是指有形动产,包括电力、热力和气体在内。销售货物,是指有偿转让货物的所有权。有偿,不仅指从购买方取得货币,还包括取得货物或其他经济利益。

(二)销售劳务

劳务,是指加工和修理修配劳务。加工,是指接收来料承做货物,加工后的货物所有权仍属于委托者的业务,即通常所说的委托加工业务。委托加工业务,是指由委托方提供原料及主要材料,受托方按照委托方的要求制造货物并收取加工费的业务。修理修配,是指受托对损伤和丧失功能的货物进行修复,使其恢复原状和功能的业务。

提供加工和修理修配劳务,是指有偿提供加工和修理修配劳务。但单位或个体工商户聘用的员工为本单位或雇主提供加工、修理修配劳务则不包括在内。

供电企业利用自身输变电设备对并入电网的企业自备电厂生产的电力产品进行电压

调节,属于提供加工劳务。供电企业进行电力调压并按照电量向电厂收取的并网服务费,应当征收增值税。

自 2020 年 5 月 1 日起,纳税人受托对垃圾、污泥、污水、废气等废弃物进行专业化处理(即运用填埋、焚烧、净化、制肥等方式,对废弃物进行减量化、资源化和无害化处理处置)后产生货物,且货物归属委托方的,受托方属于提供加工劳务;货物归属受托方的,受托方将产生的货物用于销售时,属于销售货物。

(三)销售服务

销售服务,是指提供交通运输服务、邮政服务、电信服务、建筑服务、现代服务、生活服务及金融服务。其中,金融服务单独列举。

1. 交通运输服务

交通运输服务,是指使用运输工具将货物或者旅客送达目的地,使其空间位置得到转移的业务活动。包括陆路运输服务、水路运输服务、航空运输服务和管道运输服务。

(1)陆路运输服务。

陆路运输服务,是指通过陆路(地上或者地下)运送货物或者旅客的运输业务活动,包括铁路运输服务和其他陆路运输服务。

铁路运输服务,是指通过铁路运送货物或者旅客的运输业务活动。

其他陆路运输服务,是指铁路运输以外的陆路运输业务活动。包括公路运输、缆车运输、索道运输、地铁运输、城市轻轨运输等。

出租车公司向使用本公司自有出租车的出租车司机收取的管理费用,按照"陆路运输服务"缴纳增值税。

网络平台道路货物运输(以下简称网络货运)经营者和实际承运人均应当依法履行纳税或扣缴税款义务。网络货运经营,是指经营者依托互联网平台整合配置运输资源,以承运人身份与托运人签订运输合同,委托实际承运人完成道路货物运输,承担承运人责任的道路货物运输经营活动。网络货运经营不包括仅为托运人和实际承运人提供信息中介和交易撮合等服务的行为。实际承运人,是指接受网络货运经营者委托,使用符合条件的载货汽车和驾驶员,实际从事道路货物运输的经营者。网络货运经营者应遵照国家税收法律法规,依法依规抵扣增值税进项税额,不得虚开虚抵增值税发票等扣税凭证。

(2)水路运输服务。

水路运输服务,是指通过江、河、湖、川等天然、人工水道或者海洋航道运送货物或者旅客的运输业务活动。

水路运输的程租、期租业务,属于水路运输服务。

程租业务,是指运输企业为租船人完成某一特定航次的运输任务并收取租赁费的业务。

期租业务,是指运输企业将配备有操作人员的船舶承租给他人使用一定期限,承租期内听候承租方调遣,不论是否经营,均按天向承租方收取租赁费,发生的固定费用均由船东负担的业务。

(3)航空运输服务。

航空运输服务,是指通过空中航线运送货物或者旅客的运输业务活动。

航空运输的湿租业务,属于航空运输服务。湿租业务,是指航空运输企业将配备有机组人员的飞机承租给他人使用一定期限,承租期内听候承租方调遣,不论是否经营,均按一定标准向承租方收取租赁费,发生的固定费用均由承租方承担的业务。

航天运输服务,按照"航空运输服务"征收增值税。航天运输服务,是指利用火箭等载体将卫星、空间探测器等空间飞行器发射到空间轨道的业务活动。

(4)管道运输服务。

管道运输服务,是指通过管道设施输送气体、液体、固体物质的运输业务活动。

(5)有关交通运输服务的其他政策规定。

无运输工具承运业务,按照"交通运输服务"缴纳增值税。无运输工具承运业务,是指经营者以承运人身份与托运人签订运输服务合同,收取运费并承担承运人责任,然后委托实际承运人完成运输服务的经营活动。

自2018年1月1日起,纳税人已售票但客户逾期未消费取得的运输逾期票证收入,按照"交通运输服务"缴纳增值税。

在运输工具舱位承包业务中,发包方和承包方均按照"交通运输服务"缴纳增值税。

运输工具舱位承包业务,是指承包方以承运人身份与托运人签订运输服务合同,收取运费并承担承运人责任,然后以承包他人运输工具舱位的方式,委托发包方实际完成相关运输服务的经营活动。

在运输工具舱位互换业务中,互换运输工具舱位的双方均按照"交通运输服务"缴纳增值税。

运输工具舱位互换业务,是指纳税人之间签订运输协议,在各自以承运人身份承揽的运输业务中,互相利用对方交通运输工具的舱位完成相关运输服务的经营活动。

2. 邮政服务

邮政服务,是指中国邮政集团公司及所属邮政企业提供邮件寄递、邮政汇兑和机要通信等邮政基本服务的业务活动。包括邮政普遍服务、邮政特殊服务和其他邮政服务。

(1)邮政普遍服务。

邮政普遍服务,是指函件、包裹等邮件寄递,以及邮票发行、报刊发行和邮政汇兑等业务活动。

函件,是指信函、印刷品、邮资封片卡、无名址函件和邮政小包等。

包裹,是指按照封装上的名址递送给特定个人或者单位的独立封装的物品,其重量不超过50千克,任何一边的尺寸不超过150厘米,长、宽、高合计不超过300厘米。

(2)邮政特殊服务。

邮政特殊服务,是指义务兵平常信函、机要通信、盲人读物和革命烈士遗物的寄递等业务活动。

(3)其他邮政服务。

其他邮政服务,是指邮册等邮品销售、邮政代理等业务活动。

中国邮政速递物流股份有限公司及其子公司(含各级分支机构),不属于中国邮政集团公司所属邮政企业。

3. 电信服务

电信服务,是指利用有线、无线的电磁系统或者光电系统等各种通信网络资源,提供语音通话服务,传送、发射、接收或者应用图像、短信等电子数据和信息的业务活动。包括基础电信服务和增值电信服务。

（1）基础电信服务。

基础电信服务,是指利用固网、移动网、卫星、互联网,提供语音通话服务的业务活动,以及出租或者出售带宽、波长等网络元素的业务活动。

（2）增值电信服务。

增值电信服务,是指利用固网、移动网、卫星、互联网、有线电视网络,提供短信和彩信服务、电子数据和信息的传输及应用服务、互联网接入服务等业务活动。

卫星电视信号落地转接服务,按照"增值电信服务"缴纳增值税。

纳税人通过楼宇、隧道等室内通信分布系统,为电信企业提供的语音通话和移动互联网等无线信号室分系统传输服务,分别按照"基础电信服务"和"增值电信服务"缴纳增值税。

4. 建筑服务

建筑服务,是指各类建筑物、构筑物及其附属设施的建造、修缮、装饰,线路、管道、设备、设施等的安装以及其他工程作业的业务活动。包括工程服务、安装服务、修缮服务、装饰服务和其他建筑服务。

（1）工程服务。

工程服务,是指新建、改建各种建筑物、构筑物的工程作业,包括与建筑物相连的各种设备或者支柱、操作平台的安装或者装设工程作业,以及各种窑炉和金属结构工程作业。

（2）安装服务。

安装服务,是指生产设备、动力设备、起重设备、运输设备、传动设备、医疗实验设备以及其他各种设备、设施的装配、安置工程作业,包括与被安装设备相连的工作台、梯子、栏杆的装设工程作业,以及被安装设备的绝缘、防腐、保温、油漆等工程作业。

固定电话、有线电视、宽带、水、电、燃气、暖气等经营者向用户收取的安装费、初装费、开户费、扩容费以及类似收费,按照"安装服务"缴纳增值税。

（3）修缮服务。

修缮服务,是指对建筑物、构筑物进行修补、加固、养护、改善,使之恢复原来的使用价值或者延长其使用期限的工程作业。

（4）装饰服务。

装饰服务,是指对建筑物、构筑物进行修饰装修,使之美观或者具有特定用途的工程作业。

（5）其他建筑服务。

其他建筑服务,是指上列工程作业之外的各种工程作业服务,如钻井（打井）、拆除建筑物或者构筑物、平整土地、园林绿化、疏浚（不包括航道疏浚）、建筑物平移、搭脚手架、爆破、矿山穿孔、表面附着物（包括岩层、土层、沙层等）剥离和清理等工程作业。

物业服务企业为业主提供的装修服务,按照"建筑服务"缴纳增值税。

纳税人将建筑施工设备出租给他人使用并配备操作人员的,按照"建筑服务"缴纳增值税。

5. 现代服务

现代服务,是指围绕制造业、文化产业、现代物流产业等提供技术性、知识性服务的业务活动。包括研发和技术服务、信息技术服务、文化创意服务、物流辅助服务、租赁服务、鉴证咨询服务、广播影视服务、商务辅助服务和其他现代服务。

（1）研发和技术服务。

研发和技术服务，包括研发服务、合同能源管理服务、工程勘察勘探服务、专业技术服务。

①研发服务，也称技术开发服务，是指就新技术、新产品、新工艺或者新材料及其系统进行研究与试验开发的业务活动。

②合同能源管理服务，是指节能服务公司与用能单位以契约形式约定节能目标，节能服务公司提供必要的服务，用能单位以节能效果支付节能服务公司投入及其合理报酬的业务活动。

③工程勘察勘探服务，是指在采矿、工程施工前后，对地形、地质构造、地下资源蕴藏情况进行实地调查的业务活动。

④专业技术服务，是指气象服务、地震服务、海洋服务、测绘服务、城市规划、环境与生态监测服务等专项技术服务。

自2020年5月1日起，纳税人受托对垃圾、污泥、污水、废气等废弃物进行专业化处理（即运用填埋、焚烧、净化、制肥等方式，对废弃物进行减量化、资源化和无害化处理处置）后未产生货物的，以及专业化处理后产生货物，且货物归属受托方的，受托方属于提供"专业技术服务"。

（2）信息技术服务。

信息技术服务，是指利用计算机、通信网络等技术对信息进行生产、收集、处理、加工、存储、运输、检索和利用，并提供信息服务的业务活动。包括软件服务、电路设计及测试服务、信息系统服务、业务流程管理服务和信息系统增值服务。

①软件服务，是指提供软件开发服务、软件维护服务、软件测试服务的业务活动。

②电路设计及测试服务，是指提供集成电路和电子电路产品设计、测试及相关技术支持服务的业务活动。

③信息系统服务，是指提供信息系统集成、网络管理、网站内容维护、桌面管理与维护、信息系统应用、基础信息技术管理平台整合、信息技术基础设施管理、数据中心、托管中心、信息安全服务、在线杀毒、虚拟主机等业务活动。包括网站对非自有的网络游戏提供的网络运营服务。

纳税人通过蜂窝数字移动通信用塔（杆）及配套设施，为电信企业提供的基站天线、馈线及设备环境控制、动环监控、防雷消防、运行维护等塔类站址管理业务，按照"信息技术基础设施管理服务"缴纳增值税。

④业务流程管理服务，是指依托信息技术提供的人力资源管理、财务经济管理、审计管理、税务管理、物流信息管理、经营信息管理和呼叫中心等服务的活动。

⑤信息系统增值服务，是指利用信息系统资源为用户附加提供的信息技术服务。包括数据处理、分析和整合、数据库管理、数据备份、数据存储、容灾服务、电子商务平台等。

（3）文化创意服务。

文化创意服务，包括设计服务、知识产权服务、广告服务和会议展览服务。

①设计服务，是指把计划、规划、设想通过文字、语言、图画、声音、视觉等形式传递出来

的业务活动。包括工业设计、内部管理设计、业务运作设计、供应链设计、造型设计、服装设计、环境设计、平面设计、包装设计、动漫设计、网游设计、展示设计、网站设计、机械设计、工程设计、广告设计、创意策划、文印晒图等。

②知识产权服务，是指处理知识产权事务的业务活动。包括对专利、商标、著作权、软件、集成电路布图设计的登记、鉴定、评估、认证、检索服务。

③广告服务，是指利用图书、报纸、杂志、广播、电视、电影、幻灯、路牌、招贴、橱窗、霓虹灯、灯箱、互联网等各种形式为客户的商品、经营服务项目、文体节目或者通告、声明等委托事项进行宣传和提供相关服务的业务活动。包括广告代理和广告的发布、播映、宣传、展示等。

④会议展览服务，是指为商品流通、促销、展示、经贸洽谈、民间交流、企业沟通、国际往来等举办或者组织安排的各类展览和会议的业务活动。

宾馆、旅馆、旅社、度假村和其他经营性住宿场所提供会议场地及配套服务的活动，按照"会议展览服务"缴纳增值税。

（4）物流辅助服务。

物流辅助服务，包括航空服务、港口码头服务、货运客运场站服务、打捞救助服务、装卸搬运服务、仓储服务和收派服务。

①航空服务，包括航空地面服务和通用航空服务。

航空地面服务，是指航空公司、飞机场、民航管理局、航站等向在境内航行或者在境内机场停留的境内外飞机或者其他飞行器提供的导航等劳务性地面服务的业务活动。包括旅客安全检查服务、停机坪管理服务、机场候机厅管理服务、飞机清洗消毒服务、空中飞行管理服务、飞机起降服务、飞行通讯服务、地面信号服务、飞机安全服务、飞机跑道管理服务、空中交通管理服务等。

通用航空服务，是指为专业工作提供飞行服务的业务活动，包括航空摄影、航空培训、航空测量、航空勘探、航空护林、航空吊挂播洒、航空降雨、航空气象探测、航空海洋监测、航空科学实验等。

②港口码头服务，是指港务船舶调度服务、船舶通信服务、航道管理服务、航道疏浚服务、灯塔管理服务、航标管理服务、船舶引航服务、理货服务、系解缆服务、停泊和移泊服务、海上船舶溢油清除服务、水上交通管理服务、船只专业清洗消毒检测服务和防止船只漏油服务等为船只提供服务的业务活动。

港口设施经营人收取的港口设施保安费按照"港口码头服务"缴纳增值税。

③货运客运场站服务，是指货运客运场站提供的货物配载服务、运输组织服务、中转换乘服务、车辆调度服务、票务服务、货物打包整理、铁路线路使用服务、加挂铁路客车服务、铁路行包专列发送服务、铁路到达和中转服务、铁路车辆编解服务、车辆挂运服务、铁路接触网服务、铁路机车牵引服务等业务活动。

④打捞救助服务，是指提供船舶人员救助、船舶财产救助、水上救助和沉船沉物打捞服务的业务活动。

⑤装卸搬运服务，是指使用装卸搬运工具或人力、畜力将货物在运输工具之间、装卸现场之间或者运输工具与装卸现场之间进行装卸和搬运的业务活动。

⑥仓储服务，是指利用仓库、货场或者其他场所代客贮放、保管货物的业务活动。

⑦收派服务，是指接受寄件人委托，在承诺的时限内完成函件和包裹的收件、分拣、派送服务的业务活动。

收件服务，是指从寄件人收取函件和包裹，并运送到服务提供方同城的集散中心的业务活动；

分拣服务，是指服务提供方在其集散中心对函件和包裹进行归类、分发的业务活动；

派送服务，是指服务提供方从其集散中心将函件和包裹送达同城的收件人的业务活动。

（5）租赁服务。

租赁服务，包括融资租赁服务和经营租赁服务。

①融资租赁服务，是指具有融资性质和所有权转移特点的租赁业务活动。即出租人根据承租人所要求的规格、型号、性能等条件购入有形动产或者不动产租赁给承租人，合同期内租赁物所有权属于出租人，承租人只拥有使用权，合同期满付清租金后，承租人有权按照残值购入租赁物，以拥有其所有权。不论出租人是否将租赁物销售给承租人，均属于融资租赁。

按照标的物的不同，融资租赁服务可分为有形动产融资租赁服务和不动产融资租赁服务。

融资性售后回租不按照本税目缴纳增值税。

根据《财政部　国家税务总局关于明确金融、房地产开发、教育辅助服务等增值税政策的通知》（财税〔2016〕140号）第十七条的规定，自2017年1月1日起，生产企业销售自产的海洋工程结构物，或者融资租赁企业及其设立的项目子公司、金融租赁公司及其设立的项目子公司购买并以融资租赁方式出租的国内生产企业生产的海洋工程结构物，应按规定缴纳增值税，不再适用《财政部　国家税务总局关于出口货物劳务增值税和消费税政策的通知》（财税〔2012〕39号）或者《财政部　国家税务总局关于在全国开展融资租赁货物出口退税政策试点的通知》（财税〔2014〕62号）规定的增值税出口退税政策，但购买方或者承租方为按实物征收增值税的中外合作油（气）田开采企业的除外。2017年1月1日前签订的海洋工程结构物销售合同或者融资租赁合同，在合同到期前，可继续按现行相关出口退税政策执行。

②经营租赁服务，是指在约定时间内将有形动产或者不动产转让他人使用且租赁物所有权不变更的业务活动。

按照标的物的不同，经营租赁服务可分为有形动产经营租赁服务和不动产经营租赁服务。

将建筑物、构筑物等不动产或者飞机、车辆等有形动产的广告位出租给其他单位或者个人用于发布广告，按照"经营租赁服务"缴纳增值税。

车辆停放服务、道路通行服务（包括过路费、过桥费、过闸费等）等按照"不动产经营租赁服务"缴纳增值税。

水路运输的光租业务、航空运输的干租业务，属于经营性租赁。

光租业务，是指运输企业将船舶在约定的时间内出租给他人使用，不配备操作人员，不承担运输过程中发生的各项费用，只收取固定租赁费的业务活动。

干租业务，是指航空运输企业将飞机在约定的时间内出租给他人使用，不配备机组人员,不承担运输过程中发生的各项费用,只收取固定租赁费的业务活动。

(6)鉴证咨询服务。

鉴证咨询服务,包括认证服务、鉴证服务和咨询服务。

①认证服务,是指具有专业资质的单位利用检测、检验、计量等技术,证明产品、服务、管理体系符合相关技术规范、相关技术规范的强制性要求或者标准的业务活动。

②鉴证服务,是指具有专业资质的单位受托对相关事项进行鉴证,发表具有证明力的意见的业务活动。包括会计鉴证、税务鉴证、法律鉴证、职业技能鉴定、工程造价鉴证、工程监理、资产评估、环境评估、房地产土地评估、建筑图纸审核、医疗事故鉴定等。

③咨询服务,是指提供信息、建议、策划、顾问等服务的活动。包括金融、软件、技术、财务、税收、法律、内部管理、业务运作、流程管理、健康等方面的咨询。

翻译服务和市场调查服务按照"咨询服务"缴纳增值税。

(7)广播影视服务。

广播影视服务,包括广播影视节目(作品)的制作服务、发行服务和播映(含放映,下同)服务。

①广播影视节目(作品)制作服务,是指进行专题(特别节目)、专栏、综艺、体育、动画片、广播剧、电视剧、电影等广播影视节目和作品制作的服务。具体包括与广播影视节目和作品相关的策划、采编、拍摄、录音、音视频文字图片素材制作、场景布置、后期的剪辑、翻译(编译)、字幕制作、片头、片尾、片花制作、特效制作、影片修复、编目和确权等业务活动。

②广播影视节目(作品)发行服务,是指以分账、买断、委托等方式,向影院、电台、电视台、网站等单位和个人发行广播影视节目(作品)以及转让体育赛事等活动的报道及播映权的业务活动。

③广播影视节目(作品)播映服务,是指在影院、剧院、录像厅及其他场所播映广播影视节目(作品),以及通过电台、电视台、卫星通信、互联网、有线电视等无线或有线装置播映广播影视节目(作品)的业务活动。

(8)商务辅助服务。

商务辅助服务,包括企业管理服务、经纪代理服务、人力资源服务、安全保护服务。

①企业管理服务,是指提供总部管理、投资与资产管理、市场管理、物业管理、日常综合管理等服务的业务活动。

②经纪代理服务,是指各类经纪、中介、代理服务。包括金融代理、知识产权代理、货物运输代理、代理报关、法律代理、房地产中介、职业中介、婚姻中介、代理记账、拍卖等。

货物运输代理服务,是指接受货物收货人、发货人、船舶所有人、船舶承租人或者船舶经营人的委托,以委托人的名义,为委托人办理货物运输、装卸、仓储和船舶进出港口、引航、靠泊等相关手续的业务活动。

代理报关服务,是指接受进出口货物的收、发货人委托,代为办理报关手续的业务活动。

拍卖行受托拍卖取得的手续费或佣金收入,按照"经纪代理服务"缴纳增值税。

③人力资源服务,是指提供公共就业、劳务派遣、人才委托招聘、劳动力外包等服务的业务活动。

④安全保护服务，是指提供保护人身安全和财产安全，维护社会治安等的业务活动。包括场所住宅保安、特种保安、安全系统监控以及其他安保服务。

纳税人提供武装守护押运服务，按照"安全保护服务"缴纳增值税。

（9）其他现代服务。

其他现代服务，是指除研发和技术服务、信息技术服务、文化创意服务、物流辅助服务、租赁服务、鉴证咨询服务、广播影视服务和商务辅助服务以外的现代服务。

纳税人对安装运行后的机器设备提供的维护保养服务，按照"其他现代服务"缴纳增值税。

自2018年1月1日起，纳税人为客户办理退票而向客户收取的退票费、手续费等收入，按照"其他现代服务"缴纳增值税。

6. 生活服务

生活服务，是指为满足城乡居民日常生活需求提供的各类服务活动。包括文化体育服务、教育医疗服务、旅游娱乐服务、餐饮住宿服务、居民日常服务和其他生活服务。

（1）文化体育服务。

文化体育服务，包括文化服务和体育服务。

①文化服务，是指为满足社会公众文化生活需求提供的各种服务。包括文艺创作、文艺表演、文化比赛，图书馆的图书和资料借阅，档案馆的档案管理，文物及非物质遗产保护，组织举办宗教活动、科技活动、文化活动，提供游览场所。

②体育服务，是指组织举办体育比赛、体育表演、体育活动，以及提供体育训练、体育指导、体育管理的业务活动。

纳税人在游览场所经营索道、摆渡车、电瓶车、游船等取得的收入，按照"文化体育服务"缴纳增值税。

（2）教育医疗服务。

教育医疗服务，包括教育服务和医疗服务。

①教育服务，是指提供学历教育服务、非学历教育服务、教育辅助服务的业务活动。

学历教育服务，是指根据教育行政管理部门确定或者认可的招生和教学计划组织教学，并颁发相应学历证书的业务活动。包括初等教育、初级中等教育、高级中等教育、高等教育等。

非学历教育服务，包括学前教育、各类培训、演讲、讲座、报告会等。

教育辅助服务，包括教育测评、考试、招生等服务。

②医疗服务，是指提供医学检查、诊断、治疗、康复、预防、保健、接生、计划生育、防疫服务等方面的服务，以及与这些服务有关的提供药品、医用材料器具、救护车、病房住宿和伙食的业务。

（3）旅游娱乐服务。

旅游娱乐服务，包括旅游服务和娱乐服务。

①旅游服务，是指根据旅游者的要求，组织安排交通、游览、住宿、餐饮、购物、文娱、商务等服务的业务活动。

②娱乐服务，是指为娱乐活动同时提供场所和服务的业务。具体包括歌厅、舞厅、夜总会、酒吧、台球、高尔夫球、保龄球、游艺（包括射击、狩猎、跑马、游戏机、蹦极、卡丁车、热气

球、动力伞、射箭、飞镖)。

(4)餐饮住宿服务。

餐饮住宿服务,包括餐饮服务和住宿服务。

①餐饮服务,是指通过同时提供饮食和饮食场所的方式为消费者提供饮食消费服务的业务活动。

提供餐饮服务的纳税人销售的外卖食品,按照"餐饮服务"缴纳增值税。纳税人现场制作食品并直接销售给消费者,按照"餐饮服务"缴纳增值税。

②住宿服务,是指提供住宿场所及配套服务等的活动。包括宾馆、旅馆、旅社、度假村和其他经营性住宿场所提供的住宿服务。

纳税人以长(短)租形式出租酒店式公寓并提供配套服务的,按照"住宿服务"缴纳增值税。

(5)居民日常服务。

居民日常服务,是指主要为满足居民个人及其家庭日常生活需求提供的服务,包括市容市政管理、家政、婚庆、养老、殡葬、照料和护理、救助救济、美容美发、按摩、桑拿、氧吧、足疗、沐浴、洗染、摄影扩印等服务。

(6)其他生活服务。

其他生活服务,是指除文化体育服务、教育医疗服务、旅游娱乐服务、餐饮住宿服务和居民日常服务之外的生活服务。

纳税人提供植物养护服务,按照"其他生活服务"缴纳增值税。

(四)销售无形资产

销售无形资产,是指有偿转让无形资产所有权或者使用权的业务活动。

无形资产,是指不具实物形态,但能带来经济利益的资产,包括技术、商标、著作权、商誉、自然资源使用权和其他权益性无形资产。

技术,包括专利技术和非专利技术。

自然资源使用权,包括土地使用权、海域使用权、探矿权、采矿权、取水权和其他自然资源使用权。

纳税人通过省级土地行政主管部门设立的交易平台转让补充耕地指标,按照销售无形资产缴纳增值税,税率为6%。补充耕地指标,是指根据《中华人民共和国土地管理法》及国务院土地行政主管部门《耕地占补平衡考核办法》的有关要求,经省级土地行政主管部门确认,用于耕地占补平衡的指标。

其他权益性无形资产,包括基础设施资产经营权、公共事业特许权、配额、经营权(包括特许经营权、连锁经营权、其他经营权)、经销权、分销权、代理权、会员权、席位权、网络游戏虚拟道具、域名、名称权、肖像权、冠名权、转会费等。

(五)销售不动产

销售不动产,是指有偿转让不动产所有权的业务活动。

不动产,是指不能移动或者移动后会引起性质、形状改变的财产,包括建筑物、构筑物等。建筑物,包括住宅、商业营业用房、办公楼等可供居住、工作或者进行其他活动的建造物。构筑物,包括道路、桥梁、隧道、水坝等建造物。

转让建筑物有限产权或者永久使用权的,转让在建的建筑物或者构筑物所有权的,以及在转让建筑物或者构筑物时一并转让其所占土地的使用权的,按照销售不动产缴纳增值税。

有偿,是指取得货币、货物或者其他经济利益。

(六)金融服务

金融服务,是指经营金融保险的业务活动。包括贷款服务、直接收费金融服务、保险服务和金融商品转让。

1. 贷款服务

贷款,是指将资金贷与他人使用而取得利息收入的业务活动。

各种占用、拆借资金取得的收入,包括金融商品持有期间(含到期)利息(保本收益、报酬、资金占用费、补偿金等)收入、信用卡透支利息收入、买入返售金融商品利息收入、融资融券收取的利息收入,以及融资性售后回租、押汇、罚息、票据贴现、转贷等业务取得的利息及利息性质的收入,按照"贷款服务"缴纳增值税。

"保本收益、报酬、资金占用费、补偿金",是指合同中明确承诺到期本金可全部收回的投资收益。金融商品持有期间(含到期)取得的非保本的上述收益,不属于利息或利息性质的收入,不征收增值税。

融资性售后回租,是指承租方以融资为目的,将资产出售给从事融资性售后回租业务的企业后,从事融资性售后回租业务的企业将该资产出租给承租方的业务活动。

以货币资金投资收取的固定利润或者保底利润,按照"贷款服务"缴纳增值税。

2. 直接收费金融服务

直接收费金融服务,是指为货币资金融通及其他金融业务提供相关服务并且收取费用的业务活动。包括提供货币兑换、账户管理、电子银行、信用卡、信用证、财务担保、资产管理、信托管理、基金管理、金融交易场所(平台)管理、资金结算、资金清算、金融支付等服务。

3. 保险服务

保险服务,是指投保人根据合同约定,向保险人支付保险费,保险人对于合同约定的可能发生的事故因其发生所造成的财产损失承担赔偿保险金责任,或者当被保险人死亡、伤残、疾病或者达到合同约定的年龄、期限等条件时承担给付保险金责任的商业保险行为。包括人身保险服务和财产保险服务。

人身保险服务,是指以人的寿命和身体为保险标的的保险业务活动。

财产保险服务,是指以财产及其有关利益为保险标的的保险业务活动。

4. 金融商品转让

金融商品转让,是指转让外汇、有价证券、非货物期货和其他金融商品所有权的业务活动。

其他金融商品转让包括基金、信托、理财产品等各类资产管理产品和各种金融衍生品的转让。

纳税人购入基金、信托、理财产品等各类资产管理产品持有至到期,不属于"金融商品转让"。

纳税人转让因同时实施股权分置改革和重大资产重组而首次公开发行股票并上市形成的限售股,以及上市首日至解禁日期间由上述股份孳生的送、转股,以该上市公司股票上市首日开盘价为买入价,按照"金融商品转让"缴纳增值税。

(七)进口货物

进口货物,是指申报进入我国海关境内的货物。确定一项货物是否属于进口货物,必须看其是否办理了报关进口手续。通常,境外产品要输入境内,必须向我国海关申报进口,并办理有关报关手续。只要是报关进口的应税货物,均属于增值税征税范围。

二、境内销售的界定

(一)境内销售货物

境内销售货物,是指货物的起运地或者所在地在境内。

(二)境内销售服务、无形资产或不动产

在境内销售服务、无形资产或不动产,是指:

1. 服务(租赁不动产除外)或者无形资产(自然资源使用权除外)的销售方或者购买方在境内。

2. 所销售或者租赁的不动产在境内。

3. 所销售自然资源使用权的自然资源在境内。

4. 财政部和国家税务总局规定的其他情形。

(三)不属于在境内销售服务或无形资产

1. 下列情形不属于在境内销售服务或无形资产:

(1)境外单位或者个人向境内单位或者个人销售完全在境外发生的服务。

(2)境外单位或者个人向境内单位或者个人销售完全在境外使用的无形资产。

(3)境外单位或者个人向境内单位或者个人出租完全在境外使用的有形动产。

(4)财政部和国家税务总局规定的其他情形。

2. 境外单位或者个人发生的下列行为不属于在境内销售服务或者无形资产:

(1)为出境的函件、包裹在境外提供的邮政服务、收派服务。

(2)向境内单位或者个人提供的工程施工地点在境外的建筑服务、工程监理服务。

(3)向境内单位或者个人提供的工程、矿产资源在境外的工程勘察勘探服务。

(4)向境内单位或者个人提供的会议展览地点在境外的会议展览服务。

3. 境内单位和个人作为工程分包方,为施工地点在境外的工程项目提供建筑服务,从境内工程总承包方取得的分包款收入,视同从境外取得收入。

三、视同销售的征税规定

(一)视同销售货物

单位或者个体工商户的下列行为,视同销售货物:

1. 将货物交付其他单位或者个人代销。

2. 销售代销货物。

3. 设有两个以上机构并实行统一核算的纳税人,将货物从一个机构移送其他机构用于销售,但相关机构设在同一县(市)的除外。

用于销售,是指受货机构发生以下情形之一的经营行为:

(1)向购货方开具发票。

(2)向购货方收取货款。

受货机构的货物移送行为有上述(1)、(2)两项情形之一的,应当向所在地税务机关缴纳增值税;未发生上述两项情形的,则应由总机构统一缴纳增值税。

如果受货机构只就部分货物向购买方开具发票或收取货款,则应当区别不同情况计算并分别向总机构所在地或分支机构所在地税务机关缴纳税款。

4. 将自产或者委托加工的货物用于非增值税应税项目。

5. 将自产、委托加工的货物用于集体福利或个人消费。

6. 将自产、委托加工或购进的货物作为投资,提供给其他单位或个体工商户。

7. 将自产、委托加工或购进的货物分配给股东或投资者。

8. 将自产、委托加工或购进的货物无偿赠送给其他单位或者个人。

(二)视同销售服务、无形资产或者不动产

下列情形视同销售服务、无形资产或者不动产:

1. 单位或者个体工商户向其他单位或者个人无偿提供服务,但用于公益事业或者以社会公众为对象的除外。

2. 单位或者个人向其他单位或者个人无偿转让无形资产或者不动产,但用于公益事业或者以社会公众为对象的除外。

3. 财政部和国家税务总局规定的其他情形。

纳税人出租不动产,租赁合同中约定免租期的,不属于视同销售服务。

对上述行为视同销售,按规定计算销售额并征收增值税。一是为了防止通过这些行为逃避纳税,造成税基被侵蚀,税款流失;二是为了避免税款抵扣链条的中断,导致各环节间税负的不均衡,形成重复征税。

四、混合销售和兼营行为的征税规定

(一)混合销售

一项销售行为如果既涉及货物又涉及服务,为混合销售。从事货物的生产、批发或者零售的单位和个体工商户的混合销售行为,按照销售货物缴纳增值税;其他单位和个体工商户的混合销售行为,按照销售服务缴纳增值税。

上述从事货物的生产、批发或者零售的单位和个体工商户,包括以从事货物的生产、批发或者零售为主,并兼营销售服务的单位和个体工商户在内。

自 2017 年 5 月 1 日起,纳税人销售活动板房、机器设备、钢结构件等自产货物的同时提供建筑、安装服务,不属于混合销售,应分别核算货物和建筑服务的销售额,分别适用不同的税率或者征收率。

(二)兼营行为

兼营行为,是指纳税人的经营范围既包括销售货物和劳务,又包括销售服务、无形资产或者不动产。

1. 纳税人销售货物、劳务、服务、无形资产或者不动产适用不同税率或者征收率的,应当分别核算适用不同税率或者征收率的销售额,未分别核算销售额的,按照以下方法适用税率或者征收率:

(1)兼有不同税率的销售货物、劳务、服务、无形资产或者不动产,从高适用税率。

(2)兼有不同征收率的销售货物、劳务、服务、无形资产或者不动产,从高适用征收率。

（3）兼有不同税率和征收率的销售货物、劳务、服务、无形资产或者不动产，从高适用税率。

2. 纳税人兼营免税、减税项目的，应当分别核算免税、减税项目的销售额；未分别核算的，不得减税、免税。

（三）混合销售与兼营的不同点及其税务处理的规定

混合销售与兼营，区别是混合销售强调的是在同一项销售行为中存在着不同类别经营项目的混合，销售货款及服务价款是同时从一个购买方取得的；兼营强调的是在同一纳税人的经营活动中存在着不同类别经营项目，但这不同类别经营项目不是在同一项销售行为中发生。

混合销售与兼营是两个不同的税收概念，因此，在税务处理上的规定也不同。混合销售的纳税主要原则是按"经营主业"划分，分别按照"销售货物""销售服务"等不同应税交易征收增值税。兼营的纳税原则是分别核算、分别按照适用税率或征收率征收增值税；对兼营行为不分别核算的，从高适用税率或征收率征收增值税。

五、特殊销售的征税规定

（一）执罚部门和单位查处的商品

执罚部门和单位查处的属于一般商业部门经营的商品，具备拍卖条件的，由执罚部门或单位商同级财政部门同意后，公开拍卖。其拍卖收入作为罚没收入由执罚部门和单位如数上缴财政，不予征税。对经营单位购入拍卖物品再销售的，应照章征收增值税。

执罚部门和单位查处的属于一般商业部门经营的商品，不具备拍卖条件的，由执罚部门、财政部门、国家指定销售单位会同有关部门按质论价，交出国家指定销售单位纳入正常销售渠道变价处理。执罚部门按商定价格所取得的变价收入作为罚没收入如数上缴财政，不予征税。国家指定销售单位将罚没物品纳入正常销售渠道销售的，应照章征收增值税。

执罚部门和单位查处的属于专管机关管理或专管企业经营的财物，如金银（不包括金银首饰）、外币、有价证券、非禁止出口文物，应交由专管机关或专营企业收兑或收购。执罚部门和单位按收兑或收购价所取得的收入作为罚没收入如数上缴财政，不予征税。专管机关或专营企业经营上述物品中属于应征增值税的货物，应照章征收增值税。

（二）预付卡业务

1. 单用途商业预付卡（单用途卡）。

（1）单用途卡发卡企业或者售卡企业（以下统称售卡方）销售单用途卡，或者接受单用途卡持卡人充值取得的预收资金，不缴纳增值税。售卡方可按照规定，向购卡人、充值人开具增值税普通发票，不得开具增值税专用发票。

单用途卡，是指发卡企业按照国家有关规定发行的，仅限于在本企业、本企业所属集团或者同一品牌特许经营体系内兑付货物或者服务的预付凭证。

发卡企业，是指按照国家有关规定发行单用途卡的企业。售卡企业，是指集团发卡企业或者品牌发卡企业指定的，承担单用途卡销售、充值、挂失、换卡、退卡等相关业务的本集团或同一品牌特许经营体系内的企业。

（2）售卡方因发行或者销售单用途卡并办理相关资金收付结算业务取得的手续费、结算费、服务费、管理费等收入，应按照现行规定缴纳增值税。

(3)持卡人使用单用途卡购买货物或服务时,货物或者服务的销售方应按照现行规定缴纳增值税,且不得向持卡人开具增值税发票。

(4)销售方与售卡方不是同一个纳税人的,销售方在收到售卡方结算的销售款时,应向售卡方开具增值税普通发票,并在备注栏注明"收到预付卡结算款",不得开具增值税专用发票。

售卡方从销售方取得的增值税普通发票,作为其销售单用途卡或接受单用途卡充值取得预收资金不缴纳增值税的凭证,留存备查。

2. 支付机构预付卡(多用途卡)。

(1)支付机构销售多用途卡取得的等值人民币资金,或者接受多用途卡持卡人充值取得的充值资金,不缴纳增值税。支付机构可按照规定,向购卡人、充值人开具增值税普通发票,不得开具增值税专用发票。

支付机构,是指取得中国人民银行核发的《支付业务许可证》,获准办理"预付卡发行与受理"业务的发卡机构和获准办理"预付卡受理"业务的受理机构。

多用途卡,是指发卡机构以特定载体和形式发行的,可在发卡机构之外购买货物或服务的预付价值。

(2)支付机构因发行或者受理多用途卡并办理相关资金收付结算业务取得的手续费、结算费、服务费、管理费等收入,应按照现行规定缴纳增值税。

(3)持卡人使用多用途卡,向与支付机构签署合作协议的特约商户购买货物或服务,特约商户应按照现行规定缴纳增值税,且不得向持卡人开具增值税发票。

(4)特约商户收到支付机构结算的销售款时,应向支付机构开具增值税普通发票,并在备注栏注明"收到预付卡结算款",不得开具增值税专用发票。

支付机构从特约商户取得的增值税普通发票,作为其销售多用途卡或接受多用途卡充值取得预收资金不缴纳增值税的凭证,留存备查。

3. 发售加油卡、加油凭证销售成品油的纳税人在售卖加油卡、加油凭证时,应按预收账款方法作相关账务处理,不征收增值税。

六、不征收增值税的规定

下列情形不征收增值税。

1. 代为收取的同时满足以下条件的政府性基金或者行政事业性收费:

(1)由国务院或者财政部批准设立的政府性基金,由国务院或者省级人民政府及其财政、价格主管部门批准设立的行政事业性收费;

(2)收取时开具省级以上(含省级)财政部门监(印)制的财政票据;

(3)所收款项全额上缴财政。

2. 单位或者个体工商户聘用的员工为本单位或者雇主提供取得工资的服务。

3. 单位或者个体工商户为聘用的员工提供服务。

4. 各党派、共青团、工会、妇联、中科协、青联、台联、侨联收取党费、团费、会费,以及政府间国际组织收取会费,属于非经营活动,不征收增值税。

5. 存款利息。

6. 被保险人获得的保险赔付。

7. 财政部和国家税务总局规定的其他情形。

(1)纳税人根据国家指令无偿提供的铁路运输服务、航空运输服务,属于《营业税改征增值税试点实施办法》(财税〔2016〕36号附件1)规定的以公益活动为目的的服务,不征收增值税。

(2)房地产主管部门或者其指定机构、公积金管理中心、开发企业以及物业管理单位代收的住宅专项维修资金。

(3)纳税人在资产重组过程中,通过合并、分立、出售、置换等方式,将全部或者部分实物资产以及与其相关联的债权、负债和劳动力一并转让给其他单位和个人,不属于增值税的征税范围,其中涉及的货物转让,不动产、土地使用权转让行为,不征收增值税。

将全部或者部分实物资产以及与其相关联的债权、负债经多次转让后,最终的受让方与劳动力接收方为同一单位和个人的,也不属于增值税的征税范围,其中货物的多次转让,不征收增值税。

(4)自2020年1月1日起,纳税人取得的财政补贴收入,与其销售货物、劳务、服务、无形资产、不动产的收入或者数量直接挂钩的,应按规定计算缴纳增值税。纳税人取得的其他情形的财政补贴收入,不属于增值税应税收入,不征收增值税。

第四节 税率和征收率

一、增值税税率概述

(一)增值税税率体现着应税交易的整体税负

增值税税率是按照应税交易的整体税负设计的,用应税交易的销售额乘以增值税税率,即该交易在这一环节所负担的全部增值税税额(包括本环节的应纳税额及以前环节的已纳税额)。这种设计税率的方法用公式表示如下:

$$\frac{增值税}{税率} = \frac{应税交易在本环节的应纳税额 + 以前环节的已纳税额}{应税交易在本环节的销售额} \times 100\%$$

根据应税交易的销售额和增值税税率,即可计算出该项交易到本环节为止所应承担的全部税额。从全部税额中扣除以前环节已纳的税额就是该交易在本环节新增价值部分所应承担的税额。这种设计税率的方法以及从全部应纳税额中扣除以前环节已纳税额的计税方式,使增值税成为一种全新的货物劳务税。这种货物劳务税既能保证财政收入,又彻底排除了重复征税。

(二)增值税税率的基本原则

确定增值税税率的基本原则,应是尽可能减少税率档次,或者说不宜采取过多档次的税率。这是由增值税实行税款抵扣的计税方法及其税收中性的特征所决定的。

第一,税率档次过多,必然带来在计算增值税时需要划分应税交易属于哪一档税率的问题,有时会无法确定。多税率会使增值税的计算极为复杂,特别是对应税交易繁多的商业企业采用多税率,困难会更多。

第二,多税率容易出现低征高扣或高征低扣的情况,导致销项税额与进项税额的计算十分复杂。计算的复杂不仅给纳税人的申报带来困难,还给税务机关的征管及有关部门的审计带来很多困难。此外,多税率在其他方面还存在着一些负面影响。因此,凡实行增值税的国家都尽量减少税率档次。

第三,多税率会使增值税失去税收中性的特征。增值税属于中性税种,主要体现普遍调节、公平税负和保证财政收入的作用。其调节经济的作用非常有限,为弥补这一不足,许多实行增值税的国家在开征增值税的同时往往都辅之以其他间接税,通过一个合理的货物劳务税体系使税收的财政职能和经济职能都能得到较好的发挥。增值税与其他间接税的配合主要是采取交叉征收或者平行征收的税制模式,但在同一个国家,这种配合关系并不一定是单一的,两种模式可同时存在。如在德国、比利时和中国,增值税与其他货物劳务税,既存在交叉征收又存在平行征收。与其他间接税相配合的税制模式,使增值税可以不承担调节经济的任务,因而其税率档次可以少一些,甚至可采取单一税率。

（三）增值税税率的类型

基于上述原因,实行增值税的国家一般都采用两档至三档税率,最少的只有一档。从世界各国设置增值税税率的情况看,税率一般有以下几种类型。

1. 基本税率,也称标准税率。这是各个国家根据本国生产力发展水平、财政政策的需要、消费者的承受能力并考虑到历史上货物劳务税税负水平后确定的,适用于绝大多数应税货物和劳务的税率。

2. 低税率,即对基本生活用品和劳务确定的适用税率。由于增值税税负最终构成消费者的支出,因此,设置低税率的根本目的是鼓励某些货物或劳务的消费,或者说是为了照顾消费者的利益,保证消费者对基本生活用品的消费。设置低税率的目的决定了各国对低税率货物和劳务的选择具有一致性,即一般都是对属于生活必需品的货物和劳务实行低税率,并对实行低税率的货物和劳务采取在税制中单独列举品目的方式。一般来说,采用低税率的货物和劳务不宜过多,否则会影响增值税发挥其应有的作用。

3. 高税率,即对奢侈品、非生活必需品或劳务确定的适用税率。采用高税率是为了发挥增值税的宏观调控作用,限制某些货物和劳务的消费,增加财政收入。和低税率一样,各国对高税率货物和劳务的选择也具有一致性并在税制中单独列举,采用高税率的货物和劳务也不宜过多。

4. 零税率。一般来说,各国增值税都规定有零税率,其实施范围主要是出口货物。

如果不包括对出口货物实施的零税率在内,一般来说,实行增值税的国家凡采取两档税率的,大多是一个基本税率,一个低税率;凡采取三档税率的,大多是一个基本税率,一个低税率和一个高税率,或者是一个基本税率,两个低税率;有少数国家采用三档以上的税率。近些年采用单一税率的国家已越来越多。

二、我国增值税的税率

（一）13%税率

纳税人销售货物、劳务、有形动产租赁服务或者进口货物,适用税率为13%。

（二）9%税率

纳税人销售交通运输、邮政、基础电信、建筑、不动产租赁服务,销售不动产,转让土地使用权,销售或者进口农产品等货物适用税率为9%。

(三)6%税率

纳税人销售服务、无形资产以及增值电信服务,除另有规定外适用税率为6%。

(四)零税率

出口货物、劳务或者境内单位和个人跨境销售服务、无形资产、不动产,税率为零。

为贯彻落实党中央、国务院决策部署,推进增值税实质性减税,我国于2017年7月1日后多次下调增值税一般纳税人适用税率,自2019年4月1日起,我国增值税采用13%、9%、6%三档税率和零税率形式。2017年7月1日以后我国增值税税率调整情况如表2-3所示。

表2-3　　　　　　　　　2017年7月1日以后我国增值税税率调整情况

项目		调整时点			
		2017年7月1日	2018年5月1日	2019年4月1日	2019年4月1日后
销售或者进口货物(另有列举的货物除外)、销售劳务		17%	17%→16%	16%→13%	13%
销售或进口农产品(含粮食)、自来水、暖气、石油液化气、天然气、食用植物油、冷气、热水、煤气、居民用煤炭制品、食用盐、农机、饲料、农药、农膜、化肥、沼气、二甲醚、图书、报纸、杂志、音像制品、电子出版物及国务院规定的其他货物		13%→11%	11%→10%	10%→9%	9%
交通运输服务	陆路、水路、航空、管道、无运输工具承运	11%	11%→10%	10%→9%	9%
邮政服务	邮政普遍服务、邮政特殊服务、其他邮政服务	11%	11%→10%	10%→9%	9%
电信服务	基础电信服务	11%	11%→10%	10%→9%	9%
	增值电信服务	6%			
建筑服务	工程服务、安装服务、修缮服务、装饰服务和其他建筑服务	11%	11%→10%	10%→9%	9%
销售不动产	转让建筑物、构筑物等不动产所有权	11%	11%→10%	10%→9%	9%
金融服务	贷款服务、直接收费金融服务、保险服务、金融商品转让	6%			
现代服务	研发和技术服务、信息技术服务、文化创意服务、物流辅助服务、鉴证咨询服务、广播影视服务、商务辅助服务、其他现代服务	6%			
	有形动产租赁服务	17%	17%→16%	16%→13%	13%
	不动产租赁服务	11%	11%→10%	10%→9%	9%
生活服务	文化体育服务、教育医疗服务、旅游娱乐服务、餐饮住宿服务、居民日常服务、其他生活服务	6%			
销售无形资产	转让技术、商标、著作权、商誉、自然资源和其他权益性无形资产使用权或所有权	6%			
	转让土地使用权	11%	11%→10%	10%→9%	9%

注:本表根据截至2024年3月31日的相关政策整理。

三、我国增值税的征收率

《增值税暂行条例》规定，小规模纳税人发生应税销售行为，实行按照销售额和征收率计算应纳税额的简易办法；一般纳税人选择适用简易计税方法的，也可按此法计算纳税。

目前，我国增值税征收率为3%和5%。此外，还有预征率的形式（详见本章第八节）。

增值税法定征收率为3%，简易计税情形下部分应税销售行为适用5%的征收率，对于一些特定应税销售行为，我国税法规定按上述两种征收率减征，如个人出租住房，应按照5%的征收率减按1.5%计算应纳税额（详见本章第八节）。

四、9%税率货物适用的范围

（一）农业产品

农业产品是指种植业、养殖业、林业、牧业、水产业生产的各种植物、动物的初级产品。

1. 植物类

植物类包括人工种植和天然生长的各种植物的初级产品。具体征税范围为以下11项。

（1）粮食。

粮食的征税范围包括小麦、稻谷、玉米、高粱、谷子和其他杂粮（如大麦、燕麦等），以及经碾磨、脱壳等工艺加工后的粮食（如面粉、米、玉米面、玉米渣等）。切面、饺子皮、馄饨皮、面皮、米粉等粮食复制品，玉米胚芽，也属于本货物的征税范围。

玉米浆、玉米皮、玉米纤维（又称喷浆玉米皮）和玉米蛋白粉不属于初级农产品，也不属于《财政部　国家税务总局关于饲料产品免征增值税问题的通知》（财税〔2001〕121号）中免税饲料的范围，适用13%的增值税税率。

以粮食为原料加工的速冻食品、方便面、副食品和各种熟食品及淀粉，不属于本货物的征税范围。

（2）蔬菜。

蔬菜的征税范围包括各种蔬菜、菌类植物和少数可作副食的木科植物。

经晾晒、冷藏、冷冻、包装、脱水等工序加工的蔬菜、腌菜、咸菜、酱菜和盐渍蔬菜等，也属于本货物的征税范围。

各种蔬菜罐头不属于本货物的征税范围。

（3）烟叶。

烟叶的征税范围包括晒烟叶、晾烟叶和初烤烟叶。

（4）茶叶。

茶叶的征税范围包括各种毛茶（如红毛茶、绿毛茶、乌龙毛茶、白毛茶、黑毛茶等）。精制茶、边销茶及掺兑各种药物的茶和茶饮料，不属于本货物的征税范围。

（5）园艺植物。

园艺植物是指可供食用的果实，如水果、果干（如荔枝干、桂圆干、葡萄干等）、干果、果仁、果用瓜（如甜瓜、西瓜、哈密瓜等），以及胡椒、花椒、大料、咖啡豆等。经冷冻、冷藏、包装等工序加工的园艺植物，也属于本货物的征税范围。

各种水果罐头、果脯、蜜饯、炒制的果仁、坚果、碾磨后的园艺植物（如胡椒粉、花椒粉等），不属于本货物的征税范围。

（6）药用植物。

药用植物是指用作中药原药的各种植物的根、茎、皮、叶、花、果实等。

利用上述药用植物加工制成的片、丝、块、段等中药饮片，也属于本货物的征税范围。

中成药不属于本货物的征税范围。

（7）油料植物。

油料植物是指主要用作榨取油脂的各种植物的根、茎、叶、果实、花或者胚芽组织等初级产品，如菜子（包括芥菜子）、花生、大豆、葵花子、蓖麻子、芝麻子、胡麻子、茶子、桐子、橄榄仁、棕榈仁、棉籽等。

提取芳香油的芳香油料植物，也属于本货物的征税范围。

（8）纤维植物。

纤维植物是指利用其纤维作纺织、造纸原料或者绳索的植物，如棉（包括籽棉、皮棉、絮棉）、大麻、黄麻、槿麻、苎麻、苘麻、亚麻、罗布麻、蕉麻、剑麻等。

棉短绒和麻纤维经脱胶后的精干（洗）麻，也属于本货物的征税范围。

（9）糖料植物。

糖料植物是指主要用作制糖的各种植物，如甘蔗、甜菜等。

（10）林业产品。

林业产品是指乔木、灌木和竹类植物，以及天然树脂、天然橡胶。林业产品的征税范围包括原木、原竹、天然树脂和其他林业产品。盐水竹笋也属于本货物的征税范围。锯材、竹笋罐头不属于本货物的征税范围。

（11）其他植物。

其他植物是指除上述列举植物以外的其他各种人工种植和野生的植物，如树苗、花卉、植物种子、植物叶子、草、麦秸、豆类、薯类、藻类植物等。

干花、干草、薯干、干制的藻类植物、农业产品的下脚料等，也属于本货物的征税范围。

2. 动物类

动物类包括人工养殖和天然生长的各种动物的初级产品。具体征税范围为以下5项。

（1）水产品。

水产品是指人工放养和人工捕捞的鱼、虾、蟹、鳖、贝类、棘皮类、软体类、腔肠类、海兽类动物。本货物的征税范围包括鱼、虾、蟹、鳖、贝类、棘皮类、软体类、腔肠类、海兽类、鱼苗（卵）、虾苗、蟹苗、贝苗（秧），以及经冷冻、冷藏、盐渍等防腐处理和包装的水产品。

干制的鱼、虾、蟹、贝类、棘皮类、软体类、腔肠类，如干鱼、干虾、干虾仁、干贝等，以及未加工成工艺品的贝壳、珍珠，也属于本货物的征税范围。

熟制的水产品和各类水产品的罐头，不属于本货物的征税范围。

（2）畜牧产品。

畜牧产品是指人工饲养、繁殖取得和捕获的各种畜禽。

①兽类、禽类和爬行类动物，如牛、马、猪、羊、鸡、鸭等。

②兽类、禽类和爬行类动物的肉产品。

各种兽类、禽类和爬行类动物的肉类生制品，如腊肉、腌肉、熏肉等，也属于本货物的征税范围。

各种肉类罐头、肉类熟制品，不属于本货物的征税范围。

③蛋类产品,是指各种禽类动物和爬行类动物的卵,包括鲜蛋、冷藏蛋。

经加工的咸蛋、松花蛋、腌制的蛋等,也属于本货物的征税范围。

各种蛋类的罐头,不属于本货物的征税范围。

④鲜奶,是指各种哺乳类动物的乳汁和经净化、杀菌等加工工序生产的乳汁。按照《食品安全国家标准——巴氏杀菌乳》(GB 19645—2010)生产的巴氏杀菌乳和按照《食品安全国家标准——灭菌乳》(GB 25190—2010)生产的灭菌乳,均属于初级农业产品,可依照鲜奶按9%税率征收增值税。

按照《食品安全国家标准——调制乳》(GB 25191—2010)生产的调制乳,不属于初级农业产品,应按照13%的税率征收增值税。

用鲜奶加工的各种奶制品,如酸奶、奶酪、奶油等,不属于本货物的征税范围。

(3)动物皮张。

动物皮张是指从各种动物(兽类、禽类和爬行类动物)身上直接剥取的,未经鞣制的生皮、生皮张。

将生皮、生皮张用清水、盐水或者防腐药水浸泡、刮里、脱毛、晒干或者熏干,未经鞣制的,也属于本货物的征税范围。

(4)动物毛绒。

动物毛绒是指未经洗净的各种动物的毛发、绒毛和羽毛。洗净毛、洗净绒等不属于本货物的征税范围。

(5)其他动物组织。

其他动物组织是指上述列举以外的兽类、禽类、爬行类动物的其他组织,以及昆虫类动物。

①蚕茧,包括鲜茧和干茧,以及蚕蛹。

②天然蜂蜜,是指采集的未经加工的天然蜂蜜、鲜蜂王浆等。

③动物树脂,如虫胶等。

④其他动物组织,如动物骨、动物骨粒、壳、兽角、动物血液、动物分泌物、蚕种、人工合成牛胚胎等。

(二)食用植物油

植物油是从植物根、茎、叶、果实、花或胚芽组织中加工提取的油脂。食用植物油仅指芝麻油、花生油、豆油、菜籽油、米糠油、葵花子油、棉籽油、玉米胚油、茶油、胡麻油以及以上述油为原料生产的混合油。棕榈油、核桃油、橄榄油、花椒油、杏仁油、葡萄籽油、牡丹籽油,也属于本货物的征税范围。

皂脚是碱炼动植物油脂时的副产品,不能食用,主要用作化学工业原料。因此,皂脚不属于食用植物油,应按照13%的税率征收增值税。

肉桂油、桉油、香茅油不属于农业产品的范围,适用13%的税率。

环氧大豆油、氢化植物油不属于食用植物油的范围,应适用13%的税率。

(三)食用盐

食用盐是指符合《食用盐》(GB/T 5461—2016)和《食用盐卫生标准》(GB 2721—2003)两项国家标准的食用盐。

（四）自来水

自来水是指自来水公司及工矿企业经抽取、过滤、沉淀、消毒等工序加工后，通过供水系统向用户供应的水。

农业灌溉用水、引水工程输送的水等，不属于本货物的范围。

（五）暖气、热水

暖气、热水是指利用各种燃料（如煤、石油、其他各种气体或固体、液体燃料）和电能将水加热，使之生成的气体和热水，以及开发自然热能，如开发地热资源或用太阳能生产的暖气、热气、热水。

利用工业余热生产、回收的暖气、热气和热水也属于本货物的范围。

（六）冷气

冷气是指为了调节室内温度，利用制冷设备生产的，并通过供风系统向用户提供的低温气体。

（七）煤气

煤气是指由煤、焦炭、半焦和重油等经干馏或汽化等生产过程所得气体产物的总称。煤气的范围包括：

1. 焦炉煤气，是指煤在炼焦炉中进行干馏所产生的煤气。

2. 发生炉煤气，是指用空气（或氧气）和少量的蒸汽将煤或焦炭、半焦，在煤气发生炉中进行汽化所产生的煤气、混合煤气、水煤气、单水煤气、双水煤气等。

3. 液化煤气，是指压缩成液体的煤气。

（八）石油液化气

石油液化气是指由石油加工过程中所产生的低分子量的烃类炼厂气经压缩而成的液体。主要成分是丙烷、丁烷、丁烯等。

（九）天然气

天然气是蕴藏在地层内的碳氢化合物可燃气体。主要含有甲烷、乙烷等低分子烷烃和丙烷、丁烷、戊烷及其他重质气态烃类。

天然气包括气田天然气、油田天然气、煤矿天然气和其他天然气。

（十）二甲醚

二甲醚是指化学分子式为 CH_3OCH_3，常温常压下为具有轻微醚香味，易燃、无毒、无腐蚀性的气体。

（十一）沼气

沼气，主要成分为甲烷，由植物残体在与空气隔绝的条件下经自然分解而成，沼气主要作燃料。

本货物的范围包括天然沼气和人工生产的沼气。

（十二）居民用煤炭制品

居民用煤炭制品是指煤球、煤饼、蜂窝煤和引火炭。

（十三）图书、报纸、杂志

图书、报纸、杂志是采用印刷工艺，按照文字、图画和线条原稿印刷成的纸制品。本货物的范围包括：

1. 图书，是指由国家新闻出版署批准的出版单位出版、采用国际标准书号编序的书籍以及图片。

2. 报纸,是指经国家新闻出版署批准,在各省、自治区、直辖市新闻出版部门登记,具有国内统一刊号(CN)的报纸。

3. 杂志,是指经国家新闻出版署批准,在各省、自治区、直辖市新闻出版管理部门登记,具有国内统一刊号(CN)的刊物。

国内印刷企业承印的经新闻出版主管部门批准印刷且采用国际标准书号编序的境外图书,属于"图书"的范围。

中小学课本配套产品(包括各种纸制品或图片),属于"图书"的范围。

(十四)音像制品

音像制品,是指正式出版的录有内容的录音带、录像带、唱片、激光唱盘和激光视盘。

(十五)电子出版物

电子出版物,是指以数字代码方式,使用计算机应用程序,将图文声像等内容信息编辑加工后存储在具有确定的物理形态的磁、光、电等介质上,通过内嵌在计算机、手机、电子阅读设备、电子显示设备、数字音/视频播放设备、电子游戏机、导航仪以及其他具有类似功能的设备上读取使用,具有交互功能,用以表达思想、普及知识和积累文化的大众传播媒体。载体形态和格式主要包括只读光盘(CD 只读光盘 CD – ROM、交互式光盘 CD – I、照片光盘 Photo – CD、高密度只读光盘 DVD – ROM、蓝光只读光盘 HD – DVD ROM 和 BD ROM)、一次写入式光盘(一次写入 CD 光盘 CD – R、一次写入高密度光盘 DVD – R、一次写入蓝光光盘 HD – DVD/R,BD – R)、可擦写光盘(可擦写 CD 光盘 CD – RW、可擦写高密度光盘 DVD – RW、可擦写蓝光光盘 HDDVD – RW 和 BD – RW、磁光盘 MO)、软磁盘(FD)、硬磁盘(HD)、集成电路卡(CF 卡、MD 卡、SM 卡、MMC 卡、RS – MMC 卡、MS 卡、SD 卡、XD 卡、T – Flash 卡、记忆棒)和各种存储芯片。

(十六)饲料

饲料是指用于动物饲养的产品或其加工品。本货物的范围包括单一大宗饲料、混合饲料、配合饲料、复合预混料、浓缩饲料。

直接用于动物饲养的粮食、饲料添加剂不属于本货物的范围。骨粉、鱼粉按"饲料"征收增值税。

豆粕、宠物饲料、饲用鱼油、矿物质微量元素舔砖、饲料级磷酸二氢钙产品按"饲料"征收增值税。

(十七)化肥

化肥是指经化学和机械加工制成的各种化学肥料。化肥的范围包括:

1. 化学氮肥,主要品种有尿素和硫酸铵、硝酸铵、碳酸氢铵、氯化铵、石灰氮、氨水、氨化硝酸钙等。

2. 磷肥,主要品种有磷矿粉、过磷酸钙(包括普通过磷酸钙和重过磷酸钙两种)、钙镁磷肥、钢渣磷肥等。

3. 钾肥,主要品种有硫酸钾、氯化钾等。

4. 复合肥料,是用化学方法合成或混配制成含有氮、磷、钾中的两种或两种以上的营养元素的肥料。含有两种的称二元复合肥料,含有三种的称三元复合肥料,也有含三种元素和某些其他元素的叫多元复合肥料。主要产品有硝酸磷肥、磷酸铵、磷酸二氢钾肥、钙镁磷钾肥、磷酸一铵、磷粉二铵、氮磷钾复合肥等。

5. 微量元素肥,是指含有一种或多种植物生长所必需的,但需要量又极少的营养元素的肥料,如硼肥、锰肥、锌肥、铜肥、钼肥等。

6. 其他肥,是指上述列举以外的其他化学肥料。

(十八) 农药

农药是指用于农林业防治病虫害、除草及调节植物生长的药剂。农药包括农药原药和农药制剂,如杀虫剂、杀菌剂、除草剂、植物生长调节剂、植物性农药、微生物农药、卫生用药、其他农药原药、制剂等。

用于人类日常生活的各种类型包装的日用卫生用药(如卫生杀虫剂、驱虫剂、驱蚊剂、蚊香、消毒剂等),不属于农药范围。

(十九) 农膜

农膜是指用于农业生产的各种地膜、大棚膜。

(二十) 农机

农机是指用于农业生产(包括林业、牧业、副业、渔业)的各种机器、机械化和半机械化农具以及小农具。农机的范围包括:

1. 拖拉机,是以内燃机为驱动牵引机具,从事作业和运载物资的机械;包括轮拖拉机、履带拖拉机、手扶拖拉机、机耕船。

2. 土壤耕整机械,是对土壤进行耕翻整理的机械,包括机引犁、机引耙、旋耕机、镇压器、联合整地器、合壤器、其他土壤耕整机械。

3. 农田基本建设机械,是指从事农田基本建设的专用机械,包括开沟筑埂机、开沟铺管机、铲抛机、平地机、其他农田基本建设机械。

4. 种植机械,是指将农作物种子或秧苗移植到适于作物生长的苗床机械,包括播作机、水稻插秧机、栽植机、地膜覆盖机、复式播种机、秧苗准备机械。

5. 植物保护和管理机械,是指农作物在生产过程中的管理、施肥、防治病虫害的机械,包括机动喷粉机、喷雾机(器)、弥雾喷粉机、修剪机、中耕除草机、播种中耕机、培土机具、施肥机。

6. 收获机械,是指收获各种农作物的机械,包括粮谷、棉花、薯类、甜菜、甘蔗、茶叶、油料等收获机。

7. 场上作业机械,是指对粮食作物进行脱粒、清选、烘干的机械设备,包括各种脱粒机、清选机、粮谷干燥机、种子精选机。

8. 排灌机械,是指用于农牧业排水、灌溉的各种机械设备,包括喷灌机、半机械化提水机具、打井机。

9. 农副产品加工机械,是指对农副产品进行初加工,加工后的产品仍属农副产品的机械;包括茶叶机械、剥壳机械、棉花加工机械(包括棉花打包机)、食用菌机械(培养木耳、蘑菇等)、小型粮谷机械。

以农副产品为原料加工工业产品的机械,不属于本货物的范围。

10. 农业运输机械,是指农业生产过程中所需的各种运输机械,包括人力车(不包括三轮运货车)、畜力车和拖拉机挂车。

农用汽车不属于本货物的范围。

11. 畜牧业机械,是指畜牧业生产中所用的各种机械,包括草原建设机械、牧业收获机械、饲料加工机械、畜禽饲养机械、畜产品采集机械。

12. 渔业机械,是指捕捞、养殖水产品所用的机械,包括捕捞机械、增氧机、饵料机。

机动渔船不属于本货物的范围。

13. 林业机械,是指用于林业的种植、育林的机械,包括清理机械、育林机械、林苗栽植机械。

森林砍伐机械、集材机械不属于本货物的范围。

14. 小农具,包括畜力犁、畜力耙、锄头和镰刀等农具。

农机零部件不属于本货物的征收范围。

15. 农用挖掘机、养鸡设备系列、养猪设备系列产品。

16. 动物尸体降解处理机、蔬菜清洗机。

动物尸体降解处理机是指采用生物降解技术将病死畜禽尸体处理成粉状有机肥原料,实现无害化处理的设备。

蔬菜清洗机是指用于农副产品加工生产的采用喷淋清洗、毛刷清洗、气泡清洗、淹没水射流清洗技术对完整或鲜切蔬菜进行清洗,以去除蔬菜表面污物、微生物及农药残留的设备。

17. 密集型烤房设备、频振式杀虫灯、自动虫情测报灯、粘虫板。

18. 卷帘机,是指用于农业温室、大棚,以电机驱动,对保温被或草帘进行自动卷放的机械设备,一般由电机、变速箱、联轴器、卷轴、悬臂、控制装置等部分组成。

19. 不带动力的手扶拖拉机(也称手扶拖拉机底盘)和三轮农用运输车(指以单缸柴油机为动力装置的三个车轮的农用运输车辆)属于农机的征收范围。

20. 农用水泵,是指主要用于农业生产的水泵,包括农村水井用泵、农田作业面潜水泵、农用轻便离心泵、与喷灌机配套的喷灌自吸泵。其他水泵不属于农机产品征税范围。

21. 农用柴油机,是指主要配套于农用拖拉机、田间作业机具、农副产品加工机械及排灌机械,以柴油为燃料的油缸数在3缸以下(含3缸)的往复式内燃动力机械。4缸以上(含4缸)柴油机不属于农机产品征税范围。

五、零税率的适用范围

1. 国际运输服务。

国际运输服务,是指:

(1)在境内载运旅客或者货物出境。

(2)在境外载运旅客或者货物入境。

(3)在境外载运旅客或者货物。

按照国家有关规定应取得相关资质的国际运输服务项目,纳税人取得相关资质的,适用增值税零税率政策,未取得的,适用增值税免税政策。

境内单位和个人以无运输工具承运方式提供的国际运输服务,由境内实际承运人适用增值税零税率;无运输工具承运业务的经营者适用增值税免税政策。

2. 航天运输服务。

3. 境外消费的服务。

向境外单位提供的完全在境外消费的下列服务：

(1)研发服务。

(2)合同能源管理服务。

(3)设计服务。

(4)广播影视节目(作品)的制作和发行服务。

(5)软件服务。

(6)电路设计及测试服务。

(7)信息系统服务。

(8)业务流程管理服务。

(9)离岸服务外包业务。离岸服务外包业务,包括信息技术外包服务(ITO)、技术性业务流程外包服务(BPO)、技术性知识流程外包服务(KPO),其所涉及的具体业务活动,按照《销售服务、无形资产、不动产注释》(财税〔2016〕36号附件1)相对应的业务活动执行。

(10)转让技术。

完全在境外消费,是指:①服务的实际接受方在境外,且与境内的货物和不动产无关;②无形资产完全在境外使用,且与境内的货物和不动产无关;③财政部和国家税务总局规定的其他情形。

4. 程租和期租、湿租服务零税率的适用。

境内的单位或个人提供程租服务,如果租赁的交通工具用于国际运输服务和港澳台地区运输服务,由出租方按规定申请适用增值税零税率。

境内的单位和个人向境内单位或个人提供期租、湿租服务,如果承租方利用租赁的交通工具向其他单位或个人提供国际运输服务和港澳台运输服务,由承租方适用增值税零税率。境内的单位或个人向境外单位或个人提供期租、湿租服务,出出租方适用增值税零税率。

5. 中国香港、澳门、台湾地区有关应税行为零税率的适用。

境内单位和个人发生的与香港、澳门、台湾有关的应税行为,除另有规定外,适用零税率。

6. 其他规定。

境内的单位和个人销售适用增值税零税率的服务或无形资产的,可以放弃适用增值税零税率,选择免税或按规定缴纳增值税。放弃适用增值税零税率后,36个月内不得再申请适用增值税零税率。

第五节 税 收 优 惠

一、法定免税项目

根据《增值税暂行条例》,下列项目免征增值税。

1. 农业生产者销售的自产农产品。

(1)农业生产者销售的自产农产品免征增值税。农业,是指种植业、养殖业、林业、牧业、水产业。农业生产者,包括从事农业生产的单位和个人。农产品,是指初级农产品,具体范围由财政部、国家税务总局确定。

（2）对农民个人按照竹器企业提供样品规格，自产或购买竹、芒、藤、木条等，再通过手工简单编织成竹制或竹芒藤柳混合坯具的，属于自产农业初级产品，应当免征销售环节增值税。

（3）自2010年12月1日起，制种企业在下列生产经营模式下生产销售种子，属于农业生产者销售自产农业产品，免征增值税：

①制种企业利用自有土地或承租土地，雇佣农户或雇工进行种子繁育，再经烘干、脱粒、风筛等深加工后销售种子。

②制种企业提供亲本种子委托农户繁育并从农户手中收回，再经烘干、脱粒、风筛等深加工后销售种子。

（4）自2013年4月1日起，纳税人采取"公司＋农户"经营模式从事畜禽饲养，纳税人回收再销售畜禽，属于农业生产者销售自产农产品，免征增值税。

"公司＋农户"经营模式销售畜禽是指纳税人与农户签订委托养殖合同，向农户提供畜禽苗、饲料、兽药及疫苗等（所有权属于公司），农户饲养畜禽苗至成品后交付纳税人回收，纳税人将回收的成品畜禽用于销售。

单位和个人销售的《农业产品征税范围注释》（财税字〔1995〕52号）所列的自产农业产品的范围参见本章第四节"四、9%税率货物适用的范围"中的"农业产品"。

2. 避孕药品和用具。

3. 古旧图书。

古旧图书，是指向社会收购的古书和旧书。

4. 外国政府、国际组织无偿援助的进口物资和设备。

5. 由残疾人的组织直接进口供残疾人专用的物品。

6. 销售的自己使用过的物品。

自己使用过的物品是指其他个人自己使用过的物品。

除上述规定外，增值税的免税、减税项目由国务院规定，任何地区、部门均不得规定免税、减税项目。

二、特定减免税项目

（一）销售货物

下列销售行为免征增值税。

1. 对承担粮食收储任务的国有粮食购销企业销售的粮食免征增值税。对其他粮食企业经营粮食，除下列项目免征增值税外，一律征收增值税：

（1）军队用粮，指凭军用粮票和军粮供应证按军供价供应中国人民解放军和中国人民武装警察部队的粮食。

（2）救灾救济粮，指经县（含）以上人民政府批准，凭救灾救济粮票（证）按规定的销售价格向需要救助的灾民供应的粮食。对粮食部门经营的退耕还林还草补助粮，凡符合国家规定标准的，比照"救灾救济粮"免征增值税。

（3）水库移民口粮，指经县（含）以上人民政府批准，凭水库移民口粮票（证）按规定的销售价格供应给水库移民的粮食。

2. 自 2014 年 5 月 1 日起,对承担粮食收储任务的国有粮食购销企业销售的粮食增值税免税政策适用范围由粮食扩大到粮食和大豆,并可对免税业务开具增值税专用发票。

3. 政府储备食用植物油的销售免征增值税。对其他销售食用植物油的业务,一律照章征收增值税。

4. 销售饲料免征增值税。饲料产品的范围包括:

(1)单一大宗饲料,指以一种动物、植物、微生物或矿物质为来源的产品或其副产品。其范围仅限于糠麸、酒糟、鱼粉、草饲料、饲料级磷酸氢钙及除豆粕以外的菜籽粕、棉籽粕、向日葵粕、花生粕等粕类产品。饲用鱼油、饲料级磷酸二氢钙也按照"单一大宗饲料"对待。其中,饲用鱼油自 2003 年 1 月 1 日起免征增值税,饲料级磷酸二氢钙自 2007 年 1 月 1 日起免征增值税。

(2)混合饲料,指由两种以上单一大宗饲料、粮食、粮食副产品及饲料添加剂按照一定的比例配制,其中单一大宗饲料、粮食及粮食副产品的掺兑比例不低于 95% 的饲料。

(3)配合饲料,指根据不同的饲养对象、饲养对象的不同生长发育阶段的营养需要,将多种饲料原料按饲料配方经工业生产后,形成的能满足饲养动物全部营养需要(除水分外)的饲料。自 2013 年 9 月 1 日起,精料补充料免征增值税。精料补充料,是指补充草食动物的营养,将多种饲料和饲料添加剂按照一定比例配制的饲料。

(4)复合预混料,指能够按照国家有关饲料产品的标准要求量,全面提供动物饲养相应阶段所需微量元素(4 种或以上)、维生素(8 种或以上),由微量元素、维生素、氨基酸和非营养性添加剂中任何两类或两类以上的组分与载体或稀释剂按一定比例配制的均匀混合物。

(5)浓缩饲料,指由蛋白质、复合预混料及矿物质等按一定比例配制的均匀混合物。

宠物饲料不属于免征增值税的饲料。

5. 蔬菜流通环节免征增值税。

自 2012 年 1 月 1 日起,对从事蔬菜批发、零售的纳税人销售的蔬菜免征增值税。

蔬菜是指可作副食的草本、木本植物,包括各种蔬菜、菌类植物和少数可作副食的木本植物。蔬菜的主要品种参照《蔬菜主要品种目录》(财税〔2011〕137 号附件)执行。

经挑选、清洗、切分、晾晒、包装、脱水、冷藏、冷冻等工序加工的蔬菜,属于《财政部 国家税务总局关于免征蔬菜流通环节增值税有关问题的通知》(财税〔2011〕137 号)所述蔬菜的范围。

纳税人既销售蔬菜又销售其他增值税应税货物的,应分别核算蔬菜和其他增值税应税货物的销售额;未分别核算的,不得享受蔬菜增值税免税政策。

6. 部分鲜活肉蛋产品流通环节免征增值税。

自 2012 年 10 月 1 日起,对从事农产品批发、零售的纳税人销售的部分鲜活肉蛋产品免征增值税。

免征增值税的鲜活肉产品,是指猪、牛、羊、鸡、鸭、鹅及其整块或者分割的鲜肉、冷藏或者冷冻肉,内脏、头、尾、骨、蹄、翅、爪等组织。

免征增值税的鲜活蛋产品,是指鸡蛋、鸭蛋、鹅蛋,包括鲜蛋、冷藏蛋以及对其进行破壳分离的蛋液、蛋黄和蛋壳。

上述产品中不包括《中华人民共和国野生动物保护法》所规定的国家珍贵、濒危野生动物及其鲜活肉类、蛋类产品。

从事农产品批发、零售的纳税人既销售规定的部分鲜活肉蛋产品又销售其他增值税应税货物的,应分别核算上述鲜活肉蛋产品和其他增值税应税货物的销售额;未分别核算的,不得享受部分鲜活肉蛋产品增值税免税政策。

7. 对供热企业向居民个人供热而取得的采暖费收入免征增值税。

向居民个人供热而取得的采暖费收入,包括供热企业直接向居民个人收取的、通过其他单位向居民个人收取的和由单位代居民个人缴纳的采暖费。

免征增值税的采暖费收入,应当按照规定单独核算。通过热力产品经营企业向居民个人供热的热力产品生产企业,应当根据热力产品经营企业实际从居民个人取得的采暖费收入占该经营企业采暖费总收入的比例,计算免征的增值税。

(二)销售服务

下列项目免征增值税。

1. 托儿所、幼儿园提供的保育和教育服务。

托儿所、幼儿园,是指经县级以上教育部门审批成立、取得办园许可证的实施0～6岁学前教育的机构,包括公办和民办的托儿所、幼儿园、学前班、幼儿班、保育院、幼儿院。

公办托儿所、幼儿园免征增值税的收入,是指在省级财政部门和价格主管部门审核报省级人民政府批准的收费标准以内收取的教育费、保育费。

民办托儿所、幼儿园免征增值税的收入,是指在报经当地有关部门备案并公示的收费标准范围内收取的教育费、保育费。

超过规定收费标准的收费,以开办实验班、特色班和兴趣班等为由另外收取的费用以及与幼儿入园挂钩的赞助费、支教费等超过规定范围的收入,不属于免征增值税的收入。

2. 养老机构提供的养老服务。

养老机构,包括依照《中华人民共和国老年人权益保障法》依法办理登记,并向民政部门备案的为老年人提供集中居住和照料服务的各类养老机构。

3. 残疾人福利机构提供的育养服务。

4. 婚姻介绍服务。

5. 殡葬服务。

殡葬服务,是指收费标准由各地价格主管部门会同有关部门核定,或者实行政府指导价管理的遗体接运(含抬尸、消毒)、遗体整容、遗体防腐、存放(含冷藏)、火化、骨灰寄存、吊唁设施设备租赁、墓穴租赁及管理等服务。

6. 残疾人员本人为社会提供的服务。

残疾人个人提供的加工、修理修配劳务,免征增值税。

7. 学生勤工俭学提供的服务。

8. 农业机耕、排灌、病虫害防治、植物保护、农牧保险以及相关技术培训业务,家禽、牲畜、水生动物的配种和疾病防治。

农业机耕,是指在农业、林业、牧业中使用农业机械进行耕作(包括耕耘、种植、收割、脱粒、植物保护等)的业务;排灌,是指对农田进行灌溉或者排涝的业务;病虫害防治,是指从事农业、林业、牧业、渔业的病虫害测报和防治的业务;农牧保险,是指为种植业、养殖业、牧业种植和饲养的动植物提供保险的业务;相关技术培训,是指与农业机耕、排灌、病虫害防治、植物保护业务相关以及为使农民获得农牧保险知识的技术培训业务。

家禽、牲畜、水生动物的配种和疾病防治业务的免税范围,包括与该项服务有关的提供药品和医疗用具的业务。

自 2020 年 1 月 1 日起,动物诊疗机构提供的动物疾病预防、诊断、治疗和动物绝育手术等动物诊疗服务属于家禽、牲畜、水生动物的配种和疾病防治,免征增值税。

9. 纪念馆、博物馆、文化馆、文物保护单位管理机构、美术馆、展览馆、书画院、图书馆在自己的场所提供文化体育服务取得的第一道门票收入。

10. 寺院、宫观、清真寺和教堂举办文化、宗教活动的门票收入。

11. 福利彩票、体育彩票的发行收入。

12. 社会团体收取的会费。

社会团体,是指依照国家有关法律法规设立或登记并取得《社会团体法人登记证书》的非营利法人。会费,是指社会团体在国家法律法规、政策许可的范围内,依照社团章程的规定,收取的个人会员、单位会员和团体会员的会费。

13. 医疗机构提供的医疗服务。

医疗机构,是指依据《医疗机构管理条例》(国务院令第 149 号)及《医疗机构管理条例实施细则》(卫生部令第 35 号)的规定,经登记取得《医疗机构执业许可证》的机构,以及军队、武警部队各级各类医疗机构。具体包括:各级各类医院、门诊部(所)、社区卫生服务中心(站)、急救中心(站)、城乡卫生院、护理院(所)、疗养院、临床检验中心,各级政府及有关部门举办的卫生防疫站(疾病控制中心)、各种专科疾病防治站(所),各级政府举办的妇幼保健所(站)、母婴保健机构、儿童保健机构,各级政府举办的血站(血液中心)等医疗机构。

医疗服务,是指医疗机构按照不高于地(市)级以上价格主管部门会同同级卫生主管部门及其他相关部门制定的医疗服务指导价格(包括政府指导价和按照规定由供需双方协商确定的价格等)为就医者提供《全国医疗服务价格项目规范》所列的各项服务,以及医疗机构向社会提供卫生防疫、卫生检疫的服务。

对非营利性医疗机构自产自用的制剂,免征增值税。

14. 从事教育的学校提供的教育服务。

(1)提供学历教育的学校提供的教育服务收入免征增值税。

境外教育机构与境内从事学历教育的学校开展中外合作办学,提供学历教育服务取得的收入免征增值税。中外合作办学,是指中外教育机构按照《中华人民共和国中外合作办学条例》(国务院令第 372 号)的有关规定,合作举办的以中国公民为主要招生对象的教育教学活动。

学历教育,是指受教育者经过国家教育考试或者国家规定的其他入学方式,进入国家有关部门批准的学校或者其他教育机构学习,获得国家承认的学历证书的教育形式。具体包括:

①初等教育:普通小学、成人小学。

②初级中等教育:普通初中、职业初中、成人初中。

③高级中等教育:普通高中、成人高中和中等职业学校(包括普通中专、成人中专、职业高中、技工学校)。

④高等教育:普通本专科、成人本专科、网络本专科、研究生(博士、硕士)、高等教育自

学考试、高等教育学历文凭考试。

从事学历教育的学校，是指：

①普通学校。

②经地（市）级以上人民政府或者同级政府的教育行政部门批准成立、国家承认其学员学历的各类学校。

③经省级及以上人力资源社会保障行政部门批准成立的技工学校、高级技工学校。

④经省级人民政府批准成立的技师学院。

上述学校均包括符合规定的从事学历教育的民办学校，但不包括职业培训机构等国家不承认学历的教育机构。

提供教育服务免征增值税的收入，是指对列入规定招生计划的在籍学生提供学历教育服务取得的收入，具体包括：经有关部门审核批准并按规定标准收取的学费、住宿费、课本费、作业本费、考试报名费收入，以及学校食堂提供餐饮服务取得的伙食费收入。除此之外的收入，包括学校以各种名义收取的赞助费、择校费等，不属于免征增值税的范围。

（2）政府举办的从事学历教育的高等、中等和初等学校（不含下属单位），举办进修班、培训班取得的全部归该学校所有的收入。

全部归该学校所有，是指举办进修班、培训班取得的全部收入进入该学校统一账户，并纳入预算全额上缴财政专户管理，同时由该学校对有关票据进行统一管理和开具。

举办进修班、培训班取得的收入进入该学校下属部门自行开设账户的，不予免征增值税。

（3）政府举办的职业学校设立的主要为在校学生提供实习场所、并由学校出资自办、由学校负责经营管理、经营收入归学校所有的企业，从事《销售服务、无形资产、不动产注释》中"现代服务"（不含融资租赁服务、广告服务和其他现代服务）、"生活服务"（不含文化体育服务、其他生活服务和桑拿、氧吧）业务活动取得的收入。

15. 军队转业干部就业。

（1）从事个体经营的军队转业干部，自领取税务登记证之日起，其提供的应税服务3年内免征增值税。

（2）为安置自主择业的军队转业干部就业而新开办的企业，凡安置自主择业的军队转业干部占企业总人数60%（含）以上的，自领取税务登记证之日起，其提供的应税服务3年内免征增值税。

享受上述优惠政策的自主择业的军队转业干部必须持有师以上部队颁发的转业证件。

16. 随军家属就业。

（1）为安置随军家属就业而新开办的企业，自领取税务登记证之日起，其提供的应税服务3年内免征增值税。

享受税收优惠政策的企业，随军家属必须占企业总人数的60%（含）以上，并有军（含）以上政治和后勤机关出具的证明。

（2）从事个体经营的随军家属，自办理税务登记事项之日起，其提供的应税服务3年内免征增值税。

随军家属必须有师以上政治机关出具的可以表明其身份的证明。

按照上述规定,每一名随军家属可以享受一次免税政策。

17. 同时符合下列条件的合同能源管理服务。

(1)节能服务公司实施合同能源管理项目相关技术,应当符合国家质量监督检验检疫总局(现为国家市场监督管理总局)和国家标准化管理委员会发布的《合同能源管理技术通则》(GB/T 24915—2010)规定的技术要求。

(2)节能服务公司与用能企业签订节能效益分享型合同,其合同格式和内容,符合《中华人民共和国合同法》和《合同能源管理技术通则》(GB/T 24915—2010)等规定。

18. 台湾航运公司、航空公司从事海峡两岸海上直航、空中直航业务在大陆取得的运输收入。

台湾航运公司,是指取得交通运输部颁发的"台湾海峡两岸间水路运输许可证"且该许可证上注明的公司登记地址在台湾的航运公司。

台湾航空公司,是指取得中国民用航空局颁发的"经营许可"或者依据《海峡两岸空运协议》和《海峡两岸空运补充协议》规定,批准经营两岸旅客、货物和邮件不定期(包机)运输业务,且公司登记地址在台湾的航空公司。

19. 纳税人提供的直接或者间接国际货物运输代理服务。

(1)纳税人提供直接或者间接国际货物运输代理服务,向委托方收取的全部国际货物运输代理服务收入,以及向国际运输承运人支付的国际运输费用,必须通过金融机构进行结算。

(2)纳税人为内地与香港、澳门之间,大陆与台湾地区之间的货物运输提供的货物运输代理服务参照国际货物运输代理服务有关规定执行。

(3)委托方索取发票的,纳税人应当就国际货物运输代理服务收入向委托方全额开具增值税普通发票。

20. 铁路系统内部单位修理货车业务。

自2001年1月1日起,对铁路系统内部单位为本系统修理货车的业务免征增值税。

21. 法律援助补贴。

自2022年1月1日起,对法律援助人员按照《中华人民共和国法律援助法》规定获得的法律援助补贴,免征增值税。

(三)销售无形资产

下列项目免征增值税。

1. 个人转让著作权。

2. 纳税人提供技术转让、技术开发和与之相关的技术咨询、技术服务。

技术转让、技术开发,是指《销售服务、无形资产、不动产注释》中"转让技术""研发服务"范围内的业务活动。技术咨询,是指就特定技术项目提供可行性论证、技术预测、专题技术调查、分析评价报告等业务活动。

与技术转让、技术开发相关的技术咨询、技术服务,是指转让方(或者受托方)根据技术转让或者开发合同的规定,为帮助受让方(或者委托方)掌握所转让(或者委托开发)的技术,而提供的技术咨询、技术服务业务,且这部分技术咨询、技术服务的价款与技术转让或者技术开发的价款应当在同一张发票上开具。

（四）销售不动产及不动产租赁服务

下列项目免征或减征增值税。

1. 个人销售自建自用住房免征增值税。

2. 涉及家庭财产分割的个人无偿转让不动产、土地使用权免征增值税。

家庭财产分割，包括下列情形：①离婚财产分割；②无偿赠与配偶、父母、子女、祖父母、外祖父母、孙子女、外孙子女、兄弟姐妹；③无偿赠与对其承担直接抚养或者赡养义务的抚养人或者赡养人；④房屋产权所有人死亡，法定继承人、遗嘱继承人或者受遗赠人依法取得房屋产权。

3. 个人将购买不足 2 年的住房对外销售的，按照 5% 的征收率全额缴纳增值税；个人将购买 2 年以上（含 2 年）的住房对外销售的，免征增值税。本项政策适用于北京市、上海市、广州市和深圳市之外的地区。

个人将购买不足 2 年的住房对外销售的，按照 5% 的征收率全额缴纳增值税；个人将购买 2 年以上（含 2 年）的非普通住房对外销售的，以销售收入减去购买住房价款后的差额按照 5% 的征收率缴纳增值税；个人将购买 2 年以上（含 2 年）的普通住房对外销售的，免征增值税。本项政策仅适用于北京市、上海市、广州市和深圳市。

4. 个人出租住房，应按照 5% 的征收率减按 1.5% 计算应纳增值税。

5. 将土地使用权转让给农业生产者用于农业生产免征增值税。

纳税人采取转包、出租、互换、转让、入股等方式将承包地流转给农业生产者用于农业生产取得的收入，免征增值税。自 2020 年 1 月 20 日起，纳税人将国有农用地出租给农业生产者用于农业生产，免征增值税。

6. 土地所有者出让土地使用权和土地使用者将土地使用权归还给土地所有者免征增值税。土地所有者依法征收土地，并向土地使用者支付土地及其相关有形动产、不动产补偿费的行为，属于土地使用者将土地使用权归还给土地所有者的情形。

7. 县级以上地方人民政府或自然资源行政主管部门出让、转让或收回自然资源使用权（不含土地使用权）免征增值税。

8. 军队空余房产租赁收入免征增值税。

（五）金融服务

下列项目免征增值税。

1. 下列利息收入免征增值税。

（1）国家助学贷款。

（2）国债、地方政府债。

（3）人民银行对金融机构的贷款。

（4）住房公积金管理中心用住房公积金在指定的委托银行发放的个人住房贷款。

（5）外汇管理部门在从事国家外汇储备经营过程中，委托金融机构发放的外汇贷款。

（6）统借统还业务中，企业集团或企业集团中的核心企业以及集团所属财务公司按不高于支付给金融机构的借款利率水平或者支付的债券票面利率水平，向企业集团或者集团内下属单位收取的利息。

统借方向资金使用单位收取的利息，高于支付给金融机构借款利率水平或者支付的债券票面利率水平的，应全额缴纳增值税。

统借统还业务,是指:

企业集团或者企业集团中的核心企业向金融机构借款或对外发行债券取得资金后,将所借资金分拨给下属单位(包括独立核算单位和非独立核算单位,下同),并向下属单位收取用于归还金融机构或债券购买方本息的业务。

企业集团向金融机构借款或对外发行债券取得资金后,由集团所属财务公司与企业集团或者集团内下属单位签订统借统还贷款合同并分拨资金,并向企业集团或者集团内下属单位收取本息,再转付企业集团,由企业集团统一归还金融机构或债券购买方的业务。

自 2019 年 2 月 1 日至 2027 年 12 月 31 日,对企业集团内单位(含企业集团)之间的资金无偿借贷行为,免征增值税。

2. 被撤销金融机构以货物、不动产、无形资产、有价证券、票据等财产清偿债务。

被撤销金融机构,是指经人民银行、银监会(现为国家金融监督管理总局)依法决定撤销的金融机构及其分设于各地的分支机构,包括被依法撤销的商业银行、信托投资公司、财务公司、金融租赁公司、城市信用社和农村信用社。除另有规定外,被撤销金融机构所属、附属企业,不享受被撤销金融机构增值税免税政策。

3. 保险公司开办的一年期以上人身保险产品取得的保费收入。

(1)一年期以上人身保险,是指保险期间为一年期及以上返还本利的人寿保险、养老年金保险,保险期间为一年期及以上的健康保险和其他年金保险。

人寿保险,是指以人的寿命为保险标的的人身保险。

养老年金保险,是指以养老保障为目的,以被保险人生存为给付保险金条件,并按约定的时间间隔分期给付生存保险金的人身保险。养老年金保险应当同时符合下列条件:

①保险合同约定给付被保险人生存保险金的年龄不得小于国家规定的退休年龄。

②相邻两次给付的时间间隔不得超过一年。

健康保险,是指以因健康原因导致损失为给付保险金条件的人身保险。

其他年金保险是指养老年金以外的年金保险。

自 2019 年 2 月 2 日起,保险公司开办一年期以上返还性人身保险产品,在保险监管部门出具备案回执或批复文件前依法取得的保费收入,免征增值税。

(2)境内保险公司向境外保险公司提供的完全在境外消费的再保险服务,免征增值税。

(3)试点纳税人提供再保险服务(境内保险公司向境外保险公司提供的再保险服务除外),实行与原保险服务一致的增值税政策。再保险合同对应多个原保险合同的,所有原保险合同均适用免征增值税政策时,该再保险合同适用免征增值税政策。否则,该再保险合同应按规定缴纳增值税。

原保险服务,是指保险分出方与投保人之间直接签订保险合同而建立保险关系的业务活动。

4. 下列金融商品转让收入。

(1)合格境外投资者(QFII)委托境内公司在我国从事证券买卖业务。

自 2016 年 5 月 1 日起,人民币合格境外投资者(RQFII)委托境内公司在我国从事证券买卖业务,以及经人民银行认可的境外机构投资银行间本币市场取得的收入属于金融商品转让收入。银行间本币市场包括货币市场、债券市场以及衍生品市场。

（2）香港市场投资者（包括单位和个人）通过沪港通买卖上海证券交易所上市A股。

（3）对香港市场投资者（包括单位和个人）通过基金互认买卖内地基金份额。

（4）证券投资基金（封闭式证券投资基金，开放式证券投资基金）管理人运用基金买卖股票、债券。

（5）个人从事金融商品转让业务。

5. 金融同业往来利息收入。

（1）金融机构与人民银行所发生的资金往来业务。包括人民银行对一般金融机构贷款，以及人民银行对商业银行的再贴现等。

商业银行购买央行票据、与央行开展货币掉期和货币互存等业务属于金融机构与人民银行所发生的资金往来业务。

（2）银行联行往来业务。同一银行系统内部不同行、处之间所发生的资金账务往来业务。

自2016年5月1日起，境内银行与其境外的总机构、母公司之间，以及境内银行与其境外的分支机构、全资子公司之间的资金往来业务属于银行联行往来业务。

（3）金融机构间的资金往来业务。是指经人民银行批准，进入全国银行间同业拆借市场的金融机构之间通过全国统一的同业拆借网络进行的短期（一年以下含一年）无担保资金融通行为。

（4）自2016年5月1日起，金融机构开展下列业务取得的利息收入，属于金融同业往来利息收入：

①同业存款。

同业存款，是指金融机构之间开展的同业资金存入与存出业务，其中资金存入方仅为具有吸收存款资格的金融机构。

②同业借款。

同业借款，是指法律法规赋予此项业务范围的金融机构开展的同业资金借出和借入业务。法律法规赋予此项业务范围的金融机构，主要是指农村信用社之间以及在金融机构营业执照列示的业务范围中有反映"向金融机构借款"业务的金融机构。

③同业代付。

同业代付，是指商业银行（受托方）接受金融机构（委托方）的委托向企业客户付款，委托方在约定还款日偿还代付款项本息的资金融通行为。

④买断式买入返售金融商品。

买断式买入返售金融商品，是指金融商品持有人（正回购方）将债券等金融商品卖给债券购买方（逆回购方）的同时，交易双方约定在未来某一日期，正回购方再以约定价格从逆回购方买回相等数量同种债券等金融商品的交易行为。

⑤持有金融债券。

金融债券，是指依法在境内设立的金融机构法人在全国银行间和交易所债券市场发行的、按约定还本付息的有价证券。

⑥同业存单。

同业存单，是指银行业存款类金融机构法人在全国银行间市场上发行的记账式定期存款凭证。

⑦质押式买入返售金融商品。

质押式买入返售金融商品,是指交易双方进行的以债券等金融商品为权利质押的一种短期资金融通业务。

⑧持有政策性金融债券。

政策性金融债券,是指开发性、政策性金融机构发行的债券。

6. 创新企业境内发行存托凭证试点阶段有关税收政策。

为支持实施创新驱动发展战略,创新企业境内发行存托凭证(以下简称创新企业CDR)试点阶段涉及的增值税政策如下:

(1)对个人投资者转让创新企业CDR取得的差价收入,暂免征收增值税。

(2)对单位投资者转让创新企业CDR取得的差价收入,按金融商品转让政策规定征免增值税。

(3)自2023年9月21日至2025年12月31日,对公募证券投资基金(封闭式证券投资基金、开放式证券投资基金)管理人运营基金过程中转让创新企业CDR取得的差价收入,暂免征收增值税。

(4)对合格境外机构投资者(QFII)、人民币合格境外机构投资者(RQFII)委托境内公司转让创新企业CDR取得的差价收入,暂免征收增值税。

(六)进口货物

1. 对中国经济图书进出口公司、中国出版对外贸易总公司为大专院校和科研单位免税进口的图书、报刊等资料,在其销售给上述院校和单位时,免征国内销售环节的增值税。

2. 对中国教育图书进出口公司、北京中科进出口公司、中国国际图书贸易总公司销售给高等学校、科研单位和北京图书馆的进口图书、报刊资料免征增值税。

3. 对中国科技资料进出口总公司为科研单位、大专院校进口的用于科研、教学的图书、文献、报刊及其他资料(包括只读光盘、缩微平片、胶卷、地球资源卫星照片、科技和教学声像制品)免征国内销售环节增值税。

4. 对中国图书进出口总公司销售给国务院各部委、各直属机构及各省、自治区、直辖市所属科研机构和大专院校的进口科研、教学书刊免征增值税。

5. 自2018年5月1日起,对进口抗癌药品,减按3%征收进口环节增值税;自2019年3月1日起,对进口罕见病药品,减按3%征收进口环节增值税。

(七)海南自由贸易港

1. 离岛免税。

(1)海南离岛旅客免税购物政策(以下简称离岛免税政策)自2020年7月1日起执行,离岛免税政策免税税种为关税、进口环节增值税和消费税。

离岛免税政策是指对乘飞机、火车、轮船离岛(不包括离境)旅客实行限值、限量、限品种免进口税购物,在实施离岛免税政策的免税商店内或经批准的网上销售窗口付款,在机场、火车站、港口码头指定区域提货离岛的税收优惠政策。离岛旅客每年每人免税购物额度为10万元人民币,不限次数。

(2)自2020年11月1日起,海南离岛免税店销售离岛免税商品,免征增值税和消费税。

离岛免税店销售非离岛免税商品,按现行规定向主管税务机关申报缴纳增值税和消费税。

离岛免税店兼营应征增值税、消费税项目的,应分别核算离岛免税商品和应税项目的销售额;未分别核算的,不得免税。

离岛免税店销售离岛免税商品应开具增值税普通发票,不得开具增值税专用发票。

2. 进出岛航班加注保税航油。

全岛封关运作前,允许进出海南岛国内航线航班在岛内国家正式对外开放航空口岸加注保税航油,对其加注的保税航油免征关税、增值税和消费税,自愿缴纳进口环节增值税的,可在报关时提出。

进出海南岛国内航线航班,是指经民航主管部门批准的进出海南岛的境内飞行活动。

三、临时减免税项目

(一) 孵化服务

自 2019 年 1 月 1 日至 2027 年 12 月 31 日,对国家级、省级科技企业孵化器、大学科技园和国家备案众创空间向在孵对象提供孵化服务取得的收入,免征增值税。

孵化服务,是指为在孵对象提供的经纪代理、经营租赁、研发和技术、信息技术、鉴证咨询服务。国家级、省级科技企业孵化器、大学科技园和国家备案众创空间应当单独核算孵化服务收入。

国家级科技企业孵化器、大学科技园和国家备案众创空间认定和管理办法由国务院科技、教育部门另行发布,省级科技企业孵化器、大学科技园认定和管理办法由省级科技、教育部门另行发布。

在孵对象,是指符合上述认定和管理办法规定的孵化企业、创业团队和个人。

国家级、省级科技企业孵化器、大学科技园和国家备案众创空间应按规定申报享受免税政策,并将房产土地权属资料、房产原值资料、房产土地租赁合同、孵化协议等留存备查,税务部门依法加强后续管理。

2018 年 12 月 31 日以前认定的国家级科技企业孵化器、大学科技园,以及 2019 年 1 月 1 日至 2023 年 12 月 31 日认定的国家级、省级科技企业孵化器、大学科技园和国家备案众创空间,自 2024 年 1 月 1 日起继续享受上述税收优惠政策。2024 年 1 月 1 日以后认定的国家级、省级科技企业孵化器、大学科技园和国家备案众创空间,自认定之日次月起享受上述税收优惠政策。被取消资格的,自取消资格之日次月起停止享受上述税收优惠政策。

(二) 经营公租房

自 2019 年 1 月 1 日至 2025 年 12 月 31 日,对经营公租房所取得的租金收入,免征增值税。公租房经营管理单位应单独核算公租房租金收入,未单独核算的,不得享受免征增值税、房产税优惠政策。

享受税收优惠政策的公租房,是指纳入省、自治区、直辖市、计划单列市人民政府及新疆生产建设兵团批准的公租房发展规划和年度计划,或者市、县人民政府批准建设(筹集),并按照《关于加快发展公共租赁住房的指导意见》(建保〔2010〕87 号)和市、县人民政府制定的具体管理办法进行管理的公租房。

（三）文化企业

1. 自 2019 年 1 月 1 日至 2027 年 12 月 31 日，对电影主管部门（包括中央、省、地市及县级）按照职能权限批准从事电影制片、发行、放映的电影集团公司（含成员企业）、电影制片厂及其他电影企业取得的销售电影拷贝（含数字拷贝）收入、转让电影版权（包括转让和许可使用）收入、电影发行收入以及在农村取得的电影放映收入，免征增值税。

2. 自 2019 年 1 月 1 日至 2027 年 12 月 31 日，对广播电视运营服务企业收取的有线数字电视基本收视维护费和农村有线电视基本收视费，免征增值税。

3. 自 2019 年 1 月 1 日至 2027 年 12 月 31 日，党报、党刊将其发行、印刷业务及相应的经营性资产剥离组建的文化企业，自注册之日起所取得的党报、党刊发行收入和印刷收入免征增值税。

（四）社区家庭服务业

自 2019 年 6 月 1 日至 2025 年 12 月 31 日，下列收入免征增值税。

1. 为社区提供养老、托育、家政等服务的机构，提供社区养老、托育、家政服务取得的收入，免征增值税。

社区，是指聚居在一定地域范围内的人们所组成的社会生活共同体，包括城市社区和农村社区。

为社区提供养老服务的机构，是指在社区依托固定场所设施，采取全托、日托、上门等方式，为社区居民提供养老服务的企业、事业单位和社会组织。社区养老服务是指为老年人提供的生活照料、康复护理、助餐助行、紧急救援、精神慰藉等服务。

为社区提供托育服务的机构，是指在社区依托固定场所设施，采取全日托、半日托、计时托、临时托等方式，为社区居民提供托育服务的企业、事业单位和社会组织。社区托育服务是指为 3 周岁（含）以下婴幼儿提供的照料、看护、膳食、保育等服务。

为社区提供家政服务的机构，是指以家庭为服务对象，为社区居民提供家政服务的企业、事业单位和社会组织。社区家政服务是指进入家庭成员住所或医疗机构为孕产妇、婴幼儿、老人、病人、残疾人提供的照护服务，以及进入家庭成员住所提供的保洁、烹饪等服务。

2. 符合下列条件的家政服务企业提供家政服务取得的收入，免征增值税。

（1）与家政服务员、接受家政服务的客户就提供家政服务行为签订三方协议；

（2）向家政服务员发放劳动报酬，并对家政服务员进行培训管理；

（3）通过建立业务管理系统对家政服务员进行登记管理。

（五）边销茶

自 2021 年 1 月 1 日至 2027 年 12 月 31 日，对名单内的边销茶生产企业销售自产的边销茶及经销企业销售的边销茶免征增值税。

边销茶，是指以黑毛茶、老青茶、红茶末、绿茶为主要原料，经过发酵、蒸制、加压或者压碎、炒制，专门销往边疆少数民族地区的紧压茶。

（六）抗病毒药品

1. 自 2019 年 1 月 1 日至 2027 年 12 月 31 日，继续对国产抗艾滋病病毒药品免征生产环节和流通环节增值税。

享受上述免征增值税政策的国产抗艾滋病病毒药品,须为各省(自治区、直辖市)艾滋病药品管理部门按照政府采购有关规定采购的,并向艾滋病病毒感染者和病人免费提供的抗艾滋病病毒药品。药品生产企业和流通企业应将药品供货合同留存,以备税务机关查验。

抗艾滋病病毒药品的生产企业和流通企业应分别核算免税药品和其他货物的销售额;未分别核算的,不得享受增值税免税政策。

之前已征收入库的按上述规定应予免征的增值税税款,可抵减纳税人以后月份应缴纳的增值税税款或者办理税款退库。已向购买方开具增值税专用发票的,应将专用发票追回后方可办理免税。无法追回专用发票的,不予免税。

2. 自2021年1月1日至2030年12月31日,对卫生健康委委托进口的抗艾滋病病毒药物,免征进口关税和进口环节增值税。

(七)农村饮水安全工程

自2019年1月1日至2027年12月31日,对饮水工程运营管理单位向农村居民提供生活用水取得的自来水销售收入,免征增值税。

饮水工程,是指为农村居民提供生活用水而建设的供水工程设施。饮水工程运营管理单位,是指负责饮水工程运营管理的自来水公司、供水公司、供水(总)站(厂、中心)、村集体、农民用水合作组织等单位。

对于既向城镇居民供水,又向农村居民供水的饮水工程运营管理单位,依据向农村居民供水收入占总供水收入的比例免征增值税。无法提供具体比例或所提供数据不实的,不得享受上述税收优惠政策。

符合上述条件的饮水工程运营管理单位自行申报享受减免税优惠,相关材料留存备查。

(八)科普单位的科普活动

自2018年1月1日至2027年12月31日,对科普单位的门票收入,以及县级及以上党政部门和科协开展科普活动的门票收入免征增值税。

科普单位,是指科技馆、自然博物馆、对公众开放的天文馆(站、台)、气象台(站)、地震台(站),以及高等院校、科研机构对公众开放的科普基地。

科普活动,是指利用各种传媒以浅显的,让公众易于理解、接受和参与的方式,向普通大众介绍自然科学和社会科学知识,推广科学技术的应用,倡导科学方法,传播科学思想,弘扬科学精神的活动。

(九)金融机构发放小额贷款

1. 为支持小微企业、个体工商户融资,以下税收政策执行至2027年12月31日。

(1)对金融机构向小型企业、微型企业和个体工商户发放小额贷款取得的利息收入,免征增值税。金融机构可以选择以下两种方法之一适用免税:

①对金融机构向小型企业、微型企业和个体工商户发放的,利率水平不高于全国银行间同业拆借中心公布的贷款市场报价利率(LPR)150%(含本数)的单笔小额贷款取得的利息收入,免征增值税;高于全国银行间同业拆借中心公布的贷款市场报价利率(LPR)150%的单笔小额贷款取得的利息收入,按照现行政策规定缴纳增值税。

②对金融机构向小型企业、微型企业和个体工商户发放单笔小额贷款取得的利息收入中,不高于该笔贷款按照全国银行间同业拆借中心公布的贷款市场报价利率(LPR)150%(含本数)计算的利息收入部分,免征增值税;超过部分按照现行政策规定缴纳增值税。

金融机构可按会计年度在以上两种方法之间选定其一作为该年的免税适用方法,一经选定,该会计年度内不得变更。

(2)金融机构,是指经中国人民银行、金融监管总局批准成立的已实现监管部门上一年度提出的小微企业贷款增长目标的机构,以及经中国人民银行、金融监管总局、中国证监会批准成立的开发银行及政策性银行、外资银行和非银行业金融机构。金融机构实现小微企业贷款增长目标情况,以金融监管总局及其派出机构考核结果为准。

(3)小型企业、微型企业,是指符合《中小企业划型标准规定》(工信部联企业〔2011〕300号)的小型企业和微型企业。其中,资产总额和从业人员指标均以贷款发放时的实际状态确定;营业收入指标以贷款发放前12个自然月的累计数确定,不满12个自然月的,按照以下公式计算:

营业收入(年)=企业实际存续期间营业收入÷企业实际存续月数×12

(4)小额贷款,是指单户授信小于1000万元(含本数)的小型企业、微型企业或个体工商户贷款;没有授信额度的,是指单户贷款合同金额且贷款余额在1000万元(含本数)以下的贷款。

(5)金融机构应将相关免税证明材料留存备查,单独核算符合免税条件的小额贷款利息收入,按现行规定同主管税务机关办理纳税申报,未单独核算的,不得免征增值税。金融机构应依法依规享受增值税优惠政策,一经发现存在虚报或造假骗取该项税收优惠情形的,停止享受有关增值税优惠政策。

(6)金融机构向小型企业、微型企业及个体工商户发放单户授信小于100万元(含本数),或者没有授信额度,单户贷款合同金额且贷款余额在100万元(含本数)以下的贷款取得的利息收入,可按照《财政部 税务总局关于支持小微企业融资有关税收政策的公告》(财政部 税务总局公告2023年第13号)的规定免征增值税。

2. 自2017年12月1日至2027年12月31日,对金融机构向农户发放小额贷款取得的利息收入,免征增值税。金融机构应将相关免税证明材料留存备查,单独核算符合免税条件的小额贷款利息收入,按现行规定向主管税务机关办理纳税申报;未单独核算的,不得免征增值税。

农户,是指长期(一年以上)居住在乡镇(不包括城关镇)行政管理区域内的住户,还包括长期居住在城关镇所辖行政村范围内的住户和户口不在本地而在本地居住一年以上的住户,国有农场的职工。位于乡镇(不包括城关镇)行政管理区域内和在城关镇所辖行政村范围内的国有经济的机关、团体、学校、企事业单位的集体户;有本地户口,但举家外出谋生一年以上的住户,无论是否保留承包耕地均不属于农户。农户以户为统计单位,既可以从事农业生产经营,也可以从事非农业生产经营。

农户贷款的判定应以贷款发放时的借款人是否属于农户为准。

小额贷款,是指单户授信小于100万元(含本数)的农户贷款;没有授信额度的,是指单户贷款合同金额且贷款余额在 100 万元（含本数）以下的贷款。

3. 自 2018 年 1 月 1 日至 2027 年 12 月 31 日，为进一步支持农户、小微企业和个体工商户融资，纳税人为农户、小型企业、微型企业及个体工商户借款、发行债券提供融资担保取得的担保费收入，以及为上述融资担保（以下称原担保）提供再担保取得的再担保费收入，免征增值税。再担保合同对应多个原担保合同的，原担保合同应全部适用免征增值税政策。否则，再担保合同应按规定缴纳增值税。

关于农户的界定，同上述第 2 项规定。农户担保、再担保的判定应以原担保生效时的被担保人是否属于农户为准。

小型企业、微型企业，是指符合《中小企业划型标准规定》（工信部联企业〔2011〕300号）的小型企业和微型企业。其中，资产总额和从业人员指标均以原担保生效时的实际状态确定；营业收入指标以原担保生效前 12 个自然月的累计数确定，不满 12 个自然月的，按照以下公式计算：

$$营业收入（年）=企业实际存续期间营业收入÷企业实际存续月数×12$$

纳税人应将相关免税证明材料留存备查，单独核算符合免税条件的融资担保费和再担保费收入，按现行规定向主管税务机关办理纳税申报；未单独核算的，不得免征增值税。

4. 自 2017 年 1 月 1 日至 2027 年 12 月 31 日，为引导小额贷款公司发挥积极作用，对经省级地方金融监督管理部门批准成立的小额贷款公司取得的农户小额贷款利息收入，免征增值税。

对经省级地方金融监督管理部门批准成立的小额贷款公司取得的农户小额贷款利息收入，在计算应纳税所得额时，按 90% 计入收入总额。

对经省级地方金融监督管理部门批准成立的小额贷款公司按年末贷款余额的 1% 计提的贷款损失准备金准予在企业所得税税前扣除。

农户，是指长期（一年以上）居住在乡镇（不包括城关镇）行政管理区域内的住户，还包括长期居住在城关镇所辖行政村范围内的住户和户口不在本地而在本地居住一年以上的住户，国有农场的职工和农村个体工商户。位于乡镇（不包括城关镇）行政管理区域内和在城关镇所辖行政村范围内的国有经济的机关、团体、学校、企事业单位的集体户；有本地户口，但举家外出谋生一年以上的住户，无论是否保留承包耕地均不属于农户。农户以户为统计单位，既可以从事农业生产经营，也可以从事非农业生产经营。

农户贷款的判定应以贷款发放时的承贷主体是否属于农户为准。小额贷款，是指单笔且该农户贷款余额总额在 10 万元（含本数）以下的贷款。

5. 自 2018 年 7 月 1 日至 2027 年 12 月 31 日，对中国邮政储蓄银行纳入"三农金融事业部"改革的各省、自治区、直辖市、计划单列市分行下辖的县域支行，提供农户贷款、农村企业和农村各类组织贷款取得的利息收入，可以选择适用简易计税方法按照 3% 的征收率计算缴纳增值税。

关于农户的界定，同上述第 4 项规定。农户贷款的判定应以贷款发放时的借款人是否属于农户为准。

农村企业和农村各类组织贷款，是指金融机构发放给注册在农村地区的企业及各类组织的贷款。

（十）境外机构投资境内债券市场

自 2018 年 11 月 7 日至 2025 年 12 月 31 日,对境外机构投资境内债券市场取得的债券利息收入暂免征收增值税。

（十一）货物期货交割

自 2018 年 11 月 30 日至 2027 年 12 月 31 日,对经国务院批准对外开放的货物期货品种保税交割业务,暂免征收增值税。

期货交易中实际交割的货物,如果发生进口或者出口的,统一按照现行货物进出口税收政策执行。非保税货物发生的期货实物交割仍按《国家税务总局关于下发〈货物期货征收增值税具体办法〉的通知》(国税发〔1994〕244 号)的规定执行。

（十二）扶贫货物捐赠

1. 自 2019 年 1 月 1 日至 2025 年 12 月 31 日,对单位或者个体工商户将自产、委托加工或购买的货物通过公益性社会组织、县级及以上人民政府及其组成部门和直属机构,或直接无偿捐赠给目标脱贫地区的单位和个人,免征增值税。在政策执行期限内,目标脱贫地区实现脱贫的,可继续适用免征增值税政策。

"目标脱贫地区"包括 832 个国家扶贫开发工作重点县、集中连片特困地区县(新疆阿克苏地区 6 县 1 市享受片区政策)和建档立卡贫困村。

2. 在 2015 年 1 月 1 日至 2018 年 12 月 31 日期间已发生的符合上述条件的扶贫货物捐赠,可追溯执行上述增值税政策。

3. 之前已征收入库的按上述规定应予免征的增值税税款,可抵减纳税人以后月份应缴纳的增值税税款或者办理税款退库。已向购买方开具增值税专用发票的,应将专用发票追回后方可办理免税。无法追回专用发票的,不予免税。

（十三）阶段性减免小规模纳税人增值税

为进一步支持小微企业和个体工商户发展,延续小规模纳税人增值税减免政策至 2027 年 12 月 31 日,见表 2 - 4 和表 2 - 5。

表 2 - 4　　　　　增值税小规模纳税人征收率优惠政策对比

执行时间:自 2020 年 3 月 1 日至 2021 年 3 月 31 日	执行时间:自 2021 年 4 月 1 日至 2022 年 3 月 31 日	执行时间:自 2022 年 4 月 1 日至 2022 年 12 月 31 日	执行时间:自 2023 年 1 月 1 日至 2027 年 12 月 31 日
1. 对湖北省增值税小规模纳税人,适用 3% 征收率的应税销售收入,免征增值税;适用 3% 预征率的预缴增值税项目,暂停预缴增值税。 2. 除湖北省外,其他省、自治区、直辖市的增值税小规模纳税人,适用 3% 征收率的应税销售收入,减按 1% 征收率征收增值税;适用 3% 预征率的预缴增值税项目,减按 1% 预征率预缴增值税	增值税小规模纳税人适用 3% 征收率的应税销售收入,减按 1% 征收率征收增值税;适用 3% 预征率的预缴增值税项目,减按 1% 预征率预缴增值税	增值税小规模纳税人适用 3% 征收率的应税销售收入,免征增值税;适用 3% 预征率的预缴增值税项目,暂停预缴增值税	增值税小规模纳税人适用 3% 征收率的应税销售收入,减按 1% 征收率征收增值税;适用 3% 预征率的预缴增值税项目,减按 1% 预征率预缴增值税

表 2-5 　　　　　　　　　增值税小规模纳税人免征增值税政策对比

执行时间:自 2019 年 1 月 1 日 至 2021 年 3 月 31 日	执行时间:自 2021 年 4 月 1 日 至 2022 年 12 月 31 日	执行时间:自 2023 年 1 月 1 日 至 2027 年 12 月 31 日
1. 增值税小规模纳税人发生增值税应税销售行为,合计月销售额未超过 10 万元(以 1 个季度为 1 个纳税期的,季度销售额未超过 30 万元,下同)的,免征增值税。按固定期限纳税的小规模纳税人可以选择以 1 个月或 1 个季度为纳税期限,一经选择,一个会计年度内不得变更	1. 增值税小规模纳税人发生增值税应税销售行为,合计月销售额未超过 15 万元(以 1 个季度为 1 个纳税期的,季度销售额未超过 45 万元,下同)的,免征增值税。按固定期限纳税的小规模纳税人可以选择以 1 个月或 1 个季度为纳税期限,一经选择,一个会计年度内不得变更	1. 增值税小规模纳税人发生增值税应税销售行为,合计月销售额未超过 10 万元(以 1 个季度为 1 个纳税期的,季度销售额未超过 30 万元,下同)的,免征增值税。按固定期限纳税的小规模纳税人可以选择以 1 个月或 1 个季度为纳税期限,一经选择,一个会计年度内不得变更
2. 小规模纳税人发生增值税应税销售行为,合计月销售额超过 10 万元,但扣除本期发生的销售不动产的销售额后未超过 10 万元的,其销售货物、劳务、服务、无形资产取得的销售额免征增值税	2. 小规模纳税人发生增值税应税销售行为,合计月销售额超过 15 万元,但扣除本期发生的销售不动产的销售额后未超过 15 万元的,其销售货物、劳务、服务、无形资产取得的销售额免征增值税	2. 小规模纳税人发生增值税应税销售行为,合计月销售额超过 10 万元,但扣除本期发生的销售不动产的销售额后未超过 10 万元的,其销售货物、劳务、服务、无形资产取得的销售额免征增值税
3. 适用增值税差额征税政策的小规模纳税人,以差额后的销售额确定是否可以享受规定的免征增值税政策	3. 适用增值税差额征税政策的小规模纳税人,以差额后的销售额确定是否可以享受规定的免征增值税政策	3. 适用增值税差额征税政策的小规模纳税人,以差额后的销售额确定是否可以享受免征增值税政策
4. 其他个人,采取一次性收取租金形式出租不动产取得的租金收入,可在对应的租赁期内平均分摊,分摊后的月租金收入未超过 10 万元的,免征增值税	4. 其他个人,采取一次性收取租金形式出租不动产取得的租金收入,可在对应的租赁期内平均分摊,分摊后的月租金收入未超过 15 万元的,免征增值税	4. 其他个人,采取一次性收取租金形式出租不动产取得的租金收入,可在对应的租赁期内平均分摊,分摊后的月租金收入未超过 10 万元的,免征增值税
5. 按照规定应当预缴增值税税款的小规模纳税人,凡在预缴地实现的月销售额未超过 10 万元的,当期无须预缴税款。上述规定实施前已预缴税款的,可以向预缴地主管税务机关申请退还	5. 按照规定应当预缴增值税税款的小规模纳税人,凡在预缴地实现的月销售额未超过 15 万元的,当期无须预缴税款	5. 按照规定应当预缴增值税税款的小规模纳税人,凡在预缴地实现的月销售额未超过 10 万元的,当期无须预缴税款。在预缴地实现的月销售额超过 10 万元的,适用 3% 预征率的预缴增值税项目,减按 1% 预征率预缴增值税
6. 小规模纳税人中的单位和个体工商户销售不动产,应按其纳税期、上述第 5 项以及其他政策规定确定是否预缴增值税;其他个人销售不动产,继续按照规定征免增值税	6. 小规模纳税人中的单位和个体工商户销售不动产,应按其纳税期、上述第 5 项以及其他政策规定确定是否预缴增值税;其他个人销售不动产,继续按照规定征免增值税	6. 小规模纳税人中的单位和个体工商户销售不动产,应按其纳税期、上述第 5 项以及其他政策规定确定是否预缴增值税;其他个人销售不动产,继续按照规定征免增值税

小规模纳税人选择按月或者按季纳税,在政策适用方面有以下不同。

举例说明1:某小规模纳税人2023年4—6月的销售额分别是6万元、8万元和12万元。如果纳税人按月纳税,则6月的销售额超过了月销售额10万元的免税标准,需要缴纳增值税,4月、5月的6万元、8万元能够享受免税;如果纳税人按季纳税,2023年第二季度销售额合计26万元,未超过季度销售额30万元的免税标准,因此,26万元全部能够享受免税政策。

举例说明2:某小规模纳税人2023年4—6月的销售额分别是6万元、8万元和20万元,如果纳税人按月纳税,4月和5月的销售额均未超过月销售额10万元的免税标准,能够享受免税政策;如果纳税人按季纳税,2023年第二季度销售额合计34万元,超过季度销售额30万元的免税标准,因此,34万元均无法享受免税政策。

举例说明3:某公司为小规模纳税人,销售不动产取得的销售额为28万元,则有两种情况:一是纳税人选择按月纳税,销售不动产取得的销售额超过月销售额10万元免税标准,则应在不动产所在地预缴税款;二是该纳税人选择按季纳税,销售不动产取得的销售额未超过季度销售额30万元的免税标准,则无须在不动产所在地预缴税款。小规模纳税人中其他个人偶然发生销售不动产的行为,应当按照现行政策规定执行。

举例说明4:A市一家小型建筑公司,属于按季申报的增值税小规模纳税人,在B市和C市都有建筑项目。该公司2023年第一季度销售额为60万元,其中,在B市的建筑项目销售额为40万元,在C市的建筑项目销售额为20万元。因该公司2023年第一季度销售额为60万元,超过了30万元,因此不能享受小规模纳税人免征增值税政策,在机构所在地A市可享受减按1%征收率征收增值税政策。在建筑服务预缴地B市实现的销售额40万元,减按1%预征率预缴增值税;在建筑服务预缴地C市实现的销售额20万元,无须预缴增值税。

举例说明5:若其他个人有商铺用于出租,2023年4月一次性收取此前的12个月租金144万元,则按政策规定,平均每月租金收入为12万元。其中,2023年1—3月的月租金超过10万元,需要缴纳增值税,但2022年4—12月的月租金未超过当时15万元的免税月销售额标准,因而无须缴纳增值税。

小规模纳税人取得应税销售收入,减按1%征收率征收增值税的,应按照1%征收率开具增值税发票。纳税人可就该笔销售收入选择放弃减税并开具增值税专用发票。

小规模纳税人减按1%征收率征收增值税的,按下列公式计算销售额:

$$销售额 = 含税销售额 \div (1 + 1\%)$$

小规模纳税人取得应税销售收入,适用免征增值税政策的,纳税人可就该笔销售收入选择放弃免税并开具增值税专用发票。

举例说明1:按月申报的增值税小规模纳税人,2023年1月销售货物取得收入20万元,可以适用减按1%征收率征收增值税的政策,并按照1%征收率开具增值税专用发票或增值税普通发票。

举例说明2:某个体工商户属于按季申报的增值税小规模纳税人,2023年1月5日,自行开具了1张征收率为3%的增值税专用发票,提供给下游客户用于抵扣进项税额,尚未申报纳税。其取得适用 3% 征收率的应税销售收入,可以享受减按 1% 征收率征收增值税政策。但增值税专用发票具有抵扣功能,应在增值税专用发票全部联次追回予以作废或者按规定开具红字增值税专用发票后,方可就此笔业务适用减征增值税政策。否则,需要就已开具增值税专用发票的应税销售收入按 3% 征收率申报缴纳增值税。

举例说明3:某个体工商户属于按季申报的增值税小规模纳税人,2023 年第一季度销售收入为 25 万元,该纳税人可以根据实际经营需要,放弃减免税政策,按照 1% 或者 3% 征收率计算缴纳增值税,并开具相应征收率的增值税专用发票。

举例说明4:某小规模纳税人经营摩托车销售业务,月销售额不到 10 万元,可以按规定享受免税政策,开具左上角有"机动车"字样的、税率栏为"免税"的增值税专用发票。批发机动车的小规模纳税人将车辆销售给下游经销商时,按照《机动车发票使用办法》(国家税务总局 工业和信息化部 公安部公告 2020 年第 23 号)的规定开具增值税专用发票。

小规模纳税人发生增值税应税销售行为,合计月销售额未超过 10 万元的,免征增值税的销售额等项目应填写在《增值税及附加税费申报表(小规模纳税人适用)》"小微企业免税销售额"或者"未达起征点销售额"相关栏次;减按 1% 征收率征收增值税的销售额应填写在《增值税及附加税费申报表(小规模纳税人适用)》"应征增值税不含税销售额(3% 征收率)"相应栏次,对应减征的增值税应纳税额按销售额的 2% 计算填写在《增值税及附加税费申报表(小规模纳税人适用)》"本期应纳税额减征额"及《增值税减免税申报明细表》减税项目相应栏次。

(十四)二手车经销企业销售旧车

自 2020 年 5 月 1 日至 2027 年 12 月 31 日,从事二手车经销的纳税人销售其收购的二手车,按照简易办法依 3% 征收率减按 0.5% 征收增值税。二手车,是指从办理完注册登记手续至达到国家强制报废标准之前进行交易并转移所有权的车辆,具体范围按照国务院商务主管部门出台的二手车流通管理办法执行。

(十五)中国(上海)自由贸易试验区建设

自 2021 年 1 月 1 日至 2024 年 12 月 31 日,对注册在洋山特殊综合保税区内的企业,在洋山特殊综合保税区内提供交通运输服务、装卸搬运服务和仓储服务取得的收入,免征增值税。

(十六)粤港澳大湾区建设

自 2020 年 10 月 1 日至 2025 年 12 月 31 日,对注册在广州市的保险企业向注册在南沙自贸片区的企业提供国际航运保险业务取得的收入,免征增值税。

(十七)进口种子种源

自 2021 年 1 月 1 日至 2025 年 12 月 31 日,对符合《进口种子种源免征增值税商品清单》的进口种子种源免征进口环节增值税。

(十八)出口货物保险

1. 自 2022 年 1 月 1 日至 2025 年 12 月 31 日,对境内单位和个人发生的下列跨境应税行为免征增值税:

(1)以出口货物为保险标的的产品责任保险。

（2）以出口货物为保险标的的产品质量保证保险。

2. 境内单位和个人发生上述跨境应税行为的增值税征收管理,按照现行跨境应税行为增值税免税管理办法的规定执行。此前已发生未处理的事项,按第 1 项规定执行;已缴纳的相关税款,不再退还。

（十九）图书批发、零售

自 2021 年 1 月 1 日至 2027 年 12 月 31 日,免征图书批发、零售环节增值税。

（二十）消防救援设备

自 2023 年 1 月 1 日至 2025 年 12 月 31 日,对国家综合性消防救援队伍进口国内不能生产或性能不能满足需求的消防救援装备,免征关税和进口环节增值税、消费税。

（二十一）医疗机构受托提供服务

自 2019 年 2 月 1 日至 2027 年 12 月 31 日,医疗机构接受其他医疗机构委托,按照不高于地(市)级以上价格主管部门会同同级卫生主管部门及其他相关部门制定的医疗服务指导价(包括政府指导价和按照规定由供需双方协商确定的价格等),提供《全国医疗服务价格项目规范》所列的各项服务,可适用《营业税改征增值税试点过渡政策的规定》(财税〔2016〕36 号附件 3)第一条第(七)项规定的免征增值税政策。

（二十二）民用航空发动机和民用飞机

以下政策执行至 2027 年 12 月 31 日。

1. 对纳税人从事大型民用客机发动机、中大功率民用涡轴涡桨发动机研制项目而形成的增值税期末留抵税额予以退还。

2. 对纳税人生产销售新支线飞机和空载重量大于 25 吨的民用喷气式飞机暂减按 5% 征收增值税,并对其因生产销售新支线飞机和空载重量大于 25 吨的民用喷气式飞机而形成的增值税期末留抵税额予以退还。

3. 对纳税人从事空载重量大于 45 吨的民用客机研制项目而形成的增值税期末留抵税额予以退还。

4. 大型民用客机发动机、中大功率民用涡轴涡桨发动机和新支线飞机,是指上述发动机、民用飞机的整机,具体标准如下:

（1）大型民用客机发动机是指:①单通道干线客机发动机,起飞推力 12000～16000kgf;②双通道干线客机发动机,起飞推力 28000～35000kgf。

（2）中大功率民用涡轴涡桨发动机是指:①中等功率民用涡轴发动机,起飞功率 1000～3000kW;②大功率民用涡桨发动机,起飞功率 3000kW 以上。

（3）新支线飞机是指:空载重量大于 25 吨且小于 45 吨、座位数量少于 130 个的民用客机。

5. 纳税人符合规定的增值税期末留抵税额,可在初次申请退税时予以一次性退还。纳税人收到退税款项的当月,应将退税额从增值税进项税额中转出。未按规定转出的,按《中华人民共和国税收征收管理法》(以下简称《税收征管法》)有关规定承担相应法律责任。

退还的增值税税额由中央和地方按照现行增值税分享比例共同负担。

四、增值税即征即退

纳税人享受增值税即征即退政策,需要符合纳税信用级别条件的,以纳税人申请退税税款所属期的纳税信用级别确定。申请退税税款所属期内纳税信用级别发生变化的,以变化后的纳税信用级别确定。

（一）资源综合利用产品和劳务

增值税一般纳税人销售自产的资源综合利用产品和提供资源综合利用劳务(以下称销售综合利用产品和劳务),可享受增值税即征即退政策。自2022年3月1日起,实行以下政策。

1. 综合利用的资源名称、综合利用产品和劳务名称、技术标准和相关条件、退税比例等按照《资源综合利用产品和劳务增值税优惠目录(2022年版)》(财政部　税务总局公告2021年第40号附件,以下称《目录》,内容节选见表2-6)的相关规定执行。

2. 纳税人从事《目录》所列的资源综合利用项目,其申请享受增值税即征即退政策时,应同时符合下列条件。

(1)纳税人在境内收购的再生资源,应按规定从销售方取得增值税发票;适用免税政策的,应按规定从销售方取得增值税普通发票。销售方为依法依规无法申领发票的单位或者从事小额零星经营业务的自然人,应取得销售方开具的收款凭证及收购方内部凭证,或者税务机关代开的发票。小额零星经营业务,是指自然人从事应税项目经营业务的销售额不超过增值税按次起征点的业务。

纳税人从境外收购的再生资源,应按规定取得海关进口增值税专用缴款书,或者从销售方取得具有发票性质的收款凭证、相关税费缴纳凭证。

纳税人应当取得上述发票或凭证而未取得的,该部分再生资源对应产品的销售收入不得适用即征即退规定。

$$\begin{array}{l}\text{不得适用即征}\\\text{即退规定的}\\\text{销售收入}\end{array} = \begin{array}{l}\text{当期销售综合利用}\\\text{产品和劳务的}\\\text{销售收入}\end{array} \times \left(\begin{array}{l}\text{纳税人应当取得发票或}\\\text{凭证而未取得的购入}\\\text{再生资源成本}\end{array} \div \begin{array}{l}\text{当期购进}\\\text{再生资源的}\\\text{全部成本}\end{array}\right)$$

纳税人应当在当期销售综合利用产品和劳务销售收入中剔除不得适用即征即退政策部分的销售收入后,计算可申请的即征即退税额。

$$\begin{array}{l}\text{可申请}\\\text{退税额}\end{array} = \left[\left(\begin{array}{l}\text{当期销售综合利用}\\\text{产品和劳务的}\\\text{销售收入}\end{array} - \begin{array}{l}\text{不得适用即}\\\text{即退规定的}\\\text{销售收入}\end{array}\right) \times \begin{array}{l}\text{适用}\\\text{税率}\end{array} - \begin{array}{l}\text{当期即征}\\\text{即退项目的}\\\text{进项税额}\end{array}\right] \times \begin{array}{l}\text{对应的}\\\text{退税比例}\end{array}$$

(2)纳税人应建立再生资源收购台账,留存备查。台账内容包括再生资源供货方单位名称或个人姓名及身份证号、再生资源名称、数量、价格、结算方式、是否取得增值税发票或符合规定的凭证等。纳税人现有账册、系统能够包括上述内容的,无须单独建立台账。

(3)销售综合利用产品和劳务,不属于发展改革委《产业结构调整指导目录》中的淘汰类、限制类项目。

（4）销售综合利用产品和劳务，不属于生态环境部《环境保护综合名录》中的"高污染、高环境风险"产品或重污染工艺。"高污染、高环境风险"产品，是指在《环境保护综合名录》中标注特性为"GHW/GHF"的产品，但纳税人生产销售的资源综合利用产品满足"GHW/GHF"例外条款规定的技术和条件的除外。

（5）综合利用的资源，属于生态环境部《国家危险废物名录》列明的危险废物的，应当取得省级或市级生态环境部门颁发的《危险废物经营许可证》，且许可经营范围包括该危险废物的利用。

（6）纳税信用级别不为 C 级或 D 级。

（7）纳税人申请享受即征即退政策时，申请退税税款所属期前 6 个月（含所属期当期）不得发生下列情形：

①因违反生态环境保护的法律法规受到行政处罚（警告、通报批评或单次 10 万元以下罚款、没收违法所得、没收非法财物除外；单次 10 万元以下含本数，下同）。

②因违反税收法律法规被税务机关处罚（单次 10 万元以下罚款除外），或发生骗取出口退税、虚开发票的情形。

纳税人在办理退税事宜时，应向主管税务机关提供其符合规定的上述条件以及《目录》规定的技术标准和相关条件的书面声明，并在书面声明中如实注明未取得发票或相关凭证以及接受环保、税收处罚等情况。未提供书面声明的，税务机关不得给予退税。

表 2-6　　　　资源综合利用产品和劳务增值税优惠目录（2022 年版）节选

类别	序号	综合利用的资源名称	综合利用产品和劳务名称	技术标准和相关条件	退税比例
一、共、伴生矿产资源	1.1	油母页岩	页岩油	产品原料 95% 以上来自所列资源	70%
	1.2	煤炭开采过程中产生的煤层气（煤矿瓦斯）	电力	产品燃料 95% 以上来自所列资源	100%
	1.3	油田采油过程中产生的油污泥（浮渣）	乳化油调和剂、防水卷材辅料产品	产品原料 70% 以上来自所列资源	70%
二、废渣、废水（液）、废气	2.1	废渣	砖瓦(不含烧结普通砖)、砌块、陶粒、墙板、管材（管桩）、混凝土、砂浆、道路井盖、道路护栏、防火材料、耐火材料（镁铬砖除外）、保温材料、矿（岩）棉、微晶玻璃、U 型玻璃	产品原料 70% 以上来自所列资源	70%

类别	序号	综合利用的资源名称	综合利用产品和劳务名称	技术标准和相关条件	退税比例
二、废渣、废水（液）、废气	2.2	废渣	水泥、水泥熟料	1. 42.5 及以上等级水泥的原料 20% 以上来自所列资源，其他水泥、水泥熟料的原料 40% 以上来自所列资源； 2. 纳税人符合《水泥工业大气污染物排放标准》（GD 4915—2013）规定的技术要求	70%
	2.3	磷石膏	墙板、砂浆、砌块、水泥添加剂、建筑石膏、α型高强石膏、Ⅱ型无水石膏、嵌缝石膏、粘结石膏、现浇混凝土空心结构用石膏模盒、抹灰石膏、机械喷涂抹灰石膏、土壤调理剂、喷筑墙体石膏、装饰石膏材料、磷石膏制硫酸	产品原料 40% 以上来自磷石膏	70%
	2.4	建筑垃圾、煤矸石	建设用再生骨料、建筑垃圾制作烧结制品、道路材料、建设用回填材料	1. 产品原料 70% 以上来自所列资源； 2. 产品以建筑垃圾为原料的，符合《混凝土用再生粗骨料》（GD/T 25177—2010）或《混凝土和砂浆用再生细骨料》（GD/T 25176—2010）或《烧结普通砖》（GD/T 5101—2017）或《道路用建筑垃圾再生骨料无机混合料》（JC/T 2281—2014）或《再生骨料地面砖和透水砖》（CJ/T 400—2012）或《再生骨料透水混凝土应用技术规程》（CJJ/T 253—2016）或《水泥基回填材料》（JC/T 2468—2018）或《建筑垃圾再生骨料实心砖》（JG/T 505—2016）或《建筑用轻质隔墙条板》（GD/T 23451—2009）或《玻璃纤维增强水泥轻质多孔隔条板》（GD/T 19631—2005）或《混凝土和砂浆用再生微粉》（JG/T 573—2020）或《建筑固废再生砂粉》（JC/T 2548—2019）的技术要求；以煤矸石为原料的，符合《建设用砂》（GD/T 14684—2011）或《建设用卵石、碎石》（GD/T 14685—2011）规定的技术要求； 3. 建筑垃圾资源化项目年处置生产能力不低于 25 万吨	50%

类别	序号	综合利用的资源名称	综合利用产品和劳务名称	技术标准和相关条件	退税比例
三、再生资源	3.1	废旧电池及其拆解物	金属及镍钴锰氢氧化物、镍钴锰酸锂、金属盐（碳酸锂、氯化锂、氟化锂、氯化钴、硫酸钴、硫酸镍、硫酸锰）、氢氧化锂、磷酸铁锂	1. 产品原料 95% 以上来自所列资源； 2. 镍钴锰氢氧化物符合《镍钴锰三元素复合氢氧化物》（GB/T 26300—2020），碳酸锂符合《碳酸锂》（GB/T 11075—2013），氯化锂符合《无水氯化锂》（GBT 10575—2007），氟化锂符合《氟化锂》（GB/T 22666—2008），氯化钴符合《精制氯化钴》（GB/T 26525—2011），硫酸钴符合《精制硫酸钴》（GB/T 26523—2011），硫酸镍符合《精制硫酸镍》（GB/T 26524—2011），氢氧化锂符合《单水氢氧化锂》（GB/T 8766—2013）规定的技术要求； 3. 从事再生利用的企业，镍、钴、锰的综合回收率应不低于98%，锂的回收率不低于85%，稀土等其他主要有价金属综合回收率不低于97%。采用材料修复工艺的，材料回收率应不低于90%。工艺废水循环利用率应达90%以上	50%
	3.2	废显(定)影液、废胶片、废像纸、废感光剂等废感光材料	银	1. 产品原料 95% 以上来自所列资源； 2. 纳税人必须通过 ISO 9000、ISO 14000 认证	30%
	3.3	废旧电机、废旧电线电缆、废铝制易拉罐、报废汽车、报废摩托车、报废船舶、废旧电器电子产品、废旧太阳能光伏器件、废旧灯泡（管），及其拆解物	经冶炼、提纯生产的金属及合金(不包括铁及铁合金)	1. 产品原料 70% 以上来自所列资源； 2. 法律、法规或规章对相关废旧产品拆解规定了资质条件的，纳税人应当取得相应的资质	30%
	3.4	废催化剂、电解废弃物、电镀废弃物、废旧线路板、烟尘灰、湿法泥、熔炼渣、线路板蚀刻废液、锡箔纸灰	经冶炼、提纯或化合生产的金属、合金及金属化合物(不包括铁及铁合金)、冰晶石	1. 产品原料 70% 以上来自所列资源； 2. 纳税人必须通过 ISO 9000、ISO 14000 认证	30%

类别	序号	综合利用的资源名称	综合利用产品和劳务名称	技术标准和相关条件	退税比例
三、再生资源	3.5	报废汽车、报废摩托车、报废船舶、废旧电器电子产品、废旧农机具、报废机器设备、废旧生活用品、工业边角余料、建筑拆解物等产生或拆解出来的废钢铁	炼钢炉料	1. 产品原料 95% 以上来自所列资源； 2. 炼钢炉料符合《废钢铁》（GB 4223—2017）规定的技术要求； 3. 法律、法规或规章对相关废旧产品拆解规定了资质条件的，纳税人应当取得相应的资质； 4. 纳税人符合工业和信息化部《废钢铁加工行业准入条件》的相关规定； 5. 炼钢炉料的销售对象应为符合工业和信息化部《钢铁行业规范条件》并公告的钢铁企业（不包含铸造企业）	30%
四、农林剩余物及其他	4.1	厨余垃圾、畜禽粪污、稻壳、花生壳、玉米芯、油茶壳、棉籽壳、三剩物、次小薪材、农作物秸秆、蔗渣，以及利用上述资源发酵产生的沼气	生物质压块、生物质破碎料、生物天然气、热解燃气、沼气、生物油、电力、热力	1. 产品原料或者燃料80%以上来自所列资源； 2. 纳税人符合《锅炉大气污染物排放标准》（GB 13271—2014）、《火电厂大气污染物排放标准》（GB 13223—2011）或《生活垃圾焚烧污染控制标准》（GB 18485—2014）规定的技术要求	100%
	4.2	三剩物、次小薪材、农作物秸秆、沙柳、玉米芯	纤维板、刨花板、细木工板、生物炭、活性炭、栲胶、水解酒精、纤维素、木质素、木糖、阿拉伯糖、糠醛、箱板纸	产品原料95%以上来自所列资源	90%
	4.3	废弃动物油和植物油	生物柴油、工业级混合油	1. 产品原料70%以上来自所列资源； 2. 工业级混合油的销售对象须为化工企业	70%
五、资源综合利用劳务	5.1	垃圾处理、污泥处理处置劳务		生活垃圾处理应满足《生活垃圾焚烧污染控制标准》（GB 18485—2014）或《生活垃圾填埋场污染控制标准》（GB 16889—2008）规定的技术要求	70%
	5.2	污水处理劳务		污水经加工处理后符合《城镇污水处理厂污染物排放标准 》（GB 18918—2002）规定的技术要求或达到相应的国家或地方水污染物排放标准中的直接排放限值	70%

类别	序号	综合利用的资源名称	综合利用产品和劳务名称	技术标准和相关条件	退税比例
五、资源综合利用劳务	5.3	工业废气处理劳务		工业废气经治理、处理后符合《大气污染物综合排放标准》（GB 16297—1996）规定的技术要求或达到相应的国家或地方大气污染物排放标准中的直接排放限值	70%

注：1. 表中所列综合利用产品，应当符合相应的国家或行业标准。既有国家标准又有行业标准的，应当符合相对高的标准；没有国家标准或行业标准的，应当符合按规定向质量技术监督部门备案的企业标准。

2. 表中所称"以上"均含本数。

3. 综合利用的资源比例计算方式。

（1）综合利用的资源占生产原料或者燃料的比重，以重量比例计算。其中，水泥、水泥熟料原料中掺兑废渣的比重，按以下方法计算。

①对经生料烧制和熟料研磨阶段生产的水泥，其掺兑废渣比例计算公式为：

$$\text{掺兑废渣比例} = \left(\begin{array}{c}\text{生料烧制} \\ \text{阶段掺兑} \\ \text{废渣数量}\end{array} + \begin{array}{c}\text{熟料研磨} \\ \text{阶段掺兑} \\ \text{废渣数量}\end{array}\right) \div \left(\begin{array}{c}\text{除废渣} \\ \text{以外的} \\ \text{生料数量}\end{array} + \begin{array}{c}\text{生料烧制和} \\ \text{熟料研磨阶段} \\ \text{掺兑废渣数量}\end{array} + \begin{array}{c}\text{其他材料} \\ \text{数量}\end{array}\right) \times 100\%$$

②对外购水泥熟料采用研磨工艺生产的水泥，其掺兑废渣比例计算公式为：

$$\text{掺兑废渣比例} = \begin{array}{c}\text{熟料研磨阶段} \\ \text{掺兑废渣数量}\end{array} : \left(\begin{array}{c}\text{熟料} \\ \text{数量}\end{array} + \begin{array}{c}\text{熟料研磨阶段} \\ \text{掺兑废渣数量}\end{array} + \begin{array}{c}\text{其他材料} \\ \text{数量}\end{array}\right) \times 100\%$$

③对生料烧制的水泥熟料，其掺兑废渣比例计算公式为：

$$\text{掺兑废渣比例} = \begin{array}{c}\text{生料烧制阶段} \\ \text{掺兑废渣数量}\end{array} \div \left(\begin{array}{c}\text{除废渣以外的} \\ \text{生料数量}\end{array} + \begin{array}{c}\text{生料烧制阶段} \\ \text{掺兑废渣数量}\end{array} + \begin{array}{c}\text{其他材料} \\ \text{数量}\end{array}\right) \times 100\%$$

（2）综合利用的资源为余热、余压的，按其占生产电力、热力消耗的能源比例计算。

（二）飞机维修劳务

对飞机维修劳务增值税实际税负超过6%的部分即征即退。

（三）软件产品

1. 增值税一般纳税人销售其自行开发生产的软件产品，按13%的税率征收增值税后，对其增值税实际税负超过3%的部分实行即征即退政策。

软件产品，是指信息处理程序及相关文档和数据，包括计算机软件产品、信息系统和嵌入式软件产品。

2. 增值税一般纳税人将进口软件产品进行本地化改造后对外销售，其销售的软件产品可享受第1项软件产品增值税即征即退政策。

本地化改造，是指对进口软件产品进行重新设计、改进、转换等，单纯对进口软件产品进行汉字化处理不包括在内。

3. 满足下列条件的软件产品，经主管税务机关审核批准，可以享受增值税即征即退政策：取得软件产业主管部门颁发的《软件产品登记证书》或著作权行政管理部门颁发的《计算机软件著作权登记证书》。

4. 软件产品增值税即征即退税额的计算。

（1）软件产品（含嵌入式软件产品）增值税即征即退税额的计算公式：

即征即退税额 = 当期软件产品增值税应纳税额 − 当期软件产品销售额 × 3%

当期软件产品增值税应纳税额 = 当期软件产品销项税额 − 当期软件产品可抵扣进项税额

当期软件产品销项税额 = 当期软件产品销售额 × 适用税率

（2）当期嵌入式软件产品销售额的计算公式：

$$\frac{当期嵌入式软件}{产品销售额} = \frac{当期嵌入式软件产品与计算机硬件、}{机器设备销售额合计} - \frac{当期计算机硬件、}{机器设备销售额}$$

计算机硬件、机器设备销售额按照下列顺序确定：

①按纳税人最近同期同类货物的平均销售价格计算确定；

②按其他纳税人最近同期同类货物的平均销售价格计算确定；

③按计算机硬件、机器设备组成计税价格计算确定。

计算机硬件、机器设备组成计税价格 = 计算机硬件、机器设备成本 ×（1 + 10%）

按照上述办法计算，即征即退税额大于零时，税务机关应按规定，及时办理退税手续。

增值税一般纳税人在销售软件产品的同时销售其他货物或者应税劳务的，对于无法划分的进项税额，应按照实际成本或销售收入比例确定软件产品应分摊的进项税额；对专用于软件产品开发生产设备及工具的进项税额，不得进行分摊。纳税人应将选定的分摊方式报主管税务机关备案，并自备案之日起一年内不得变更。

专用于软件产品开发生产的设备及工具，包括但不限于用于软件设计的计算机设备、读写打印器具设备、工具软件、软件平台和测试设备。

对增值税一般纳税人随同计算机硬件、机器设备一并销售的嵌入式软件产品，如果适用上述规定按照组成计税价格计算确定计算机硬件、机器设备销售额，应分别核算嵌入式软件产品与计算机硬件、机器设备部分的成本。未分别核算或者核算不清的，不得享受即征即退政策。

（四）安置残疾人

1. 对安置残疾人的单位和个体工商户，由税务机关按纳税人安置残疾人的人数，限额即征即退增值税。

安置的每位残疾人每月可退还的增值税具体限额，由县级以上税务机关根据纳税人所在区县（含县级市、旗，下同）适用的经省（含自治区、直辖市、计划单列市）人民政府批准的月最低工资标准的4倍确定。

（1）享受税收优惠政策的条件。

①纳税人（除盲人按摩机构外）月安置的残疾人占在职职工人数的比例不低于25%（含25%），并且安置的残疾人人数不少于10人（含10人）。

②盲人按摩机构月安置的残疾人占在职职工人数的比例不低于25%（含25%），并且安置的残疾人人数不少于5人（含5人）。

③依法与安置的每位残疾人签订了1年以上(含1年)的劳动合同或服务协议。

④为安置的每位残疾人按月足额缴纳了基本养老保险、基本医疗保险、失业保险、工伤保险和生育保险等社会保险。

⑤通过银行等金融机构向安置的每位残疾人,按月支付了不低于纳税人所在区县适用的经省人民政府批准的月最低工资标准的工资。

(2)有关定义。

残疾人,是指法定劳动年龄内,持有《中华人民共和国残疾人证》或者《中华人民共和国残疾军人证(1至8级)》的自然人,包括具有劳动条件和劳动意愿的精神残疾人。

在职职工人数,是指与纳税人建立劳动关系并依法签订劳动合同或者服务协议的雇员人数。

2. 特殊教育学校举办的企业,只要符合上述"(1)享受税收优惠政策的条件"中的第①项,即可享受上述安置残疾人增值税即征即退优惠政策。特殊教育学校举办的企业,是指特殊教育学校主要为在校学生提供实习场所、并由学校出资自办、由学校负责经营管理、经营收入全部归学校所有的企业。

这类企业在计算残疾人人数时可将在企业上岗工作的特殊教育学校的全日制在校学生计算在内,在计算企业在职职工人数时也要将上述学生计算在内。

3. 纳税人中纳税信用等级为税务机关评定的C级或D级的,不得享受增值税即征即退政策。

4. 纳税人本期应退增值税额按以下公式计算:

$$本期应退增值税额 = 本期所含月份每月应退增值税额之和$$

$$月应退增值税额 = 纳税人本月安置残疾人员人数 × 本月月最低工资标准的4倍$$

月最低工资标准,是指纳税人所在区县适用的经省(含自治区、直辖市、计划单列市)人民政府批准的月最低工资标准。

纳税人本期已缴增值税额小于本期应退税额不足退还的,可在本年度内以前纳税期已缴增值税额扣除已退增值税额的余额中退还,仍不足退还的可结转本年度内以后纳税期退还。年度已缴增值税额小于或等于年度应退税额的,退税额为年度已缴增值税额;年度已缴增值税额大于年度应退税额的,退税额为年度应退税额。年度已缴增值税额不足退还的,不得结转以后年度退还。

纳税人新安置的残疾人从签订劳动合同并缴纳社会保险的次月起计算,其他职工从录用的次月起计算;安置的残疾人和其他职工减少的,从减少当月计算。

安置残疾人增值税即征即退优惠政策仅适用于生产销售货物、提供劳务,以及提供现代服务和生活服务税目(不含文化体育服务和娱乐服务)范围的服务取得的收入之和,占其增值税收入的比例达到50%的纳税人,但不适用于上述纳税人直接销售外购货物(包括商品批发和零售)以及销售委托加工的货物取得的收入。

纳税人应当分别核算上述享受税收优惠政策和不得享受税收优惠政策业务的销售额,不能分别核算的,不得享受规定的优惠政策。

如果纳税人既适用促进残疾人就业增值税优惠政策,又适用重点群体、退役士兵、随军家属、军转干部等支持就业的增值税优惠政策的,纳税人可自行选择适用的优惠政策,但不能累加执行。一经选定,36 个月内不得变更。

（五）黄金期货交易

上海期货交易所会员和客户通过上海期货交易所销售标准黄金(持上海期货交易所开具的黄金结算专用发票),发生实物交割但未出库的,免征增值税;发生实物交割并已出库的,由税务机关按照实际交割价格代开增值税专用发票,并实行增值税即征即退的政策,同时免征城市维护建设税和教育费附加。增值税专用发票中的单价、金额和税额的计算公式分别如下：

$$单价 = 实际交割单价 ÷ (1 + 增值税税率)$$

$$金额 = 数量 × 单价$$

$$税额 = 金额 × 税率$$

实际交割单价是指不含上海期货交易所收取的手续费的单位价格。

其中,标准黄金是指：成色为 AU9999、AU9995、AU999、AU995,规格为 50 克、100 克、1公斤、3 公斤、12.5 公斤的黄金。

（六）铂金交易

为规范黄金、铂金交易,加强黄金、铂金交易的税收管理,铂金及铂金制品的税收政策明确如下：

1. 对进口铂金免征进口环节增值税。

2. 对中博世金科贸有限责任公司通过上海黄金交易所销售的进口铂金,以上海黄金交易所开具的《上海黄金交易所发票》(结算联)为依据,实行增值税即征即退政策。采取按照进口铂金价格计算退税的办法,具体如下：

$$进口铂金平均单价 = \sum \left\{ \left[\left(\begin{matrix} 当月进口铂金 \\ 报关单价 \end{matrix} × \begin{matrix} 当月进口铂金 \\ 数量 \end{matrix} \right) + \begin{matrix} 上月末库存进口铂金 \\ 总价值 \end{matrix} \right] ÷ \left(\begin{matrix} 当月进口铂金 \\ 数量 \end{matrix} + \begin{matrix} 上月末库存进口铂金 \\ 数量 \end{matrix} \right) \right\}$$

$$金额 = 销售数量 × 进口铂金平均单价 ÷ (1 + 13\%)$$

$$即征即退税额 = 金额 × 13\%$$

3. 中博世金科贸有限责任公司进口的铂金没有通过上海黄金交易所销售的,不得享受增值税即征即退政策。

4. 国内铂金生产企业自产自销的铂金也实行增值税即征即退政策。

（七）管道运输服务

一般纳税人提供管道运输服务,对其增值税实际税负超过 3% 的部分实行增值税即征即退政策。

（八）有形动产融资租赁和售后回租服务

经人民银行、银监会(现为国家金融监督管理总局)或者商务部批准从事融资租赁业务的试点纳税人中的一般纳税人,提供有形动产融资租赁服务和有形动产融资性售后回租服务,对其增值税实际税负超过 3% 的部分实行增值税即征即退政策。

（九）风力发电

自 2015 年 7 月 1 日起,对纳税人销售自产的利用风力生产的电力产品,实行增值税即征即退 50% 的政策。

五、增值税先征后退

自 2021 年 1 月 1 日至 2027 年 12 月 31 日,执行下列增值税先征后退政策。

1. 对下列出版物在出版环节执行增值税 100% 先征后退的政策。

(1)中国共产党和各民主党派的各级组织的机关报纸和机关期刊,各级人大、政协、政府、工会、共青团、妇联、残联、科协的机关报纸和机关期刊,新华社的机关报纸和机关期刊,军事部门的机关报纸和机关期刊。

上述各级组织不含其所属部门。机关报纸和机关期刊增值税先征后退范围掌握在一个单位一份报纸和一份期刊以内。

(2)专为少年儿童出版发行的报纸和期刊,中小学的学生教科书。

(3)专为老年人出版发行的报纸和期刊。

(4)少数民族文字出版物。

(5)盲文图书和盲文期刊。

(6)经批准在内蒙古、广西、西藏、宁夏、新疆五个自治区内注册的出版单位出版的出版物。

(7)列入名单的图书、报纸和期刊,如《半月谈》《法制日报》《检察日报》《人民法院报》《中国日报》等。

2. 对下列出版物在出版环节执行增值税 50% 先征后退的政策。

(1)各类图书、期刊、音像制品、电子出版物,但上述执行增值税 100% 先征后退的出版物除外。

(2)列入名单的报纸,如综合类报纸中的国际时政类报纸(代码 133)、外宣类报纸(代码 134)、其他类报纸(代码 135)和行业专业类报纸中的经济类报纸(代码 201)等。

3. 对下列印刷、制作业务执行增值税 100% 先征后退的政策。

(1)对少数民族文字出版物的印刷或制作业务。

(2)列入名单的新疆维吾尔自治区印刷企业的印刷业务。

4. 享受上述第 1 项、第 2 项增值税先征后退政策的纳税人,必须是具有相关出版物出版许可证的出版单位(含以"租型"方式取得专有出版权进行出版物印刷发行的出版单位)。承担省级及以上出版行政主管部门指定出版、发行任务的单位,因进行重组改制等原因尚未办理出版、发行许可证变更的单位,经财政部各地监管局(以下简称财政监管局)商省级出版行政主管部门核准,可以享受相应的增值税先征后退政策。

纳税人应当将享受上述税收优惠政策的出版物在财务上实行单独核算,不进行单独核算的不得享受上述优惠政策。违规出版物、多次出现违规的出版单位及图书批发零售单位不得享受上述优惠政策。上述违规出版物、出版单位及图书批发零售单位的具体名单由省级及以上出版行政主管部门及时通知相应财政监管局和主管税务机关。

已按软件产品享受增值税退税政策的电子出版物不得再按以上规定申请增值税先征后退政策。

各项增值税先征后退政策由财政监管局根据《财政部 国家税务总局 中国人民银行关于税制改革后对某些企业实行"先征后退"有关预算管理问题的暂行规定的通知》[(94)

第二章 增值税

财预字第 55 号]的规定办理。

5. 所述"出版物"，是指根据国务院出版行政主管部门的有关规定出版的图书、报纸、期刊、音像制品和电子出版物。所述图书、报纸和期刊，包括随同图书、报纸、期刊销售并难以分离的光盘、软盘和磁带等信息载体。

图书、报纸、期刊（即杂志）的范围，按照《国家税务总局关于印发〈增值税部分货物征税范围注释〉的通知》（国税发〔1993〕151 号）的规定执行；音像制品、电子出版物的范围，按照《财政部　税务总局关于简并增值税税率有关政策的通知》（财税〔2017〕37 号）的规定执行。图书包括"租型"出版的图书。

所述"专为少年儿童出版发行的报纸和期刊"，是指以初中及初中以下少年儿童为主要对象的报纸和期刊。

所述"中小学的学生教科书"，是指普通中小学学生教科书和中等职业教育教科书。普通中小学学生教科书，是指根据中小学国家课程方案和课程标准编写的，经国务院教育行政部门审定或省级教育行政部门审定的，由取得国务院出版行政主管部门批准的教科书出版、发行资质的单位提供的中小学学生上课使用的正式教科书，具体操作时按国务院和省级教育行政部门每年下达的"中小学教学用书目录"中所列"教科书"的范围掌握。中等职业教育教科书，是指按国家规定设置标准和审批程序批准成立并在教育行政部门备案的中等职业学校，以及在人力资源社会保障行政部门备案的技工学校学生使用的教科书，具体操作时按国务院和省级教育、人力资源社会保障行政部门发布的教学用书目录认定。中小学的学生教科书不包括各种形式的教学参考书、图册、读本、课外读物、练习册以及其他各类教辅材料。

所述"专为老年人出版发行的报纸和期刊"，是指以老年人为主要对象的报纸和期刊。

六、扣减增值税规定

（一）退役士兵创业就业

1. 自 2023 年 1 月 1 日至 2027 年 12 月 31 日，自主就业退役士兵从事个体经营的，自办理个体工商户登记当月起，在 3 年（36 个月，下同）内按每户每年 20000 元为限额依次扣减其当年实际应缴纳的增值税、城市维护建设税、教育费附加、地方教育附加和个人所得税。限额标准最高可上浮 20%，各省、自治区、直辖市人民政府可根据本地区实际情况在此幅度内确定具体限额标准。

纳税人年度应缴纳税款小于上述扣减限额的，减免税额以其实际缴纳的税款为限；大于上述扣减限额的，以上述扣减限额为限。纳税人的实际经营期不足 1 年的，应当按月换算其减免税限额。换算公式为：

$$减免税限额 = 年度减免税限额 \div 12 \times 实际经营月数$$

城市维护建设税、教育费附加、地方教育附加的计税依据是享受本项税收优惠政策前的增值税应纳税额。

2. 自 2023 年 1 月 1 日至 2027 年 12 月 31 日，企业招用自主就业退役士兵，与其签订 1 年以上期限劳动合同并依法缴纳社会保险费的，自签订劳动合同并缴纳社会保险当月起，在 3 年内按实际招用人数予以定额依次扣减增值税、城市维护建设税、教育费附加、地方教育附加和企业所得税优惠。定额标准为每人每年 6000 元,最高可上浮 50%,各省、自治区、直辖市人民政府可根据本地区实际情况在此幅度内确定具体定额标准。

企业按招用人数和签订的劳动合同时间核算企业减免税总额,在核算减免税总额内每月依次扣减增值税、城市维护建设税、教育费附加和地方教育附加。企业实际应缴纳的增值税、城市维护建设税、教育费附加和地方教育附加小于核算减免税总额的,以实际应缴纳的增值税、城市维护建设税、教育费附加和地方教育附加为限;实际应缴纳的增值税、城市维护建设税、教育费附加和地方教育附加大于核算减免税总额的,以核算减免税总额为限。

纳税年度终了,如果企业实际减免的增值税、城市维护建设税、教育费附加和地方教育附加小于核算减免税总额,企业在企业所得税汇算清缴时以差额部分扣减企业所得税。当年扣减不完的,不再结转以后年度扣减。

自主就业退役士兵在企业工作不满 1 年的,应当按月换算减免税限额。计算公式为:

$$企业核算减免税总额 = \sum \frac{每名自主就业退役士兵本年度在本单位工作月份}{} \div 12 \times 具体定额标准$$

城市维护建设税、教育费附加、地方教育附加的计税依据是享受本项税收优惠政策前的增值税应纳税额。

3. 自主就业退役士兵,是指依照《退役士兵安置条例》(国务院 中央军委令第 608 号)的规定退出现役并按自主就业方式安置的退役士兵。企业,是指属于增值税纳税人或企业所得税纳税人的企业等单位。

4. 自主就业退役士兵从事个体经营的,在享受税收优惠政策进行纳税申报时,注明其退役军人身份,并将《中国人民解放军退出现役证书》《中国人民解放军义务兵退出现役证》《中国人民解放军士官退出现役证》,或《中国人民武装警察部队退出现役证书》《中国人民武装警察部队义务兵退出现役证》《中国人民武装警察部队士官退出现役证》留存备查。

企业招用自主就业退役士兵享受税收优惠政策的,将以下资料留存备查:①招用自主就业退役士兵的《中国人民解放军退出现役证书》《中国人民解放军义务兵退出现役证》《中国人民解放军士官退出现役证》,或《中国人民武装警察部队退出现役证书》《中国人民武装警察部队义务兵退出现役证》《中国人民武装警察部队士官退出现役证》;②企业与招用自主就业退役士兵签订的劳动合同(副本),为职工缴纳的社会保险费记录;③自主就业退役士兵本年度在企业工作时间表。

5. 企业招用自主就业退役士兵既可以适用上述税收优惠政策,又可以适用其他扶持就业专项税收优惠政策的,企业可以选择适用最优惠的政策,但不得重复享受。

6. 纳税人在 2027 年 12 月 31 日享受上述税收优惠政策未满 3 年的,可继续享受至 3 年期满为止。退役士兵以前年度已享受退役士兵创业就业税收优惠政策满 3 年的,不得再享受上述税收优惠政策;以前年度享受退役士兵创业就业税收优惠政策未满 3 年且符合以上条件的,可按上述规定享受优惠至 3 年期满。

7. 按上述规定应予减征的税费,在政策发布(2023 年 8 月 2 日)之前已征收的,可抵减纳税人以后纳税期应缴纳税费或予以退还。政策发布之日前已办理注销的,不再追溯享受。

(二)重点群体创业就业

1. 自 2023 年 1 月 1 日至 2027 年 12 月 31 日,脱贫人口(含防止返贫监测对象,下同)、持《就业创业证》（注明"自主创业税收政策"或"毕业年度内自主创业税收政策"）或《就业失业登记证》（注明"自主创业税收政策"）的人员，从事个体经营的，自办理个体工商户登记当月起，在3年（36个月，下同）内按每户每年20000元为限额依次扣减其当年实际应缴纳的增值税、城市维护建设税、教育费附加、地方教育附加和个人所得税。限额标准最高可上浮20%，各省、自治区、直辖市人民政府可根据本地区实际情况在此幅度内确定具体限额标准。

纳税人年度应缴纳税款小于上述扣减限额的，减免税额以其实际缴纳的税款为限；大于上述扣减限额的，以上述扣减限额为限。

上述人员具体包括：①纳入全国防止返贫监测和衔接推进乡村振兴信息系统的脱贫人口。②在人力资源社会保障部门公共就业服务机构登记失业半年以上的人员。③零就业家庭、享受城市居民最低生活保障家庭劳动年龄内的登记失业人员。④毕业年度内高校毕业生。高校毕业生是指实施高等学历教育的普通高等学校、成人高等学校应届毕业的学生；毕业年度是指毕业所在自然年，即1月1日至12月31日。

2. 自2023年1月1日至2027年12月31日，企业招用脱贫人口，以及在人力资源社会保障部门公共就业服务机构登记失业半年以上且持《就业创业证》或《就业失业登记证》（注明"企业吸纳税收政策"）的人员，与其签订1年以上期限劳动合同并依法缴纳社会保险费的，自签订劳动合同并缴纳社会保险当月起，在3年内按实际招用人数予以定额依次扣减增值税、城市维护建设税、教育费附加、地方教育附加和企业所得税优惠。定额标准为每人每年6000元，最高可上浮30%，各省、自治区、直辖市人民政府可根据本地区实际情况在此幅度内确定具体定额标准。城市维护建设税、教育费附加、地方教育附加的计税依据是享受本项税收优惠政策前的增值税应纳税额。

按上述标准计算的税收扣减额应在企业当年实际应缴纳的增值税、城市维护建设税、教育费附加、地方教育附加和企业所得税税额中扣减，当年扣减不完的，不得结转下年使用。

所称企业是指属于增值税纳税人或企业所得税纳税人的企业等单位。

3. 企业招用就业人员既可以适用上述税收优惠政策，又可以适用其他扶持就业专项税收优惠政策的，企业可以选择适用最优惠的政策，但不得重复享受。

4. 纳税人在2027年12月31日享受上述税收优惠政策未满3年的，可继续享受至3年期满为止。所述人员，以前年度已享受重点群体创业就业税收优惠政策满3年的，不得再享受上述税收优惠政策；以前年度享受重点群体创业就业税收优惠政策未满3年且符合以上条件的，可按上述规定享受优惠至3年期满。

5. 按规定应予减征的税费，在政策发布（2023年8月2日）之前已征收的，可抵减纳税人以后纳税期应缴纳税费或予以退还。政策发布之日前已办理注销的，不再追溯享受。

（三）税控系统专用设备和技术维护费用

自2011年12月1日起，增值税纳税人购买增值税税控系统专用设备支付的费用以及缴纳的技术维护费（以下称两项费用）可在增值税应纳税额中全额抵减。具体规定如下：

1. 增值税纳税人2011年12月1日（含，下同）以后初次购买增值税税控系统专用设备（包括分开票机）支付的费用，可凭购买增值税税控系统专用设备取得的增值税专用发票，在增值税应纳税额中全额抵减（抵减额为价税合计额），不足抵减的可结转下期继续抵减。增值税纳税人非初次购买增值税税控系统专用设备支付的费用，由其自行负担，不得在增值税应纳税额中抵减。

增值税税控系统包括增值税防伪税控系统、货物运输业增值税专用发票税控系统、机动车销售统一发票税控系统和公路、内河货物运输业发票税控系统。

2. 增值税纳税人 2011 年 12 月 1 日以后缴纳的技术维护费（不含补缴的 2011 年 11 月 30 日以前的技术维护费），可凭技术维护服务单位开具的技术维护费发票，在增值税应纳税额中全额抵减，不足抵减的可结转下期继续抵减。技术维护费按照价格主管部门核定的标准执行。

3. 增值税一般纳税人支付的两项费用在增值税应纳税额中全额抵减的，其增值税专用发票不作为增值税抵扣凭证，其进项税额不得从销项税额中抵扣。

七、起征点

对个人销售额未达到规定起征点的，免征增值税。增值税起征点的适用范围限于个人，不包括认定为一般纳税人的个体工商户。

1. 按期纳税的，为月销售额 5000 ~ 20000 元（含本数）。

2. 按次纳税的，为每次（日）销售额 300 ~ 500 元（含本数）。

起征点的调整由财政部和国家税务总局规定。省、自治区、直辖市财政厅（局）和税务局应当在规定的幅度内，根据实际情况确定本地区适用的起征点，并报财政部和国家税务总局备案。

八、减免税其他规定

1. 纳税人兼营免税、减税项目的，应当分别核算免税、减税项目的销售额；未分别核算销售额的，不得免税、减税。

2. 纳税人发生应税销售行为适用免税规定的，可以放弃免税，按照规定缴纳增值税。纳税人放弃免税优惠后，在 36 个月内不得再申请免税。其他个人代开增值税发票时，放弃免税权不受"36 个月不得享受减免税优惠限制"，仅对当次代开发票有效，不影响以后申请免税代开。

3. 纳税人发生应税行为同时适用免税和零税率规定的，可以选择适用免税或者零税率。

4. 生产和销售免征增值税货物或劳务的纳税人要求放弃免税权，应当以书面形式提交放弃免税权声明，报主管税务机关备案。纳税人自提交备案资料的次月起，按照现行有关规定计算缴纳增值税。

5. 放弃免税权的纳税人符合一般纳税人认定条件尚未认定为增值税一般纳税人的，应当按现行规定认定为增值税一般纳税人，其销售的货物或劳务可开具增值税专用发票。

6. 纳税人一经放弃免税权，其生产销售的全部增值税应税货物或劳务均应按照适用税率征税，不得选择某一免税项目放弃免税权，也不得根据不同的销售对象选择部分货物或劳务放弃免税权。

第六节　增值税计税方法

增值税的计税方法,包括一般计税方法、简易计税方法和扣缴计税方法等。

一、一般计税方法

增值税一般计税方法,我国采用的是间接计算法,即国际上通行的购进扣税法。对纳税人发生的销售额征税,同时纳税人购进项目所含进项税额可以抵扣。当期销项税额抵扣当期进项税额后的余额为应纳增值税额。应纳税额计算公式:

$$当期应纳增值税额 = 当期销项税额 - 当期进项税额$$

当期销项税额小于当期进项税额不足抵扣时,其不足部分可以结转下期继续抵扣或留抵退税。

一般纳税人发生应税销售行为,除适用简易计税方法的,均应采用一般计税方法计算缴纳增值税。

从境外单位或者个人购进服务、无形资产或者不动产,自税务机关或者扣缴义务人取得的解缴税款的完税凭证上注明的增值税额,准予从销项税额中抵扣。

二、简易计税方法

为方便小规模纳税人,减轻小规模纳税人的征税成本,我国对小规模纳税人采用简易计税方法,只对小规模纳税人发生的销售额征税,同时小规模纳税人购进项目所含进项税额不可以抵扣。

$$当期应纳增值税额 = 当期销售额(不含税) \times 征收率$$

一般纳税人发生特定销售行为,也可以选择简易计税方法计税,但不可以抵扣进项税额。

$$当期应纳增值税额 = 当期销售额(不含税) \times 征收率$$

三、扣缴计税方法

扣缴义务人按照下列公式计算应扣缴税额:

$$应扣缴税额 = 接受方支付的价款 \div (1 + 税率) \times 税率$$

公式中的"接受方"一般是指应税行为的接受者,也就是境外单位或者个人在境内提供应税行为的对象。

第七节　一般计税方法应纳税额计算

一、销项税额

纳税人销售货物、劳务、服务、无形资产或者不动产,按照销售额和税法规定的税率计算收取的增值税额,为销项税额。其含义:一是销项税额是计算出来的,对销售方来讲,在没有依法抵扣其进项税额前,销项税额不是其应纳增值税额,而是应税销售行为的整体税负;二是销售额是不含销项税额的销售额,销项税额是从购买方收取的,体现了价外税性质。

销项税额是纳税人发生应税销售行为,按照销售额与税率计算的乘积。销项税额是相对于进项税额来说的,其计算公式如下:

$$销项税额 = 销售额 \times 税率$$

或

$$销项税额 = 组成计税价格 \times 税率$$

(一)销售额的一般规定

在增值税税率一定的情况下,计算销项税额的关键在于正确、合理地确定销售额。

销售额为纳税人发生应税销售行为收取的全部价款和价外费用,但是不包括收取的销项税额。具体来说,应税销售额包括以下内容。

1. 销售货物、劳务、服务、无形资产、不动产向购买方收取的全部价款。

2. 向购买方收取的各种价外费用。具体包括手续费、补贴、基金、集资费、返还利润、奖励费、违约金、延期付款利息、滞纳金、赔偿金、包装费、包装物租金、储备费、优质费、运输装卸费、代收款项、代垫款项以及其他各种性质的价外收费。价外费用无论其会计制度如何核算,都应并入销售额计税。但价外费用不包括以下费用:

(1)受托加工应征消费税的货物,而由受托方向委托方代收代缴的消费税。这是因为代收代缴消费税只是受托方履行法定义务的一种行为,此项税金虽然构成委托加工货物售价的一部分,但它同受托方的加工业务及其收取的应税加工费没有内在关联。

(2)同时符合以下两个条件的代垫运费:承运部门的运费发票开具给购买方,并且由纳税人将该项发票转交给购买方的。在这种情况下,纳税人仅仅是为购货人代办运输业务,而未从中收取额外费用。

(3)销售货物的同时代办保险等而向购买方收取的保险费,以及向购买方收取的代购买方缴纳的车辆购置税、车辆牌照费。

税法规定,纳税人销售货物、劳务、服务、无形资产、不动产时向购买方收取的各种价外费用均要并入计税销售额计算征税,目的是防止纳税人以各种名目的收费减少计税销售额逃避纳税。同时应注意,根据国家税务总局规定,纳税人向购买方收取的价外费用和包装物押金,应视为含税收入,在并入销售额征税时,应将其换算为不含税收入再并入销售额征税。

(4)代为收取的同时满足以下条件的政府性基金或者行政事业性收费:由国务院或者财政部批准设立的政府性基金,由国务院或者省级人民政府及其财政、价格主管部门批准设立的行政事业性收费;收取时开具省级以上(含省级)财政部门监(印)制的财政票据;所收款项全额上缴财政。

3. 消费税税金。由于消费税属于价内税,因此,凡征收消费税的货物在计征增值税额时,其应税销售额应包括消费税税金。

销售额以人民币计算。纳税人以人民币以外的货币结算销售额的,应当折合成人民币计算。折合率可以选择销售额发生的当天或者当月 1 日的人民币汇率中间价。纳税人应在事先确定采用何种折合率,确定后 1 年内不得变更。

4. 自 2020 年 1 月 1 日起,纳税人取得的财政补贴收入,与其销售货物、劳务、服务、无形资产、不动产的收入或者数量直接挂钩的,应按规定计算缴纳增值税。纳税人取得的其他情形的财政补贴收入,不属于增值税应税收入,不征收增值税。

（二）特殊销售方式的销售额

在市场竞争过程中,纳税人会采取某些特殊、灵活的销售方式销售货物、劳务、服务、无形资产或者不动产,以求扩大销售、占领市场。这些特殊销售方式及销售额的确定方法如下。

1. 以折扣方式销售货物。

折扣销售,是指销售方在销售货物、提供应税劳务,销售服务、无形资产或者不动产时,因购买方需求量大等原因,而给予的价格方面的优惠。按照现行税法规定:纳税人采取折扣方式销售货物,如果销售额和折扣额在同一张发票上分别注明,可以按折扣后的销售额征收增值税,销售额和折扣额在同一张发票上分别注明是指销售额和折扣额在同一张发票上的"金额"栏分别注明,未在同一张发票"金额"栏注明折扣额,而仅在发票的"备注"栏注明折扣额的,折扣额不得从销售额中减除。如果将折扣额另开发票,不论其在财务上如何处理,均不得从销售额中减除折扣额。在这里应该注意以下几点。

（1）折扣销售有别于销售折扣（又称现金折扣）,销售折扣通常是为了鼓励购货方及时偿还货款而给予的折扣优待,销售折扣发生在销货之后,而折扣销售则是与实现销售同时发生的,所以销售折扣不得从销售额中减除。

（2）销售折扣与销售折让是不同的,销售折让通常是指由于货物的品种或质量等原因引起销售额的减少,即销货方给予购货方未予退货状况下的价格折让。销售折让可以通过开具红字增值税专用发票从销售额中减除,未按规定开具红字增值税专用发票的,不得扣减销项税额或销售额。

对于纳税人销售货物并向购买方开具增值税专用发票后,由于购货方在一定时期内累计购买货物达到一定数量,或者由于市场价格下降等原因,销货方给予购货方相应的价格优惠或补偿等折扣、折让行为,销货方可按现行规定开具红字增值税专用发票。

需要着重说明的是:税法中对纳税人采取折扣方式销售货物销售额的核定,之所以强调销售额与折扣额必须在同一张发票上注明,主要是从保证增值税征收管理的需要,即征税、扣税一致考虑的;如果允许对销售额开一张销货发票,对折扣额再开一张退款红字发票,就可能造成销货方按减除折扣额后的销售额计算销项税额,而购货方却按未减除折扣额的销售额及其进项税额进行抵扣,显然会造成增值税计算征收上的混乱。

2. 以旧换新方式销售货物。

以旧换新销售,是纳税人在销售过程中,折价收回同类旧货物,并以折价款部分冲减货物价款的一种销售方式。税法规定,纳税人采取以旧换新方式销售货物的（金银首饰除外）,应按新货物的同期销售价格确定销售额。

3. 还本销售方式销售货物。

还本销售,是指销货方将货物出售之后,按约定的时间,一次或分次将购货款部分或全部退还给购货方,退还的货款即为还本支出。纳税人采取还本销售货物的,不得从销售额中减除还本支出。

4. 采取以物易物方式销售。

以物易物是一种较为特殊的购销活动,是指购销双方不是以货币结算,而是以同等价款的货物相互结算,实现货物购销的一种方式。在实际工作中,有的纳税人认为以物易物不是购销行为,销货方收到购货方抵顶货物的货物,认为自己不是在购物;购货方发出抵顶货款的货物,认为自己不是在销货。这两种认识都是错误的。正确的方法应当是:以物易物双方都应作购销处理,以各自发出的货物核算销售额并计算销项税额,以各自收到的货物核算购货额及进项税额。需要强调的是,在以物易物活动中,双方应各自开具合法的票据,必须计算销项税额,但如果收到货物不能取得相应的增值税专用发票或者其他增值税扣税凭证,不得抵扣进项税额。

5. 直销企业增值税销售额确定。

直销企业的经营模式主要有两种:一是直销员按照批发价向直销企业购买货物,再按照零售价向消费者销售货物;二是直销员仅起到中介介绍作用,直销企业按照零售价向直销员介绍的消费者销售货物,并另外向直销员支付报酬。根据直销企业的经营模式,直销企业增值税的销售额的确定分以下两种:

(1)直销企业先将货物销售给直销员,直销员再将货物销售给消费者的,直销企业的销售额为其向直销员收取的全部价款和价外费用。直销员将货物销售给消费者时,应按照现行规定缴纳增值税。

(2)直销企业通过直销员向消费者销售货物,直接向消费者收取货款,直销企业的销售额为其向消费者收取的全部价款和价外费用。

纳税人发生有关应税行为,开具增值税专用发票后,发生开票有误或者销售折让、中止、退回等情形的,应当按照规定开具红字增值税专用发票;未按照规定开具红字增值税专用发票的,不得扣减销项税额或者销售额。

6. 包装物押金计税问题。

包装物,是指纳税人包装本单位货物的各种物品。为了促使购货方尽早退回包装物以便周转使用,一般情况下,销货方向购货方收取包装物押金,购货方在规定的期间内返回包装物,销货方再将收取的包装物押金返还。根据税法规定,纳税人为销售货物而出租出借包装物收取的押金,单独记账的、时间在1年内又未过期的,不并入销售额征税;但对逾期未收回不再退还的包装物押金,应按所包装货物的适用税率计算纳税。这里需要注意两个问题:一是"逾期"的界定,"逾期"是指按合同约定实际逾期或以1年(12个月)为期限,对收取1年以上的押金,无论是否退还均并入销售额征税;二是押金属于含税收入,应先将其换算为不含税销售额再并入销售额征税。另外,包装物押金与包装物租金不能混淆,包装物租金属于价外费用,在收取时便并入销售额征税。

对销售除啤酒、黄酒以外的其他酒类产品收取的包装物押金,无论是否返还以及会计上如何核算,均应并入当期销售额征税。

7. 销货退回或销售折让计税问题。

纳税人在销售货物时,因货物质量、规格等原因而发生销货退回或销售折让,由于销货退回或折让不仅涉及销货价款或折让价款的退回,还涉及增值税的退回,因此,销货方应对当期销项税额进行调整。税法规定,一般纳税人因销货退回和折让而退还给购买方的增值税额,应从发生销货退回或折让当期的销项税额中扣减。

8. 贷款服务增值税销售额确定。

贷款服务，以提供贷款服务取得的全部利息及利息性质的收入为销售额。

银行提供贷款服务按期计收利息的，结息日当日计收的全部利息收入，均应计入结息日所属期的销售额，按照现行规定计算缴纳增值税。

自2018年1月1日起，金融机构开展贴现、转贴现业务，以其实际持有票据期间取得的利息收入作为贷款服务销售额计算缴纳增值税。此前贴现机构已就贴现利息收入全额缴纳增值税的票据，转贴现机构转贴现利息收入继续免征增值税。

9. 直接收费金融服务增值税销售额确定。

直接收费金融服务，以提供直接收费金融服务收取的手续费、佣金、酬金、管理费、服务费、经手费、开户费、过户费、结算费、转托管费等各类费用为销售额。

【例2-1】 某工业企业为增值税一般纳税人，2023年6月销售货物，开具增值税专用发票注明金额300万元，因购买数量较大给予相应折扣，并在同一张发票"金额"栏注明折扣金额50万元。为鼓励买方及早付款，实行现金折扣2/30,1/45,N/90，买方于第45天付款。请计算该企业上述业务的销项税额。

销项税额 = (300 - 50) × 13% = 32.5(万元)

（三）视同销售行为销售额的确定

视同销售行为是增值税税法规定的特殊销售行为。由于视同销售行为一般不以资金形式反映出来，因而会出现视同销售而无销售额的情况。根据《增值税暂行条例》，纳税人发生应税销售行为的价格明显偏低并无正当理由的，由主管税务机关按照下列顺序核定其计税销售额。

1. 按纳税人最近时期同类货物、服务、无形资产或者不动产的平均销售价格确定。

2. 按其他纳税人最近时期同类货物、服务、无形资产或者不动产的平均销售价格确定。

3. 用以上两种方法均不能确定其销售额的情况下，可按组成计税价格确定销售额。公式为：

$$组成计税价格 = 成本 × (1 + 成本利润率)$$

属于应征消费税的货物，其组成计税价格应加计消费税税额。计算公式为：

$$组成计税价格 = 成本 × (1 + 成本利润率) + 消费税税额$$

或

$$组成计税价格 = 成本 × (1 + 成本利润率) ÷ (1 - 消费税税率)$$

式中，货物"成本"分为两种情况：属于销售自产货物的为实际生产成本；属于销售外购货物的为实际采购成本。

货物"成本利润率"为10%。但属于应征收消费税的货物，其组成计税价格公式中的成本利润率，为消费税政策中规定的成本利润率（详见本书第三章消费税）。成本利润率由国家税务总局确定。

【例2-2】 某服装厂为一般纳税人，2023年9月将自产的服装作为福利发给本厂职工。该批产品制造成本(不含税)共计10万元,成本利润率为10%。请计算发给职工的服装应纳增值税销项税额。

$$销项税额 = 10 \times (1 + 10\%) \times 13\% = 1.43(万元)$$

(四)含税销售额的换算

现行增值税实行价外税,即纳税人向购买方销售货物、劳务、服务、无形资产、不动产所收取的价款中不应包含增值税税款,价款和税款在增值税专用发票上分别注明。一部分纳税人(包括一般纳税人和小规模纳税人)在销售货物、劳务、服务、无形资产、不动产时,将价款和税款合并定价,发生销售额和增值税额合并收取的情况。

在这种情况下,就必须将含税销售额换算成不含税销售额,作为增值税的税基。其换算公式如下:

$$不含税销售额 = 含税销售额 \div (1 + 税率)$$

(五)销售额的特殊规定

现行增值税政策规定,增值税的销售额为纳税人发生应税销售行为收取的全部价款和价外费用。目前,仍然有无法通过抵扣机制避免重复征税的情况存在,因此出现销售额的特殊规定,引入了差额征税的办法,以下项目采用差额征税。

1. 经纪代理服务,以取得的全部价款和价外费用,扣除向委托方收取并代为支付的政府性基金或者行政事业性收费后的余额为销售额。向委托方收取的政府性基金或者行政事业性收费,不得开具增值税专用发票。

2. 纳税人提供人力资源外包服务,按照经纪代理服务缴纳增值税,其销售额不包括受客户单位委托代为向客户单位员工发放的工资和代理缴纳的社会保险费、住房公积金。向委托方收取并代为发放的工资和代理缴纳的社会保险费、住房公积金,不得开具增值税专用发票,可以开具增值税普通发票。

3. 纳税人提供签证代理服务,以取得的全部价款和价外费用,扣除向服务接受方收取并代为支付给外交部和外国驻华使(领)馆的签证费、认证费后的余额为销售额。

向服务接受方收取并代为支付的签证费、认证费,不得开具增值税专用发票,可以开具增值税普通发票。

4. 纳税人代理进口按规定免征进口增值税的货物,其销售额不包括向委托方收取并代为支付的货款。向委托方收取并代为支付的款项,不得开具增值税专用发票,可以开具增值税普通发票。

5. 航空运输企业的销售额,不包括代收的机场建设费和代售其他航空运输企业客票而代收转付的价款。

6. 一般纳税人提供客运场站服务,以其取得的全部价款和价外费用,扣除支付给承运方运费后的余额为销售额。

7. 航空运输销售代理企业的销售额。

(1)提供境外航段机票代理服务,以取得的全部价款和价外费用,扣除向客户收取并支付给其他单位或者个人的境外航段机票结算款和相关费用后的余额为销售额。

其中:支付给境内单位或者个人的款项,以发票或行程单为合法有效凭证;支付给境外单位或者个人的款项,以签收单据为合法有效凭证,税务机关对签收单据有疑义的,可以要求其提供境外公证机构的确认证明。

(2)提供境内机票代理服务,以取得的全部价款和价外费用,扣除向客户收取并支付给航空运输企业或其他航空运输销售代理企业的境内机票净结算款和相关费用后的余额为销售额。

其中:支付给航空运输企业的款项,以国际航空运输协会(IATA)开账与结算计划(BSP)对账单或航空运输企业的签收单据为合法有效凭证;支付给其他航空运输销售代理企业的款项,以代理企业间的签收单据为合法有效凭证。航空运输销售代理企业就取得的全部价款和价外费用,向购买方开具行程单,或开具增值税普通发票。

航空运输销售代理企业,是指根据《航空运输销售代理资质认可办法》取得中国航空运输协会颁发的"航空运输销售代理业务资质认可证书",接受中国航空运输企业或通航中国的外国航空运输企业委托,依照双方签订的委托销售代理合同提供代理服务的企业。

8. 境外单位通过教育部考试中心及其直属单位在境内开展考试,应以取得的考试费收入扣除支付给境外单位考试费后的余额为销售额,按提供教育辅助服务缴纳增值税。

教育部考试中心及其直属单位代为收取并支付给境外单位的考试费,应统一扣缴增值税,不得开具增值税专用发票,可以开具增值税普通发票。

9. 纳税人提供旅游服务,可以选择以取得的全部价款和价外费用,扣除向旅游服务购买方收取并支付给其他单位或者个人的住宿费、餐饮费、交通费、签证费、门票费和支付给其他接团旅游企业的旅游费用后的余额为销售额。

纳税人提供旅游服务,将火车票、飞机票等交通费发票原件交付给旅游服务购买方而无法收回的,以交通费发票复印件作为差额扣除凭证。

选择上述办法计算销售额的纳税人,向旅游服务购买方收取并支付的上述费用,不得开具增值税专用发票,可以开具增值税普通发票。

10. 提供劳务派遣服务的销售额。

一般纳税人提供劳务派遣服务,也可以选择差额纳税,以取得的全部价款和价外费用,扣除代用工单位支付给劳务派遣员工的工资、福利和为其办理社会保险及住房公积金后的余额为销售额。

11. 提供物业管理服务的纳税人,向服务接受方收取的自来水水费,以扣除其对外支付的自来水水费后的余额为销售额。

12. 房地产开发企业中的一般纳税人销售其开发的房地产项目(选择简易计税方法的房地产老项目除外),以取得的全部价款和价外费用,扣除受让土地时向政府部门支付的土地价款后的余额为销售额。"向政府部门支付的土地价款"包括土地受让人向政府部门支付的征地和拆迁补偿费用、土地前期开发费用和土地出让收益等。在取得土地时向其他单位或个人支付的拆迁补偿费用也允许在计算销售额时扣除。

13. 纳税人提供建筑服务适用简易计税方法的,以取得全部价款和价外费用扣除支付的分包款后的余额为销售额。

14. 金融商品转让,按照卖出价扣除买入价后的余额为销售额。

(1)转让金融商品出现的正负差,按盈亏相抵后的余额为销售额。若相抵后出现负差,可结转下一纳税期与下期转让金融商品销售额相抵,但年末仍出现负差的,不得转入下一个会计年度。

金融商品的买入价,可以选择按照加权平均法或者移动加权平均法进行核算,选择后36个月内不得变更。

(2)单位将其持有的限售股在解禁流通后对外转让的,按照以下规定确定买入价:

①上市公司实施股权分置改革时,在股票复牌之前形成的原非流通股股份,以及股票复牌首日至解禁日期间由上述股份孳生的送、转股,以该上市公司完成股权分置改革后股票复牌首日的开盘价为买入价。

②公司首次公开发行股票并上市形成的限售股,以及上市首日至解禁日期间由上述股份孳生的送、转股,以该上市公司股票首次公开发行(IPO)的发行价为买入价。

③因上市公司实施重大资产重组形成的限售股,以及股票复牌首日至解禁日期间由上述股份孳生的送、转股,以该上市公司因重大资产重组股票停牌前一交易日的收盘价为买入价。

上市公司实施重大资产重组可能出现多次股票停牌。股票停牌,是指中国证券监督管理委员会就上市公司重大资产重组申请作出予以核准决定前的最后一次停牌。

举例说明:A上市公司于2020年8月7日宣布实施重大资产重组,并于当天停牌。2021年4月18日股票复牌。2021年7月24日,A上市公司因收到证监会上市公司并购重组审核委员会会议审核其申请重大资产重组的通知后停牌。2021年8月29日,并购重组审核委员会表决通过A上市公司重大资产重组的申请,8月30日A上市公司股票复牌。9月5日中国证监会就A上市公司重大资产重组申请作出予以核准的决定。鉴于证监会就该上市公司重大资产重组申请作出予以核准决定前最后一次停牌时间是2021年7月24日,因此,纳税人转让A上市公司限售股,应以证监会就其申请作出予以核准决定前最后一次停牌前一交易日的收盘价为买入价,即7月23日A上市公司的股票收盘价为买入价。

买入价低于该单位取得限售股的实际成本价的,以实际成本价为买入价计算缴纳增值税。

(3)纳税人无偿转让股票时,转出方以该股票的买入价为卖出价,按照"金融商品转让"计算缴纳增值税;在转入方将该股票再转让时,以原转出方的卖出价为买入价,按照"金融商品转让"计算缴纳增值税。

15. 融资租赁和融资性售后回租业务。

(1)经人民银行、银监会(现为国家金融监督管理总局,下同)或者商务部批准从事融资租赁业务的试点纳税人,提供融资租赁服务,以取得的全部价款和价外费用,扣除支付的借款利息(包括外汇借款和人民币借款利息)、发行债券利息和车辆购置税后的余额为销售额。

(2)经人民银行、银监会或者商务部批准从事融资租赁业务的试点纳税人,提供融资性售后回租服务,以取得的全部价款和价外费用(不含本金),扣除对外支付的借款利息(包括外汇借款和人民币借款利息)、发行债券利息后的余额作为销售额。

(3)试点纳税人根据2016年4月30日前签订的有形动产融资性售后回租合同,在合同到期前提供的有形动产融资性售后回租服务,可继续按照有形动产融资租赁服务缴纳增值税。

继续按照有形动产融资租赁服务缴纳增值税的试点纳税人,经人民银行、银监会或者商务部批准从事融资租赁业务的,根据2016年4月30日前签订的有形动产融资性售后回

租合同,在合同到期前提供的有形动产融资性售后回租服务,可以选择以下方法之一计算销售额:

①以向承租方收取的全部价款和价外费用,扣除向承租方收取的价款本金,以及对外支付的借款利息(包括外汇借款和人民币借款利息)、发行债券利息后的余额为销售额。

纳税人提供有形动产融资性售后回租服务,计算当期销售额时可以扣除的价款本金,为书面合同约定的当期应当收取的本金。无书面合同或者书面合同没有约定的,为当期实际收取的本金。

试点纳税人提供有形动产融资性售后回租服务,向承租方收取的有形动产价款本金,不得开具增值税专用发票,可以开具增值税普通发票。

②以向承租方收取的全部价款和价外费用,扣除支付的借款利息(包括外汇借款和人民币借款利息)、发行债券利息后的余额为销售额。

【例2-3】 某生产企业为增值税一般纳税人,2023年5月销售货物取得不含税销售额120万元,物流部提供交通运输服务取得不含税销售额30万元,仓储部提供仓储服务取得不含税收入80万元。请计算该企业当月销项税额。

当月该企业销项税额 $= 120 \times 13\% + 30 \times 9\% + 80 \times 6\% = 23.1(万元)$

二、进项税额一般规定

进项税额,是指纳税人购进货物、劳务、服务、无形资产、不动产支付或者负担的增值税税额。

进项税额与销项税额是相互对应的两个概念,在购销业务中,对于销货方而言,在收回货款的同时,收回销项税额;对于购货方而言,在支付货款的同时,支付进项税额。也就是说,销货方收取的销项税额就是购货方支付的进项税额。

对于任何一个增值税一般纳税人,在其经营过程中,都会同时以卖方和买方的身份存在,既会发生销售货物、劳务、服务、无形资产或者不动产,又会发生购进货物、劳务、服务、无形资产或不动产。因此,每一个增值税一般纳税人都会有收取的销项税额和支付的进项税额。增值税一般纳税人当期应纳增值税额采用购进扣除法计算,即以当期的销项税额扣除当期进项税额,其余额为应纳增值税额。这样,增值税一般纳税人应纳税额的大小不仅取决于销项税额,还受进项税额的影响。进项税额的大小影响纳税人实际应缴纳的增值税。需要注意的是,并不是购进货物、劳务、服务、无形资产或不动产所支付或者负担的增值税都可以在销项税额中抵扣,税法对哪些进项税额可以抵扣、哪些进项税额不能抵扣作了严格的规定。

一般而言,准予抵扣的进项税额可以根据以下两种方法来确定:一是进项税额体现支付或者负担的增值税额,为直接在销货方开具的增值税专用发票和海关完税凭证上注明的税额,不需要计算;二是购进某些货物或者服务时,其进项税额是根据支付金额和法定的扣除率计算出来的。

(一)准予从销项税额中抵扣的进项税额

1. 从销售方取得的增值税专用发票上注明的增值税税额,是指增值税一般纳税人在购进货物、劳务、服务、无形资产或不动产时,取得对方的增值税专用发票已注明的增值税税额。

2. 从海关取得的海关进口增值税专用缴款书上注明的增值税税额,是指进口货物报关进口时海关代征进口环节增值税,从海关取得进口增值税专用缴款书上已注明的增值税税额。

增值税一般纳税人进口货物时应准确填报企业名称,确保海关缴款书上的企业名称与税务登记的企业名称一致。税务机关将进口货物取得的属于增值税抵扣范围的海关缴款书信息与海关采集的缴款信息进行稽核比对。经稽核比对相符后,海关缴款书上注明的增值税税额可作为进项税额在销项税额中抵扣。稽核比对不相符,所列税额暂不得抵扣,待核查确认海关缴款书票面信息与纳税人实际进口业务一致后,海关缴款书上注明的增值税税额可作为进项税额在销项税额中抵扣。

上述增值税额不需要纳税人计算,但要注意其增值税专用发票及海关进口增值税专用缴款书的合法性,对不符合规定的扣税凭证一律不准抵扣。

3. 购进农产品进项税额的扣除。

(1)纳税人购进农产品,取得一般纳税人开具的增值税专用发票或海关进口增值税专用缴款书的,以增值税专用发票或海关进口增值税专用缴款书上注明的增值税税额为进项税额。

(2)从按照简易计税方法依照3%征收率计算缴纳增值税的小规模纳税人取得增值税专用发票的,以增值税专用发票上注明的金额和9%的扣除率计算进项税额。

(3)纳税人取得(开具)农产品销售发票或收购发票的,以农产品销售发票或收购发票上注明的农产品买价和9%的扣除率计算进项税额。

(4)纳税人购进用于生产或者委托加工13%税率货物的农产品,按照10%的扣除率计算进项税额。其中,9%是凭票据实抵扣或凭票计算抵扣进项税额,1%是在生产领用农产品当期加计抵扣进项税额。

$$加计扣除农产品进项税额 = \frac{当期生产领用农产品已按规定扣除率(税率)抵扣税额}{扣除率(税率)} \times 1\%$$

纳税人凭完税凭证抵扣进项税额的,应当具备书面合同、付款证明和境外单位的对账单或者发票。资料不全的,其进项税额不得从销项税额中抵扣。

(5)对烟叶税的纳税人按规定缴纳的烟叶税,准予并入烟叶产品的买价计算增值税的进项税额,并在计算缴纳增值税时予以抵扣。烟叶收购单位收购烟叶时按照国家有关规定以现金形式直接补贴烟农的生产投入补贴(简称价外补贴),属于农产品买价,为价款的一部分。烟叶收购单位,应将价外补贴与烟叶收购价格在同一张农产品收购发票或者销售发票上分别注明,否则,价外补贴不得计算增值税进项税额进行抵扣。即购进烟叶准予抵扣的增值税进项税额,按照规定的收购烟叶实际支付的价款总额和烟叶税以及法定扣除率计算。计算公式如下:

$$烟叶税应纳税额 = 收购烟叶实际支付的价款总额 \times 烟叶税税率(20\%)$$

$$准予抵扣的烟叶进项税额 = (收购烟叶实际支付的价款总额 + 烟叶税应纳税额) \times 扣除率$$

(6)部分行业试点增值税进项税额核定扣除方法。具体范围包括以购进农产品为原料生产销售液体乳及乳制品、酒及酒精、植物油的增值税一般纳税人。(具体办法见本节"三、进项税额抵扣的特殊规定"）

4. 纳税人购进国内旅客运输服务未取得增值税专用发票准予扣除的进项税额的确定。

（1）取得增值税电子普通发票的，为发票上注明的税额。电子普通发票上注明的购买方"名称""纳税人识别号"等信息，应当与实际抵扣税款的纳税人一致，否则不予抵扣。

（2）取得注明旅客身份信息的航空运输电子客票行程单的，为按照下列公式计算的进项税额：

$$航空旅客运输进项税额 = （票价 + 燃油附加费） ÷ （1 + 9\%） × 9\%$$

（3）取得注明旅客身份信息的铁路车票的，为按照下列公式计算的进项税额：

$$铁路旅客运输进项税额 = 票面金额 ÷ （1 + 9\%） × 9\%$$

（4）取得注明旅客身份信息的公路、水路等其他客票的，为按照下列公式计算的进项税额：

$$公路、水路等其他旅客运输进项税额 = 票面金额 ÷ （1 + 3\%） × 3\%$$

（5）国内旅客运输服务，限于与本单位签订了劳动合同的员工，以及本单位作为用工单位接受的劳务派遣员工发生的国内旅客运输服务。纳税人允许抵扣的国内旅客运输服务进项税额，是指纳税人2019年4月1日及以后实际发生，并取得合法有效增值税扣税凭证注明的或依据其计算的增值税税额。以增值税专用发票或增值税电子普通发票为增值税扣税凭证的，为2019年4月1日及以后开具的增值税专用发票或增值税电子普通发票。

5. 纳税人支付的道路、桥、闸通行费抵扣进项税额。

（1）纳税人支付的道路通行费，按照收费公路通行费增值税电子普通发票上注明的增值税税额抵扣进项税额。

（2）纳税人支付的桥、闸通行费，暂凭取得的通行费发票上注明的收费金额，按照下列公式计算可抵扣的进项税额：

$$桥、闸通行费可抵扣进项税额 = 桥、闸通行费发票上注明的金额 ÷ （1 + 5\%） × 5\%$$

通行费，是指有关单位依法或者依规设立并收取的过路、过桥和过闸费用。

6. 建筑业进项税额抵扣的特殊规定。

建筑企业与发包方签订建筑合同后，以内部授权或者三方协议等方式，授权集团内其他纳税人（以下称第三方）为发包方提供建筑服务，并由第三方直接与发包方结算工程款的，由第三方向发包方开具增值税发票，发包方可凭实际提供建筑服务的纳税人开具的增值税专用发票抵扣进项税额。

7. 自2018年1月1日起，纳税人租入固定资产、不动产，既用于一般计税方法计税项目，又用于简易计税方法计税项目、免征增值税项目、集体福利或个人消费的，其进项税额准予从销项税额中全额抵扣。

8. 煤炭采掘企业增值税进项税额抵扣有关事项。

自2015年11月1日起，煤炭采掘企业增值税进项税额抵扣有关事项政策如下。

（1）煤炭采掘企业购进的下列项目，其进项税额允许从销项税额中抵扣：

①巷道附属设备及其相关的应税货物、劳务和服务；

②用于除开拓巷道以外的其他巷道建设和掘进，或者用于巷道回填、露天煤矿生态恢复的应税货物、劳务和服务。

（2）巷道，是指为采矿提升、运输、通风、排水、动力供应、瓦斯治理等而掘进的通道，包括开拓巷道和其他巷道。其中，开拓巷道，是指为整个矿井或一个开采水平（阶段）服务的巷道。巷道附属设备，是指以巷道为载体的给排水、采暖、降温、卫生、通风、照明、通讯、消防、电梯、电气、瓦斯抽排等设备。

9. 保险服务进项税额的抵扣。

（1）提供保险服务的纳税人以实物赔付方式承担机动车辆保险责任的，自行向车辆修理劳务提供方购进的车辆修理劳务，其进项税额可以按规定从保险公司销项税额中抵扣。

（2）提供保险服务的纳税人以现金赔付方式承担机动车辆保险责任的，将应付给被保险人的赔偿金直接支付给车辆修理劳务提供方，不属于保险公司购进车辆修理劳务，其进项税额不得从保险公司销项税额中抵扣。

（3）纳税人提供的其他财产保险服务，比照上述规定执行。

10. 不动产进项税额的抵扣。

自 2019 年 4 月 1 日起，纳税人取得不动产或者不动产在建工程的进项税额不再分 2 年抵扣。此前按照规定尚未抵扣完毕的待抵扣进项税额，可自 2019 年 4 月税款所属期起从销项税额中抵扣。

11. 自境外单位或者个人购进劳务、服务、无形资产或者境内的不动产，从税务机关或者代扣代缴义务人取得的代扣代缴税款的完税凭证上注明的增值税税额，准予从销项税额中抵扣。

12. 进口环节进项税额的抵扣。

增值税税法对进口环节进项税额抵扣条件作了特殊规定：

对海关代征进口环节增值税开具的增值税专用缴款书上标明有两个单位名称，即既有代理进口单位名称，又有委托进口单位名称的，只准予其中取得专用缴款书原件的一个单位抵扣税款。申报抵扣税款的委托进口单位，必须提供相应的海关代征增值税专用缴款书原件、委托代理合同及付款凭证，否则，不予抵扣进项税额。

13. 纳税人认定或登记为一般纳税人前进项税额抵扣问题。

纳税人自办理税务登记至认定或登记为一般纳税人期间，未取得生产经营收入，未按照销售额和征收率简易计算应纳税额申报缴纳增值税的，其在此期间取得的增值税扣税凭证，可以在认定或登记为一般纳税人后抵扣进项税额。

【例 2 - 4】 某生产企业为增值税一般纳税人，生产的产品均适用 13% 的增值税税率。2023 年 10 月销售产品取得不含税销售额 200 万元，当月从农业生产者购进农产品作为生产用原材料，收购发票上注明买价为 70 万元，当月领用 56 万元农产品用于加工；另购进其他原材料，取得增值税专用发票注明的金额 100 万元，税额 13 万元。请计算当月该企业应纳增值税税额。

销项税额 $= 200 \times 13\% = 26$（万元）

进项税额 $= 70 \times 9\% + 56 \times 9\% \div 9\% \times 1\% + 13 = 19.86$（万元）

当月该企业应纳增值税税额 = 26 - 19.86 = 6.14(万元)

(二)不得从销项税额中抵扣的进项税额

1. 下列项目的进项税额不得从销项税额中抵扣:

(1)用于简易计税方法计税项目、免征增值税项目、集体福利或者个人消费的购进货物、劳务、服务、无形资产和不动产。其中涉及的固定资产、无形资产、不动产,仅指专用于上述项目的固定资产、无形资产(不包括其他权益性无形资产)、不动产。

纳税人的交际应酬消费属于个人消费。

(2)非正常损失的购进货物,以及相关的劳务和交通运输服务。

(3)非正常损失的在产品、产成品所耗用的购进货物(不包括固定资产)、劳务和交通运输服务。

(4)非正常损失的不动产,以及该不动产所耗用的购进货物、设计服务和建筑服务。

(5)非正常损失的不动产在建工程所耗用的购进货物、设计服务和建筑服务。

纳税人新建、改建、扩建、修缮、装饰不动产,均属于不动产在建工程。

(6)购进的贷款服务、餐饮服务、居民日常服务和娱乐服务。

(7)财政部和国家税务总局规定的其他情形。

上述第(4)项、第(5)项所称货物,是指构成不动产实体的材料和设备,包括建筑装饰材料和给排水、采暖、卫生、通风、照明、通讯、煤气、消防、中央空调、电梯、电气、智能化楼宇设备及配套设施。

不动产、无形资产的具体范围,按照《营业税改征增值税试点实施办法》所附的《销售服务、无形资产、不动产注释》执行。

固定资产,是指使用期限超过12个月的机器、机械、运输工具以及其他与生产经营有关的设备、工具、器具等有形动产。

非正常损失,是指因管理不善造成货物被盗、丢失、霉烂变质,以及因违反法律法规造成货物或者不动产被依法没收、销毁、拆除的情形。

2. 适用一般计税方法的纳税人,兼营简易计税方法计税项目、免征增值税项目而无法划分不得抵扣的进项税额,按照下列公式计算不得抵扣的进项税额:

$$不得抵扣的进项税额 = 当期无法划分的全部进项税额 \times \left(当期简易计税方法计税项目销售额 + 免征增值税项目销售额 \right) \div 当期全部销售额$$

主管税务机关可以按照上述公式依据年度数据对不得抵扣的进项税额进行清算。

3. 已抵扣进项税额的不动产,发生非正常损失,或者改变用途,专用于简易计税方法计税项目、免征增值税项目、集体福利或者个人消费的,按照下列公式计算不得抵扣的进项税额,并从当期进项税额中扣减:

$$不得抵扣的进项税额 = 已抵扣进项税额 \times 不动产净值率$$

$$不动产净值率 = (不动产净值 \div 不动产原值) \times 100\%$$

4. 纳税人从批发、零售环节购进适用免征增值税政策的蔬菜、部分鲜活肉蛋而取得的增值税普通发票,不得作为计算抵扣进项税额的凭证。

5. 有下列情形之一者,应按销售额依照增值税税率计算应纳税额,不得抵扣进项税额,也不得使用增值税专用发票：

①一般纳税人会计核算不健全，或者不能够提供准确税务资料的。

②除另有规定外，纳税人销售额超过小规模纳税人标准，未申请办理一般纳税人认定或登记手续的。

不得抵扣进项税额，是指纳税人在停止抵扣进项税额期间发生的全部进项税额，包括在停止抵扣期间取得的进项税额、上期留抵税额以及经批准允许抵扣的期初存货已征税款。纳税人经税务机关核准恢复抵扣进项税额资格后，其在停止抵扣进项税额期间发生的全部进项税额不得抵扣。

6. 纳税人接受贷款服务向贷款方支付的与该笔贷款直接相关的投融资顾问费、手续费、咨询费等费用，其进项税额不得从销项税额中抵扣。

7. 纳税人取得的增值税扣税凭证不符合法律、行政法规或者国家税务总局有关规定的，其进项税额不得从销项税额中抵扣。

纳税人凭完税凭证抵扣进项税额的，应当具备书面合同、付款证明和境外单位的对账单或者发票。资料不全的，其进项税额不得从销项税额中抵扣。

(三)进项税额转出的规定

进项税额转出是增值税管理中的一个重要环节。它指的是纳税人在某些特定情况下，需将原本已经抵扣的进项税额部分或全部从当期应纳税额中转出，不能再作为抵扣项目，如发生不得从销项税额中抵扣进项税额的情况，具体内容见上述"(二)不得从销项税额中抵扣的进项税额"。已抵扣进项税额的购进货物(不含固定资产，固定资产按净值率抵扣)、劳务、服务、无形资产、不动产，无法确定该项进项税额的，按当期实际成本计算应扣减的进项税额。

从当期发生的进项税额中扣减，是指已抵扣进项税额的购进货物、劳务、服务、无形资产、不动产是在哪一个时期发生上述情况的，就在发生期内纳税人的进项税额中扣减，而无须追溯到购进货物、劳务、服务、无形资产、不动产抵扣进项税额的那个时期。另外，"无法确定该项进项税额的，按当期实际成本计算应扣减的进项税额"，是指扣减进项税额的计算依据不是货物、劳务、服务、无形资产、不动产的原进价，而是按发生上述情况的当期该货物、劳务、服务、无形资产、不动产的"实际成本"与征税时该货物、劳务、服务、无形资产、不动产适用的税率计算应扣减的进项税额。

$$实际成本 = 进价 + 运费 + 保险费 + 其他有关费用$$

上述实际成本的计算公式，对于进口货物是完全适用的，如果是国内购进货物、劳务、服务、无形资产、不动产，则实际成本主要包括进价和运费两大部分。

三、进项税额抵扣的特殊规定

(一)农产品进项税额核定办法

自2012年7月1日起，以购进农产品为原料生产销售液体乳及乳制品、酒及酒精、植物油的增值税一般纳税人，纳入农产品增值税进项税额核定扣除试点范围，其购进农产品无论是否用于生产上述产品，增值税进项税额均按照《农产品增值税进项税额核定扣除试点实施办法》(财税〔2012〕38号附件1)有关规定抵扣。

对部分液体乳及乳制品实行全国统一的扣除标准(见表2-7)。

表2-7 　　　　　　　　　　全国统一的部分液体乳及乳制品扣除标准表 　　　　　　　单位:吨

产品类型	扣除标准(原乳单耗数量)
超高温灭菌牛乳(每吨)	1.068
超高温灭菌牛乳(蛋白质含量≥3.3%)(每吨)	1.124
巴氏杀菌牛乳(每吨)	1.055
巴氏杀菌牛乳(蛋白质含量≥3.3%)(每吨)	1.196
超高温灭菌羊乳(每吨)	1.023
巴氏杀菌羊乳(每吨)	1.062

农产品是指列入《农业产品征税范围注释》(财税字〔1995〕52号)的初级农业产品。

试点纳税人购进农产品不再凭增值税扣税凭证抵扣增值税进项税额,购进除农产品以外的货物、应税劳务和应税服务,增值税进项税额仍按现行有关规定抵扣。

1. 试点纳税人以购进农产品为原料生产货物的,农产品增值税进项税额可按照以下方法核定。

(1)投入产出法:参照国家标准、行业标准(包括行业公认标准和行业平均耗用值)确定销售单位数量货物耗用外购农产品的数量(以下称农产品单耗数量)。

当期允许抵扣农产品增值税进项税额依据农产品单耗数量、当期销售货物数量、农产品平均购买单价(含税,下同)和农产品增值税进项税额扣除率(以下简称扣除率)计算。公式如下:

$$\text{当期允许抵扣农产品增值税进项税额} = \text{当期农产品耗用数量} \times \text{农产品平均购买单价} \times \text{扣除率} \div (1 + \text{扣除率})$$

$$\text{当期农产品耗用数量} = \text{当期销售货物数量(不含采购除农产品以外的半成品生产的货物数量)} \times \text{农产品单耗数量}$$

对以单一农产品原料生产多种货物或者多种农产品原料生产多种货物的,在核算当期农产品耗用数量和平均购买单价时,应依据合理的方法归集和分配。

平均购买单价是指购买农产品期末平均买价,不包括买价之外单独支付的运费和入库前的整理费用。期末平均买价计算公式如下:

$$\text{期末平均买价} = \left(\text{期初库存农产品数量} \times \text{期初平均买价} + \text{当期购进农产品数量} \times \text{当期买价} \right) \div \left(\text{期初库存农产品数量} + \text{当期购进农产品数量} \right)$$

(2)成本法:依据试点纳税人年度会计核算资料,计算确定耗用农产品的外购金额占生产成本的比例(以下称农产品耗用率)。当期允许抵扣农产品增值税进项税额依据当期主营业务成本、农产品耗用率以及扣除率计算。公式如下:

$$\text{当期允许抵扣农产品增值税进项税额} = \text{当期主营业务成本} \times \text{农产品耗用率} \times \text{扣除率} \div (1 + \text{扣除率})$$

农产品耗用率＝上年投入生产的农产品外购金额÷上年生产成本

农产品外购金额(含税)不包括不构成货物实体的农产品(包括包装物、辅助材料、燃料、低值易耗品等)和在购进农产品之外单独支付的运费、入库前的整理费用。

对以单一农产品原料生产多种货物或者多种农产品原料生产多种货物的,在核算当期主营业务成本以及核定农产品耗用率时,试点纳税人应依据合理的方法进行归集和分配。

农产品耗用率由试点纳税人向主管税务机关申请核定。

年度终了,主管税务机关应根据试点纳税人本年实际对当年已抵扣的农产品增值税进项税额进行纳税调整,重新核定当年的农产品耗用率,并作为下一年度的农产品耗用率。

上述扣除率为销售货物的适用税率。

(3)参照法:新办的试点纳税人或者试点纳税人新增产品的,试点纳税人可参照所属行业或者生产结构相近的其他试点纳税人确定农产品单耗数量或者农产品耗用率。次年,试点纳税人向主管税务机关申请核定当期的农产品单耗数量或者农产品耗用率,并据此计算确定当年允许抵扣的农产品增值税进项税额,同时对上一年增值税进项税额进行调整。核定的进项税额超过实际抵扣增值税进项税额的,其差额部分可以结转下期继续抵扣;核定的进项税额低于实际抵扣增值税进项税额的,其差额部分应按现行增值税的有关规定将进项税额作转出处理。

2. 试点纳税人购进农产品直接销售的,农产品增值税进项税额按照以下方法核定扣除:

$$\text{当期允许抵扣农产品增值税进项税额} = \text{当期销售农产品数量} ÷ (1 - \text{损耗率}) \times \text{农产品平均购买单价} \times \text{适用税率} ÷ (1 + \text{适用税率})$$

$$\text{损耗率} = \text{损耗数量} ÷ \text{购进数量}$$

3. 试点纳税人购进农产品用于生产经营且不构成货物实体的(包括包装物、辅助材料、燃料、低值易耗品等),增值税进项税额按照以下方法核定扣除:

$$\text{当期允许抵扣农产品增值税进项税额} = \text{当期耗用农产品数量} \times \text{农产品平均购买单价} \times \text{适用税率} ÷ (1 + \text{适用税率})$$

农产品单耗数量、农产品耗用率和损耗率统称为农产品增值税进项税额扣除标准。

4. 试点纳税人销售货物,应合并计算当期允许抵扣农产品增值税进项税额。

试点纳税人购进农产品取得的农产品增值税专用发票和海关进口增值税专用缴款书,按照注明的金额及增值税额一并记入成本科目;自行开具的农产品收购发票和取得的农产品销售发票,按照注明的买价直接计入成本。

省级(包括计划单列市,下同)税务机关应根据上述第1项至第3项的核定方法顺序,确定试点纳税人适用的农产品增值税进项税额核定扣除方法。

试点纳税人应自执行上述规定之日起,将期初库存农产品以及库存半成品、产成品耗用的农产品增值税进项税额作转出处理。

试点纳税人应当按照规定准确计算当期允许抵扣农产品增值税进项税额,并从相关科目转入"应交税费——应交增值税（进项税额）"科目。未能准确计算的，由主管税务机关核定。

试点纳税人购进的农产品价格明显偏高或偏低，且不具有合理商业目的的，由主管税务机关核定。

试点纳税人在计算农产品增值税进项税额时，应按照下列顺序确定适用的扣除标准：①财政部和国家税务总局不定期公布的全国统一的扣除标准；②省级税务机关商同级财政机关根据本地区实际情况，报经财政部和国家税务总局备案后公布的适用于本地区的扣除标准；③省级税务机关依据试点纳税人申请，按照规定的核定程序审定的仅适用于该试点纳税人的扣除标准。

5. 试点纳税人扣除标准核定程序。

试点纳税人以农产品为原料生产货物的扣除标准核定程序：

（1）申请核定。以农产品为原料生产货物的试点纳税人应于当年1月15日前（2012年为7月15日前）或者投产之日起30日内，向主管税务机关提出扣除标准核定申请并提供有关资料。申请资料的范围和要求由省级税务机关确定。

（2）审定。主管税务机关应对试点纳税人的申请资料进行审核，并逐级上报给省级税务机关。

省级税务机关应组成扣除标准核定小组，核定结果应由省级税务机关下达，主管税务机关通过网站、报刊等多种方式及时向社会公告核定结果。未经公告的扣除标准无效。

省级税务机关下达核定结果前，试点纳税人可按上年确定的核定扣除标准计算申报农产品进项税额。

此外，试点纳税人购进农产品直接销售、购进农产品用于生产经营且不构成货物实体扣除标准的核定采取备案制，抵扣农产品增值税进项税额的试点纳税人应在申报缴纳税款时向主管税务机关备案。备案资料的范围和要求由省级税务机关确定。

试点纳税人对税务机关根据规定核定的扣除标准有疑义或者生产经营情况发生变化的，可以自税务机关发布公告或者收到主管税务机关《税务事项通知书》之日起30日内，向主管税务机关提出重新核定扣除标准申请，并提供说明其生产、经营真实情况的证据，主管税务机关应当自接到申请之日起30日内书面答复。

试点纳税人在申报期内，除向主管税务机关报送《增值税一般纳税人纳税申报办法》（国税发〔2003〕53号）规定的纳税申报资料外，还应报送《农产品核定扣除增值税进项税额计算表》。

6. 根据《财政部 国家税务总局关于扩大农产品增值税进项税额核定扣除试点行业范围的通知》（财税〔2013〕57号）规定，进一步推进农产品增值税进项税额核定扣除试点工作，扩大实行核定扣除试点的行业范围。

（1）自2013年9月1日起，各省、自治区、直辖市、计划单列市税务部门可商同级财政部门，根据《农产品增值税进项税额核定扣除试点实施办法》（财税〔2012〕38号附件1）的有关规定，结合本省（自治区、直辖市、计划单列市）特点，选择部分行业开展核定扣除试点工作。

（2）各省、自治区、直辖市、计划单列市税务和财政部门制定的关于核定扣除试点行业范围、扣除标准等内容的文件，需报经财政部和国家税务总局备案后公布。财政部和国家税务总局将根据各地区试点工作进展情况,不定期公布部分产品全国统一的扣除标准。

【例2-5】 某酒厂为增值税一般纳税人,2023年6月销售粮食白酒1万公斤,税务机关公布的玉米单耗数量为2.2。该酒厂期初库存玉米10万公斤,平均单价为2.39元/公斤,本月购进20万公斤,平均单价为2.42元/公斤。上述价格均为含税价格。该厂生产销售货物均适用13%的增值税税率。农产品进项税额采用投入产出法核定扣除。请计算该酒厂当月允许抵扣农产品增值税进项税额。

期末平均买价 $= (100000 \times 2.39 + 200000 \times 2.42) \div (100000 + 200000) = 2.41$（元/公斤）

允许抵扣农产品增值税进项税额 $= 10000 \times 2.2 \times 2.41 \times 13\% \div (1 + 13\%) = 6099.65$（元）

(二)先进制造业企业、集成电路企业、工业母机企业加计抵减政策

1. 先进制造业企业加计抵减政策

(1)自2023年1月1日至2027年12月31日,允许先进制造业企业按照当期可抵扣进项税额加计5%抵减应纳增值税税额。

先进制造业企业是指高新技术企业(含所属的非法人分支机构)中的制造业一般纳税人,高新技术企业是指按照《科技部 财政部 国家税务总局关于修订印发〈高新技术企业认定管理办法〉的通知》(国科发火〔2016〕32号)规定认定的高新技术企业。先进制造业企业实行清单制,具体名单由各省、自治区、直辖市、计划单列市工业和信息化部门会同同级科技、财政、税务部门确定。

(2)先进制造业企业按照当期可抵扣进项税额的5%计提当期加计抵减额。按照现行规定不得从销项税额中抵扣的进项税额,不得计提加计抵减额;已计提加计抵减额的进项税额,按规定作进项税额转出的,应在进项税额转出当期,相应调减加计抵减额。

(3)先进制造业企业按照现行规定计算一般计税方法下的应纳税额(以下称抵减前的应纳税额)后,区分以下情形加计抵减:

①抵减前的应纳税额等于零的,当期可抵减加计抵减额全部结转下期抵减。

②抵减前的应纳税额大于零,且大于当期可抵减加计抵减额的,当期可抵减加计抵减额全额从抵减前的应纳税额中抵减。

③抵减前的应纳税额大于零,且小于或等于当期可抵减加计抵减额的,以当期可抵减加计抵减额抵减应纳税额至零;未抵减完的当期可抵减加计抵减额,结转下期继续抵减。

(4)先进制造业企业可计提但未计提的加计抵减额,可在确定适用加计抵减政策当期一并计提。

(5)先进制造业企业出口货物劳务、发生跨境应税行为不适用加计抵减政策,其对应的进项税额不得计提加计抵减额。

先进制造业企业兼营出口货物劳务、发生跨境应税行为且无法划分不得计提加计抵减额的进项税额,按照以下公式计算:

$$\text{不得计提加计抵减额的进项税额} = \text{当期无法划分的全部进项税额} \times \text{当期出口货物劳务和发生跨境应税行为的销售额} \div \text{当期全部销售额}$$

（6）先进制造业企业应单独核算加计抵减额的计提、抵减、调减、结余等变动情况。骗取适用加计抵减政策或虚增加计抵减额的，按照《税收征管法》等有关规定处理。

（7）先进制造业企业同时符合多项增值税加计抵减政策的，可以择优选择适用，但在同一期间不得叠加适用。

2. 集成电路企业加计抵减政策

（1）自2023年1月1日至2027年12月31日，允许集成电路设计、生产、封测、装备、材料企业（以下称集成电路企业），按照当期可抵扣进项税额加计15%抵减应纳增值税税额。

对适用加计抵减政策的集成电路企业采取清单管理，具体适用条件、管理方式和企业清单由工业和信息化部会同发展改革委、财政部、国家税务总局等部门制定。

（2）集成电路企业按照当期可抵扣进项税额的15%计提当期加计抵减额。企业外购芯片对应的进项税额，以及按照现行规定不得从销项税额中抵扣的进项税额，不得计提加计抵减额；已计提加计抵减额的进项税额，按规定作进项税额转出的，应在进项税额转出当期，相应调减加计抵减额。

（3）集成电路企业按照现行规定计算一般计税方法下的应纳税额（以下称抵减前的应纳税额）后，区分以下情形加计抵减：

①抵减前的应纳税额等于零的，当期可抵减加计抵减额全部结转下期抵减。

②抵减前的应纳税额大于零，且大于当期可抵减加计抵减额的，当期可抵减加计抵减额全额从抵减前的应纳税额中抵减。

③抵减前的应纳税额大于零，且小于或等于当期可抵减加计抵减额的，以当期可抵减加计抵减额抵减应纳税额至零。未抵减完的当期可抵减加计抵减额，结转下期继续抵减。

（4）集成电路企业可计提但未计提的加计抵减额，可在确定适用加计抵减政策当期一并计提。

（5）集成电路企业出口货物劳务、发生跨境应税行为不适用加计抵减政策，其对应的进项税额不得计提加计抵减额。

集成电路企业兼营出口货物劳务、发生跨境应税行为且无法划分不得计提加计抵减额的进项税额，按照以下公式计算：

$$\text{不得计提加计} \atop \text{抵减额的进项税额} = \text{当期无法划分的} \atop \text{全部进项税额} \times \frac{\text{当期出口货物劳务和}}{\text{发生跨境应税行为的销售额}} \div \frac{\text{当期全部}}{\text{销售额}}$$

（6）集成电路企业应单独核算加计抵减额的计提、抵减、调减、结余等变动情况。

（7）集成电路企业同时符合多项增值税加计抵减政策的，可以择优选择适用，但在同一期间不得叠加适用。

3. 工业母机企业加计抵减政策

（1）自2023年1月1日至2027年12月31日，对生产销售先进工业母机主机、关键功能部件、数控系统（以下称先进工业母机产品）的增值税一般纳税人（以下称工业母机企业），允许按当期可抵扣进项税额加计15%抵减企业应纳增值税税额。

适用加计抵减政策的工业母机企业需同时符合以下条件：

①申请优惠政策的上一年度，企业具有劳动合同关系或劳务派遣、聘用关系的先进工

业母机产品研究开发人员月平均人数占企业月平均职工总数的比例不低于15%；

②申请优惠政策的上一年度,研究开发费用总额占企业销售(营业)收入(主营业务收入与其他业务收入之和,下同)总额的比例不低于5%；

③申请优惠政策的上一年度,生产销售上述先进工业母机产品收入占企业销售(营业)收入总额的比例不低于60%,且企业收入总额不低于3000万元(含)。

对适用加计抵减政策的工业母机企业采取清单管理,具体适用条件、管理方式和企业清单由工业和信息化部会同财政部、国家税务总局等部门制定。

(2)工业母机企业按照当期可抵扣进项税额的15%计提当期加计抵减额。按照现行规定不得从销项税额中抵扣的进项税额,不得计提加计抵减额;已计提加计抵减额的进项税额,按规定作进项税额转出的,应在进项税额转出当期,相应调减加计抵减额。

(3)工业母机企业按照现行规定计算一般计税方法下的应纳税额(以下称抵减前的应纳税额)后,区分以下情形加计抵减：

①抵减前的应纳税额等于零的,当期可抵减加计抵减额全部结转下期抵减。

②抵减前的应纳税额大于零,且大于当期可抵减加计抵减额的,当期可抵减加计抵减额全额从抵减前的应纳税额中抵减。

③抵减前的应纳税额大于零,且小于或等于当期可抵减加计抵减额的,以当期可抵减加计抵减额抵减应纳税额至零。未抵减完的当期可抵减加计抵减额,结转下期继续抵减。

(4)工业母机企业可计提但未计提的加计抵减额,可在确定适用加计抵减政策当期一并计提。

(5)工业母机企业出口货物劳务、发生跨境应税行为不适用加计抵减政策,其对应的进项税额不得计提加计抵减额。

工业母机企业兼营出口货物劳务、发生跨境应税行为且无法划分不得计提加计抵减额的进项税额,按照以下公式计算：

$$\text{不得计提加计抵减额的进项税额} = \text{当期无法划分的全部进项税额} \times \text{当期出口货物劳务和发生跨境应税行为的销售额} \div \text{当期全部销售额}$$

(6)工业母机企业应单独核算加计抵减额的计提、抵减、调减、结余等变动情况。

(7)工业母机企业同时符合多项增值税加计抵减政策规定的,可以择优选择适用,但在同一期间不得叠加适用。

4. 关于上述三项加计抵减政策的其他规定

(1)资产重组的加计抵减额处理。

①纳税人注销,结余的加计抵减额停止抵减。

②若企业A属于三项加计抵减政策纳税人,被合并至企业B,企业A办理了注销手续,结余的加计抵减额不能结转至企业B继续抵减。

若企业A重组后分立为企业A和企业B,也不能结转或部分结转至分立后新成立的企业B抵减。企业A结余的加计抵减额,应由企业A继续抵减,如果企业B符合加计抵减政策规定,应按照本企业可抵扣进项税额自行计提加计抵减额。

(2)享受三项加计抵减政策抵扣时限的处理。

适用三项加计抵减政策的企业在2023年1月1日前取得的增值税专用发票,在2023

年1月1日后勾选抵扣,其对应的进项税额可以计提加计抵减额。但不包括2022年12月31日以前取得并抵扣的异常扣税凭证,已作进项税额转出,又于2023年1月1日以后解除异常并转入的进项税额。

不得从销项税额中抵扣的进项税额,不可以计提加计抵减额,只有当期可抵扣进项税额才能计提加计抵减额。加计抵减额只可以抵减一般计税方法对应的应纳税额。简易计税方法对应的应纳税额,不可以抵减加计抵减额。

纳税人2023年适用三项加计抵减政策,2024年由于不符合条件不再享受三项加计抵减政策的,如果纳税人2023年已计提加计抵减额的进项税额在2024年发生进项税额转出,应相应调减加计抵减额,但结余的加计抵减额仍可继续抵减;如结余的加计抵减额不足以调减,则需按规定补征相应税款。

（3）企业享受多重税收优惠的处理。

纳税人同时符合三项加计抵减政策的,可以择优选择适用,但在同一期间不得叠加适用。例如,企业A先适用先进制造业加计抵减政策,后期可选择停止享受该政策,改为选择工业母机加计抵减政策,前期未计提的差额部分可以一次性补充计提。

适用三项加计抵减政策的企业同时还符合即征即退政策条件的,纳税人可以同时享受加计抵减政策和即征即退政策。

符合现行留抵退税政策条件的纳税人,无论是否享受过加计抵减政策,均可申请办理留抵退税。适用三项加计抵减政策的纳税人,在留抵退税或留抵抵欠后作进项税额转出时,不需要调减加计抵减额。

先进制造业企业为农产品深加工企业的,可以同时享受先进制造业加计抵减政策和农产品加计抵扣政策。农产品加计抵扣政策,是指企业从事农产品深加工业务,购进用于生产或者委托加工13%税率货物的农产品,可加计一个百分点,按照10%扣除率计算抵扣进项税额,不属于加计抵减政策,纳税人可以同时享受先进制造业加计抵减政策和农产品加计抵扣政策。

（4）出口货物劳务的税务处理。

出口货物劳务不适用加计抵减政策,其对应的进项税额不得计提加计抵减额。出口视同内销征税、出口应征税、出口适用零税率的货物均为出口货物,其对应的进项税额不得计提加计抵减额。

适用三项加计抵减政策的企业兼营出口货物劳务、发生跨境应税行为且无法划分不得计提加计抵减额的进项税额,按照以下公式计算:

$$不得计提加计抵减额的进项税额 = 当期无法划分的全部进项税额 \times \frac{当期出口货物劳务和发生跨境应税行为的销售额}{当期全部销售额}$$

加计抵减政策适用所称"销售额",包括纳税申报销售额、稽查查补销售额、纳税评估调整销售额。其中,纳税申报销售额包括一般计税方法销售额,简易计税方法销售额,免税销售额,税务机关代开发票销售额,免、抵、退办法出口销售额,即征即退项目销售额。

【例2-6】 某生产工业母机企业为增值税一般纳税人,产品符合《先进工业母机产品基本标准》规定。2024年2月该企业购进产生允许抵扣的进项税额1000万元,当月销售额为2500万元,请计算当月应纳增值税税额。

$$\text{享受加计抵减的进项税额} = 1000 \times 15\% = 150(\text{万元})$$
$$\text{当月应纳增值税税额} = 2500 \times 13\% - (1000 \times 13\% + 150) = 325 - 280 = 45(\text{万元})$$

(三)汇总纳税的总分支机构加计抵减政策

经财政部和国家税务总局或者其授权的财政和税务机关批准,实行汇总缴纳增值税的总机构及其分支机构,在判断是否适用加计抵减政策时,以总机构本级及其分支机构的合计销售额计算四项服务销售额占比。需要注意的是,如果符合加计抵减政策的适用标准,则汇总纳税范围内的总机构及其分支机构均可适用加计抵减政策。否则,总机构及其分支机构均无法适用。

(四)进货退回或折让的税务处理

纳税人在购进货物时,可能因货物质量、规格等原因而发生进货退回或折让。由于进货退回或折让不仅涉及货款或折让价款的收回,还涉及增值税的收回,因此,购货方应对当期进项税额进行调整。税法规定,一般纳税人因进货退回或折让而从销货方收回的增值税额,应从发生进货退回或折让当期的进项税额中扣减。

(五)向供货方收取的返还收入的税务处理

自2004年7月1日起,对商业企业向供货方收取的与商品销售量、销售额挂钩(如以一定比例、金额、数量计算)的各种返还收入,均应按平销返利行为的有关规定冲减当期增值税进项税额。冲减进项税额的计算公式如下:

$$\frac{\text{当期应冲减的}}{\text{进项税额}} = \frac{\text{当期取得的}}{\text{返还资金}} \div \left(1 + \frac{\text{所购进货物适用}}{\text{增值税税率}}\right) \times \frac{\text{所购进货物适用}}{\text{增值税税率}}$$

商业企业向供货方收取的各种返还收入,一律不得开具增值税专用发票。

四、应纳税额的计算

在确定了销项税额和进项税额后,就可以得出实际应纳税额,基本计算公式为:

$$\text{应纳税额} = \text{当期销项税额} - \text{当期进项税额}$$

(一)计算应纳税额的时间界定

计算应纳税额,在确定时间界限时,应掌握以下有关规定:

1. 销项税额的时间界定

增值税纳税人应税销售行为发生后,什么时间计算销项税额,关系到当期销项税额的大小。关于销项税额的确定时间,总的原则是销项税额的确定不得滞后。税法对此作了严格的规定,具体确定销项税额的时间根据本章第十二节关于纳税义务发生时间的有关规定执行。

2. 进项税额抵扣时限的界定

进项税额是纳税人购进货物、劳务、服务、无形资产或者不动产所支付或负担的增值税额,进项税额的大小,直接影响纳税人的应纳税额的多少。

自2020年3月1日起,增值税一般纳税人取得2017年1月1日及以后开具的增值税专用发票、海关进口增值税专用缴款书、机动车销售统一发票、收费公路通行费增值税电子普通发票,取消认证确认、稽核比对、申报抵扣的期限。纳税人在进行增值税纳税申报时,应当通过本省(自治区、直辖市和计划单列市)增值税发票综合服务平台对上述扣税凭证信息进行用途确认。

增值税一般纳税人取得 2016 年 12 月 31 日及以前开具的增值税专用发票、海关进口增值税专用缴款书、机动车销售统一发票,超过认证确认、稽核比对、申报抵扣期限,但符合规定条件的,仍可按照《国家税务总局关于逾期增值税扣税凭证抵扣问题的公告》(国家税务总局公告 2011 年第 50 号,国家税务总局公告 2017 年第 36 号、2018 年第 31 号修改)、《国家税务总局关于未按期申报抵扣增值税扣税凭证有关问题的公告》(国家税务总局公告 2011 年第 78 号,国家税务总局公告 2018 年第 31 号修改)规定,继续抵扣进项税额。

(二)扣税凭证丢失后进项税额的抵扣

纳税人同时丢失已开具增值税专用发票或机动车销售统一发票的发票联和抵扣联,可凭加盖销售方发票专用章的相应发票记账联复印件,作为增值税进项税额的抵扣凭证、退税凭证或记账凭证。

纳税人丢失已开具增值税专用发票或机动车销售统一发票的抵扣联,可凭相应发票的发票联复印件,作为增值税进项税额的抵扣凭证或退税凭证;纳税人丢失已开具增值税专用发票或机动车销售统一发票的发票联,可凭相应发票的抵扣联复印件,作为记账凭证。

五、增值税留抵退税制度

(一)普遍性留抵退税政策

根据《财政部 税务总局 海关总署关于深化增值税改革有关政策的公告》(财政部 税务总局 海关总署公告 2019 年第 39 号),自 2019 年 4 月 1 日起,试行增值税期末留抵税额退税制度。

1. 适用对象

适用于所有行业纳税人。

2. 政策内容

符合条件的纳税人,可以向主管税务机关申请退还增量留抵税额。

3. 相关规定

(1)"符合条件"是指同时符合以下条件:

①自 2019 年 4 月税款所属期起,连续六个月(按季纳税的,连续两个季度)增量留抵税额均大于零,且第六个月增量留抵税额不低于 50 万元;

②纳税信用等级为 A 级或者 B 级;

③申请退税前 36 个月未发生骗取留抵退税、出口退税或虚开增值税专用发票情形的;

④申请退税前 36 个月未因偷税被税务机关处罚两次及以上的;

⑤自 2019 年 4 月 1 日起未享受即征即退、先征后返(退)政策的。

(2)增量留抵税额,是指与 2019 年 3 月底相比新增加的期末留抵税额。

(3)纳税人当期允许退还的增量留抵税额,按照以下公式计算:

$$允许退还的增量留抵税额 = 增量留抵税额 \times 进项构成比例 \times 60\%$$

进项构成比例,为 2019 年 4 月至申请退税前一税款所属期内已抵扣的增值税专用发票

（含税控机动车销售统一发票）、海关进口增值税专用缴款书、解缴税款完税凭证注明的增值税税额占同期全部已抵扣进项税额的比重。

（4）纳税人应在增值税纳税申报期内，向主管税务机关申请退还留抵税额。

（5）纳税人出口货物劳务、发生跨境应税行为，适用免抵退税办法的，办理免抵退税后，仍符合以上条件的，可以申请退还留抵税额；适用免退税办法的，相关进项税额不得用于退还留抵税额。

（6）纳税人取得退还的留抵税额后，应相应调减当期留抵税额。按照规定再次满足退税条件的，可以继续向主管税务机关申请退还留抵税额，但在规定的连续期间，不得重复计算。

（7）以虚增进项、虚假申报或其他欺骗手段，骗取留抵退税款的，由税务机关追缴其骗取的退税款，并按照《税收征管法》等有关规定处理。

（二）小微企业和制造业、批发零售业等行业期末留抵退税政策

根据《财政部　税务总局关于进一步加大增值税期末留抵退税政策实施力度的公告》（财政部　税务总局公告 2022 年第 14 号）、《国家税务总局关于进一步加大增值税期末留抵退税政策实施力度有关征管事项的公告》（国家税务总局公告 2022 年第 4 号）和《财政部　税务总局关于扩大全额退还增值税留抵税额政策行业范围的公告》（财政部　税务总局公告 2022 年第 21 号），为支持小微企业和制造业、批发零售业等行业发展，进一步加大增值税期末留抵退税实施力度，实行以下税收政策。

1. 适用对象

符合条件的小微企业（含个体工商户）、"制造业""科学研究和技术服务业""电力、热力、燃气及水生产和供应业""软件和信息技术服务业""生态保护和环境治理业"和"交通运输、仓储和邮政业"（以下称制造业等行业）企业（含个体工商户）①以及"批发和零售业""农、林、牧、渔业""住宿和餐饮业""居民服务、修理和其他服务业""教育""卫生和社会工作"和"文化、体育和娱乐业"（以下称批发零售业等行业）企业（含个体工商户）②。

（1）中型企业、小型企业和微型企业，按照《中小企业划型标准规定》（工信部联企业〔2011〕300 号）和《金融业企业划型标准规定》（银发〔2015〕309 号）中的营业收入指标、资产总额指标确定。其中，资产总额指标按照纳税人上一会计年度年末值确定。营业收入指标按照纳税人上一会计年度增值税销售额确定；不满一个会计年度的，按照以下公式计算：

$$增值税销售额（年）=\frac{上一会计年度企业实际存续期间增值税销售额}{企业实际存续月数}×12$$

增值税销售额，包括纳税申报销售额、稽查查补销售额、纳税评估调整销售额。适用增值税差额征税政策的，以差额后的销售额确定。

对于工信部联企业〔2011〕300 号和银发〔2015〕309 号文件所列行业以外的纳税人，以及工信部联企业〔2011〕300 号文件所列行业但未采用营业收入指标或资产总额指标划型确定的纳税人，微型企业标准为增值税销售额（年）100 万元以下（不含 100 万元），小型企业标准为增值税销售额（年）2000 万元以下（不含 2000 万元），中型企业标准为增值税销售额

---

① 小微企业（含个体工商户）、制造业等行业企业（含个体工商户）自 2022 年 4 月 1 日起实行留抵退税政策。

② 批发零售业等行业企业（含个体工商户）自 2022 年 7 月 1 日起实行留抵退税政策。

（年）1亿元以下（不含1亿元）。

除上述中型企业、小型企业和微型企业外的其他企业，属于大型企业。

（2）制造业等行业纳税人，是指从事《国民经济行业分类》中"制造业""科学研究和技术服务业""电力、热力、燃气及水生产和供应业""软件和信息技术服务业""生态保护和环境治理业"和"交通运输、仓储和邮政业"业务相应发生的增值税销售额占全部增值税销售额的比重超过50%的纳税人。上述销售额比重根据纳税人申请退税前连续12个月的销售额计算确定；申请退税前经营期不满12个月但满3个月的，按照实际经营期的销售额计算确定。

需要说明的是，如果一个纳税人从事上述多项业务，以相关业务增值税销售额加总计算销售额占比，从而确定是否属于制造业等行业纳税人。上述规定的增值税销售额，包括开具发票销售额和未开具发票销售额。

举例说明：某纳税人2021年5月至2022年4月期间共取得增值税销售额1000万元。其中，生产销售设备销售额300万元，提供交通运输服务销售额300万元，提供建筑服务销售额400万元。该纳税人2021年5月至2022年4月期间发生的制造业等行业销售额占比为60%[（300+300）÷1000×100%]。因此，该纳税人当期属于制造业等行业纳税人。

（3）自2022年7月1日起，制造业等行业留抵退税政策的适用范围扩大至批发零售业等行业后，形成制造业、批发零售业等行业留抵退税政策。

按照规定，制造业、批发零售业等行业企业，是指从事《国民经济行业分类》中"批发和零售业""农、林、牧、渔业""住宿和餐饮业""居民服务、修理和其他服务业""教育""卫生和社会工作""文化、体育和娱乐业""制造业""科学研究和技术服务业""电力、热力、燃气及水生产和供应业""软件和信息技术服务业""生态保护和环境治理业"和"交通运输、仓储和邮政业"业务相应发生的增值税销售额占全部增值税销售额的比重超过50%的纳税人。上述销售额比重根据纳税人申请退税前连续12个月的销售额计算确定；申请退税前经营期不满12个月但满3个月的，按照实际经营期的销售额计算确定。

需要说明的是，如果一个纳税人从事上述多项业务，以相关业务增值税销售额加总计算销售额占比，从而确定是否属于制造业、批发零售业等行业纳税人。

举例说明：某纳税人2021年7月至2022年6月期间共取得增值税销售额1000万元。其中，生产并销售机器设备销售额300万元，外购并批发办公用品销售额200万元，租赁设备销售额250万元，提供文化服务销售额150万元，提供建筑服务销售额100万元。该纳税人2021年7月至2022年6月期间发生的制造业、批发零售业等行业销售额占比为65%[（300+200+150）÷1000×100%]。因此，该纳税人当期属于制造业、批发零售业等行业纳税人。

2. 政策内容

（1）符合条件的小微企业，自2022年4月纳税申报期起至2022年12月31日，可以向主管税务机关按月申请全额退还增量留抵税额。

符合条件的微型企业，可以自2022年4月纳税申报期起向主管税务机关申请一次性退还存量留抵税额；符合条件的小型企业，可以自2022年5月纳税申报期起向主管税务机关申请一次性退还存量留抵税额。

（2）符合条件的制造业等行业企业，可以自2022年4月纳税申报期起向主管税务机关申请退还增量留抵税额。

符合条件的制造业等行业中型企业,可以自 2022 年 5 月纳税申报期起向主管税务机关申请一次性退还存量留抵税额;符合条件的制造业等行业大型企业,可以自 2022 年 6 月纳税申报期起向主管税务机关申请一次性退还存量留抵税额。

(3)符合条件的批发零售业等行业企业,可以自 2022 年 7 月纳税申报期起向主管税务机关申请退还增量留抵税额。符合条件的批发零售业等行业企业,可以自 2022 年 7 月纳税申报期起向主管税务机关申请一次性退还存量留抵税额。

3. 相关规定

(1)"符合条件"是指需同时符合以下条件:

①纳税信用等级为 A 级或者 B 级;

②申请退税前 36 个月未发生骗取留抵退税、骗取出口退税或虚开增值税专用发票情形;

③申请退税前 36 个月未因偷税被税务机关处罚两次及以上;

④2019 年 4 月 1 日起未享受即征即退、先征后返(退)政策。

(2)增量留抵税额,区分以下情形确定:

纳税人获得一次性存量留抵退税前,增量留抵税额为当期期末留抵税额与 2019 年 3 月 31 日相比新增加的留抵税额。纳税人获得一次性存量留抵退税后,增量留抵税额为当期期末留抵税额。

举例说明:某纳税人 2019 年 3 月 31 日的期末留抵税额为 100 万元,2022 年 7 月 31 日的期末留抵税额为 120 万元,在 8 月纳税申报期申请增量留抵退税时,如果此前未获得一次性存量留抵退税,该纳税人的增量留抵税额为 20 万元(120 - 100);如果此前已获得一次性存量留抵退税,该纳税人的增量留抵税额为 120 万元。

(3)存量留抵税额,区分以下情形确定:

纳税人获得一次性存量留抵退税前,当期期末留抵税额大于或等于 2019 年 3 月 31 日期末留抵税额的,存量留抵税额为 2019 年 3 月 31 日期末留抵税额;当期期末留抵税额小于 2019 年 3 月 31 日期末留抵税额的,存量留抵税额为当期期末留抵税额。纳税人获得一次性存量留抵退税后,存量留抵税额为零。

举例说明:某微型企业 2019 年 3 月 31 日的期末留抵税额为 100 万元,2022 年 4 月申请一次性存量留抵退税时,如果当期期末留抵税额为 120 万元,该纳税人的存量留抵税额为 100 万元;如果当期期末留抵税额为 80 万元,该纳税人的存量留抵税额为 80 万元。该纳税人在 4 月获得存量留抵退税后,将再无存量留抵税额。

(4)允许退还的留抵税额按照以下公式计算确定:

允许退还的增量留抵税额 = 增量留抵税额 × 进项构成比例 × 100%

允许退还的存量留抵税额 = 存量留抵税额 × 进项构成比例 × 100%

进项构成比例,为 2019 年 4 月至申请退税前一税款所属期已抵扣的增值税专用发票(含带有"增值税专用发票"字样全面数字化的电子发票、税控机动车销售统一发票)、收费公路通行费增值税电子普通发票、海关进口增值税专用缴款书、解缴税款完税凭证注明的增值税税额占同期全部已抵扣进项税额的比重。

在计算允许退还的留抵税额的进项构成比例时,纳税人在 2019 年 4 月至申请退税前一税款所属期内按规定转出的进项税额,无须从已抵扣的增值税专用发票(含带有"增值税专用发票"字样全面数字化的电子发票、税控机动车销售统一发票)、收费公路通行费增值税电子普通发票、海关进口增值税专用缴款书、解缴税款完税凭证注明的增值税额中扣减。

举例说明:某制造业纳税人2019年4月至2022年3月取得的进项税额中,增值税专用发票500万元,道路通行费电子普通发票100万元,海关进口增值税专用缴款书200万元,农产品收购发票抵扣进项税额200万元。2021年12月,该纳税人因发生非正常损失,此前已抵扣的增值税专用发票中,有50万元进项税额按规定作进项税额转出。该纳税人2022年4月按照规定申请留抵退税时,进项构成比例 = (500 + 100 + 200) ÷ (500 + 100 + 200 + 200) × 100% = 80%。进项转出的50万元,在上述计算公式的分子、分母中均无须扣减。

(5)出口退税与留抵退税的衔接。

纳税人出口货物劳务、发生跨境应税行为,适用免抵退税办法的,应先办理免抵退税。免抵退税办理完毕后,仍符合规定条件的,可以申请退还留抵税额;适用免退税办法的,相关进项税额不得用于退还留抵税额。

(6)增值税即征即退、先征后返(退)与留抵退税的衔接。

纳税人自2019年4月1日起已取得留抵退税款的,不得再申请享受增值税即征即退、先征后返(退)政策。纳税人可以在2022年10月31日前一次性将已取得的留抵退税款全部缴回后,按规定申请享受增值税即征即退、先征后返(退)政策。

纳税人自2019年4月1日起已享受增值税即征即退、先征后返(退)政策的,可以在2022年10月31日前一次性将已退还的增值税即征即退、先征后返(退)税款全部缴回后,按规定申请退还留抵税额。

(7)其他规定。

纳税人可以选择向主管税务机关申请留抵退税,也可以选择结转下期继续抵扣。纳税人可以在规定期限内同时申请增量留抵退税和存量留抵退税。

同时符合小微企业和制造业等行业相关留抵退税政策的纳税人,可任意选择申请适用其中一项留抵退税政策。

4. 纳税信用评价

适用增值税一般计税方法的个体工商户,可自《国家税务总局关于进一步加大增值税期末留抵退税政策实施力度有关征管事项的公告》(国家税务总局2022年第4号)发布之日起,自愿向主管税务机关申请参照企业纳税信用评价指标和评价方式参加评价,并在以后的存续期内适用国家税务总局纳税信用管理相关规定。对于已按照省税务机关公布的纳税信用管理办法参加纳税信用评价的,也可选择沿用原纳税信用级别,符合条件的可申请办理留抵退税。

(三)纳税人资产重组增值税留抵税额处理

增值税一般纳税人(即原纳税人)在资产重组过程中,将全部资产、负债和劳动力一并转让给其他增值税一般纳税人(即新纳税人),并按程序办理注销税务登记的,其在办理注销登记前尚未抵扣的进项税额可结转至新纳税人处继续抵扣。

原纳税人主管税务机关应认真核查纳税人资产重组相关资料,核实原纳税人在办理注销税务登记前尚未抵扣的进项税额,填写《增值税一般纳税人资产重组进项留抵税额转移单》。新纳税人主管税务机关应将原纳税人主管税务机关传递来的《增值税一般纳税人资产重组进项留抵税额转移单》与纳税人报送资料进行认真核对,对原纳税人尚未抵扣的进项税额,在确认无误后,允许新纳税人继续申报抵扣。

六、研发机构采购国产设备增值税退税政策

(一)政策内容

自 2024 年 1 月 1 日起,符合条件的研发机构采购国产设备,按照以下政策全额退还增值税(以下简称采购国产设备退税)。

研发机构采购国产设备的应退税额,为增值税专用发票上注明的税额。研发机构采购国产设备取得的增值税专用发票,已用于进项税额抵扣的,不得申报退税;已用于退税的,不得用于进项税额抵扣。

主管研发机构退税的税务机关(以下简称主管税务机关)应建立研发机构采购国产设备退税情况台账,记录国产设备的型号、发票开具时间、价格、已退税额等情况。已办理增值税退税的国产设备,自增值税专用发票开具之日起 3 年内,设备所有权转移或移作他用的,研发机构须按照下列计算公式,向主管税务机关补缴已退税款。

$$应补缴税款 = 增值税专用发票上注明的税额 \times (设备折余价值 \div 设备原值)$$

$$设备折余价值 = 增值税专用发票上注明的金额 - 累计已提折旧$$

累计已提折旧按照企业所得税法的有关规定计算。

(二)退税管理

主管税务机关负责办理研发机构采购国产设备退税的备案、审核及后续管理工作。

研发机构享受采购国产设备退税政策,应于首次申报退税时,持以下资料向主管税务机关办理退税备案手续:

(1)符合现行规定的研发机构资质证明资料。

(2)内容填写真实、完整的《出口退(免)税备案表》。

已办理采购国产设备退税备案的研发机构,无须再次办理备案。已办理备案的研发机构,《出口退(免)税备案表》中内容发生变更的,应自变更之日起 30 日内,持相关资料向主管税务机关办理备案变更。

研发机构发生解散、破产、撤销以及其他依法应终止采购国产设备退税事项的,应持相关资料向主管税务机关办理备案撤回。主管税务机关应按规定结清退税款后,办理备案撤回。

研发机构办理注销税务登记的,应先向主管税务机关办理退税备案撤回。

外资研发中心因自身条件发生变化不再符合现行规定条件的,应自条件变化之日起 30 日内办理退税备案撤回,并自条件变化之日起,停止享受采购国产设备退税政策。

研发机构新设、变更或者撤销的,主管税务机关应根据核定研发机构的牵头部门提供的名单及注明的相关资质起止时间,办理有关退税事项。

研发机构采购国产设备退税的申报期限,为采购国产设备之日(以发票开具日期为准)次月 1 日起至次年 4 月 30 日前的各增值税纳税申报期。

研发机构未在规定期限内申报办理退税的,根据《财政部　税务总局关于明确国有农用地出租等增值税政策的公告》(国家税务总局公告 2020 年第 2 号)第四条的规定,在收齐

相关凭证及电子信息后，即可申报办理退税。

已备案的研发机构应在退税申报期内，凭下列资料向主管税务机关办理采购国产设备退税：

（1）《购进自用货物退税申报表》。

（2）采购国产设备合同。

（3）增值税专用发票。增值税专用发票，应当已通过电子发票服务平台税务数字账户或者增值税发票综合服务平台确认用途为"用于出口退税"。

七、增值税汇总纳税

（一）总分机构试点纳税人增值税的计算缴纳

《总分机构试点纳税人增值税计算缴纳暂行办法》（财税〔2013〕74 号）规定，总分机构试点纳税人增值税按照下列规定计算缴纳。

1. 总机构汇总的应征增值税销售额，为总机构及其分支机构发生《应税服务范围注释》所列业务的应征增值税销售额。

2. 总机构汇总的销项税额，按照第 1 项规定的应征增值税销售额和增值税适用税率计算。

3. 总机构汇总的进项税额，是指总机构及其分支机构因发生《应税服务范围注释》所列业务而购进货物或者接受加工修理修配劳务和应税服务，支付或者负担的增值税税额。总机构及其分支机构用于发生《应税服务范围注释》所列业务之外的进项税额不得汇总。

4. 分支机构发生《应税服务范围注释》所列业务，按照应征增值税销售额和预征率计算缴纳增值税。计算公式如下：

$$应预缴的增值税 = 应征增值税销售额 \times 预征率$$

预征率由财政部和国家税务总局规定，并适时予以调整。

分支机构销售货物、提供加工修理修配劳务，按照《增值税暂行条例》及相关规定就地申报缴纳增值税。

5. 分支机构发生《应税服务范围注释》所列业务当期已预缴的增值税税款，在总机构当期增值税应纳税额中抵减不完的，可以结转下期继续抵减。

6. 每年的第一个纳税申报期结束后，对上一年度总分机构汇总纳税情况进行清算。总机构和分支机构年度清算应缴增值税，按照各自销售收入占比和总机构汇总的上一年度应缴增值税税额计算。分支机构预缴的增值税超过其年度清算应缴增值税的，通过暂停以后纳税申报期预缴增值税的方式予以解决。分支机构预缴的增值税小于其年度清算应缴增值税的，差额部分在以后纳税申报期由分支机构在预缴增值税时一并就地补缴入库。

总机构及其分支机构的其他增值税涉税事项，按照营业税改征增值税试点政策及其他增值税有关政策执行。

（二）航空运输企业汇总缴纳增值税

1. 航空运输企业的总机构，应当汇总计算总机构及其分支机构发生《应税服务范围注释》所列业务的应纳税额，抵减分支机构发生所列业务已缴纳（包括预缴和补缴，下同）的税额后，向主管税务机关申报纳税。总机构销售货物和提供加工修理修配劳务，按照《增值税暂行条例》及相关规定就地申报纳税。

2. 总机构汇总的销售额,为总机构及其分支机构发生《应税服务范围注释》所列业务按照增值税现行规定核算汇总的销售额。

3. 总机构汇总的销项税额,按照第 2 项规定的销售额和增值税适用税率计算。

4. 总机构汇总的进项税额,是指总机构及其分支机构因发生《应税服务范围注释》所列业务而购进货物或者接受加工修理修配劳务和应税服务,支付或者负担的增值税税额。

总机构和分支机构用于《应税服务范围注释》所列业务之外的进项税额不得汇总。

5. 分支机构发生《应税服务范围注释》所列业务,按照销售额和预征率计算应预缴税额,按月向主管税务机关申报纳税,不得抵扣进项税额。计算公式为:

$$应预缴税额 = 销售额 \times 预征率$$

航空运输企业分支机构的预征率为 1%。

分支机构销售货物和提供加工修理修配劳务,按照《增值税暂行条例》及相关规定就地申报纳税。

6. 分支机构应按月将《应税服务范围注释》所列业务的销售额、进项税额和已缴纳税额归集汇总,填写《航空运输企业分支机构传递单》,报送主管税务机关签章确认后,于次月 10 日前传递给总机构。

7. 总机构的纳税期限为 1 个季度。总机构应当依据《航空运输企业分支机构传递单》,汇总计算当期发生《应税服务范围注释》所列业务的应纳税额,抵减分支机构发生《应税服务范围注释》所列业务当期已缴纳的税额后,向主管税务机关申报纳税。抵减不完的,可以结转下期继续抵减。计算公式为:

$$总机构当期汇总应纳税额 = 当期汇总销项税额 - 当期汇总进项税额$$

$$总机构当期应补(退)税额 = 总机构当期汇总应纳税额 - 分支机构当期已缴纳税额$$

8. 航空运输企业汇总缴纳的增值税实行年度清算。年度终了后 25 个工作日内,总机构应当计算分支机构发生《应税服务范围注释》所列业务年度清算的应纳税额,并向主管税务机关报送《____年度航空运输企业年度清算表》。计算公式为:

$$\text{分支机构年度清算的应纳税额} = \left(\frac{\text{分支机构发生《应税服务范围注释》所列业务的年度销售额}}{\text{总机构汇总的年度销售额}} \right) \times \text{总机构汇总的年度应纳税额}$$

总机构汇总的年度应纳税额,为总机构年度内各季度汇总应纳税额的合计数。

9. 年度终了后 40 个工作日内,总机构主管税务机关应将《____年度航空运输企业年度清算表》逐级报送国家税务总局。

10. 分支机构年度清算的应纳税额小于分支机构已预缴税额,且差额较大的,由国家税务总局通知分支机构所在地的省税务机关,在一定时期内暂停分支机构预缴增值税。

分支机构年度清算的应纳税额大于分支机构已预缴税额,差额部分由国家税务总局通知分支机构所在地的省税务机关,在分支机构预缴增值税时一并补缴入库。

11. 总机构及其分支机构,一律由主管税务机关认定为增值税一般纳税人。总机构应当在开具增值税专用发票(含货物运输业增值税专用发票)的次月申报期结束前向主管税务机关报税。总机构及其分支机构取得的增值税扣税凭证,应当按照有关规定到主管税务机关办理认证或者申请稽核比对。总机构汇总的进项税额，应当在季度终了后的第一个申报期内申报抵扣。

12. 主管税务机关应定期或不定期对分支机构纳税情况进行检查。分支机构发生《应税服务范围注释》所列业务申报不实的，就地按适用税率全额补征增值税。

（三）邮政企业汇总缴纳增值税

邮政企业，是指中国邮政集团公司所属提供邮政服务的企业。

1. 各省、自治区、直辖市和计划单列市邮政企业（以下称总机构）应当汇总计算总机构及其所属邮政企业（以下称分支机构）提供邮政服务的增值税应纳税额，抵减分支机构提供邮政服务已缴纳（包括预缴和查补，下同）的增值税额后，向主管税务机关申报纳税。总机构发生除邮政服务以外的增值税应税行为，按照《增值税暂行条例》《营业税改征增值税试点实施办法》及相关规定就地申报纳税。

2. 总机构汇总的销售额，为总机构及其分支机构提供邮政服务的销售额。

3. 总机构汇总的销项税额，按照第 2 项规定的销售额和增值税适用税率计算。

4. 总机构汇总的进项税额，是指总机构及其分支机构提供邮政服务而购进货物、接受加工修理修配劳务和应税服务，支付或者负担的增值税额。总机构及其分支机构取得的与邮政服务相关的固定资产、专利技术、非专利技术、商誉、商标、著作权、有形动产租赁的进项税额，由总机构汇总缴纳增值税时抵扣。总机构及其分支机构用于邮政服务以外的进项税额不得汇总。总机构及其分支机构用于提供邮政服务的进项税额与不得汇总的进项税额无法准确划分的，按照下列公式计算不得抵扣的进项税额：

$$\text{不得抵扣的进项税额} = \text{当期无法划分的全部进项税额} \times \left(\frac{\text{当期简易计税方法计税项目销售额} + \text{免征增值税项目销售额}}{} \right) \div \text{当期全部销售额}$$

5. 分支机构提供邮政服务，按照销售额和预征率计算应预缴税额，按月向主管税务机关申报纳税，不得抵扣进项税额。计算公式为：

$$\text{应预缴税额} = (\text{销售额} + \text{预订款}) \times \text{预征率}$$

销售额为分支机构对外（包括向邮政服务接受方和本总、分支机构外的其他邮政企业）提供邮政服务取得的收入；预订款为分支机构向邮政服务接受方收取的预订款。销售额不包括免税项目的销售额；预订款不包括免税项目的预订款。分支机构发生除邮政服务以外的增值税应税行为，按照《增值税暂行条例》《营业税改征增值税试点实施办法》及相关规定就地申报纳税。

6. 分支机构应按月将提供邮政服务的销售额、预订款、进项税额和已缴纳增值税额归集汇总，填写《邮政企业分支机构增值税汇总纳税信息传递单》，报送主管税务机关签章确认后，于次月 10 日前传递给总机构。汇总的销售额包括免税项目的销售额。汇总的进项税额包括用于免税项目的进项税额。

7. 总机构的纳税期限为 1 个季度。

8. 总机构应当依据《邮政企业分支机构增值税汇总纳税信息传递单》，汇总计算当期提供邮政服务的应纳税额，抵减分支机构提供邮政服务当期已缴纳的增值税额后，向主管税务机关申报纳税。抵减不完的，可以结转下期继续抵减。计算公式为：

$$总机构当期汇总应纳税额＝当期汇总销项税额－当期汇总的允许抵扣的进项税额$$

$$总机构当期应补(退)税额＝总机构当期汇总应纳税额－分支机构当期已缴纳税额$$

9. 邮政企业为中国邮政速递物流股份有限公司及其所属机构代办速递物流类业务,从寄件人取得的收入,由总机构并入汇总的销售额计算缴纳增值税。

分支机构收取的上述收入不预缴税款。

寄件人索取增值税专用发票的,邮政企业应向寄件人开具增值税专用发票。

10. 总机构及其分支机构,一律由主管税务机关认定为增值税一般纳税人。

11. 分支机构提供邮政服务申报不实的,由其主管税务机关按适用税率全额补征增值税。

(四)铁路运输企业汇总缴纳增值税

1. 中国铁路总公司应当汇总计算本部及其所属运输企业提供铁路运输服务以及与铁路运输相关的物流辅助服务(以下称铁路运输及辅助服务)的增值税应纳税额,抵减所属运输企业提供上述应税服务已缴纳(包括预缴和查补,下同)的增值税额后,向主管税务机关申报纳税。中国铁路总公司发生除铁路运输及辅助服务以外的增值税应税行为,按照《增值税暂行条例》《营业税改征增值税试点实施办法》及相关规定就地申报纳税。

2. 中国铁路总公司汇总的销售额,为中国铁路总公司及其所属运输企业提供铁路运输及辅助服务的销售额。中国铁路总公司汇总的销项税额,按照规定的销售额和增值税适用税率计算。

3. 中国铁路总公司汇总的进项税额,是指中国铁路总公司及其所属运输企业为提供铁路运输及辅助服务而购进货物、接受加工修理修配劳务和应税服务,支付或者负担的增值税额。

中国铁路总公司及其所属运输企业取得与铁路运输及辅助服务相关的固定资产、专利技术、非专利技术、商誉、商标、著作权、有形动产租赁的进项税额,由中国铁路总公司汇总缴纳增值税时抵扣。

中国铁路总公司及其所属运输企业用于铁路运输及辅助服务以外的进项税额不得汇总。

中国铁路总公司及其所属运输企业用于提供铁路运输及辅助服务的进项税额与不得汇总的进项税额无法准确划分的,按照下列公式计算不得抵扣的进项税额:

$$不得抵扣的进项税额 = 当期无法划分的全部进项税额 \times \left(\frac{当期简易计税方法}{计税项目销售额} + \frac{免征增值税}{项目销售额} \right) \div 当期全部销售额$$

4. 中国铁路总公司所属运输企业提供铁路运输及辅助服务,按照除铁路建设基金以外的销售额和预征率计算应预缴税额,按月向主管税务机关申报纳税,不得抵扣进项税额。计算公式为:

$$应预缴税额 = (销售额 - 铁路建设基金) \times 预征率$$

销售额是指为旅客、托运人、收货人和其他铁路运输企业提供铁路运输及辅助服务取得的收入。

合资铁路运输企业总部本级及其下属站段(含委托运输管理的站段)本级的销售额适用的预征率为1%。

$$本级应预缴的增值税 = 本级应征增值税销售额 \times 1\%$$

合资铁路运输企业总部及其下属站段（含委托运输管理的站段）汇总的销售额适用的预征率为3%。

$$\begin{matrix} 汇总 \\ 应预缴的 \\ 增值税 \end{matrix} = \left(\begin{matrix} 总部本级 \\ 应征增值税 \\ 销售额 \end{matrix} + \begin{matrix} 下属站段本级 \\ 应征增值税 \\ 销售额 \end{matrix} \right) \times 3\% - \left(\begin{matrix} 总部本级 \\ 应预缴的 \\ 增值税 \end{matrix} + \begin{matrix} 下属站段本级 \\ 应预缴的 \\ 增值税 \end{matrix} \right)$$

5. 中国铁路总公司所属运输企业，应按月将当月提供铁路运输及辅助服务的销售额、进项税额和已缴纳增值税额归集汇总，填写《铁路运输企业分支机构增值税汇总纳税信息传递单》，报送主管税务机关签章确认后，于次月10日前传递给中国铁路总公司。

6. 中国铁路总公司的增值税纳税期限为1个季度。中国铁路总公司应当根据《铁路运输企业分支机构增值税汇总纳税信息传递单》，汇总计算当期提供铁路运输及辅助服务的增值税应纳税额，抵减其所属运输企业提供铁路运输及辅助服务当期已缴纳的增值税额后，向主管税务机关申报纳税。抵减不完的，可以结转下期继续抵减。计算公式为：

$$当期汇总应纳税额 = 当期汇总销项税额 - 当期汇总进项税额$$

$$当期应补（退）税额 = 当期汇总应纳税额 - 当期已缴纳税额$$

7. 中国铁路总公司及其所属运输企业，一律由主管税务机关认定为增值税一般纳税人。

8. 中国铁路总公司应当在开具增值税专用发票（含货物运输业增值税专用发票）的次月申报期结束前向主管税务机关报税。

中国铁路总公司及其所属运输企业取得的增值税扣税凭证，应当按照有关规定到主管税务机关办理认证或者申请稽核比对。中国铁路总公司汇总的进项税额，应当在季度终了后的第一个申报期内申报抵扣。

中国铁路总公司所属铁路运输企业提供铁路运输及辅助服务申报不实的，由其主管税务机关按适用税率全额补征增值税。

【例2-7】 某生产企业为增值税一般纳税人，其生产的产品适用13%增值税税率。2024年2月发生如下业务：

（1）购进生产设备1台，取得增值税专用发票，注明金额100万元、税额13万元；支付运费给某交通运输企业，取得增值税专用发票，列示运费1万元、税额0.09万元。

（2）购进两间写字楼办公室，购进时取得增值税专用发票，注明税额20万元。

（3）向A企业销售甲产品，开具增值税专用发票，注明销售额300万元。向B企业销售甲产品，取得含税销售收入226万元。

（4）向某幼儿园赠送一批特制的乙产品，无同类货物销售价格，该批乙产品成本10万元，国家税务总局确定乙产品成本利润率为10%。

（5）销售2016年购进的作为固定资产使用过的卡车，开具增值税专用发票，注明销售额6万元。

（6）本月购进一批装饰材料，取得增值税专用发票，注明增值税税额30万元，企业资产处领用 15% 用于装修职工食堂。

（7）销售 2012 年自建的仓库，取得不含税销售收入 56 万元，该仓库建造成本为 32 万元。该企业选择按照简易方法计税。

假定该企业取得的票据均符合税法规定，并在本月勾选抵扣进项税额。

要求：根据上述资料，回答下列问题。

（1）计算该企业销售甲产品的销项税额。

（2）计算该企业赠送乙产品的销项税额。

（3）计算该企业本月准予从销项税额中抵扣的进项税额的合计数。

（4）计算该企业销售卡车应纳增值税税额。

（5）计算该企业销售仓库应纳增值税税额。

（6）计算该企业本月合计应缴纳的增值税税额。

解析：

（1）该企业销售甲产品的销项税额 $= 300 \times 13\% + 226 \div (1 + 13\%) \times 13\% = 65$（万元）

（2）该企业赠送乙产品的销项税额 $= 10 \times (1 + 10\%) \times 13\% = 1.43$（万元）

（3）该企业本月准予从销项税额中抵扣的进项税额 $= 13 + 0.09 + 20 + 30 \times (1 - 15\%) = 58.59$（万元）

（4）该企业销售卡车应纳增值税税额 $= 6 \times 13\% = 0.78$（万元）

（5）该企业销售仓库应纳增值税税额 $= 56 \times 5\% = 2.8$（万元）

（6）该企业本月应纳增值税税额 $= 65 + 1.43 - 58.59 + 0.78 + 2.8 = 11.42$（万元）

第八节　简易计税方法应纳税额计算

一、小规模纳税人简易计税方法

（一）应纳税额的计算公式

根据《增值税暂行条例》和营改增相关规定，小规模纳税人销售货物、劳务、服务、无形资产、不动产，按简易方法计算，即按销售额和规定征收率计算应纳税额，不得抵扣进项税额，其应纳税额的计算公式为：

$$应纳税额 = 销售额 \times 征收率$$

公式中销售额与增值税一般纳税人计算应纳增值税的销售额规定内容一致，是销售货物、劳务、服务、无形资产、不动产向购买方收取的全部价款和价外费用，但不包括按征收率收取的增值税税额。

（二）小规模纳税人的征收率

征收率一共有两档，即 3% 和 5%。

1. 增值税小规模纳税人，适用 3% 征收率（自 2023 年 1 月 1 日至 2027 年 12 月 31 日减按 1% 征收率）。

2. 销售不动产、开展不动产租赁、转让土地使用权选择简易计税的,提供劳务派遣服务、安全保护服务选择差额纳税的,征收率为5%。

3. 个人出租住房,按照5%的征收率减按1.5%计算应纳税额。销售自己使用过的固定资产、旧货,按照3%的征收率减按2%征收增值税。

4. 其他个人销售其取得(不含自建)的不动产(不含其购买的住房),按照5%的征收率计算应纳税额。

5. 其他个人出租其取得的不动产(不含住房),应按照5%的征收率计算应纳税额。

(三)含税销售额的换算

小规模纳税人销售货物、劳务、服务、无形资产、不动产等,销售额如果是含税销售额,在计税时需要将其换算为不含税销售额。换算公式如下:

$$不含税销售额 = 含税销售额 \div (1 + 征收率)$$

纳税人适用简易计税方法计税的,因销售折让、中止或者退回而退还给购买方的销售额,应当从当期销售额中扣减。扣减当期销售额后仍有余额造成多缴的税款,可以从以后的应纳税额中扣减。

(四)小规模纳税人购进税控收款机可抵免当期税额

自2004年12月1日起,增值税小规模纳税人购置税控收款机,经主管税务机关审核批准后,可凭购进税控收款机取得的增值税专用发票,按照发票上注明的增值税税额,抵免当期应纳增值税,或者按照购进税控收款机取得的增值税普通发票上注明的价款,依下列公式计算可抵免的税额:

$$可抵免的税额 = 价款 \div (1 + 适用税率) \times 适用税率$$

当期应纳税额不足抵免的,未抵免的部分可在下期继续抵免。

【例2-8】 某公司为增值税小规模纳税人,2023年4—6月销售货物取得含税收入38万元,出售办公用房取得含税收入280万元。购进货物取得增值税发票,注明税额为1.32万元。该公司增值税按季缴纳,未选择放弃税收优惠。请计算上述业务当季应缴纳增值税。

解析:

小规模纳税人征收率为3%,但自2023年1月1日至2027年12月31日,享受减按1%征收增值税的优惠政策。

当季应缴纳增值税 = 38 ÷ (1 + 1%) × 1% + 280 ÷ (1 + 5%) × 5% = 0.38 + 13.33 = 13.71(万元)

二、一般纳税人简易计税方法

(一)应纳税额计算公式

一般纳税人发生下列应税行为可以选择适用简易计税方法计税,应纳税额计算公式如同小规模纳税人的计算公式:

$$应纳税额 = 销售额 \times 征收率$$

(二)适用3%征收率的范围

1. 增值税一般纳税人生产销售下列货物,可以选择适用简易计税方法计税,征收率为3%。

(1)县级及县级以下小型水力发电单位生产的电力。小型水力发电单位,是指各类投资主体建设的装机容量为5万千瓦以下(含5万千瓦)的小型水力发电单位。

(2)建筑用和生产建筑材料所用的砂、土、石料。

(3)以自己采掘的砂、土、石料或其他矿物连续生产的砖、瓦、石灰(不含粘土实心砖、瓦)。

(4)商品混凝土(仅限于以水泥为原料生产的水泥混凝土)。

(5)用微生物、微生物代谢产物、动物毒素、人或动物的血液或组织制成的生物制品。

(6)自来水。

(7)寄售商店代销寄售物品(包括居民个人寄售的物品在内)。

(8)典当业销售死当物品。

(9)生产销售和批发、零售罕见病药品及抗癌药。

自2022年12月1日起,《抗癌药品和罕见病药品清单(第三批)》(财政部　海关总署　税务总局　药监局公告2022年第35号附件1)中的抗癌药品和罕见病药品(如阿贝西利等片剂药),可选择按照简易办法依照3%征收率计算缴纳增值税。之前,已有两批抗癌药品和罕见病药品按简易办法依照3%征收率计算缴纳增值税。

各批清单中的抗癌药品和罕见病药品制剂需已获准上市,对应剂型以国家药品监督管理部门实际批准上市剂型为准。

(10)单采血浆站销售非临床用人体血液。

(11)药品经营企业销售生物制品。

(12)兽用药品经营企业销售兽用生物制品。

上述第(1)项至第(6)项需为纳税人自产货物。

2. 增值税一般纳税人销售下列服务,可以选择简易计税方法计税,征收率为3%。

(1)公共交通运输服务。

公共交通运输服务,包括轮客渡、公交客运、地铁、城市轻轨、出租车、长途客运、班车。

班车,是指按固定路线、固定时间运营并在固定站点停靠的运送旅客的陆路运输服务。

(2)经认定的动漫企业为开发动漫产品提供的动漫脚本编撰、形象设计、背景设计、动画设计、分镜、动画制作、摄制、描线、上色、画面合成、配音、配乐、音效合成、剪辑、字幕制作、压缩转码(面向网络动漫、手机动漫格式适配)服务,以及在境内转让动漫版权(包括动漫品牌、形象或者内容的授权及再授权)。

动漫企业和自主开发、生产动漫产品的认定标准和认定程序,按照《文化部 财政部　国家税务总局关于印发〈动漫企业认定管理办法(试行)〉的通知》(文市发〔2008〕51号)的规定执行。

(3)电影放映服务、仓储服务、装卸搬运服务、收派服务和文化体育服务。

自2019年1月1日至2027年12月31日,一般纳税人提供的城市电影放映服务,可以按现行政策规定,选择按照简易计税办法计算缴纳增值税。

(4)以纳入营改增试点之日前取得的有形动产为标的物提供的经营租赁服务。

（5）在纳入营改增试点之日前签订的尚未执行完毕的有形动产租赁合同。

（6）提供物业管理服务的纳税人，向服务接受方收取的自来水水费。

（7）非企业性单位中的一般纳税人提供的研发和技术服务、信息技术服务、鉴证咨询服务，以及销售技术、著作权等无形资产，提供技术转让、技术开发和与之相关的技术咨询、技术服务。

（8）一般纳税人提供非学历教育服务、教育辅助服务。

（9）公路经营企业中的一般纳税人收取营改增试点前开工的高速公路的车辆通行费。

3. 增值税一般纳税人提供的建筑服务，可以选择简易计税方法计算应纳增值税额，征收率为3%。

（1）一般纳税人以清包工方式提供的建筑服务，可以选择适用简易计税方法计税。

以清包工方式提供建筑服务，是指施工方不采购建筑工程所需的材料或只采购辅助材料，并收取人工费、管理费或者其他费用的建筑服务。

（2）一般纳税人为甲供工程提供的建筑服务，可以选择适用简易计税方法计税。

甲供工程，是指全部或部分设备、材料、动力由工程发包方自行采购的建筑工程。

（3）一般纳税人销售自产机器设备的同时提供安装服务，应分别核算机器设备和安装服务的销售额，安装服务可以按照甲供工程选择适用简易计税方法计税。

（4）一般纳税人销售外购机器设备的同时提供安装服务，如果已经按照兼营的有关规定，分别核算机器设备和安装服务的销售额，安装服务可以按照甲供工程选择适用简易计税方法计税。

（5）一般纳税人为建筑工程老项目提供的建筑服务，可以选择适用简易计税方法计税。

建筑工程老项目，是指：

①《建筑工程施工许可证》注明的合同开工日期在2016年4月30日以前的建筑工程项目；

②未取得《建筑工程施工许可证》的，建筑工程承包合同注明的开工日期在2016年4月30日以前的建筑工程项目。

（6）一般纳税人跨县（市）提供建筑服务，选择适用简易计税方法计税的，应以取得的全部价款和价外费用扣除支付的分包款后的余额为销售额，按照3%的征收率计算应纳税额。（详见本章第十一节相关内容）

（7）建筑工程总承包单位为房屋建筑的地基与基础、主体结构提供工程服务，建设单位自行采购全部或部分钢材、混凝土、砌体材料、预制构件的，适用简易计税方法计税。

4. 增值税一般纳税人提供下列金融服务取得的收入，可以选择简易计税方法按照3%的征收率计算缴纳增值税。

（1）农村信用社、村镇银行、农村资金互助社、由银行业机构全资发起设立的贷款公司、法人机构在县（县级市、区、旗）及县以下地区的农村合作银行和农村商业银行提供金融服务收入。

（2）对中国农业银行纳入"三农金融事业部"改革试点的各省、自治区、直辖市、计划单列市分行下辖的县域支行和新疆生产建设兵团分行下辖的县域支行（也称县事业部），提供农户贷款、农村企业和农村各类组织贷款取得的利息收入。

（3）对中国邮政储蓄银行纳入"三农金融事业部"改革的各省、自治区、直辖市、计划单列市分行下辖的县域支行,提供农户贷款、农村企业和农村各类组织贷款取得的利息收入。

(4)资管产品管理人运营资管产品过程中发生的增值税应税行为,暂适用简易计税方法,按照3%征收率缴纳增值税。(详见本章第十一节相关内容)

5. 自2022年3月1日起,从事再生资源回收的增值税一般纳税人销售其收购的再生资源,可以选择适用简易计税方法依照3%征收率计算缴纳增值税,或适用一般计税方法计算缴纳增值税。

再生资源,是指在社会生产和生活消费过程中产生的,已经失去原有全部或部分使用价值,经过回收、加工处理,能够使其重新获得使用价值的各种废弃物。其中,加工处理仅限于清洗、挑选、破碎、切割、拆解、打包等改变再生资源密度、湿度、长度、粗细、软硬等物理性状的简单加工。

纳税人选择适用简易计税方法,应符合下列条件之一:

(1)从事危险废物收集的纳税人,应符合国家危险废物经营许可证管理办法的要求,取得危险废物经营许可证。

(2)从事报废机动车回收的纳税人,应符合国家商务主管部门出台的报废机动车回收管理办法要求,取得报废机动车回收拆解企业资质认定证书。

(3)除危险废物、报废机动车外,其他再生资源回收纳税人应符合国家商务主管部门出台的再生资源回收管理办法要求,进行市场主体登记,并在商务部门完成再生资源回收经营者备案。

(三)适用5%征收率的范围

1. 一般纳税人销售不动产或经营租赁不动产,选择简易方法计税的,征收率为5%。(详见本章第十一节相关内容)

2. 一般纳税人2016年4月30日前签订的不动产融资租赁合同,或以2016年4月30日前取得的不动产提供的融资租赁服务,选择适用简易计税方法的,按照5%的征收率计算缴纳增值税。

3. 房地产开发企业的一般纳税人销售自行开发的房地产老项目,选择适用简易计税方法的,征收率为5%。(详见本章第十一节相关内容)

房地产开发企业中的一般纳税人以围填海方式取得土地并开发的房地产项目,围填海工程《建筑工程施工许可证》或建筑工程承包合同注明的围填海开工日期在2016年4月30日前的,属于房地产老项目,可以选择适用简易计税方法按照5%的征收率计算缴纳增值税。

房地产开发企业中的一般纳税人购入未完工的房地产老项目继续开发后,以自己名义立项销售的不动产,属于房地产老项目,可以选择适用简易计税方法按照5%的征收率计算缴纳增值税。

4. 纳税人转让2016年4月30日前取得的土地使用权,可以选择适用简易计税方法,以取得的全部价款和价外费用减去取得该土地使用权的原价后的余额为销售额,按照5%的征收率计算缴纳增值税。

5. 一般纳税人提供劳务派遣服务,选择按照差额计税的,征收率为5%。

6. 一般纳税人提供人力资源外包服务,选择简易计税方法计税的,按照5%的征收率计算缴纳增值税。

7. 纳税人提供安全保护服务,选择差额纳税的,按照5%的征收率计算缴纳增值税。

8. 一般纳税人收取试点前开工的一级公路、二级公路、桥、闸通行费，可以选择适用简易计税方法，按照5%的征收率计算缴纳增值税。试点前开工，是指相关施工许可证注明的合同开工日期在2016年4月30日前。

9. 对纳税人生产销售新支线飞机和空载重量大于25吨的民用喷气式飞机暂减按5%征收增值税。

10. 中外合作油（气）田开采的原油、天然气按实物征收增值税，征收率为5%。

11. 自2021年10月1日起，住房租赁企业向个人出租住房，适用以下政策：

（1）住房租赁企业中的增值税一般纳税人向个人出租住房取得的全部出租收入，可以选择适用简易计税方法，按照5%的征收率减按1.5%计算缴纳增值税，或适用一般计税方法计算缴纳增值税。

（2）住房租赁企业中的增值税小规模纳税人向个人出租住房，按照5%的征收率减按1.5%计算缴纳增值税。

（3）住房租赁企业向个人出租住房适用上述简易计税方法并进行预缴的，减按1.5%的预征率预缴增值税。

住房租赁企业，是指按规定向住房城乡建设部门进行开业报告或者备案的从事住房租赁经营业务的企业。

（四）适用预征率的范围

1. 一般纳税人跨县（市、区）提供建筑服务适用一般计税方法计税的，以取得的全部价款和价外费用扣除支付的分包款后的余额，按照2%的预征率计算应预缴税款；选择适用简易计税方法计税的，以取得的全部价款和价外费用扣除支付的分包款后的余额，按照3%的征收率计算应预缴税款。（详见本章第十一节相关内容）

2. 一般纳税人销售不动产按照5%的预征率在不动产所在地预缴税款。（详见本章第十一节相关内容）

3. 一般纳税人出租不动产，应按照3%的预征率在不动产所在地预缴税款。（详见本章第十一节相关内容）

4. 房地产开发企业中的一般纳税人销售房地产老项目，适用一般计税方法计税的，按照3%的预征率在不动产所在地预缴税款。

5. 房地产开发企业采取预收款方式销售所开发的房地产项目，在收到预收款时按照3%的预征率预缴增值税。

（五）计税方式的特殊规定

1. 物业公司收取自来水水费

提供物业管理服务的纳税人，向服务接受方收取的自来水水费，以扣除其对外支付的自来水水费后的余额为销售额，按照简易计税方法依3%的征收率计算缴纳增值税。

"扣除其对外支付的自来水水费"指的是扣除的仅仅是自来水水费，不包括其他污水处理费等费用。差额中"对外支付的自来水水费"需要获取符合法律、行政法规和国家税务总局规定的有效凭证。物业管理服务的纳税人可以向服务接受方全额开具增值税专用发票。对属于一般纳税人的自来水公司销售自来水按简易办法征收增值税，不得抵扣其购进自来水取得增值税扣税凭证上注明的增值税税款。

一般纳税人选择简易办法计算缴纳增值税后，36个月内不得变更。

2. 销售自己使用过的固定资产

(1)销售自己使用过的固定资产,适用一般计税方法的,税率为13%,并可以开具增值税专用发票。

(2)一般纳税人销售自己使用过的固定资产,属于以下情形的,可按简易办法依3%征收率减按2%征收增值税:

①2008年12月31日以前未纳入扩大增值税抵扣范围试点的纳税人,销售自己已使用过的2008年12月31日以前购入或自制的固定资产。

②纳税人购进或者自制固定资产时为小规模纳税人,认定为一般纳税人后销售该固定资产。

③增值税一般纳税人发生按照简易办法征收增值税应税行为,销售其按照规定不得抵扣进项税额的固定资产。

④一般纳税人销售自己使用过的、纳入营改增试点之日前取得的固定资产。使用过的固定资产,是指纳税人符合《营业税改征增值税试点实施办法》第二十八条规定并根据财务会计制度已经计提折旧的固定资产。

⑤2013年8月1日前购进自用的应征消费税的摩托车、汽车、游艇。

⑥购入的固定资产根据《增值税暂行条例》的规定,不得抵扣且未抵扣增值税,具体包括以下情况:用于简易计税方法计税项目、免征增值税项目、集体福利或者个人消费的购进货物、劳务、服务、无形资产和不动产,非正常损失的购进货物,以及相关的劳务和交通运输服务。

(3)一般纳税人销售自己使用过的固定资产,适用简易办法依照3%征收率减按2%征收增值税的,可以放弃减税,按照简易办法依照3%征收率缴纳增值税,并可以开具增值税专用发票。

【例2-9】 某企业为增值税一般纳税人,2023年9月出售使用过的设备,放弃减税,适用简易办法计税,开具增值税专用发票,注明金额50万元;出售包装物材料,开具增值税专用发票,注明金额10万元,包装物材料购进时已抵扣进项税额。请计算该企业当月销项税额。

当月销项税额 $=50×3\%+10×13\%=2.8$(万元)

3. 纳税人销售旧货

纳税人销售旧货,按照简易办法依照3%征收率减按2%征收增值税。旧货,是指进入二次流通的具有部分使用价值的货物(含旧汽车、旧摩托车和旧游艇),但不包括自己使用过的物品。

纳税人适用按照简易办法依3%征收率减按2%征收增值税政策的,按下列公式确定销售额和应纳税额:

$$销售额 = 含税销售额 ÷ (1+3\%)$$

$$应纳税额 = 销售额 × 2\%$$

4. 销售二手车

自2020年5月1日至2027年12月31日,从事二手车经销的纳税人销售其收购的二

手车,由原按照简易办法依3%征收率减按2%征收增值税,改为减按0.5%征收增值税,并按下列公式计算销售额:

$$销售额 = 含税销售额 ÷ (1 + 0.5\%)$$

二手车,是指从办理完注册登记手续至达到国家强制报废标准之前进行交易并转移所有权的车辆。

纳税人应当开具二手车销售统一发票。因二手车销售统一发票不是有效的增值税扣税凭证,为维护购买方纳税人的进项抵扣权益,购买方索取增值税专用发票的,纳税人应当再为其开具征收率为0.5%的增值税专用发票。如果购买方为消费者个人,从事二手车经销业务的纳税人不得为其开具增值税专用发票。

自2022年10月1日起,对已备案汽车销售企业从自然人处购进二手车的,允许企业反向开具二手车销售统一发票并凭此办理转移登记手续。自2023年1月1日起,对自然人在一个自然年度内出售持有时间少于1年的二手车达到3辆及以上的,汽车销售企业、二手车交易市场、拍卖企业等不得为其开具二手车销售统一发票,不予办理交易登记手续,有关部门按规定处理。

【例2-10】 某公司为增值税一般纳税人,专门从事二手车经销业务,2024年3月销售其收购的二手车,取得含税收入320万元;销售本公司自用小汽车一辆,取得含税收入10万元,该车辆系2012年6月购置,购置发票上注明含税价135万元。该公司未选择放弃税收优惠。请计算该公司上述业务应缴纳的增值税税额。

应缴纳的增值税税额 = $320 ÷ (1 + 0.5\%) × 0.5\% + 10 ÷ (1 + 3\%) × 2\%$ = 1.59 + 0.19 = 1.78(万元)

5. 一般纳税人提供劳务派遣服务和安全保护服务

一般纳税人提供劳务派遣服务,也可以选择差额纳税,以取得的全部价款和价外费用,扣除代用工单位支付给劳务派遣员工的工资、福利和为其办理社会保险及住房公积金后的余额为销售额,按照简易计税方法依5%的征收率计算缴纳增值税。

选择差额纳税的纳税人,向用工单位收取用于支付给劳务派遣员工工资、福利和为其办理社会保险及住房公积金的费用,不得开具增值税专用发票,可以开具增值税普通发票。

劳务派遣服务,是指劳务派遣公司为了满足用工单位对于各类灵活用工的需求,将员工派遣至用工单位,接受用工单位管理并为其工作的服务。

纳税人提供安全保护服务,比照劳务派遣服务政策执行。

6. 一般纳税人销售机器设备的同时提供安装服务

一般纳税人销售自产机器设备的同时提供安装服务,应分别核算机器设备和安装服务的销售额,安装服务可以按照甲供工程选择适用简易计税方法计税。

一般纳税人销售外购机器设备的同时提供安装服务,如果已经按照兼营的有关规定,分别核算机器设备和安装服务的销售额,安装服务可以按照甲供工程选择适用简易计税方法计税。

纳税人对安装运行后的机器设备提供的维护保养服务,按照"其他现代服务"缴纳增值税。

第九节　进口环节增值税政策

对进口货物征税是国际惯例。根据《增值税暂行条例》的规定,境内进口货物的单位和个人均应按规定缴纳增值税。

一、进口货物增值税的一般规定

(一)纳税人

根据《增值税暂行条例》的规定,进口货物增值税的纳税义务人为进口货物的收货人或办理报关手续的单位和个人,包括国内一切从事进口业务的企事业单位、机关团体和个人。

对于企业、单位和个人委托代理进口应征增值税的货物,鉴于代理进口货物的海关完税凭证,有的开具给委托方,有的开具给受托方的特殊性,对代理进口货物以海关开具的完税凭证上的纳税人为增值税纳税人。

(二)征税范围

根据《增值税暂行条例》的规定,申报进入中华人民共和国海关境内的货物,均应缴纳增值税。

确定一项货物是否属于进口货物,看其是否有报关手续。只要是报关进境的应税货物,不论其用途如何,是自行采购用于贸易,还是自用;不论是购进,还是国外捐赠,均应按照规定缴纳进口环节的增值税(免税进口的货物除外)。

国家在规定对进口货物征税的同时,对某些进口货物制定了减免税的特殊规定。如属于"来料加工""进料加工"贸易方式进口国外的原材料、零部件等在国内加工后复出口的,对进口的料、件按规定给予免税或减税;但这些进口免、减税的料、件若不能加工复出口,而是销往国内的,就要予以补税。

(三)适用税率

进口货物增值税税率与增值税一般纳税人在国内销售同类货物的税率相同。

(四)应纳税额的计算

1. 组成计税价格

进口货物增值税的组成计税价格中包括已纳关税税额,如果进口货物属于消费税应税消费品,其组成计税价格中还要包括进口环节已纳消费税税额。

按照《中华人民共和国海关法》和《中华人民共和国进出口关税条例》的规定,一般贸易项下进口货物的关税完税价格以海关审定的成交价格为基础的到岸价格作为完税价格。所谓成交价格是一般贸易项下进口货物的买方为购买该项货物向卖方实际支付或应当支付的价格;到岸价格是包括货价,加上货物运抵我国关境内输入地点起卸前的包装费、运费、保险费和其他劳务费等费用构成的一种价格。

特殊贸易项下进口的货物,由于进口时没有成交价格可作依据,为此,《中华人民共和国进出口关税条例》对这些进口货物制定了确定其完税价格的具体办法。

组成计税价格的计算公式如下:

$$组成计税价格 = 关税完税价格 + 关税 + 消费税$$

或

$$组成计税价格 = （关税完税价格 + 关税）÷（1 - 消费税税率）$$

2. 应纳税额

纳税人进口货物,按照组成计税价格和适用的税率计算应纳税额,不得抵扣任何税额,即在计算进口环节的应纳增值税税额时,不得抵扣发生在我国境外的各种税金。

$$应纳税额 = 组成计税价格 × 税率$$

进口货物在海关缴纳的增值税,符合抵扣范围的,凭借海关进口增值税专用缴款书,可以从当期销项税额中抵扣。

自2014年1月1日起,租赁企业一般贸易项下进口飞机并租给国内航空公司使用的,享受与国内航空公司进口飞机同等税收优惠政策,即进口空载重量在25吨以上的飞机减按5%征收进口环节增值税。自2014年1月1日以来,对已按适用税率征收进口环节增值税的上述飞机,超出5%税率的已征税款,尚未申报增值税进项税额抵扣的,可以退还。

二、跨境电子商务零售进口商品征税方法

跨境电子商务零售进口商品按照货物征收关税和进口环节增值税、消费税。购买跨境电子商务零售进口商品的个人作为纳税义务人。电子商务企业、电子商务交易平台企业或物流企业可作为代收代缴义务人。

实际交易价格(包括货物零售价格、运费和保险费)作为完税价格。

根据《财政部 海关总署 国家税务总局关于跨境电子商务零售进口税收政策的通知》(财关税〔2016〕18号),跨境电子商务零售进口商品的单次交易限值为人民币2000元,个人年度交易限值为人民币20000元。在限值以内进口的跨境电子商务零售进口商品,关税税率暂设为零;进口环节增值税、消费税取消免征税额,暂按法定应纳税额的70%征收。超过单次限值、累加后超过个人年度限值的单次交易,以及完税价格超过2000元限值的单个不可分割商品,均按照一般贸易方式全额征税。跨境电子商务零售进口商品自海关放行之日起30日内退货的,可申请退税,并相应调整个人年度交易总额。

根据《财政部 海关总署 国家税务总局关于完善跨境电子商务零售进口税收政策的通知》(财关税〔2018〕49号),自2019年1月1日起,将跨境电子商务零售进口商品的单次交易限值由人民币2000元提高至5000元,年度交易限值由人民币20000元提高至26000元。

完税价格超过5000元单次交易限值但低于26000元年度交易限值,且订单下仅一件商品时,可以自跨境电商零售渠道进口,按照货物税率全额征收关税和进口环节增值税、消费税,交易额计入年度交易总额,但年度交易总额超过年度交易限值的,应按一般贸易管理。

已经购买的电商进口商品属于消费者个人使用的最终商品,不得进入国内市场再次销售;原则上不允许网购保税进口商品在海关特殊监管区域外开展"网购保税 + 线下自提"模式。

第十节　出口环节增值税政策

出口环节退(免)税,是指在国际贸易业务中,对报关出口的货物或者劳务和服务退还

在国内各生产环节和流转环节按税法规定已缴纳的增值税,或免征应缴纳的增值税,是一种在国际贸易中通常采用并为世界各国普遍接受的,目的在于鼓励各国出口货物劳务服务公平竞争的税收措施。

一、出口退(免)税政策

(一)退(免)税范围

对下列出口货物劳务,除适用增值税免税政策和征税政策的规定的以外,实行免征和退还增值税[以下称增值税退(免)税]政策。

1. 出口企业出口货物

出口企业,是指依法办理工商登记(现为市场主体登记,下同)、税务登记、对外贸易经营者备案登记,自营或委托出口货物的单位或个体工商户,以及依法办理工商登记、税务登记但未办理对外贸易经营者备案登记,委托出口货物的生产企业。

出口货物,是指向海关报关后实际离境并销售给境外单位或个人的货物,分为自营出口货物和委托出口货物两类。

生产企业,是指具有生产能力(包括加工修理修配能力)的单位或个体工商户。

2. 出口企业或其他单位视同出口货物

(1)出口企业对外援助、对外承包、境外投资的出口货物。

(2)出口企业经海关报关进入国家批准的出口加工区、保税物流园区、保税港区、综合保税区、珠澳跨境工业区(珠海园区)、中哈霍尔果斯国际边境合作中心(中方配套区域)、保税物流中心(B型)(以下统称特殊区域)并销售给特殊区域内单位或境外单位、个人的货物。

(3)免税品经营企业销售的货物(国家规定不允许经营和限制出口的货物、卷烟和超出免税品经营企业《企业法人营业执照》规定经营范围的货物除外)。具体包括以下 3 类货物:

①中国免税品(集团)有限责任公司向海关报关运入海关监管仓库,专供其经国家批准设立的统一经营、统一组织进货、统一制定零售价格、统一管理的免税店销售的货物;

②国家批准的除中国免税品(集团)有限责任公司外的免税品经营企业,向海关报关运入海关监管仓库,专供其所属的首都机场口岸海关隔离区内的免税店销售的货物;

③国家批准的除中国免税品(集团)有限责任公司外的免税品经营企业所属的上海虹桥、浦东机场海关隔离区内的免税店销售的货物。

国家规定不允许经营和限制出口的货物包括:

①《中华人民共和国禁止进出境物品表》(海关总署令第 43 号)所列的货物;

②《卫生部 外经贸部 海关总署关于进一步加强人体血液、组织器官管理有关问题的通知》(卫药发〔1996〕27 号)规定的血液和血液制品、人体组织和器官(包括胎儿)以及利用人体组织和器官(包括胎儿)加工生产的制剂;

③商务部会同有关部门公布的《禁止出口货物目录》所列的货物;

④《濒危野生动物国际贸易公约》所列的附录一、二、三级的动物、动物产品和植物、植物产品;

⑤《国家重点保护野生动物名录》所列的一、二级保护的野生动物及货物;

⑥《精神药品管制品种目录》《麻醉药品管制品种目录》所列的货物;

⑦《中华人民共和国禁止或严格限制的有毒化学品目录》所列的货物。

(4)出口企业或其他单位销售给用于国际金融组织或外国政府贷款国际招标建设项目的中标机电产品。中标机电产品,包括外国企业中标再分包给出口企业或其他单位的机电产品。

(5)生产企业销售的自产的海洋工程结构物,但购买方或者承租方需为按实物征收增值税的中外合作油(气)田开采企业。

(6)出口企业或其他单位销售给国际运输企业用于国际运输工具上的货物。此项规定暂仅适用于外轮供应公司、远洋运输供应公司销售给外轮、远洋国轮的货物,以及自2011年1月1日起,国内航空供应公司生产销售给国内和国外航空公司国际航班的航空食品。

(7)出口企业或其他单位销售给特殊区域内生产企业生产耗用且不向海关报关而输入特殊区域的水(包括蒸汽)、电力、燃气。

除另有规定外,视同出口货物适用出口货物的各项规定。

3. 出口企业对外提供加工修理修配劳务

对外提供加工修理修配劳务,是指对进境复出口货物或从事国际运输的运输工具进行的加工修理修配。

4. 一般纳税人提供适用增值税零税率的应税服务的退(免)税办法

(1)自2014年1月1日起,增值税一般纳税人提供适用增值税零税率的应税服务,实行增值税退(免)税办法。

(2)自2016年5月1日起,跨境应税行为适用增值税零税率。跨境应税行为,是指境内的单位和个人销售规定的服务和无形资产,规定的服务和无形资产的范围参见本章第四节"五、零税率的适用范围"的内容。

(3)增值税零税率应税服务提供者,是指提供适用增值税零税率应税服务,且认定为增值税一般纳税人,实行增值税一般计税方法的境内单位和个人。属于汇总缴纳增值税的,为经财政部和国家税务总局批准的汇总缴纳增值税的总机构。

(4)增值税零税率应税服务适用范围按财政部、国家税务总局的规定执行。

起点或终点在境外的运单、提单或客票所对应的各航段或路段的运输服务,属于国际运输服务。

起点或终点在港澳台的运单、提单或客票所对应的各航段或路段的运输服务,属于港澳台运输服务。

从境内载运旅客或货物至国内海关特殊监管区域及场所、从国内海关特殊监管区域及场所载运旅客或货物至国内其他地区或者国内海关特殊监管区域及场所,以及向国内海关特殊监管区域及场所内单位提供的研发服务、设计服务,不属于增值税零税率应税服务适用范围。

(5)增值税零税率应税服务退(免)税办法包括免抵退税办法和免退税办法,具体办法及计算公式按有关出口货物劳务退(免)税的规定执行。

(6)实行免抵退税办法的增值税零税率应税服务提供者如果同时出口货物劳务且未分别核算的,应一并计算免抵退税。税务机关在审批时,应按照增值税零税率应税服务、出口货物劳务免抵退税额的比例划分其退税额和免抵税额。

(二)退(免)税办法

适用增值税退(免)税政策的出口货物、劳务、服务、无形资产,按照下列规定实行增值税免抵退税或免退税办法。

1. 免抵退税办法。

（1）免抵退税的含义。

生产企业出口自产货物和视同自产货物及对外提供加工修理修配劳务，以及《财政部 国家税务总局关于出口货物劳务增值税和消费税政策的通知》（财税〔2012〕39号）附件5列名生产企业出口非自产货物，免征增值税，相应的进项税额抵减应纳增值税额（不包括适用增值税即征即退、先征后退政策的应纳增值税额），未抵减完的部分予以退还。

（2）视同自产货物的具体范围。

持续经营以来从未发生骗取出口退税、虚开增值税专用发票或农产品收购发票、接受虚开增值税专用发票（善意取得虚开增值税专用发票除外）行为且同时符合下列条件的生产企业出口的外购货物，可视同自产货物适用增值税退（免）税政策。

①已取得增值税一般纳税人资格。

②已持续经营2年及2年以上。

③纳税信用等级A级。

④上一年度销售额5亿元以上。

⑤外购出口的货物与本企业自产货物同类型或具有相关性。

持续经营以来从未发生骗取出口退税、虚开增值税专用发票或农产品收购发票、接受虚开增值税专用发票（善意取得虚开增值税专用发票除外）行为但不能同时符合上述规定的条件的生产企业，出口的外购货物符合下列条件之一的，可视同自产货物申报适用增值税退（免）税政策。

①同时符合下列条件的外购货物：

第一，与本企业生产的货物名称、性能相同。

第二，使用本企业注册商标或境外单位或个人提供给本企业使用的商标。

第三，出口给进口本企业自产货物的境外单位或个人。

②与本企业所生产的货物属于配套出口，且出口给进口本企业自产货物的境外单位或个人的外购货物，符合下列条件之一的：

第一，用于维修本企业出口的自产货物的工具、零部件、配件。

第二，不经过本企业加工或组装，出口后能直接与本企业自产货物组合成成套设备的货物。

③经集团公司总部所在地的地级以上税务局认定的集团公司，其控股（按照《中华人民共和国公司法》第二百一十六条规定的口径执行）的生产企业之间收购的自产货物以及集团公司与其控股的生产企业之间收购的自产货物。

④同时符合下列条件的委托加工货物：

第一，与本企业生产的货物名称、性能相同，或者是用本企业生产的货物再委托深加工的货物。

第二，出口给进口本企业自产货物的境外单位或个人。

第三，委托方与受托方必须签订委托加工协议，且主要原材料必须由委托方提供，受托方不垫付资金，只收取加工费，开具加工费（含代垫的辅助材料）的增值税专用发票。

⑤用于本企业中标项目下的机电产品。

⑥用于对外承包工程项目下的货物。

⑦用于境外投资的货物。

⑧用于对外援助的货物。

⑨生产自产货物的外购设备和原材料（农产品除外）。

2. 免退税办法。不具有生产能力的出口企业或其他单位出口货物劳务，免征增值税，相应的进项税额予以退还。

3. 境内的单位和个人提供适用增值税零税率的服务或者无形资产，如果属于适用简易计税方法的，实行免征增值税办法。如果属于适用增值税一般计税方法的，生产企业实行免抵退税办法，外贸企业外购服务或者无形资产出口实行免退税办法，外贸企业直接将服务或自行研发的无形资产出口，视同生产企业连同其出口货物统一实行免抵退税办法。

4. 境内的单位和个人提供适用增值税零税率的服务或者无形资产，可以放弃适用增值税零税率，选择免税或按规定缴纳增值税。放弃适用增值税零税率后，36 个月内不得再申请适用增值税零税率。

5. 境内的单位和个人销售适用增值税零税率的服务或者无形资产，按月向主管退税的税务机关申报办理增值税退（免）税手续。具体管理办法由国家税务总局商财政部另行制定。

（三）出口退税率

1. 退税率的一般规定

除财政部和国家税务总局根据国务院决定而明确的增值税出口退税率外，出口货物的退税率为其适用税率。国家税务总局根据规定将退税率通过出口货物劳务退税率文库予以发布，供征纳双方执行。退税率有调整的，除另有规定外，其执行时间以货物（包括被加工修理修配的货物）的出口货物报关单（出口退税专用）上注明的出口日期为准。

自 2018 年 5 月 1 日至 2019 年 3 月 31 日，原适用 17% 税率且出口退税率为 17% 的出口货物，出口退税率调整至 16%。原适用 11% 税率且出口退税率为 11% 的出口货物、跨境应税行为，出口退税率调整至 10%。

自 2019 年 4 月 1 日起，原适用 16% 税率且出口退税率为 16% 的出口货物，出口退税率调整为 13%；原适用 10% 税率且出口退税率为 10% 的出口货物、跨境应税行为，出口退税率调整为 9%。

外贸企业 2018 年 7 月 31 日以前出口的调整出口退税率所涉货物、销售的调整出口退税率所涉跨境应税行为，购进时已按调整前税率征收增值税的，执行调整前的出口退税率；购进时已按调整后税率征收增值税的，执行调整后的出口退税率。生产企业 2018 年 7 月 31 日以前出口的调整出口退税率所涉货物、销售的调整出口退税率所涉跨境应税行为，执行调整前的出口退税率。2019 年 4 月 1 日起调整出口退税率后至 2019 年 6 月 30 日以前，退税率的执行口径与上述规定相同。

调整出口货物退税率的执行时间及出口货物的时间，以出口货物报关单上注明的出口日期为准，调整跨境应税行为退税率的执行时间及销售跨境应税行为的时间，以出口发票的开具日期为准。

2. 退税率的特殊规定

（1）外贸企业购进按简易办法征税的出口货物、从小规模纳税人购进的出口货物，其退税率分别为简易办法实际执行的征收率、小规模纳税人征收率。上述出口货物取得增值税专用发票的,退税率按照增值税专用发票上的税率和出口货物退税率孰低的原则确定。

(2)出口企业委托加工修理修配货物,其加工修理修配费用的退税率,为出口货物的退税率。

(3)中标机电产品、出口企业向海关报关进入特殊区域销售给特殊区域内生产企业生产耗用的列名原材料、输入特殊区域的水电气,其退税率为适用税率。如果国家调整列名原材料的退税率,列名原材料应当自调整之日起按调整后的退税率执行。

(4)海洋工程结构物退税率的适用,具体根据《海洋工程结构物和海上石油天然气开采企业的具体范围》(财税〔2012〕39 号附件 3)确定。

(5)适用不同退税率的货物劳务,应分开报关、核算并申报退(免)税,未分开报关、核算或划分不清的,从低适用退税率。

(6)自 2020 年 3 月 20 日起,瓷制卫生器具等 1084 项产品出口退税率提高至 13%,植物生长调节剂等 380 项产品出口退税率提高至 9%,具体产品清单见《提高出口退税率的产品清单》(财政部　税务总局公告 2020 年第 15 号附件)。

(四)增值税退(免)税的计税依据

出口货物劳务服务的增值税退(免)税的计税依据,按出口货物劳务服务的出口发票(外销发票)、其他普通发票或购进出口货物劳务服务的增值税专用发票、海关进口增值税专用缴款书确定。

1. 生产企业出口货物劳务(进料加工复出口货物除外)增值税退(免)税的计税依据,为出口货物劳务的实际离岸价(FOB)。实际离岸价应以出口发票上的离岸价为准,但如果出口发票不能反映实际离岸价,主管税务机关有权予以核定。

2. 生产企业进料加工复出口货物增值税退(免)税的计税依据,按出口货物的离岸价(FOB)扣除出口货物所含的海关保税进口料件的金额后确定。

海关保税进口料件,是指海关以进料加工贸易方式监管的出口企业从境外和特殊区域等进口的料件,包括出口企业从境外单位或个人购买并从海关保税仓库提取且办理海关进料加工手续的料件,以及保税区外的出口企业从保税区内的企业购进并办理海关进料加工手续的进口料件。

3. 生产企业国内购进无进项税额且不计提进项税额的免税原材料加工后出口的货物的计税依据,按出口货物的离岸价(FOB)扣除出口货物所含的国内购进免税原材料的金额后确定。

4. 外贸企业出口货物(委托加工修理修配货物除外)增值税退(免)税的计税依据,为购进出口货物的增值税专用发票注明的金额或海关进口增值税专用缴款书注明的完税价格。

5. 外贸企业出口委托加工修理修配货物增值税退(免)税的计税依据,为加工修理修配费用增值税专用发票注明的金额。外贸企业应将加工修理修配使用的原材料(进料加工海关保税进口料件除外)作价销售给受托加工修理修配的生产企业,受托加工修理修配的生产企业应将原材料成本并入加工修理修配费用开具发票。

6. 出口进项税额未计算抵扣的已使用过的设备增值税退(免)税的计税依据,按下列公式确定:

$$\frac{退（免）税}{计税依据} = \frac{增值税专用发票上的金额或海关}{进口增值税专用缴款书注明的完税价格} \times \frac{已使用过的设备}{固定资产净值} \div \frac{已使用过的}{设备原值}$$

已使用过的设备固定资产净值 = 已使用过的设备原值 - 已使用过的设备已提累计折旧

已使用过的设备,是指出口企业根据财务会计制度已经计提折旧的固定资产。

7. 免税品经营企业销售的货物增值税退（免）税的计税依据,为购进货物的增值税专用发票注明的金额或海关进口增值税专用缴款书注明的完税价格。

8. 中标机电产品增值税退（免）税的计税依据,生产企业为销售机电产品的普通发票注明的金额,外贸企业为购进货物的增值税专用发票注明的金额或海关进口增值税专用缴款书注明的完税价格。

9. 生产企业向海上石油天然气开采企业销售的自产的海洋工程结构物增值税退（免）税的计税依据,为销售海洋工程结构物的普通发票注明的金额。

10. 输入特殊区域的水电气增值税退（免）税的计税依据,为作为购买方的特殊区域内生产企业购进水（包括蒸汽）、电力、燃气的增值税专用发票注明的金额。

11. 增值税零税率应税服务退（免）税的计税依据。

（1）实行免抵退税办法的退（免）税计税依据。

①以铁路运输方式载运旅客的,为按照铁路合作组织清算规则清算后的实际运输收入。

②以铁路运输方式载运货物的,为按照铁路运输进款清算办法,对"发站"或"到站（局）"名称包含"境"字的货票上注明的运输费用以及直接相关的国际联运杂费清算后的实际运输收入。

③以航空运输方式载运货物或旅客的,如果国际运输或港澳台运输各航段由多个承运人承运的,为中国航空结算有限责任公司清算后的实际收入;如果国际运输或港澳台运输各航段由一个承运人承运的,为提供航空运输服务取得的收入。

④其他实行免抵退税办法的增值税零税率应税服务,为提供增值税零税率应税服务取得的收入。

（2）实行免退税办法的退（免）税计税依据。

实行免退税办法的退（免）税计税依据,为购进应税服务的增值税专用发票或解缴税款的中华人民共和国税收缴款凭证上注明的金额。

12. 实行退（免）税办法的服务和无形资产,如果主管税务机关认定出口价格偏高的,有权按照核定的出口价格计算退（免）税,核定的出口价格低于外贸企业购进价格的,低于部分对应的进项税额不予退税,转入成本。

（五）免抵退税和免退税的计算

1. 生产企业出口货物劳务增值税免抵退税,依下列方法计算。

（1）当期应纳税额的计算。

$$当期应纳税额 = 当期销项税额 - （当期进项税额 - 当期不得免征和抵扣税额）$$

$$\frac{当期不得免征}{和抵扣税额} = \frac{当期出口}{货物离岸价} \times \frac{外汇人民}{币折合率} \times \left(\frac{出口货物}{适用税率} - \frac{出口货物}{退税率}\right) - \frac{当期不得免征和}{抵扣税额抵减额}$$

$$\frac{当期不得免征和抵扣}{税额抵减额} = \frac{当期免税购进}{原材料价格} \times \left(\frac{出口货物}{适用税率} - \frac{出口货物}{退税率}\right)$$

（2）当期免抵退税额的计算。

$$当期免抵退税额 = 当期出口货物离岸价 \times 外汇人民币折合率 \times 出口货物退税率 - 当期免抵退税额抵减额$$

$$当期免抵退税额抵减额 = 当期免税购进原材料价格 \times 出口货物退税率$$

（3）当期应退税额和免抵税额的计算。

①当期期末留抵税额≤当期免抵退税额，则：

$$当期应退税额 = 当期期末留抵税额$$

$$当期免抵税额 = 当期免抵退税额 - 当期应退税额$$

②当期期末留抵税额＞当期免抵退税额，则：

$$当期应退税额 = 当期免抵退税额$$

$$当期免抵税额 = 0$$

当期期末留抵税额为当期增值税纳税申报表中"期末留抵税额"。

（4）当期免税购进原材料价格。

当期免税购进原材料价格包括当期国内购进的无进项税额且不计提进项税额的免税原材料的价格和当期进料加工保税进口料件的价格，其中当期进料加工保税进口料件的价格为组成计税价格。

$$当期进料加工保税进口料件的组成计税价格 = 当期进口料件到岸价格 + 海关实征关税 + 海关实征消费税$$

①采用"实耗法"的，当期进料加工保税进口料件的组成计税价格为当期进料加工出口货物耗用的进口料件组成计税价格。其计算公式为：

$$当期进料加工保税进口料件的组成计税价格 = 当期进料加工出口货物离岸价 \times 外汇人民币折合率 \times 计划分配率$$

$$计划分配率 = 计划进口总值 \div 计划出口总值 \times 100\%$$

实行纸质手册和电子化手册的生产企业，应根据海关签发的加工贸易手册或加工贸易电子化纸质单证所列的计划进出口总值计算计划分配率。

实行电子账册的生产企业，计划分配率按前一期已核销的实际分配率确定；新启用电子账册的，计划分配率按前一期已核销的纸质手册或电子化手册的实际分配率确定。

②采用"购进法"的，当期进料加工保税进口料件的组成计税价格为当期实际购进的进料加工进口料件的组成计税价格。

若当期实际不得免征和抵扣税额抵减额大于"当期出口货物离岸价×外汇人民币折合率×（出口货物适用税率－出口货物退税率）"，则：

$$当期不得免征和抵扣税额抵减额 = 当期出口货物离岸价 \times 外汇人民币折合率 \times \left(\begin{array}{c} 出口货物适用税率 - 出口货物退税率 \end{array} \right)$$

（5）实行免抵退税办法的进料加工出口企业，在国家实行出口产品征退税率一致政策后,因前期征退税率不一致等原因,结转未能抵减的免抵退税"不得免征和抵扣税额抵减额",企业进行核对确认后,可调转为相应数额的增值税进项税额。

2. 外贸企业出口货物劳务增值税免退税,依下列公式计算。

(1)外贸企业出口委托加工修理修配货物以外的货物。

$$增值税应退税额 = 增值税退(免)税计税依据 \times 出口货物退税率$$

(2)外贸企业出口委托加工修理修配货物。

$$出口委托加工修理修配货物的增值税应退税额 = 委托加工修理修配的增值税退(免)税计税依据 \times 出口货物退税率$$

3. 退税率低于适用税率的,相应计算出的差额部分的税款计入出口货物劳务成本。

4. 出口企业既有适用增值税免抵退项目,也有增值税即征即退、先征后退项目的,增值税即征即退和先征后退项目不参与出口项目免抵退税计算。出口企业应分别核算增值税免抵退项目和增值税即征即退、先征后退项目,并分别申请享受增值税即征即退、先征后退和免抵退税政策。

用于增值税即征即退或者先征后退项目的进项税额无法划分的,按照下列公式计算:

$$无法划分进项税额中用于增值税即征即退或者先征后退项目的部分 = 当月无法划分的全部进项税额 \times 当月增值税即征即退或者先征后退项目销售额 \div 当月全部销售额、营业额合计$$

(六)适用免税政策的出口货物劳务

对符合下列条件的出口货物劳务,除适用本节"(七)适用征税政策的出口货物劳务"的规定外,按以下规定实行免征增值税政策。

适用增值税免税政策的出口货物劳务,有以下几种。

1. 出口企业或其他单位出口规定的货物,具体是指:

(1)增值税小规模纳税人出口的货物。

(2)避孕药品和用具,古旧图书。

(3)软件产品。其具体范围是指海关税则号前四位为"9803"的货物。

(4)含黄金、铂金成分的货物,钻石及其饰品。

(5)国家计划内出口的卷烟。

(6)已使用过的设备。其具体范围是指购进时未取得增值税专用发票、海关进口增值税专用缴款书但其他相关单证齐全的已使用过的设备。

(7)非出口企业委托出口的货物。

(8)非列名生产企业出口的非视同自产货物。

(9)农业生产者自产农产品[农产品的具体范围按照《农业产品征税范围注释》(财税字〔1995〕52 号)的规定执行]。

(10)油画、花生果仁、黑大豆等财政部和国家税务总局规定的出口免税的货物。

(11)外贸企业取得普通发票、废旧物资收购凭证、农产品收购发票、政府非税收入票据的货物。

(12)来料加工复出口的货物。

(13)特殊区域内的企业出口的特殊区域内的货物。

(14)以人民币现金作为结算方式的边境地区出口企业从所在省(自治区)的边境口岸出口到接壤国家的一般贸易和边境小额贸易出口货物。

(15)以旅游购物贸易方式报关出口的货物。

(16)跨境电子商务综合试验区(以下简称综试区)内的跨境电子商务零售出口未取得有效进货凭证的货物,同时符合下列条件的,试行增值税、消费税免税政策:①跨境电子商务零售出口企业在综试区注册,并在注册地跨境电子商务线上综合服务平台登记出口日期、货物名称、计量单位、数量、单价、金额;②出口货物通过综试区所在地海关办理跨境电子商务零售出口申报手续;③出口货物不属于财政部和国家税务总局根据国务院决定明确取消出口退(免)税的货物。

2. 出口企业或其他单位视同出口的下列货物劳务:

(1)自 2011 年 1 月 1 日起,国家批准设立的免税店销售的免税货物[包括进口免税货物和已实现退(免)税的货物]。

(2)特殊区域内的企业为境外的单位或个人提供加工修理修配劳务。

(3)同一特殊区域、不同特殊区域内的企业之间销售特殊区域内的货物。

(七)适用征税政策的出口货物劳务

下列出口货物劳务,不适用增值税退(免)税和免税政策,按以下规定及视同内销货物征税的其他规定征收增值税。

1. 适用范围

适用增值税征税政策的出口货物劳务,是指:

(1)出口企业出口或视同出口财政部和国家税务总局根据国务院决定明确的取消出口退(免)税的货物(不包括来料加工复出口货物、中标机电产品、列名原材料、输入特殊区域的水电气、海洋工程结构物)。

(2)出口企业或其他单位销售给特殊区域内的生活消费用品和交通运输工具。

(3)出口企业或其他单位因骗取出口退税被税务机关停止办理增值税退(免)税期间出口的货物。

(4)出口企业或其他单位提供虚假备案单证的货物。

(5)出口企业或其他单位增值税退(免)税凭证有伪造或内容不实的货物。

(6)经主管税务机关审核不予免税核销的出口卷烟。

(7)出口企业或其他单位具有以下情形之一的出口货物劳务。

①将空白的出口货物报关单、出口收汇核销单等退(免)税凭证交由除签有委托合同的货代公司、报关行,或由境外进口方指定的货代公司(提供合同约定或者其他相关证明)以外的其他单位或个人使用的。

②以自营名义出口,其出口业务实质上是由本企业及其投资的企业以外的单位或个人借该出口企业名义操作完成的。

③以自营名义出口,其出口的同一批货物既签订购货合同,又签订代理出口合同(或协议)的。

④出口货物在海关验放后,自己或委托货代承运人对该笔货物的海运提单或其他运输单据等上的品名、规格等进行修改,造成出口货物报关单与海运提单或其他运输单据有关

内容不符的。

⑤以自营名义出口,但不承担出口货物的质量、收款或退税风险之一的,即出口货物发生质量问题不承担购买方的索赔责任(合同中有约定质量责任承担者除外);不承担未按期收款导致不能核销的责任(合同中有约定收款责任承担者除外);不承担因申报出口退(免)税的资料、单证等出现问题造成不退税责任的。

⑥未实质参与出口经营活动、接受并从事由中间人介绍的其他出口业务,但仍以自营名义出口的。

2. 应纳增值税的计算

适用增值税征税政策的出口货物劳务,其应纳增值税按下列办法计算。

(1)一般纳税人出口货物。

$$销项税额=\left(出口货物离岸价-\frac{出口货物耗用的进料}{加工保税进口料件金额}\right)\div(1+适用税率)\times适用税率$$

出口货物若已按征退税率之差计算不得免征和抵扣税额并已经转入成本的,相应的税额应转回进项税额。

$$\frac{出口货物耗用的进料}{加工保税进口料件金额}=主营业务成本\times\left(\frac{投入的保税进口}{料件金额}\div生产成本\right)$$

主营业务成本、生产成本均为不予退(免)税的进料加工出口货物的主营业务成本、生产成本。当耗用的保税进口料件金额大于不予退(免)税的进料加工出口货物金额时,耗用的保税进口料件金额为不予退(免)税的进料加工出口货物金额。

出口企业应分别核算内销货物和增值税征税的出口货物的生产成本、主营业务成本。未分别核算的,其相应的生产成本、主营业务成本由主管税务机关核定。

进料加工手册海关核销后,出口企业应对出口货物耗用的保税进口料件金额进行清算。清算公式为:

$$\frac{清算耗用的保税}{进口料件总额}=\frac{实际保税}{进口料件总额}-\frac{退(免)税出口货物}{耗用的保税进口料件总额}-\frac{进料加工副产品耗用的}{保税进口料件总额}$$

当耗用的保税进口料件总额与各纳税期扣减的保税进口料件金额之和存在差额时,应在清算的当期相应调整销项税额。当耗用的保税进口料件总额大于出口货物离岸金额时,其差额部分不得扣减其他出口货物金额。

(2)小规模纳税人出口货物。

$$应纳税额=出口货物离岸价\div(1+征收率)\times征收率$$

(八)跨境电子商务出口退运商品税收政策

1. 对自 2023 年 1 月 30 日起 1 年内在跨境电子商务海关监管代码(1210、9610、9710、9810)①项下申报出口,因滞销、退货原因,自出口之日起 6 个月内原状退运进境的商品(不

---

① "1210"全称"保税跨境贸易电子商务",简称"保税电商";"9610"全称"跨境贸易电子商务",简称"电子商务";"9710"全称"跨境电子商务企业对企业直接出口",简称"跨境电商 B2B 直接出口";"9810"全称"跨境电子商务出口海外仓",简称"跨境电商出口海外仓"。

含食品),免征进口关税和进口环节增值税、消费税;出口时已征收的出口关税准予退还,出口时已征收的增值税、消费税参照内销货物发生退货有关税收规定执行。其中,监管代码1210项下出口商品,应自海关特殊监管区域或保税物流中心(B型)出区离境之日起6个月内退运至境内区外。

其中,"原状退运进境"是指出口商品退运进境时的最小商品形态应与原出口时的形态基本一致,不得增加任何配件或部件,不能经过任何加工、改装,但经拆箱、检(化)验、安装、调试等仍可视为"原状";退运进境商品应未被使用过,但对于只有经过试用才能发现品质不良或可证明被客户试用后退货的情况除外。

2. 对符合以上规定的商品,已办理出口退税的,企业应当按现行规定补缴已退的税款。企业应当凭主管税务机关出具的《出口货物已补税/未退税证明》,申请办理免征进口关税和进口环节增值税、消费税,退还出口关税手续。

3. 对符合以上两项规定的商品,企业应当提交出口商品申报清单或出口报关单、退运原因说明等证明该商品确为因滞销、退货原因而退运进境的材料,并对材料的真实性承担法律责任。对因滞销退运的商品,企业应提供"自我声明"作为退运原因说明材料,承诺为因滞销退运;对因退货退运的商品,企业应提供退货记录(含跨境电子商务平台上的退货记录或拒收记录)、返货协议等作为退运原因说明材料。海关据此办理退运免税等手续。

(九)出口货物劳务增值税的其他规定

1. 适用增值税退(免)税或免税政策的出口企业或其他单位,应办理退(免)税备案。

2. 经过认定的出口企业及其他单位,应在规定的增值税纳税申报期内向主管税务机关申报增值税退(免)税和免税、消费税退(免)税和免税。委托出口的货物,由委托方申报增值税退(免)税和免税、消费税退(免)税和免税。输入特殊区域的水电气,由作为购买方的特殊区域内生产企业申报退税。

3. 纳税人出口货物劳务、发生跨境应税行为,未在规定期限内申报出口退(免)税或者开具《代理出口货物证明》的,在收齐退(免)税凭证及相关电子信息后,即可申报办理出口退(免)税;未在规定期限内收汇或者办理不能收汇手续的,在收汇或者办理不能收汇手续后,即可申报办理退(免)税。

4. 出口企业或其他单位骗取国家出口退税款的,经省级以上税务机关批准可以停止其退(免)税资格。

【例2-11】 2023年10月,某生产企业出口自产货物销售额折合人民币2000万元,内销货物不含税销售额800万元。为生产货物购进材料取得增值税专用发票注明金额4600万元、税额598万元。已知该企业出口货物适用税率为13%,出口退税率为10%,当月取得的增值税专用发票已勾选抵扣进项税额,期初无留抵税额。请计算该企业当月出口货物应退增值税税额。

当期应纳税额 $=800 \times 13\% - [598 - 2000 \times (13\% - 10\%)] = -434$(万元)

当期免抵退税额 $=2000 \times 10\% = 200$(万元)

当期期末留抵税额 > 当期免抵退税额,则:当期应退税额 $=200$(万元)

当期免抵税额 $=0$

结转下期留抵税额 $=434 - 200 = 234$(万元)

二、境外旅客购物离境退税

（一）离境退税政策及相关概念

离境退税政策，是指境外旅客在离境口岸离境时，对其在退税商店购买的退税物品退还增值税的政策。

境外旅客，是指在境内连续居住不超过 183 天的外国人和港澳台同胞。

离境口岸，是指实施离境退税政策的地区正式对外开放并设有退税代理机构的口岸，包括航空口岸、水运口岸和陆地口岸。

退税物品，是指由境外旅客本人在退税商店购买且符合退税条件的个人物品，但不包括下列物品：

1.《中华人民共和国禁止、限制进出境物品表》所列的禁止、限制出境物品；

2. 退税商店销售的适用增值税免税政策的物品；

3. 财政部、海关总署、国家税务总局规定的其他物品。

（二）境外旅客申请退税的条件

境外旅客申请退税，应当同时符合以下条件：

1. 同一境外旅客同一日在同一退税商店购买的退税物品金额达到 500 元人民币；

2. 退税物品尚未启用或消费；

3. 离境日距退税物品购买日不超过 90 天；

4. 所购退税物品由境外旅客本人随身携带或随行托运出境。

（三）退税率

适用 13% 税率的境外旅客购物离境退税物品，退税率为 11%；适用 9% 税率的境外旅客购物离境退税物品，退税率为 8%。

2019 年 6 月 30 日前，按调整前税率征收增值税的，执行调整前的退税率；按调整后税率征收增值税的，执行调整后的退税率。

退税率的执行时间，以退税物品增值税普通发票的开具日期为准。

$$应退增值税额 = 退税物品销售发票金额（含增值税）\times 退税率$$

（四）退税方式

退税币种为人民币。退税方式包括现金退税和银行转账退税两种方式。退税额未超过 10000 元的，可自行选择退税方式。退税额超过 10000 元的，以银行转账方式退税。

（五）退税代理机构

省级税务部门会同财政、海关等相关部门按照公平、公开、公正的原则选择退税代理机构，充分发挥市场作用，引入竞争机制，提高退税代理机构提供服务的水平。退税代理机构的具体条件，由国家税务总局商财政部和海关总署制定。未选择退税代理机构的，由税务部门直接办理增值税退税。

符合条件的商店报经省级税务部门备案即可成为退税商店。退税商店的具体条件由国家税务总局商财政部制定。

离境旅客购物所退增值税款，由中央与实际办理退税地按现行出口退税负担机制共同负担。

三、外国驻华使(领)馆及其馆员在华购物和服务退税

使(领)馆馆员个人购买货物和服务,除车辆和房租外,每人每年申报退税销售金额(含税价格)不超过 18 万元人民币。每人每年申报退税销售金额(含税价格)超过 18 万元人民币的部分,不适用增值税退税政策。

使(领)馆及其馆员购买电力、燃气、汽油、柴油,发票上未注明税额的,增值税退税额为按照不含税销售额和相关产品增值税适用税率计算的税额。计算公式为:

$$增值税应退税额 = 发票金额(含增值税) \div (1 + 增值税适用税率) \times 增值税适用税率$$

上述规定自 2017 年 10 月 1 日起执行。具体以退税申报受理的时间为准。

四、海南自由贸易港国际运输船舶有关退税政策

自 2020 年 10 月 1 日至 2024 年 12 月 31 日,对境内建造船舶企业向运输企业销售且同时符合下列条件的船舶,实行增值税退税政策,由购进船舶的运输企业向主管税务机关申请退税。

1. 购进船舶在"中国洋浦港"登记;
2. 购进船舶从事国际运输和港澳台运输业务。

购进船舶运输企业的应退税额,为其购进船舶时支付的增值税额。

运输企业不再符合《财政部 交通运输部 税务总局关于海南自由贸易港国际运输船舶有关增值税政策的通知》(财税〔2020〕41 号)规定的退税条件的,应向交通运输部门办理业务变更,并在条件变更次月纳税申报期内向主管税务机关办理补缴已退税款手续。

$$应补缴增值税额 = 购进船舶的增值税专用发票注明的税额 \times (净值 \div 原值)$$

$$净值 = 原值 - 累计折旧$$

运输企业按照规定补缴税款的,自税务机关取得解缴税款的完税凭证上注明的增值税额,准予从销项税额中抵扣。

五、海南自由贸易港试行启运港退税政策

自 2021 年 1 月 1 日起,为支持海南自由贸易港建设,海南自由贸易港试行以下启运港退税政策。

1. 对符合条件的出口企业从启运地口岸(以下称启运港)启运报关出口,由符合条件的运输企业承运,从水路转关直航或经停指定口岸(以下称经停港),自离境地口岸(以下称离境港)离境的集装箱货物,实行启运港退税政策。

对从经停港报关出口、由符合条件的运输企业途中加装的集装箱货物,符合上述规定的运输方式、离境地点要求的,以经停港作为货物的启运港,也实行启运港退税政策。

2. 政策适用范围。

(1)启运港。启运港为营口市营口港、大连市大连港、锦州市锦州港、秦皇岛市秦皇岛港、天津市天津港、烟台市烟台港、青岛市青岛港、日照市日照港、苏州市太仓港、连云港市连云港港、南通市南通港、泉州市泉州港、广州市南沙港、湛江市湛江港、钦州市钦州港。

（2）离境港。离境港为海南省洋浦港区。

（3）经停港。启运港均可作为经停港。承运适用启运港退税政策货物的船舶，可在经停港加装、卸载货物。

从经停港加装的货物，需为已报关出口、经由上述离境港离境的集装箱货物。

（4）运输企业及运输工具。

运输企业为在海关的信用等级为一般信用企业或认证企业，并且纳税信用级别为 B 级及以上的航运企业。

运输工具为配备导航定位、全程视频监控设备并且符合海关对承运海关监管货物运输工具要求的船舶。

国家税务总局定期向海关总署传送纳税信用等级为 B 级及以上的企业名单。企业纳税信用等级发生变化的，定期传送变化企业名单。海关根据上述纳税信用等级等信息确认符合条件的运输企业和运输工具。

（5）出口企业。

出口企业的出口退（免）税分类管理类别为一类或二类，并且在海关的信用等级为一般认证及以上企业。

海关总署定期向国家税务总局传送一般认证及以上企业名单。企业信用等级发生变化的，定期传送变化企业名单。国家税务总局根据上述名单等信息确认符合条件的出口企业。

（6）危险品不适用启运港退税政策。

六、综合保税区增值税一般纳税人资格试点政策

国家税务总局、财政部和海关总署在综合保税区推广增值税一般纳税人资格试点，自 2019 年 8 月 8 日起执行以下政策。

1. 一般纳税人资格试点实行备案管理。符合下列条件的综合保税区，由所在地省级税务、财政部门和直属海关将一般纳税人资格试点实施方案（包括综合保税区名称、企业申请需求、政策实施准备条件等情况）向国家税务总局、财政部和海关总署备案后，可以开展一般纳税人资格试点：

（1）综合保税区内企业确有开展一般纳税人资格试点的需求。

（2）所在地市（地）级人民政府牵头建立了综合保税区行政管理机构、税务、海关等部门协同推进试点的工作机制。

（3）综合保税区主管税务机关和海关建立了一般纳税人资格试点工作相关的联合监管和信息共享机制。

（4）综合保税区主管税务机关具备开展业务的工作条件，明确专门机构或人员负责纳税服务、税收征管等相关工作。

2. 试点坚持企业自愿的原则。综合保税区完成备案后，区内符合增值税一般纳税人登记管理有关规定的企业，可自愿向综合保税区所在地主管税务机关、海关申请成为试点企业，并按规定向主管税务机关办理增值税一般纳税人资格登记。

3. 试点企业自增值税一般纳税人资格生效之日起，适用下列税收政策。

（1）试点企业进口自用设备（包括机器设备、基建物资和办公用品）时，暂免征收进口关税和进口环节增值税、消费税（以下简称进口税收）。

上述暂免进口税收按照该进口自用设备海关监管年限平均分摊到各个年度,每年年终对本年暂免的进口税收按照当年内外销比例进行划分,对外销比例部分执行试点企业所在海关特殊监管区域的税收政策,对内销比例部分比照执行海关特殊监管区域外(以下简称区外)税收政策补征税款。

(2)除进口自用设备外,购买的下列货物适用保税政策:

①从境外购买并进入试点区域的货物;

②从海关特殊监管区域(试点区域除外)或海关保税监管场所购买并进入试点区域的保税货物;

③从试点区域内非试点企业购买的保税货物;

④从试点区域内其他试点企业购买的未经加工的保税货物。

(3)销售的下列货物,向主管税务机关申报缴纳增值税、消费税:

①向境内区外销售的货物;

②向保税区、不具备退税功能的保税监管场所销售的货物(未经加工的保税货物除外);

③向试点区域内其他试点企业销售的货物(未经加工的保税货物除外)。

试点企业销售上述货物中含有保税货物的,按照保税货物进入海关特殊监管区域时的状态向海关申报缴纳进口税收,并按照规定补缴缓税利息。

(4)向海关特殊监管区域或者海关保税监管场所销售的未经加工的保税货物,继续适用保税政策。

(5)销售的下列货物(未经加工的保税货物除外),适用出口退(免)税政策,主管税务机关凭海关提供的与之对应的出口货物报关单电子数据审核办理试点企业申报的出口退(免)税。

①离境出口的货物;

②向海关特殊监管区域(试点区域、保税区除外)或海关保税监管场所(不具备退税功能的保税监管场所除外)销售的货物;

③向试点区域内非试点企业销售的货物。

(6)未经加工的保税货物离境出口实行增值税、消费税免税政策。

(7)除财政部、海关总署、国家税务总局另有规定外,试点企业适用区外关税、增值税、消费税的法律、法规等现行规定。

4. 区外销售给试点企业的加工贸易货物,继续按现行税收政策执行;销售给试点企业的其他货物(包括水、蒸汽、电力、燃气)不再适用出口退税政策,按照规定缴纳增值税、消费税。

5. 税务、海关两部门要加强税收征管和货物监管的信息交换。对适用出口退税政策的货物,海关向税务部门传输出口报关单结关信息电子数据。

七、陆路启运港退税试点政策

(一)政策内容

自2022年3月1日起,对符合条件的出口企业从启运地(以下称启运港)启运报关出口,由中国国家铁路集团有限公司及其下属公司承运,从铁路转关运输直达离境地口岸(以下称离境港)离境的集装箱货物,实行启运港退税政策。

（二）政策适用范围

1. 启运港。

启运港为陕西省西安国际港务区铁路场站。

2. 离境港。

离境港为广西壮族自治区北部湾港（包括防城港区、钦州港区、北海港区），新疆维吾尔自治区阿拉山口、霍尔果斯铁路口岸。

3. 运输企业及运输工具。

运输企业为中国国家铁路集团有限公司及其下属公司。

运输工具为火车班列或铁路货车车辆。

4. 出口企业。

出口企业的出口退（免）税分类管理类别为一类或二类，并且在海关注册登记和备案（失信企业除外）。

海关总署定期向国家税务总局传送海关注册登记和备案企业名单（失信企业除外），企业信用等级发生变化的，定期传送变化企业名单。国家税务总局根据上述名单等信息确认符合条件的出口企业。

5. 危险品不适用启运港退税政策。

（三）办理流程

1. 启运地海关依出口企业申请，对从启运港启运的符合条件的货物办理放行手续后，生成启运港出口货物报关单电子信息。

2. 海关总署按日将启运港出口货物报关单电子信息（加启运港退税标识）通过电子口岸传输给国家税务总局。

3. 出口企业凭启运港出口货物报关单电子信息及相关材料到主管退税的税务机关申请办理退税。出口企业首次申请办理退税前，应向主管出口退税的税务机关进行启运港退税备案。

4. 主管出口退税的税务机关，根据企业出口退（免）税分类管理类别信息、国家税务总局清分的企业海关信用等级信息和启运港出口货物报关单信息，为出口企业办理退税。

5. 启运港启运的出口货物自离境港实际离境后，海关总署按日将正常结关核销的报关单数据（加启运港退税标识）传送至国家税务总局，国家税务总局按日将已退税的报关单数据（加启运港退税标识）反馈海关总署。

6. 货物如未运抵离境港不再出口，启运地海关应撤销出口货物报关单，并由海关总署向国家税务总局提供相关电子数据。上述不再出口货物如已办理出口退税手续，出口企业应补缴税款，并向启运地海关提供税务机关出具的货物已补税证明。

对已办理出口退税手续但自启运日起超过 2 个月仍未办理结关核销手续的货物，除因不可抗力或属于上述第 6 项情形且出口企业已补缴税款外，视为未实际出口，税务机关应追缴已退税款，不再适用启运港退税政策。

7. 主管出口退税的税务机关，根据国家税务总局清分的正常结关核销的报关单数据，核销或调整已退税额。

八、横琴、平潭开发有关增值税退税政策

中华人民共和国境内其他地区（以下简称区外）销往横琴、平潭（以下简称区内）适用增值

税和消费税退税政策的货物(包括水、蒸汽、电力、燃气),视同出口,由区内从区外购买货物的企业(以下简称区内购买企业)或区内水电气企业向主管税务机关申报增值税和消费税退税。

区内购买企业,是指依法在区内办理工商登记(现为市场主体登记,下同)、税务登记和海关注册登记手续,并购买区外货物的企业;区内水电气企业,是指依法在区内办理工商登记、税务登记,并购买区外水、蒸汽、电力、燃气的企业。

购买企业及区内水电气企业应依以下规定办理出口退(免)税备案:

(1)未办理对外贸易经营者备案登记的区内购买企业,应在首笔购进区外与生产有关的货物之日起30日内办理认定,办理认定不需提供《对外贸易经营者备案登记表》或《中华人民共和国外商投资企业批准证书》。

(2)区内水电气企业应在首笔购买区外水、蒸汽、电力、燃气之日起30日内办理认定,办理认定不需提供中华人民共和国海关进出口货物收发货人报关注册登记证书,以及《对外贸易经营者备案登记表》或《中华人民共和国外商投资企业批准证书》。

(3)除以上情况外,区内购买企业及区内水电气企业应依有关规定办理出口退(免)税备案。

根据《财政部　税务总局关于调整横琴粤澳深度合作区有关增值税和消费税退税货物范围的通知》(财税〔2024〕1号),相关政策补充如下:

内地经"二线"进入横琴粤澳深度合作区(以下简称合作区)的有关货物视同出口,实行增值税和消费税退税政策。但下列货物不包括在内:

(1)财政部和国家税务总局规定不适用增值税退(免)税和免税政策的出口货物。

(2)内地销往合作区不予退税的其他货物。

(3)按相关规定被取消退税或免税资格的企业购进的货物。

以上政策自合作区相关监管设施验收合格、正式封关运行之日起执行。增值税和消费税退税政策的执行时间,以出口货物报关单上注明的出口日期为准。

第十一节　特定企业(交易行为)的增值税政策

一、转让不动产增值税征收管理

根据《纳税人转让不动产增值税征收管理暂行办法》(国家税务总局公告2016年第14号)等文件的规定,纳税人转让其取得的不动产的税收征管按以下规定执行。

(一)适用范围

取得的不动产,包括以直接购买、接受捐赠、接受投资入股、自建以及抵债等各种形式取得的不动产。

房地产开发企业销售自行开发的房地产项目不适用以下规定。

(二)计税方法及应纳税额计算

1. 一般纳税人转让其取得的不动产

(1)一般纳税人转让其2016年4月30日前取得(不含自建)的不动产,可以选择适用简易计税方法计税,以取得的全部价款和价外费用扣除不动产购置原价或者取得不动产时的作价后的余额为销售额,按照5%的征收率计算应纳税额。纳税人应按照上述计税方法向不动产所在地主管税务机关预缴税款,向机构所在地主管税务机关申报纳税。

（2）一般纳税人转让其2016年4月30日前自建的不动产,可以选择适用简易计税方法计税,以取得的全部价款和价外费用为销售额,按照5%的征收率计算应纳税额。纳税人应按照上述计税方法向不动产所在地主管税务机关预缴税款,向机构所在地主管税务机关申报纳税。

（3）一般纳税人转让其2016年4月30日前取得（不含自建）的不动产,选择适用一般计税方法计税的,以取得的全部价款和价外费用为销售额计算应纳税额。纳税人应以取得的全部价款和价外费用扣除不动产购置原价或者取得不动产时的作价后的余额,按照5%的预征率向不动产所在地主管税务机关预缴税款,向机构所在地主管税务机关申报纳税。

（4）一般纳税人转让其2016年4月30日前自建的不动产,选择适用一般计税方法计税的,以取得的全部价款和价外费用为销售额计算应纳税额。纳税人应以取得的全部价款和价外费用,按照5%的预征率向不动产所在地主管税务机关预缴税款,向机构所在地主管税务机关申报纳税。

（5）一般纳税人转让其2016年5月1日后取得（不含自建）的不动产,适用一般计税方法,以取得的全部价款和价外费用为销售额计算应纳税额。纳税人应以取得的全部价款和价外费用扣除不动产购置原价或者取得不动产时的作价后的余额,按照5%的预征率向不动产所在地主管税务机关预缴税款,向机构所在地主管税务机关申报纳税。

（6）一般纳税人转让其2016年5月1日后自建的不动产,适用一般计税方法,以取得的全部价款和价外费用为销售额计算应纳税额。纳税人应以取得的全部价款和价外费用,按照5%的预征率向不动产所在地主管税务机关预缴税款,向机构所在地主管税务机关申报纳税。

2. 小规模纳税人转让其取得的不动产

（1）小规模纳税人转让其取得（不含自建）的不动产,以取得的全部价款和价外费用扣除不动产购置原价或者取得不动产时的作价后的余额为销售额,按照5%的征收率计算应纳税额。

（2）小规模纳税人转让其自建的不动产,以取得的全部价款和价外费用为销售额,按照5%的征收率计算应纳税额。

除其他个人之外的小规模纳税人,应按照上述计税方法向不动产所在地主管税务机关预缴税款,向机构所在地主管税务机关申报纳税;其他个人按照上述计税方法向不动产所在地主管税务机关申报纳税。

3. 个人转让其购买的住房

（1）个人转让其购买的住房,按照有关规定全额缴纳增值税的,以取得的全部价款和价外费用为销售额,按照5%的征收率计算应纳税额。

（2）个人转让其购买的住房,按照有关规定差额缴纳增值税的,以取得的全部价款和价外费用扣除购买住房价款后的余额为销售额,按照5%的征收率计算应纳税额。

个体工商户应按照上述计税方法向住房所在地主管税务机关预缴税款,向机构所在地主管税务机关申报纳税;其他个人应按照上述计税方法向住房所在地主管税务机关申报纳税。

4. 其他个人以外的纳税人转让其取得的不动产

（1）以转让不动产取得的全部价款和价外费用作为预缴税款计算依据的,计算公式为:

$$应预缴税款 = （全部价款 + 价外费用） \div （1 + 5\%） \times 5\%$$

（2）以转让不动产取得的全部价款和价外费用扣除不动产购置原价或者取得不动产时的作价后的余额作为预缴税款计算依据的,计算公式为:

$$应预缴税款 = \left(\begin{matrix} 全部价款 \\ 和价外费用 \end{matrix} - \begin{matrix} 不动产购置原价或者 \\ 取得不动产时的作价 \end{matrix} \right) \div (1 + 5\%) \times 5\%$$

其他个人转让其取得的不动产,按照以上计算方法计算应纳税额并向不动产所在地主管税务机关申报纳税。

（三）纳税人转让不动产缴纳增值税差额扣除的规定

1. 纳税人转让不动产,按照有关规定差额缴纳增值税的,如因丢失等原因无法提供取得不动产时的发票,可向税务机关提供其他能证明契税计税金额的完税凭证等资料,进行差额扣除。

2. 纳税人以契税计税金额进行差额扣除的,按照下列公式计算增值税应纳税额。

（1）2016 年 4 月 30 日及以前缴纳契税的。

$$增值税应纳税额 = \left[\begin{matrix} 全部交易价格 \\ （含增值税） \end{matrix} - \begin{matrix} 契税计税金额 \\ （含营业税） \end{matrix} \right] \div (1 + 5\%) \times 5\%$$

（2）2016 年 5 月 1 日及以后缴纳契税的。

$$增值税应纳税额 = \left[\begin{matrix} 全部交易价格 \\ （含增值税） \end{matrix} \div (1 + 5\%) - \begin{matrix} 契税计税金额 \\ （不含增值税） \end{matrix} \right] \times 5\%$$

3. 纳税人同时保留取得不动产时的发票和其他能证明契税计税金额的完税凭证等资料的,应当凭发票进行差额扣除。

上述 3 项规定自 2016 年 11 月 24 日起施行。此前已发生未处理的事项,按照上述规定执行。

（四）扣减税款的凭证要求

纳税人按规定从取得的全部价款和价外费用中扣除不动产购置原价或者取得不动产时的作价的,应当取得符合法律、行政法规和国家税务总局规定的合法有效凭证。否则,不得扣除。

上述凭证是指:

1. 税务部门监制的发票。

2. 法院判决书、裁定书、调解书,以及仲裁裁决书、公证债权文书。

3. 国家税务总局规定的其他凭证。

（五）发票的开具

1. 自 2020 年 2 月 1 日起,增值税小规模纳税人（其他个人除外）发生增值税应税行为,需要开具增值税专用发票的,可以自愿使用增值税发票管理系统自行开具。选择自行开具增值税专用发票的小规模纳税人,税务机关不再为其代开增值税专用发票。

2. 纳税人向其他个人转让其取得的不动产,不得开具或申请代开增值税专用发票。

（六）其他规定

纳税人转让其取得的不动产,向不动产所在地主管税务机关预缴的增值税税款,可以在当期增值税应纳税额中抵减,抵减不完的,结转下期继续抵减。

纳税人以预缴税款抵减应纳税额,应以完税凭证作为合法有效凭证。

纳税人转让不动产,按照上述规定应向不动产所在地主管税务机关预缴税款而自应当预缴之月起超过6个月没有预缴税款的,由机构所在地主管税务机关按照《税收征管法》及相关规定进行处理。

纳税人转让不动产,未按照以上规定缴纳税款的,由主管税务机关按照《税收征管法》及相关规定进行处理。

二、提供不动产经营租赁服务增值税征收管理

根据《纳税人提供不动产经营租赁服务增值税征收管理暂行办法》(国家税务总局公告2016年第16号)等文件的规定,纳税人提供不动产经营租赁服务增值税征收管理按下列规定执行。

(一)适用范围

适用于纳税人以经营租赁方式出租其取得的不动产(以下简称出租不动产)。

取得的不动产,包括以直接购买、接受捐赠、接受投资入股、自建以及抵债等各种形式取得的不动产。

纳税人提供道路通行服务不在适用范围内。

(二)计税方法和应纳增值税计算

1. 一般纳税人出租不动产。

一般纳税人出租不动产,按照以下规定缴纳增值税:

(1)一般纳税人出租其2016年4月30日前取得的不动产,可以选择适用简易计税方法,按照5%的征收率计算应纳税额。

不动产所在地与机构所在地不在同一县(市、区)的,纳税人应按照上述计税方法向不动产所在地主管税务机关预缴税款,向机构所在地主管税务机关申报纳税。

不动产所在地与机构所在地在同一县(市、区)的,纳税人向机构所在地主管税务机关申报纳税。

(2)一般纳税人出租其2016年5月1日后取得的不动产,适用一般计税方法计税。

不动产所在地与机构所在地不在同一县(市、区)的,纳税人应按照3%的预征率向不动产所在地主管税务机关预缴税款,向机构所在地主管税务机关申报纳税。

不动产所在地与机构所在地在同一县(市、区)的,纳税人应向机构所在地主管税务机关申报纳税。

一般纳税人出租其2016年4月30日前取得的不动产适用一般计税方法计税的,按照上述规定执行。

(3)房地产开发企业中的一般纳税人,出租自行开发的房地产老项目,可以选择适用简易计税方法,按照5%的征收率计算应纳税额。

纳税人出租自行开发的房地产老项目与其机构所在地不在同一县(市)的,应按照上述计税方法在不动产所在地预缴税款后,向机构所在地主管税务机关进行纳税申报。

(4)房地产开发企业中的一般纳税人,出租其2016年5月1日后自行开发的与机构所在地不在同一县(市)的房地产项目,应按照3%预征率在不动产所在地预缴税款后,向机构所在地主管税务机关进行纳税申报。

2. 小规模纳税人出租不动产。

小规模纳税人出租不动产,按照以下规定缴纳增值税:

(1)单位和个体工商户出租不动产(不含个体工商户出租住房),按照5%的征收率计算应纳税额。个体工商户出租住房,按照5%的征收率减按1.5%计算应纳税额。

不动产所在地与机构所在地不在同一县(市、区)的,纳税人应按照上述计税方法向不动产所在地主管税务机关预缴税款,向机构所在地主管税务机关申报纳税。

不动产所在地与机构所在地在同一县(市、区)的,纳税人应向机构所在地主管税务机关申报纳税。

(2)房地产开发企业中的小规模纳税人,出租自行开发的房地产项目,按照5%的征收率计算应纳税额。

纳税人出租自行开发的房地产项目与其机构所在地不在同一县(市)的,应按照上述计税方法在不动产所在地预缴税款后,向机构所在地主管税务机关进行纳税申报。

(3)其他个人出租不动产(不含住房),按照5%的征收率计算应纳税额,向不动产所在地主管税务机关申报纳税。其他个人出租住房,按照5%的征收率减按1.5%计算应纳税额,向不动产所在地主管税务机关申报纳税。

纳税人出租不动产,租赁合同中约定免租期的,不属于视同销售服务。

(4)其他个人采取一次性收取租金的形式出租不动产,取得的租金收入可在对应的租赁期内平均分摊,分摊后的月租金收入不超过小规模纳税人免征增值税标准的(详见表2-5),免征增值税。

3. 纳税人以经营租赁方式将土地出租给他人使用,按照不动产经营租赁服务缴纳增值税。

(三)预缴与申报

1. 纳税人出租的不动产所在地与其机构所在地在同一直辖市或计划单列市但不在同一县(市、区)的,由直辖市或计划单列市税务局决定是否在不动产所在地预缴税款。

2. 纳税人出租不动产,按照上述规定需要预缴税款的,应在取得租金的次月纳税申报期或不动产所在地主管税务机关核定的纳税期限预缴税款。

3. 预缴税款的计算。

(1)纳税人出租不动产适用一般计税方法计税的,按照以下公式计算应预缴税款:

$$应预缴税款 = 含税销售额 \div (1 + 适用税率) \times 3\%$$

(2)纳税人出租不动产适用简易计税方法计税的,除个人出租住房外,按照以下公式计算应预缴税款:

$$应预缴税款 = 含税销售额 \div (1 + 5\%) \times 5\%$$

(3)个体工商户出租住房,按照以下公式计算应预缴税款:

$$应预缴税款 = 含税销售额 \div (1 + 5\%) \times 1.5\%$$

(4)其他个人出租不动产,按照以下公式计算应纳税款:

出租住房:

$$应纳税款 = 含税销售额 \div (1 + 5\%) \times 1.5\%$$

出租非住房：

$$应纳税款 = 含税销售额 \div (1 + 5\%) \times 5\%$$

单位和个体工商户出租不动产,按照规定向不动产所在地主管税务机关预缴税款时,应填写《增值税及附加税费预缴表》。

单位和个体工商户出租不动产,向不动产所在地主管税务机关预缴的增值税款,可以在当期增值税应纳税额中抵减,抵减不完的,结转下期继续抵减。

纳税人以预缴税款抵减应纳税额,应以完税凭证作为合法有效凭证。

(四)发票的开具

小规模纳税人中的单位和个体工商户出租不动产,不能自行开具增值税发票的,可向不动产所在地主管税务机关申请代开增值税发票。

其他个人出租不动产,可向不动产所在地主管税务机关申请代开增值税发票。

纳税人向其他个人出租不动产,不得开具或申请代开增值税专用发票。

(五)其他规定

纳税人出租不动产,按照规定应向不动产所在地主管税务机关预缴税款而自应当预缴之月起超过6个月没有预缴税款的,由机构所在地主管税务机关按照《税收征管法》及相关规定进行处理。

纳税人出租不动产,未按照规定缴纳税款的,由主管税务机关按照《税收征管法》及相关规定进行处理。

三、跨县(市、区)提供建筑服务增值税征收管理

根据《纳税人跨县(市、区)提供建筑服务增值税征收管理暂行办法》(国家税务总局公告2016年第17号)及现行增值税有关规定,自2016年5月1日起,纳税人跨县(市、区)提供建筑服务增值税征收管理按以下规定执行。

(一)适用范围

跨县(市、区)提供建筑服务,是指单位和个体工商户在其机构所在地以外的县(市、区)提供建筑服务。其他个人跨县(市、区)提供建筑服务,不适用以下规定。

纳税人跨县(市、区)提供建筑服务,应按照《财政部 国家税务总局关于全面推开营业税改征增值税试点的通知》(财税〔2016〕36号)规定的纳税义务发生时间和计税方法,向建筑服务发生地主管税务机关预缴税款,向机构所在地主管税务机关申报纳税。

《建筑工程施工许可证》未注明合同开工日期,但建筑工程承包合同注明的开工日期在2016年4月30日以前的建筑工程项目,属于财税〔2016〕36号文件规定的可以选择简易计税方法计税的建筑工程老项目。

纳税人在同一地级行政区范围内跨县(市、区)提供建筑服务,不适用《纳税人跨县(市、区)提供建筑服务增值税征收管理暂行办法》。

(二)预缴税款

纳税人跨县(市、区)提供建筑服务,按照以下规定预缴税款:

1. 一般纳税人跨县(市、区)提供建筑服务

(1)一般纳税人跨县(市、区)提供建筑服务,适用一般计税方法计税的,以取得的全部

价款和价外费用扣除支付的分包款后的余额,按照2%的预征率计算应预缴税款。

应预缴税款 = (全部价款和价外费用 – 支付的分包款) ÷ (1 + 适用税率) × 2%

(2)一般纳税人跨县(市、区)提供建筑服务,选择适用简易计税方法计税的,以取得的全部价款和价外费用扣除支付的分包款后的余额,按照3%的征收率计算应预缴税款。

应预缴税款 = (全部价款和价外费用 – 支付的分包款) ÷ (1 + 3%) × 3%

2. 小规模纳税人跨县(市、区)提供建筑服务

小规模纳税人跨县(市、区)提供建筑服务,以取得的全部价款和价外费用扣除支付的分包款后的余额,按照3%的征收率计算应预缴税款。

应预缴税款 = (全部价款和价外费用 – 支付的分包款) ÷ (1 + 3%) × 3%

纳税人取得的全部价款和价外费用扣除支付的分包款后的余额为负数的,可结转下次预缴税款时继续扣除。

纳税人应按照工程项目分别计算应预缴税款,分别预缴。

【例2-12】 某建筑企业为增值税一般纳税人,2023年10月取得跨地市建筑工程劳务款1500万元(含税),支付分包工程款600万元(含税),分包款取得合法有效凭证。该建筑服务项目适用一般计税方法。请计算该企业当月应在劳务发生地预缴的增值税税额。

应预缴增值税税额 = (1500   600) ÷ (1 + 9%) × 2% = 16.51(万元)

(三)扣除凭证

纳税人按照上述规定从取得的全部价款和价外费用中扣除支付的分包款,应当取得符合法律、行政法规和国家税务总局规定的合法有效凭证,否则不得扣除。

上述凭证是指:

1. 从分包方取得的2016年4月30日前开具的建筑业营业税发票。

建筑业营业税发票在2016年6月30日前可作为预缴税款的扣除凭证。

2. 从分包方取得的2016年5月1日后开具的,备注栏注明建筑服务发生地所在县(市、区)、项目名称的增值税发票。

3. 国家税务总局规定的其他凭证。

(四)其他规定

1. 预缴税款应提交的资料。

纳税人跨县(市、区)提供建筑服务,在向建筑服务发生地主管税务机关预缴税款时,需填报《增值税及附加税费预缴表》,并出示以下资料:

(1)与发包方签订的建筑合同复印件(加盖纳税人公章);

(2)与分包方签订的分包合同复印件(加盖纳税人公章);

(3)从分包方取得的发票复印件(加盖纳税人公章)。

2. 纳税人跨县(市、区)提供建筑服务,向建筑服务发生地主管税务机关预缴的增值税税款,可以在当期增值税应纳税额中抵减,抵减不完的,结转下期继续抵减。

纳税人以预缴税款抵减应纳税额，应以完税凭证作为合法有效凭证。

3. 小规模纳税人跨县（市、区）提供建筑服务，不能自行开具增值税发票的，可向建筑服务发生地主管税务机关按照其取得的全部价款和价外费用申请代开增值税发票。

4. 对跨县（市、区）提供的建筑服务，纳税人应自行建立预缴税款台账，区分不同县（市、区）和项目逐笔登记全部收入、支付的分包款、已扣除的分包款、扣除分包款的发票号码、已预缴税款以及预缴税款的完税凭证号码等相关内容，留存备查。

5. 纳税人跨县（市、区）提供建筑服务预缴税款时间，按照财税〔2016〕36号文件规定的纳税义务发生时间和纳税期限执行。

6. 纳税人跨县（市、区）提供建筑服务，按照规定应向建筑服务发生地主管税务机关预缴税款而自应当预缴之月起超过6个月没有预缴税款的，由机构所在地主管税务机关按照《税收征管法》及相关规定进行处理。

纳税人跨县（市、区）提供建筑服务，未按照规定缴纳税款的，由机构所在地主管税务机关按照《税收征管法》及相关规定进行处理。

四、房地产开发企业销售自行开发的房地产项目增值税征收管理

根据《房地产开发企业销售自行开发的房地产项目增值税征收管理暂行办法》（国家税务总局公告2016年第18号）及现行增值税有关规定，自2016年5月1日起，房地产开发企业销售自行开发的房地产项目增值税征收管理按以下规定执行。

（一）适用范围

房地产开发企业销售自行开发的房地产项目，适用以下规定：

自行开发，是指在依法取得土地使用权的土地上进行基础设施和房屋建设。

房地产开发企业以接盘等形式购入未完工的房地产项目继续开发后，以自己的名义立项销售的，属于销售自行开发的房地产项目。

（二）一般纳税人征收管理

1. 销售额

房地产开发企业中的一般纳税人销售自行开发的房地产项目，适用一般计税方法计税，按照取得的全部价款和价外费用，扣除当期销售房地产项目对应的土地价款后的余额计算销售额。销售额的计算公式如下：

销售额 =（全部价款和价外费用 − 当期允许扣除的土地价款）÷（1 + 适用税率）

当期允许扣除的土地价款按照以下公式计算：

$$\text{当期允许扣除的土地价款} = \left(\frac{\text{当期销售房地产项目建筑面积}}{\text{房地产项目可供销售建筑面积}}\right) \times \text{支付的土地价款}$$

当期销售房地产项目建筑面积，是指当期进行纳税申报的增值税销售额对应的建筑面积。

房地产项目可供销售建筑面积，是指房地产项目可以出售的总建筑面积，不包括销售房地产项目时未单独作价结算的配套公共设施的建筑面积。

"当期销售房地产项目建筑面积"和"房地产项目可供销售建筑面积"，是指计容积率地上建筑面积，不包括地下车位建筑面积。

支付的土地价款,是指向政府、土地管理部门或受政府委托收取土地价款的单位直接支付的土地价款,包括土地受让人向政府部门支付的征地和拆迁补偿费用、土地前期开发费用和土地出让收益等。

在计算销售额时从全部价款和价外费用中扣除土地价款,应当取得省级以上(含省级)财政部门监(印)制的财政票据。

一般纳税人应建立台账登记土地价款的扣除情况,扣除的土地价款不得超过纳税人实际支付的土地价款。

房地产开发企业中的一般纳税人销售其开发的房地产项目(选择简易计税方法的房地产老项目除外),在取得土地时向其他单位或个人支付的拆迁补偿费用也允许在计算销售额时扣除。纳税人按规定扣除拆迁补偿费用时,应提供拆迁协议、拆迁双方支付和取得拆迁补偿费用凭证等能够证明拆迁补偿费用真实性的材料。

房地产开发企业(包括多个房地产开发企业组成的联合体)受让土地向政府部门支付土地价款后,设立项目公司对该受让土地进行开发,同时符合下列条件的,可由项目公司按规定扣除房地产开发企业向政府部门支付的土地价款。

(1)房地产开发企业、项目公司、政府部门三方签订变更协议或补充合同,将土地受让人变更为项目公司;

(2)政府部门出让土地的用途、规划等条件不变的情况下,签署变更协议或补充合同时,土地价款总额不变;

(3)项目公司的全部股权由受让土地的房地产开发企业持有。

一般纳税人销售自行开发的房地产老项目,可以选择适用简易计税方法按照5%的征收率计税。一经选择简易计税方法计税的,36个月内不得变更为一般计税方法计税。

房地产老项目,是指:

(1)《建筑工程施工许可证》注明的合同开工日期在2016年4月30日以前的房地产项目;

(2)《建筑工程施工许可证》未注明合同开工日期或者未取得《建筑工程施工许可证》但建筑工程承包合同注明的开工日期在2016年4月30日以前的建筑工程项目。

一般纳税人销售自行开发的房地产老项目适用简易计税方法计税的,以取得的全部价款和价外费用为销售额,不得扣除对应的土地价款。

2. 预缴税款

一般纳税人采取预收款方式销售自行开发的房地产项目,应在收到预收款时按照3%的预征率预缴增值税。

应预缴税款按照以下公式计算:

$$应预缴税款 = 预收款 \div (1 + 适用税率或征收率) \times 3\%$$

适用一般计税方法计税的,按照适用税率计算;适用简易计税方法计税的,按照5%的征收率计算。

一般纳税人应在取得预收款的次月纳税申报期向主管税务机关预缴税款。

3. 进项税额

一般纳税人销售自行开发的房地产项目,兼有一般计税方法计税、简易计税方法计税、免征增值税的房地产项目而无法划分不得抵扣的进项税额的,应以《建筑工程施工许可证》注明的"建设规模"为依据进行划分。

$$\text{不得抵扣的进项税额} = \text{当期无法划分的全部进项税额} \times \left(\frac{\text{简易计税、免税房地产项目建设规模}}{\text{房地产项目总建设规模}} \right)$$

4. 纳税申报

一般纳税人销售自行开发的房地产项目适用一般计税方法计税的,应按照《营业税改征增值税试点实施办法》第四十五条规定的纳税义务发生时间,以当期销售额和适用税率计算当期应纳税额,抵减已预缴税款后,向主管税务机关申报纳税。未抵减完的预缴税款可以结转下期继续抵减。

一般纳税人销售自行开发的房地产项目适用简易计税方法计税的,应按照《营业税改征增值税试点实施办法》第四十五条规定的纳税义务发生时间,以当期销售额和5%的征收率计算当期应纳税额,抵减已预缴税款后,向主管税务机关申报纳税。未抵减完的预缴税款可以结转下期继续抵减。

(三)小规模纳税人征收管理

1. 预缴税款

房地产开发企业中的小规模纳税人采取预收款方式销售自行开发的房地产项目,应在收到预收款时按照3%的预征率预缴增值税。

应预缴税款按照以下公式计算:

$$\text{应预缴税款} = \text{预收款} \div (1 + 5\%) \times 3\%$$

小规模纳税人应在取得预收款的次月纳税申报期或主管税务机关核定的纳税期限向主管税务机关预缴税款。

2. 纳税申报

小规模纳税人销售自行开发的房地产项目,应按照《营业税改征增值税试点实施办法》第四十五条规定的纳税义务发生时间,以当期销售额和5%的征收率计算当期应纳税额,抵减已预缴税款后,向主管税务机关申报纳税。未抵减完的预缴税款可以结转下期继续抵减。

3. 其他事项

房地产开发企业销售自行开发的房地产项目,按照上述规定预缴税款时,应填报《增值税及附加税费预缴表》。

房地产开发企业以预缴税款抵减应纳税额,应以完税凭证作为合法有效凭证。

房地产开发企业销售自行开发的房地产项目,未按规定预缴或缴纳税款的,由主管税务机关按照《税收征管法》及相关规定进行处理。

五、资管产品增值税征收管理

自2018年1月1日起,资管产品增值税有关问题按照以下规定计算缴纳增值税。

资管产品,包括银行理财产品、资金信托(包括集合资金信托、单一资金信托)、财产权信托、公开募集证券投资基金、特定客户资产管理计划、集合资产管理计划、定向资产管理计划、私募投资基金、债权投资计划、股权投资计划、股债结合型投资计划、资产支持计划、组合类保险资产管理产品、养老保障管理产品，以及财政部和国家税务总局规定的其他资管产品。

（一）计税方法的选择

1. 简易计税

资管产品管理人运营资管产品过程中发生的增值税应税行为（以下称资管产品运营业务），暂适用简易计税方法，按照3%的征收率缴纳增值税。

2. 一般计税

管理人接受投资者委托或信托对受托资产提供的管理服务以及管理人发生的除上述按照简易计税方法计税的其他增值税应税行为（以下称其他业务），按照现行规定缴纳增值税。

（二）销售额的确定

自2018年1月1日起，资管产品管理人运营资管产品提供的贷款服务、发生的部分金融商品转让业务，按照以下规定确定销售额。

1. 提供贷款服务，以2018年1月1日起产生的利息及利息性质的收入为销售额。

2. 转让2017年12月31日前取得的股票（不包括限售股）、债券、基金、非货物期货，可以选择按照实际买入价计算销售额，或者以2017年最后一个交易日的股票收盘价（2017年最后一个交易日处于停牌期间的股票，为停牌前最后一个交易日收盘价）、债券估值（中债金融估值中心有限公司或中证指数有限公司提供的债券估值）、基金份额净值、非货物期货结算价格作为买入价计算销售额。

（三）其他规定

1. 管理人应分别核算资管产品运营业务和其他业务的销售额和增值税应纳税额。未分别核算的，资管产品运营业务不得适用简易方法计税。

2. 管理人可选择分别或汇总核算资管产品运营业务销售额和增值税应纳税额。

3. 管理人应按照规定的纳税期限，汇总申报缴纳资管产品运营业务和其他业务增值税。

4. 对资管产品在2018年1月1日前运营过程中发生的增值税应税行为，未缴纳增值税的，不再缴纳；已缴纳增值税的，已纳税额从资管产品管理人以后月份的增值税应纳税额中抵减。

六、成品油零售加油站增值税政策

根据《成品油零售加油站增值税征收管理办法》（国家税务总局令第2号），为加强成品油零售加油站的增值税征收管理，堵塞税收管理漏洞，实行以下税收政策。

1. 自2002年5月1日起，凡经批准从事成品油零售业务，并已办理工商登记（现为市场主体登记）、税务登记，有固定经营场所，使用加油机自动计量销售成品油的单位和个体经营者（以下简称加油站），一律按增值税一般纳税人征税。

2. 采取统一配送成品油方式设立的非独立核算的加油站，在同一县市的，由总机构汇总缴纳增值税。在同一省内跨县市经营的，是否汇总缴纳增值税，由省级税务机关确定。跨省经营的，是否汇总缴纳增值税，由国家税务总局确定。对统一核算，且经税务机关批准汇总缴纳增值税的成品油销售单位跨县市调配成品油的，不征收增值税。

加油站无论以何种结算方式[如收取现金、支票、汇票、加油凭证(簿)、加油卡等]收取售油款,均应征收增值税。加油站销售成品油必须按不同品种分别核算,准确计算应税销售额。加油站以收取加油凭证(簿)、加油卡方式销售成品油,不得向用户开具增值税专用发票。

3. 加油站应税销售额包括当月成品油应税销售额和其他应税货物及劳务的销售额。其中成品油应税销售额的计算公式为:

成品油应税销售额 =(当月全部成品油销售数量 - 允许扣除的成品油数量)× 油品单价

加油站通过加油机加注成品油属于以下情形的,允许在当月成品油销售数量中扣除:

(1)经主管税务机关确定的加油站自有车辆自用油。

(2)外单位购买的,利用加油站的油库存放的代储油。加油站发生代储油业务时,应凭委托代储协议及委托方购油发票复印件向主管税务机关申报备案。

(3)加油站本身倒库油。加油站发生成品油倒库业务时,须提前向主管税务机关报告说明,由主管税务机关派专人实地审核监控。

(4)加油站检测用油(回罐油)。

上述允许扣除的成品油数量,加油站月终应根据《加油站月销售油品汇总表》统计的数量向主管税务机关申报。

4. 对财务核算不健全的加油站,如已全部安装税控加油机,应按照税控加油机所记录的数据确定计税销售额征收增值税。对未全部安装税控加油机(包括未安装)或税控加油机运行不正常的加油站,主管税务机关应要求其严格执行台账制度,并按月报送《成品油购销存数量明细表》。按月对其成品油库存数量进行盘点,定期联合有关执法部门对其进行检查。

主管税务机关应将财务核算不健全的加油站全部纳入增值税纳税评估范围,对纳税评估有异常的,应立即移送稽查部门进行税务稽查。

主管税务机关对财务核算不健全的加油站可以根据所掌握的企业实际经营状况,核定征收增值税。

发售加油卡、加油凭证销售成品油的纳税人在售卖加油卡、加油凭证时,应按预收账款方法作相关账务处理,不征收增值税。

第十二节 征 收 管 理

一、纳税义务发生时间

(一)基本规定

增值税纳税义务发生时间,是指增值税纳税义务人、扣缴义务人发生应税、扣缴税款行为应承担纳税义务、扣缴义务的时间。这一规定在增值税管理中非常重要,说明纳税义务发生时间一经确定,必须按此时间计算应缴税款。目前实行的增值税纳税义务发生时间主要依据权责发生制或现金收付制原则确定。这主要是考虑与现行企业财务制度进行衔接,同时加强企业财务管理,确保及时取得财政收入。《增值税暂行条例》明确规定了增值税纳税义务发生时间有以下两个方面：销售货物、劳务、服务、无形资产或不动产,为收讫销售款或者取得索取销售款凭据的当天;先开具发票的,为开具发票的当天。进口货物,为报关进口的当天。增值税扣缴义务发生时间为纳税人增值税纳税义务发生的当天。

收讫销售款项,是指纳税人销售服务、无形资产、不动产过程中或者完成后收到款项。

取得索取销售款项凭据的当天,是指书面合同确定的付款日期;未签订书面合同或者书面合同未确定付款日期的,为服务、无形资产转让完成的当天或者不动产权属变更的当天。

(二)具体规定

纳税义务发生时间的具体规定如下。

1. 采取直接收款方式销售货物,不论货物是否发出,均为收到销售款或取得索取销售款凭据的当天。

纳税人生产经营活动中采取直接收款方式销售货物,已将货物移送对方并暂估销售收入入账,但既未取得销售款或取得索取销售款凭据也未开具销售发票的,其增值税纳税义务发生时间为取得销售款或取得索取销售款凭据的当天;先开具发票的,为开具发票的当天。

2. 采取托收承付和委托银行收款方式销售货物,为发出货物并办妥托收手续的当天。

3. 采取赊销和分期收款方式销售货物,为书面合同约定收款日期的当天。无书面合同或者书面合同没有约定收款日期的,为货物发出的当天。

4. 采取预收货款方式销售货物,为货物发出的当天。但生产销售生产工期超过 12 个月的大型机械设备、船舶、飞机等货物,为收到预收款或者书面合同约定的收款日期的当天。

5. 委托其他纳税人代销货物,为收到代销单位的代销清单或者收到全部或者部分货款的当天;未收到代销清单及货款的,为发出代销货物满 180 日的当天。

6. 销售应税劳务,为提供劳务同时收讫销售款或取得索取销售款的凭据的当天。

7. 纳税人发生除将货物交付其他单位或者个人代销和销售代销货物以外的视同销售货物行为,为货物移送的当天。

8. 纳税人提供租赁服务采取预收款方式的,其纳税义务发生时间为收到预收款的当天。

9. 纳税人从事金融商品转让的,为金融商品所有权转移的当天。

金融企业发放贷款后,自结息日起 90 天内发生的应收未收利息按现行规定缴纳增值税,自结息日起 90 天后发生的应收未收利息暂不缴纳增值税,待实际收到利息时按规定缴纳增值税。

10. 纳税人发生视同销售服务、无形资产或者不动产情形的,其纳税义务发生时间为服务、无形资产转让完成的当天或者不动产权属变更的当天。

11. 纳税人提供建筑服务,被工程发包方从应支付的工程款中扣押的质押金、保证金,未开具发票的,以纳税人实际收到质押金、保证金的当天为纳税义务发生时间。

二、纳税期限

(一)增值税纳税期限的规定

增值税的纳税期限规定为 1 日、3 日、5 日、10 日、15 日、1 个月或者 1 个季度。纳税人的具体纳税期限,由主管税务机关根据纳税人应纳税额的大小分别核定。不能按照固定期限纳税的,可以按次纳税。

以1个季度为纳税期限的规定适用于小规模纳税人、银行、财务公司、信托投资公司、信用社,以及财政部和国家税务总局规定的其他纳税人。

按固定期限纳税的小规模纳税人可以选择以1个月或1个季度为纳税期限,一经选择,一个会计年度内不得变更。

（二）增值税报缴税款期限的规定

1. 纳税人以1个月或者1个季度为1个纳税期的,自期满之日起15日内申报纳税;以1日、3日、5日、10日或15日为1个纳税期的,自期满之日起5日内预缴税款,于次月1日起15日内申报纳税并结清上月应纳税款。

扣缴义务人解缴税款的期限,按照上述规定执行。

2. 纳税人进口货物,应当自海关填发海关进口增值税专用缴款书之日起15日内缴纳税款。

三、纳税地点

（一）固定业户的纳税地点

1. 固定业户应当向其机构所在地主管税务机关申报纳税。总机构和分支机构不在同一县（市）的,应当分别向各自所在地主管税务机关申报纳税;经国务院财政、税务主管部门或者其授权的财政、税务机关批准,可以由总机构汇总向总机构所在地主管税务机关申报纳税。

2. 固定业户到外县（市）销售货物或者劳务的,应当向其机构所在地主管税务机关报告外出经营事项,并向其机构所在地主管税务机关申报纳税。未报告的,应当向销售地或者劳务发生地主管税务机关申报纳税;未向销售地或者劳务发生地主管税务机关申报纳税的,由其机构所在地主管税务机关补征税款。

（二）非固定业户的纳税地点

非固定业户销售货物或者劳务,应当向销售地或者劳务发生地的主管税务机关申报纳税;未向销售地或者劳务发生地主管税务机关申报纳税的,由其机构所在地或居住地的主管税务机关补征税款。

（三）进口货物的纳税地点

进口货物,应当由进口人或其代理人向报关地海关申报纳税。

（四）扣缴义务人的扣税地点

扣缴义务人应当向其机构所在地或者居住地的主管税务机关申报缴纳其扣缴的税款。

四、纳税申报表

增值税一般纳税人、小规模纳税人适用的《增值税及附加税费申报表》见表2-8、表2-9。

表2-8

增值税及附加税费申报表

（一般纳税人适用）

根据国家税收法律法规及增值税相关规定制定本表。纳税人不论有无销售额,均应按税务机关核定的纳税期限填写本表,并向当地税务机关申报。

税款所属时间:自 年 月 日至 年 月 日　　填表日期: 年 月 日　　　　金额单位:元(列至角分)

纳税人识别号(统一社会信用代码):□□□□□□□□□□□□□□□□□□□□　所属行业:

| 纳税人名称: | | 法定代表人姓名 | | 注册地址 | | 生产经营地址 | |
| 开户银行及账号 | | 登记注册类型 | | | | 电话号码 | |

项目		栏次	一般项目		即征即退项目	
			本月数	本年累计	本月数	本年累计
销售额	（一）按适用税率计税销售额	1				
	其中:应税货物销售额	2				
	应税劳务销售额	3				
	纳税检查调整的销售额	4				
	（二）按简易办法计税销售额	5				
	其中:纳税检查调整的销售额	6				
	（三）免、抵、退办法出口销售额	7			—	—
	（四）免税销售额	8			—	—
	其中:免税货物销售额	9			—	—
	免税劳务销售额	10			—	—
税款计算	销项税额	11				
	进项税额	12				
	上期留抵税额	13				
	进项税额转出	14				
	免、抵、退应退税额	15				
	按适用税率计算的纳税检查应补缴税额	16				
	应抵扣税额合计	17 = 12 + 13 - 14 - 15 + 16		—		—
	实际抵扣税额	18(如17 < 11,则为17,否则为11)				
	应纳税额	19 = 11 - 18				

项目		栏次	一般项目		即征即退项目	
			本月数	本年累计	本月数	本年累计
税款计算	期末留抵税额	20 = 17 − 18				—
	简易计税办法计算的应纳税额	21				
	按简易计税办法计算的纳税检查应补缴税额	22			—	—
	应纳税额减征额	23				
	应纳税额合计	24 = 19 + 21 − 23				
税款缴纳	期初未缴税额（多缴为负数）	25				
	实收出口开具专用缴款书退税额	26			—	—
	本期已缴税额	27 = 28 + 29 + 30 + 31				
	①分次预缴税额	28			—	—
	②出口开具专用缴款书预缴税额	29			—	—
	③本期缴纳上期应纳税额	30				
	④本期缴纳欠缴税额	31				
	期末未缴税额（多缴为负数）	32 = 24 + 25 + 26 − 27				
	其中：欠缴税额（≥0）	33 = 25 + 26 − 27			—	—
	本期应补（退）税额	34 = 24 − 28 − 29			—	—
	即征即退实际退税额	35	—	—		
	期初未缴查补税额	36			—	—
	本期入库查补税额	37			—	—
	期末未缴查补税额	38 = 16 + 22 + 36 − 37			—	—
附加税费	城市维护建设税本期应补（退）税额	39				
	教育费附加本期应补（退）费额	40				
	地方教育附加本期应补（退）费额	41				

声明：此表是根据国家税收法律法规及相关规定填写的，本人（单位）对填报内容（及附带资料）的真实性、可靠性、完整性负责。

纳税人（签章）：　　　　　　　　年　月　日

经办人： 经办人身份证号： 代理机构签章： 代理机构统一社会信用代码：	受理人： 受理税务机关（章）：　　受理日期：年　月　日

表 2-9 　　　　　　　　　增值税及附加税费申报表
　　　　　　　　　　　　　（小规模纳税人适用）

纳税人识别号(统一社会信用代码)：□□□□□□□□□□□□□□□□□□□□

纳税人名称：　　　　　　　　　　　　　　　　　　　　　　　金额单位：元(列至角分)

税款所属期：　年　月　日至　年　月　日　　　　　　填表日期：　年　月　日

项目		栏次	本期数		本年累计	
			货物及劳务	服务、不动产和无形资产	货物及劳务	服务、不动产和无形资产
一、计税依据	(一)应征增值税不含税销售额(3%征收率)	1				
	增值税专用发票不含税销售额	2				
	其他增值税发票不含税销售额	3				
	(二)应征增值税不含税销售额(5%征收率)	4	—		—	
	增值税专用发票不含税销售额	5	—		—	
	其他增值税发票不含税销售额	6	—		—	
	(三)销售使用过的固定资产不含税销售额	7(7≥8)		—		—
	其中:其他增值税发票不含税销售额	8		—		—
	(四)免税销售额	9 = 10 + 11 + 12				
	其中:小微企业免税销售额	10				
	未达起征点销售额	11				
	其他免税销售额	12				
	(五)出口免税销售额	13(13≥14)				
	其中:其他增值税发票不含税销售额	14				
二、税款计算	本期应纳税额	15				
	本期应纳税额减征额	16				
	本期免税额	17				
	其中:小微企业免税额	18				
	未达起征点免税额	19				
	应纳税额合计	20 = 15 - 16				
	本期预缴税额	21		—		—
	本期应补(退)税额	22 = 20 - 21		—		—
三、附加税费	城市维护建设税本期应补(退)税额	23				
	教育费附加本期应补(退)费额	24				
	地方教育附加本期应补(退)费额	25				

声明:此表是根据国家税收法律法规及相关规定填写的,本人(单位)对填报内容(及附带资料)的真实性、可靠性、完整性负责。

纳税人(签章):　　　　　　　　　　　　　年　月　日

| 经办人:
经办人身份证号:
代理机构签章:
代理机构统一社会信用代码: | 受理人:

受理税务机关(章):

受理日期: 年 月 日 |

第三章 消　费　税

第一节　消费税概述

一、消费税的概念

在我国,消费税是对我国境内从事生产、委托加工和进口,以及销售特定消费品的单位和个人,就其销售额或销售数量,在特定环节征收的一种税,即对特定的消费品和消费行为征收的一种税。

目前,有100多个国家开征消费税。但是,由于各国国情、消费习惯以及收入水平不同,各国消费税的税收制度存在着一定差异,主要体现在三个方面。①征税范围宽窄不一。根据各国征税范围的宽窄,可将消费税分为有限型、中间型、延伸型。有限型消费税征税范围不宽,征税对象主要是传统的消费品,一般仅对酒、烟草等征收消费税,税目一般在10~15种。中间型消费税范围较宽,除包括有限型消费税征税对象外,还将奢侈消费品及部分高端服务行业纳入征税范围。延伸型消费税已经接近于无选择的消费税,将生产、生活资料列为消费税的征税对象。②税率设计标准不一,税率差别较大。尽管如此,各国消费税税率的设置还是具有一些共同特点:一是一般消费品税率低,奢侈品税率较高;二是根据能耗高低设置差别税率,能耗高的税率高,反之则低;三是根据是否为可再生资源确定差别税率,不可再生资源税率高,反之则低。③征税环节的差异。实行消费税的国家一般只在商品生产或销售的某一环节征收,具体到不同国家,征税环节有所差别。发展中国家和经济转型国家的消费税大多采用在生产环节征收,以便加强税收征管。发达国家的消费税多在零售环节征收,突出引导消费政策导向。

我国现行消费税的基本法规是2008年11月5日经国务院第34次常务会议修订通过,自2009年1月1日起实施的《中华人民共和国消费税暂行条例》(以下简称《消费税暂行条例》),以及2008年12月15日颁布,自2009年1月1日起实施的《中华人民共和国消费税暂行条例实施细则》(以下简称《消费税暂行条例实施细则》)。

二、消费税的特点

从税收立法和征收实践上看,消费税主要是对特定的消费品或消费行为征税,征税范围具有较强的选择性,是引导产业结构调整的主要手段,在体现国家的消费政策、调节消费行为、优化消费结构等方面发挥重要作用。

与其他税种相比,消费税具有以下几个特点。

(一)征税范围具有选择性

各国目前征收的消费税实际上都属于对特定消费品征收的税种。尽管各国的征税范围宽窄有别,但都是在人们普遍消费的大量消费品或消费行为中有选择地确定若干个征税项目,在税法中列举征税。我国1994年实行的税制中,消费税主要包括了特殊消费品、奢侈品、高能耗消费品、不可再生的资源消费品等。随着经济社会的发展和个人消费水平的提高,消费税的征税范围作了一些调整,目前我国消费税税目有15个。

（二）征税环节具有单一性

我国消费税一般是在生产（进口）、流通或消费的某一环节一次征收,而不是在消费品生产、流通或消费的每个环节多次征收（卷烟、电子烟和超豪华小汽车除外）,即通常所说的一次课征制。

（三）征收方法具有多样性

消费税的计税方法比较灵活。为了适应不同应税消费品的情况,消费税在征收方法上不力求一致,有些产品采取从价定率的方式征收,有些产品则采取从量定额的方式征收。由于两种方法各有其优点和缺点,因此,目前对有些产品在实行从价定率征收的同时,还对其实行从量定额征收,即采取复合征收方式。

（四）税收调节具有特殊性

消费税属于国家运用税收杠杆对某些消费品或消费行为特殊调节的税种。这一特殊性表现在两个方面:一是不同的征税项目税负差异较大,对需要限制或控制消费的消费品规定较高的税率,体现特殊的调节目的;二是消费税配合增值税实行双重征收,对某些需要特殊调节的消费品或消费行为在征收增值税的同时,再征收一道消费税,形成特殊对消费品双层次调节的税收调节体系。

（五）税收负担具有转嫁性

消费品中所含的消费税税款无论在哪个环节征收,最终都要转嫁到消费者身上,由消费者负担,税负具有转嫁性。消费税转嫁性的特征,较其他商品课税形式更为明显。

三、消费税的演变

我国现行消费税是1994年税制改革时新设置的一个税种,《消费税暂行条例》规定,消费税是对在中国境内从事生产、委托加工和进口《消费税暂行条例》规定的消费品的单位和个人,以及国务院确定的销售《消费税暂行条例》规定的消费品的其他单位和个人,就其销售收入或销售数量征收的一种税。它是在对货物普遍征收增值税的基础上,选择特定消费品再征收一道消费税,目的在于调节消费结构,引导消费方向,调节收入分配。1994年消费税的征税范围主要选择了11类应税产品,主要包括:烟、酒及酒精、化妆品、护肤护发品、贵重首饰及珠宝玉石、鞭炮及焰火、汽油、柴油、汽车轮胎、摩托车、小汽车。

为适应社会经济形势发展需要,发挥消费税的作用,财政部、国家税务总局于2006年3月20日联合发布了《关于调整和完善消费税政策的通知》（财税〔2006〕33号）,规定从2006年4月1日起,对消费税税目、税率及相关政策进行调整,税目由原来的11个增加调整为14个。其中:扩大了石油制品的消费税征收范围,新设成品油税目;为了增强人们的环保意识、引导消费和节约木材资源,增加木制一次性筷子税目和实木地板税目;为了合理引导消费,间接调节收入分配,增加高尔夫球及球具税目;为了体现对高档消费品的税收调节,增加高档手表税目。2008年11月5日,国务院第34次常务会议修订通过《消费税暂行条例》,2008年12月15日,财政部、国家税务总局颁布了修订后的《消费税暂行条例实施细则》,对原来的暂行条例及其实施细则进行了部分修改,修改的内容主要有两个方面:一是将 1994 年以来出台和调整的政策,更新到新修订的《消费税暂行条例》中;二是与《中华人民共和国增值税暂行条例》衔接,将纳税申报期限从 10 日延长至 15 日,对消费税的纳税地点等规定进行了调整。为了促进环境治理和节能减排,经国务院批准,自 2014 年 11 月 29 日起,提高汽油、石脑油、溶剂油、润滑油、柴油、航空煤油和燃料油消费税单位税额,航空煤油继续暂缓征收消费税。自 2014 年 12 月 1 日起,取消气缸容量 250 毫升(不含)以下的小排量摩托车消费税,取消汽车轮胎税目,取消酒精消费税,"酒及酒精"品目相应改为"酒",并按照相关消费税政策执行;取消含铅汽油消费税的二级子目,统一按照无铅汽油税率征收消费税。为促进节能环保,经国务院批准,自 2015 年 2 月 1 日起对电池、涂料征收消费税。2016 年 10 月取消对普通美容、修饰类化妆品征收消费税,将"化妆品"税目名称更名为"高档化妆品"。自 2016 年 12 月 1 日起,对超豪华小汽车在零售环节加征 10% 的消费税。自 2022 年 11 月 1 日起,将电子烟纳入消费税征收范围。

四、消费税征税范围确定原则

确定消费税征税范围的总原则是:立足于我国经济发展水平、国家消费政策和产业政策,充分考虑人民生活水平、消费水平和消费结构状况,注重保证国家财政收入稳定,并适当借鉴国外征收消费税的成功经验和国际通行做法。具体表现在以下几个方面。

1. 引导消费。将非生活必需品中一些高档、奢侈的消费品纳入消费税征收范围,引导理性消费。如对贵重首饰及珠宝玉石、高档化妆品、游艇、高档手表等征收消费税。通过对奢侈品和高档消费品等征税,可以调节收入水平,体现多收入多缴税的原则,体现公平。

2. 保护环境。将污染环境以及高能耗的产品纳入消费税征收范围,发挥消费税的环境保护作用。如对鞭炮、焰火和小汽车等消费品征收消费税,可以抑制其消费,保护生态环境。

3. 持续发展。对一些特殊的资源性消费品,如成品油、实木地板等征收消费税。对成品油征收消费税,并实行较高税率,除符合国际惯例外,主要是因为它们是不可再生资源,需要限制过度消费,促进可持续发展。

按照上述原则,列入消费税征税范围的消费品大体上可归为四类:

第一类:过度消费会对身心健康、社会秩序、生态环境等方面造成危害的特殊消费品,如烟,酒,鞭炮,焰火等。

第二类:非生活必需品,如高档化妆品、贵重首饰及珠宝玉石等。

第三类:高能耗及高档消费品,如摩托车、小汽车、游艇、高档手表和高尔夫球及球具等。

第四类:不可再生和替代的稀缺资源消费品,如成品油。

消费税的征税范围不是一成不变的,随着我国经济社会的发展,可以根据国家政策和经济情况及消费结构的变化适当调整。

第二节·纳税义务人和扣缴义务人

一、纳税义务人

在中华人民共和国境内生产、委托加工和进口《消费税暂行条例》规定的消费品的单位和个人,国务院确定的销售《消费税暂行条例》规定的消费品的其他单位和个人,以及在中华人民共和国境内生产(进口)、批发电子烟的单位和个人,为消费税的纳税人。

电子烟生产环节纳税人,是指取得烟草专卖生产企业许可证,并取得或经许可使用他人电子烟产品注册商标(以下称持有商标)的企业。通过代加工方式生产电子烟的,由持有商标的企业缴纳消费税。电子烟批发环节纳税人,是指取得烟草专卖批发企业许可证并经营电子烟批发业务的企业。电子烟进口环节纳税人,是指进口电子烟的单位和个人。

单位,是指企业、行政单位、事业单位、军事单位、社会团体及其他单位。

个人,是指个体工商户及其他个人。

在中华人民共和国境内,是指生产、委托加工、进口属于应当缴纳消费税的消费品的起运地或者所在地在境内。

进口的应税消费品,尽管其产制地不在我国境内,但在我国境内销售或消费,为了平衡进口应税消费品与本国应税消费品的税负,必须由从事进口应税消费品的进口人或其代理人按照规定缴纳消费税。个人携带或者邮寄入境的应税消费品的消费税,连同关税一并计征,由携带入境者或者收件人缴纳消费税。

二、扣缴义务人

1. 委托加工的应税消费品,委托方为消费税纳税人,其应纳消费税由受托方(受托方为个人除外)在向委托方交货时代收代缴税款。

2. 跨境电子商务零售进口商品按照货物征收进口环节消费税,购买跨境电子商务零售进口商品的个人作为纳税义务人,电子商务企业、电子商务交易平台企业或物流企业可作为代收代缴义务人。

第三节 税目和税率

一、税目

现行消费税税目共有 15 个。

(一)烟

本税目下设卷烟(包括进口卷烟、白包卷烟、手工卷烟和未经国务院批准纳入计划的企业及个人生产的卷烟)、雪茄烟、烟丝和电子烟四个子目。

1. 卷烟,是指将各种烟叶切成烟丝,按照配方要求均匀混合,加入糖、酒、香料等辅料,用白色盘纸、棕色盘纸、涂布纸或烟草薄片经机器或手工卷制的普通卷烟和雪茄型卷烟。

卷烟分为甲类卷烟和乙类卷烟。甲类卷烟是指调拨价在70元(不含增值税)/条以上(含70元)的卷烟,乙类卷烟是指调拨价在70元(不含增值税)/条以下的卷烟。

2. 雪茄烟,是指以晾晒烟为原料或者以晾晒烟和烤烟为原料,用烟叶或卷烟纸、烟草薄片作为烟支内包皮,再用烟叶作为烟支外包皮,经机器或手工卷制而成的烟草制品。按内包皮所用材料的不同可分为全叶卷雪茄烟和半叶卷雪茄烟。雪茄烟的征收范围包括各种规格、型号的雪茄烟。

3. 烟丝,是指将烟叶切成丝状、粒状、片状、末状或其他形状,再加入辅料,经过发酵、储存,不经卷制即可供销售吸用的烟草制品。烟丝的征收范围包括以烟叶为原料加工生产的不经卷制的散装烟,如斗烟、莫合烟、烟末、水烟、黄红烟丝等。

凡是以烟叶为原料加工生产的产品,不论使用何种辅料,均属于本税目的征收范围。

4. 电子烟。自2022年11月1日起,将电子烟纳入消费税征收范围,在烟税目下增设电子烟子目。电子烟,是指用于产生气溶胶供人抽吸等的电子传输系统,包括烟弹、烟具以及烟弹与烟具组合销售的电子烟产品。烟弹是指含有雾化物的电子烟组件。烟具是指将雾化物雾化为可吸入气溶胶的电子装置。

(二)酒

1. 白酒,是指以各种粮食或各种干鲜薯类为原材料,经过糖化、发酵后,采用蒸馏方法酿制的白酒。用甜菜酿制的白酒,比照白酒征税。

2. 黄酒,是指以糯米、粳米、籼米、大米、黄米、玉米、小麦、薯类等为原料,经加温、糖化、发酵、压榨酿制的酒。由于工艺、配料和含糖量的不同,黄酒分为干黄酒、半干黄酒、半甜黄酒、甜黄酒4类。黄酒的征收范围包括各种原料酿制的黄酒和酒度超过12度(含12度)的土甜酒。

3. 啤酒,是指以大麦或其他粮食为原料,加入啤酒花,经糖化、发酵、过滤酿制的含有二氧化碳的酒。啤酒按照杀菌方法的不同,可分为熟啤酒和生啤酒或鲜啤酒。啤酒的征收范围包括各种包装和散装的啤酒。

啤酒分为甲类啤酒和乙类啤酒。每吨出厂价(含包装物及包装物押金)3000元(含3000元,不含增值税)以上的啤酒为甲类啤酒;每吨出厂价(含包装物及包装物押金)3000元(不含增值税)以下的啤酒为乙类啤酒。其中包装物押金不包括重复使用的塑料周转箱的押金。

无醇啤酒比照啤酒征税。对啤酒源、菠萝啤酒应按啤酒征收消费税。果啤属于啤酒,按照啤酒征收消费税。果啤是一种口味介于啤酒和饮料之间的低度酒精饮料,主要成分为啤酒和果汁。

对饮食业、商业、娱乐业举办的啤酒屋(啤酒坊)利用啤酒生产设备生产的啤酒,应当征收消费税。

4. 其他酒,是指除白酒、黄酒、啤酒以外,酒度在1度以上的各种酒。调味料酒不征消费税。

葡萄酒消费税适用“酒”税目下设的“其他酒”子目。葡萄酒是指以葡萄为原料,经破碎(压榨)、发酵而成的酒精度在1度(含)以上的葡萄原酒和成品酒(不含以葡萄为原料的蒸馏酒)。

配制酒是指以发酵酒、蒸馏酒或食用酒精为酒基,加入可食用或药食两用的辅料或食品添加剂,进行调配、混合或再加工制成的,并改变了其原酒基风格的饮料酒。配制酒消费税适用税率按照以下规定执行:

(1)以蒸馏酒或食用酒精为酒基,同时符合以下条件的配制酒,按消费税税率表"其他酒"10%适用税率征收消费税:①具有国家相关部门批准的国食健字或卫食健字文号;②酒精度低于38度(含)。

(2)以发酵酒为酒基,酒精度低于20度(含)的配制酒,按"其他酒"10%适用税率征收消费税。

(3)其他配制酒,按白酒税率征收消费税。

(三)高档化妆品

自2016年10月1日起,取消对普通美容、修饰类化妆品征收消费税,将"化妆品"税目名称更名为"高档化妆品"。征收范围包括高档美容、修饰类化妆品,高档护肤类化妆品和成套化妆品。

高档美容、修饰类化妆品和高档护肤类化妆品是指生产(进口)环节销售(完税)价格(不含增值税)在10元/毫升(克)或15元/片(张)及以上的美容、修饰类化妆品和护肤类化妆品。

美容、修饰类化妆品是指香水、香水精、香粉、口红、指甲油、胭脂、眉笔、唇笔、蓝眼油、眼睫毛以及成套化妆品。

舞台、戏剧、影视演员化妆用的上妆油、卸妆油、油彩、发胶和头发漂白剂等,不属于本税目征收范围。

(四)贵重首饰及珠宝玉石

本税目征收范围包括:各种金银珠宝首饰和经采掘、打磨、加工的各种珠宝玉石。

1. 金银珠宝首饰包括:凡以金、银、白金、宝石、珍珠、钻石、翡翠、珊瑚、玛瑙等高贵稀有物质以及其他金属、人造宝石等制作的各种纯金银首饰及镶嵌首饰(含人造金银、合成金银首饰等)。

2. 珠宝玉石包括:钻石、珍珠、松石、青金石、欧泊石、橄榄石、长石、玉、石英、玉髓、石榴石、锆石、尖晶石、黄玉、碧玺、金绿玉、绿柱石、刚玉、琥珀、珊瑚、煤玉、龟甲、合成刚玉、合成宝石、双合石、玻璃仿制品。

对宝石坯应按规定征收消费税。

(五)鞭炮、焰火

鞭炮又称爆竹,是用多层纸密裹火药,接以药引线制成的一种爆炸品。焰火是指烟火剂,一般系包扎品,内装药剂,点燃后烟火喷射,呈各种颜色,有的还变幻成各种景象,分平地小焰火和空中大焰火两类。鞭炮、焰火税目的征收范围包括各种鞭炮、焰火。通常分为13类,即喷花类、旋转类、旋转升空类、火箭类、吐珠类、线香类、小礼花类、烟雾类、造型玩具类、炮竹类、摩擦炮类、组合烟花类、礼花弹类。体育上用的发令纸、鞭炮药引线,不按本税目征收。

(六)成品油

本税目包括汽油、柴油、石脑油、溶剂油、航空煤油、润滑油、燃料油7个子目。

1.7 个子目的分项政策

（1）汽油

汽油，是指用原油或其他原料加工生产的辛烷值不小于66的可用作汽油发动机燃料的各种轻质油。汽油分为车用汽油和航空汽油。

以汽油、汽油组分调和生产的甲醇汽油、乙醇汽油也属于本税目征收范围。

自2023年6月30日起，对烷基化油（异辛烷）按照汽油征收消费税。

（2）柴油

柴油，是指用原油或其他原料加工生产的倾点或凝点在－50至30℃的可用作柴油发动机燃料的各种轻质油和以柴油组分为主、经调和精制可用作柴油发动机燃料的非标油。

以柴油、柴油组分调和生产的生物柴油也属于本税目征收范围。

自2009年1月1日起，对同时符合下列条件的纯生物柴油免征消费税：

①生产原料中废弃的动物油和植物油用量所占比重不低于70%。

②生产的纯生物柴油符合国家《柴油机燃料调合生物柴油（BD100）》标准。

对不符合上述两个条件规定的生物柴油，或者以柴油、柴油组分调合生产的生物柴油照章征收消费税。

（3）石脑油

石脑油又叫化工轻油，是以原油或其他原料加工生产的用于化工原料的轻质油。

石脑油的征收范围包括除汽油、柴油、航空煤油、溶剂油以外的各种轻质油。非标汽油、重整生成油、拔头油、戊烷原料油、轻裂解料（减压柴油VGO和常压柴油AGO）、重裂解料、加氢裂化尾油、芳烃抽余油均属轻质油，属于石脑油征收范围。

自2023年6月30日起，对混合芳烃、重芳烃、混合碳八、稳定轻烃、轻油、轻质煤焦油按照石脑油征收消费税。

（4）溶剂油

溶剂油是用原油或其他原料加工生产的用于涂料、油漆、食用油、印刷油墨、皮革、农药、橡胶、化妆品生产和机械清洗、胶粘行业的轻质油。橡胶填充油、溶剂油原料，属于溶剂油征收范围。

自2023年6月30日起，对石油醚、粗白油、轻质白油、部分工业白油（5号、7号、10号、15号、22号、32号、46号）按照溶剂油征收消费税。

（5）航空煤油

航空煤油也叫喷气燃料，是用原油或其他原料加工生产的用作喷气发动机和喷气推进系统燃料的各种轻质油。航空煤油暂缓征收消费税。自2023年6月30日起，航天煤油参照航空煤油暂缓征收消费税。

（6）润滑油

润滑油是用原油或其他原料加工生产的用于内燃机、机械加工过程的润滑产品。润滑油分为矿物性润滑油、植物性润滑油、动物性润滑油和化工原料合成润滑油。

润滑油的征收范围包括矿物性润滑油、矿物性润滑油基础油、植物性润滑油、动物性润滑油和化工原料合成润滑油。

用原油或其他原料加工生产的用于内燃机、机械加工过程的润滑产品均属于润滑油征税范围。润滑脂是润滑产品，属润滑油消费税征收范围，生产、加工润滑脂应当征收消费税。

变压器油、导热类油等绝缘油类产品不属于应征消费税的"润滑油"，不征收消费税。

（7）燃料油

燃料油也称重油、渣油，是用原油或其他原料加工生产，主要用作电厂发电、锅炉用燃料、加热炉燃料、冶金和其他工业炉燃料。腊油、船用重油、常压重油、减压重油、180CTS 燃料油、7 号燃料油、糠醛油、工业燃料、4～6 号燃料油等油品的主要用途是作为燃料燃烧，属于燃料油征收范围。催化料、焦化料也属于燃料油的征收范围，应当征收消费税。

2. 综合政策

（1）根据《财政部　国家税务总局关于对成品油生产企业生产自用油免征消费税的通知》（财税〔2010〕98 号）的规定，自 2009 年 1 月 1 日起，对成品油生产企业在生产成品油过程中，作为燃料、动力及原料消耗掉的自产成品油，免征消费税。对用于其他用途或直接对外销售的成品油照章征收消费税。

（2）根据《财政部　税务总局关于继续对废矿物油再生油品免征消费税的公告》（财政部　税务总局公告 2023 年第 69 号）的规定，为继续支持促进资源综合利用和环境保护，对以回收的废矿物油为原料生产的润滑油基础油、汽油、柴油等工业油料免征消费税。

废矿物油，是指工业生产领域机械设备及汽车、船舶等交通运输设备使用后失去或降低功效更换下来的废润滑油。

纳税人利用废矿物油生产的润滑油基础油、汽油、柴油等工业油料免征消费税，应同时符合下列条件：

①纳税人必须取得生态环境部门颁发的《危险废物（综合）经营许可证》，且该证件上核准生产经营范围应包括"利用"或"综合经营"字样。生产经营范围为"综合经营"的纳税人，还应同时提供颁发《危险废物（综合）经营许可证》的生态环境部门出具的能证明其生产经营范围包括"利用"的材料。

纳税人在申请办理免征消费税备案时，应同时提交污染物排放地生态环境部门确定的该纳税人应予执行的污染物排放标准，以及污染物排放地生态环境部门在此前 6 个月以内出具的该纳税人的污染物排放符合上述标准的证明材料。

纳税人回收的废矿物油应具备能显示其名称、特性、数量、接受日期等项目的《危险废物转移联单》。

②生产原料中废矿物油重量必须占到 90% 以上。产成品中必须包括润滑油基础油，且每吨废矿物油生产的润滑油基础油应不少于 0.65 吨。

③利用废矿物油生产的产品与利用其他原料生产的产品应分别核算。

符合上述规定的纳税人销售免税油品时，应在增值税专用发票上注明产品名称，并在产品名称后加注"（废矿物油）"。

符合上述规定的纳税人利用废矿物油生产的润滑油基础油连续加工生产润滑油，或纳税人（包括符合上述规定的纳税人及其他纳税人）外购利用废矿物油生产的润滑油基础油加工生产润滑油，在申报润滑油消费税税额时按当期销售的润滑油数量扣减其耗用的符合规定的润滑油基础油数量的余额计算缴纳消费税。

对未达到相应的污染物排放标准或被取消《危险废物（综合）经营许可证》的纳税人，自发生违规排放行为之日或《危险废物（综合）经营许可证》被取消之日起，取消其享受上述免征消费税政策的资格,且3年内不得再次申请。纳税人自发生违规排放行为之日起已申请并办理免税的,应予追缴。

凡经核实纳税人弄虚作假骗取享受免征消费税政策的,税务机关追缴其此前骗取的免税税款,并自纳税人发生上述违法违规行为年度起,取消其享受免征消费税政策的资格,且纳税人3年内不得再次申请。

发生违规排放行为之日,是指已由污染物排放地生态环境部门查证确认的、纳税人发生未达到应予执行的污染物排放标准行为的当日。

上述优惠政策执行至2027年12月31日。

(3)根据《财政部 中国人民银行 国家税务总局关于延续执行部分石脑油燃料油消费税政策的通知》(财税〔2011〕87号)的规定,用于生产乙烯、芳烃类化工产品的石脑油、燃料油消费税退(免)税政策如下:

①自2011年10月1日起,对生产石脑油、燃料油的企业对外销售的用于生产乙烯、芳烃类化工产品的石脑油、燃料油,恢复征收消费税。

②自2011年10月1日起,生产石脑油、燃料油的企业自产石脑油、燃料油用于生产乙烯、芳烃类化工产品的,按实际耗用数量暂免征消费税。

③自2011年10月1日起,对使用石脑油、燃料油生产乙烯、芳烃的企业购进并用于生产乙烯、芳烃类化工产品的石脑油、燃料油,按实际耗用数量暂退还所含消费税。

退还石脑油、燃料油所含消费税计算公式为:

应退还消费税税额 = 石脑油、燃料油实际耗用数量 × 石脑油、燃料油消费税单位税额

(4)根据《国家税务总局 海关总署关于石脑油 燃料油生产乙烯 芳烃类化工产品消费税退税问题的公告》(国家税务总局 海关总署公告2013年第29号)的规定,用石脑油、燃料油生产乙烯、芳烃类化工产品的企业(以下简称使用企业)符合下列条件的,可提请消费税退税资格备案:

①营业执照登记的经营范围包含生产乙烯、芳烃类化工产品。

②持有省级(含)以上安全生产监督管理部门颁发的危险化学品《安全生产许可证》。如使用企业处于试生产阶段,应提供省级以上安全生产监督管理部门出具的试生产备案意见书。

③拥有生产乙烯、芳烃类化工产品的生产装置或设备,乙烯生产企业必须具备(蒸汽)裂解装置,芳烃生产企业必须具备芳烃抽提装置。

④用石脑油、燃料油生产乙烯、芳烃类化工产品的产量占本企业用石脑油、燃料油生产全部产品总量的50%以上(含)。

⑤书面承诺接受税务机关和海关对产品的抽检。

⑥国家税务总局和海关总署规定的其他情形。

(5)根据《财政部 国家税务总局关于对油(气)田企业生产自用成品油先征后返消费税的通知》(财税〔2011〕7号)的规定,对油(气)田企业在开采原油过程中耗用的内购成品油,暂按实际缴纳成品油消费税的税额,全额返还所含消费税。

享受税收返还政策的成品油必须同时符合以下三个条件:

①由油(气)田企业所隶属的集团公司(总厂)内部的成品油生产企业生产。

②从集团公司(总厂)内部购买。

③油（气）田企业在地质勘探、钻井作业和开采作业过程中，作为燃料、动力（不含运输）耗用。

油（气）田企业所隶属的集团公司（总厂）向财政部驻当地财政监察专员办事处统一申请税收返还。

（七）摩托车

摩托车的征收范围包括气缸容量 250 毫升和 250 毫升（不含）以上的摩托车。自 2014 年 12 月 1 日起，气缸容量 250 毫升（不含）以下的小排量摩托车不征收消费税。

（八）小汽车

小汽车，是指由动力驱动，具有 4 个或 4 个以上车轮的非轨道承载的车辆。

本税目征收范围包括乘用车、中轻型商用客车、超豪华小汽车。

1. 乘用车，是指含驾驶员座位在内最多不超过 9 个座位（含）的，在设计和技术特性上用于载运乘客和货物的各类乘用车。

2. 中轻型商用客车，是指含驾驶员座位在内的座位数在 10～23 座（含 23 座）的，在设计和技术特性上用于载运乘客和货物的各类中轻型商用客车。

车身长度大于 7 米（含），并且座位在 10～23 座（含）以下的商用客车，不属于中轻型商用客车征税范围，不征收消费税。含驾驶员人数（额定载客）为区间值的（如 8～10 人，17～26 人）小汽车，按其区间值下限人数确定征收范围。

对于购进乘用车或中轻型商用客车整车改装生产的汽车，应按规定征收消费税。

用排气量小于 1.5 升（含）的乘用车底盘（车架）改装、改制的车辆属于乘用车征收范围。

用排气量大于 1.5 升的乘用车底盘（车架）或用中轻型商用客车底盘（车架）改装、改制的车辆属于中轻型商用客车征收范围。

3. 超豪华小汽车，为每辆零售价格 130 万元（不含增值税）及以上的乘用车和中轻型商用客车，即乘用车和中轻型商用客车子税目中的超豪华小汽车。

电动汽车、沙滩车、雪地车、卡丁车、高尔夫车不属于消费税征收范围，不征收消费税。企业购进货车或厢式货车改装生产的商务车、卫星通讯车等专用汽车不属于消费税征税范围，不征收消费税。

（九）高尔夫球及球具

高尔夫球及球具，是指从事高尔夫球运动所需的各种专用装备，包括高尔夫球、高尔夫球杆及高尔夫球包（袋）等。

高尔夫球，是指重量不超过 45.93 克、直径不超过 42.67 毫米的高尔夫球运动比赛、练习用球；高尔夫球杆，是指被设计用来打高尔夫球的工具，由杆头、杆身和握把三部分组成；高尔夫球包（袋），是指专用于盛装高尔夫球及球杆的包（袋）。

本税目征收范围包括高尔夫球、高尔夫球杆、高尔夫球包（袋）。高尔夫球杆的杆头、杆身和握把属于本税目的征收范围。

（十）高档手表

高档手表，是指销售价格（不含增值税）每只在 10000 元（含）以上的各类手表。

本税目征收范围包括符合以上标准的各类手表。

（十一）游艇

游艇，是指长度大于 8 米小于 90 米，船体由玻璃钢、钢、铝合金、塑料等多种材料制作，可以在水上移动的水上浮载体。按照动力划分,游艇分为无动力艇、帆艇和机动艇。

本税目征收范围包括艇身长度大于 8 米(含)小于 90 米(含),内置发动机,可以在水上移动,一般为私人或团体购置,主要用于水上运动和休闲娱乐等非营利活动的各类机动艇。

(十二)木制一次性筷子

木制一次性筷子,又称卫生筷子,是指以木材为原料经过锯段、浸泡、旋切、刨切、烘干、筛选、打磨、倒角、包装等环节加工而成的各类一次性使用的筷子。

本税目征收范围包括各种规格的木制一次性筷子。未经打磨、倒角的木制一次性筷子属于本税目征税范围。

(十三)实木地板

实木地板,是指以木材为原料,经锯割、干燥、刨光、截断、开榫、涂漆等工序加工而成的块状或条状的地面装饰材料。实木地板按生产工艺不同,可分为独板(块)实木地板、实木指接地板、实木复合地板三类;按表面处理状态不同,可分为未涂饰地板(白坯板、素板)和漆饰地板两类。

本税目征收范围包括各类规格的实木地板、实木指接地板、实木复合地板及用于装饰墙壁、天棚的侧端面为榫、槽的实木装饰板。未经涂饰的素板属于本税目征税范围。

(十四)电池

电池,是一种将化学能、光能等直接转换为电能的装置,一般由电极、电解质、容器、极端,通常还有隔离层组成的基本功能单元,以及用一个或多个基本功能单元装配成的电池组。范围包括原电池、蓄电池、燃料电池、太阳能电池和其他电池。

1. 原电池

原电池又称一次电池,是按不可以充电设计的电池。按照电极所含的活性物质分类,原电池包括锌原电池、锂原电池和其他原电池。

2. 蓄电池

蓄电池又称二次电池,是按可充电、重复使用设计的电池;包括酸性蓄电池、碱性或其他非酸性蓄电池、氧化还原液流蓄电池和其他蓄电池。

3. 燃料电池

燃料电池,指通过一个电化学过程,将连续供应的反应物和氧化剂的化学能直接转换为电能的电化学发电装置。

4. 太阳能电池

太阳能电池,是将太阳光能转换成电能的装置,包括晶体硅太阳能电池、薄膜太阳能电池、化合物半导体太阳能电池等,但不包括用于太阳能发电储能用的蓄电池。

5. 其他电池

除原电池、蓄电池、燃料电池、太阳能电池以外的电池。

自 2015 年 2 月 1 日起,对无汞原电池、金属氢化物镍蓄电池(又称"氢镍蓄电池"或"镍氢蓄电池")、锂原电池、锂离子蓄电池、太阳能电池、燃料电池和全钒液流电池免征消费税。

(十五)涂料

涂料,是指涂于物体表面能形成具有保护、装饰或特殊性能的固态涂膜的一类液体或固体材料之总称。

涂料由主要成膜物质、次要成膜物质等构成。按主要成膜物质涂料可分为油脂类、天然树脂类、酚醛树脂类、沥青类、醇酸树脂类、氨基树脂类、硝基类、过滤乙烯树脂类、烯类树脂类、丙烯酸酯类树脂类、聚酯树脂类、环氧树脂类、聚氨酯树脂类、元素有机类、橡胶类、纤维素类、其他成膜物类等。

对施工状态下挥发性有机物（Volatile Organic Compounds, VOC）含量低于 420 克/升（含）的涂料免征消费税。

二、税率

消费税的税率有两种形式：一种是比例税率，另一种是定额税率。

消费税税率形式的选择，主要是根据课税对象的具体情况来确定的。大部分应税消费品适用比例税率，如烟丝、小汽车等。对一些供求基本平衡，价格差异不大，计量单位规范的消费品，选择计税简便的定额税率，如黄酒、啤酒、成品油等。卷烟、白酒，则采用了定额税率和比例税率双重征收形式。消费税各税目的税率见表 3–1。

表 3–1 消费税税目税率表

税　　目	税　　率		
	生产（进口）环节	批发环节	零售环节
一、烟			
1. 卷烟			
（1）甲类卷烟	56% 加 0.003 元/支	11% 加 0.005 元/支	
（2）乙类卷烟	36% 加 0.003 元/支	11% 加 0.005 元/支	
2. 雪茄烟	36%		
3. 烟丝	30%		
4. 电子烟	36%	11%	
二、酒			
1. 白酒	20% 加 0.5 元/500 克（或者 500 毫升）		
2. 黄酒	240 元/吨		
3. 啤酒			
（1）甲类啤酒	250 元/吨		
（2）乙类啤酒	220 元/吨		
4. 其他酒	10%		
三、高档化妆品	15%		
四、贵重首饰及珠宝玉石			
1. 金银首饰、铂金首饰和钻石及钻石饰品			5%
2. 其他贵重首饰和珠宝玉石	10%		

税　目	税　率		
	生产(进口)环节	批发环节	零售环节
五、鞭炮、焰火	15%		
六、成品油			
1. 汽油	1.52 元/升		
2. 柴油	1.20 元/升		
3. 航空煤油	1.20 元/升		
4. 石脑油	1.52 元/升		
5. 溶剂油	1.52 元/升		
6. 润滑油	1.52 元/升		
7. 燃料油	1.20 元/升		
七、摩托车			
1. 气缸容量(排气量,下同)为250毫升的	3%		
2. 气缸容量在250毫升以上的	10%		
八、小汽车			
1. 乘用车			
(1)气缸容量(排气量,下同)在1.0升(含1.0升)以下的	1%		
(2)气缸容量在1.0升以上至1.5升(含1.5升)的	3%		
(3)气缸容量在1.5升以上至2.0升(含2.0升)的	5%		
(4)气缸容量在2.0升以上至2.5升(含2.5升)的	9%		
(5)气缸容量在2.5升以上至3.0升(含3.0升)的	12%		
(6)气缸容量在3.0升以上至4.0升(含4.0升)的	25%		
(7)气缸容量在4.0升以上的	40%		
2. 中轻型商用客车	5%		
3. 超豪华小汽车	按照乘用车和中轻型商用客车的规定征收		10%
九、高尔夫球及球具	10%		
十、高档手表	20%		
十一、游艇	10%		

续表

税　目	税　率		
	生产（进口）环节	批发环节	零售环节
十二、木制一次性筷子	5%		
十三、实木地板	5%		
十四、电池	4%		
十五、涂料	4%		

应税消费品的具体征税范围,由财政部、国家税务总局确定。消费税税目、税率的调整,由国务院决定。

纳税人兼营不同税率应税消费品,应当分别核算不同税率应税消费品的销售额、销售数量;未分别核算销售额、销售数量,或者将不同税率的应税消费品组成成套消费品销售的,从高适用税率。

纳税人兼营不同税率应税消费品,是指纳税人生产销售两种税率以上的应税消费品。

三、进口卷烟适用税率的规定

1. 每标准条进口卷烟(200支)确定消费税适用比例税率的价格 =（关税完税价格 + 关税 + 消费税定额税率）÷（1 − 消费税税率）。其中,关税完税价格和关税为每标准条的关税完税价格及关税税额,消费税定额税率为每标准条(200支)0.6元(依据现行消费税定额税率折算而成),消费税税率固定为36%。

2. 每标准条进口卷烟(200支)确定消费税适用比例税率的价格大于等于70元的,适用比例税率为56%;每标准条进口卷烟(200支)确定消费税适用比例税率的价格小于70元的,适用比例税率为36%。

非标准条包装卷烟应当折算成标准条包装卷烟的数量,以其实际销售收入计算确定其折算成标准条包装后的实际销售价格,并确定适用的比例税率。折算的实际销售价格高于计税价格的,应按照折算的实际销售价格确定适用比例税率;折算的实际销售价格低于计税价格的,应按照同牌号规格标准条包装卷烟的计税价格和适用税率征税。

第四节　计税依据

消费税实行从价定率、从量定额,或者从价定率和从量定额复合计税三种计征办法。

一、从价定率计征的计税依据

实行从价定率办法征税的,消费税应纳税额等于应税消费品的销售额乘以适用的比例税率。应纳税额的大小取决于销售额和比例税率两个因素。

消费税实行价内税,增值税实行价外税,这种情况决定了实行从价定率征收的消费品,原则上消费税税基和增值税税基是一致的,即都是以含消费税而不含增值税的销售额作为计税依据。

（一）销售额的确定

销售额为纳税人销售应税消费品向购买方收取的全部价款和价外费用。销售，是指有偿转让应税消费品的所有权。有偿，是指从购买方取得货币、货物或者其他经济利益。价外费用，是指价外向购买方收取的手续费、补贴、基金、集资费、返还利润、奖励费、违约金、滞纳金、延期付款利息、赔偿金、代收款项、代垫款项、包装费、包装物租金、储备费、优质费、运输装卸费以及其他各种性质的价外收费。

白酒生产企业向商业销售单位收取的"品牌使用费"是随着应税白酒的销售而向购货方收取的，属于应税白酒销售价款的组成部分，因此，不论企业采取何种方式以何种名义收取价款，均应并入白酒的销售额中缴纳消费税。

纳税人生产电子烟的，按照生产销售电子烟的销售额计算纳税。电子烟生产环节纳税人采用代销方式销售电子烟的，按照经销商（代理商）销售给电子烟批发企业的销售额计算纳税。

下列项目不属于价外费用。

1. 同时符合以下条件的代垫运输费用：

（1）承运部门的运输费用发票开具给购买方的；

（2）纳税人将该项发票转交给购买方的。

2. 同时符合以下条件代为收取的政府性基金或者行政事业性收费：

（1）由国务院或者财政部批准设立的政府性基金，由国务院或者省级人民政府及其财政、价格主管部门批准设立的行政事业性收费；

（2）收取时开具省级以上财政部门印制的财政票据；

（3）所收款项全额上缴财政。

（二）含税销售额的换算

销售额不包括应向购买方收取的增值税税款。如果纳税人应税消费品的销售额中未扣除增值税税款或者因不得开具增值税专用发票而发生价款和增值税税款合并收取的，在计算消费税时，应当换算为不含增值税税款的销售额。其换算公式如下：

$$应税消费品的销售额 = \frac{含增值税的销售额}{1 + 增值税税率或征收率}$$

（三）包装物销售收入及押金收入

1. 包装物销售收入

实行从价定率办法计算应纳税额的应税消费品连同包装物销售的，无论包装物是否单独计价，也无论在会计上如何核算，均应并入应税消费品的销售额中征收消费税。

2. 包装物押金收入

如果包装物不作价随同产品销售，而是收取押金，此项押金收取时不并入应税消费品销售额中征税。但对逾期未收回的包装物不再退还的或者已收取的时间超过 12 个月的押金，应并入应税消费品的销售额，按照应税消费品的适用税率征收消费税。

对既作价随同应税消费品销售，又另外收取的包装物的押金，凡纳税人在规定的期限内没有退还的，均应并入应税消费品的销售额，按照应税消费品的适用税率征收消费税。

自 1995 年 6 月 1 日起，对酒类产品生产企业销售啤酒、黄酒以外的其他酒类产品而收取的包装物押金，无论押金是否返还及会计上如何核算，均应并入酒类产品销售额中征收消费税。

对啤酒生产企业销售的啤酒,不得以向其关联企业的啤酒销售公司销售的价格作为确定消费税税额的标准,而应当以其关联企业的啤酒销售公司对外的销售价格(含包装物及包装物押金)作为确定消费税税额的标准,并依此确定该啤酒消费税单位税额。

纳税人销售的应税消费品,以人民币以外的货币结算销售额的,其销售额的人民币折合率可以选择销售额发生的当天或者当月1日的人民币汇率中间价,纳税人应在事先确定采用何种折合率,确定后1年内不得变更。

二、从量定额计征的计税依据

实行从量定额办法征税的,消费税应纳税额等于销售数量乘以定额税率,应纳税额的大小取决于销售数量和定额税率两个因素。

以从量定额征税的应税消费品,通常以每单位应税消费品的重量、容积或数量为计税依据,并按每单位应税消费品规定固定税额计征消费税税额。

(一)销售数量的确定

销售数量,是指应税消费品的数量,具体为:

1. 销售应税消费品的,为应税消费品的销售数量;

2. 自产自用应税消费品的,为应税消费品的移送使用数量;

3. 委托加工应税消费品的,为纳税人收回的应税消费品数量;

4. 进口应税消费品的,为海关核定的应税消费品进口征税数量。

(二)从量定额的换算标准

在实际销售过程中,一些纳税人往往将计量单位混用。为了规范不同产品的计量单位,《消费税暂行条例实施细则》规定,实行从量定额办法计算应纳税额的应税消费品,计量单位的换算标准如下:

黄酒　1 吨 = 962 升　　　　　石脑油　1 吨 = 1385 升

啤酒　1 吨 = 988 升　　　　　溶剂油　1 吨 = 1282 升

汽油　1 吨 = 1388 升　　　　　润滑油　1 吨 = 1126 升

柴油　1 吨 = 1176 升　　　　　燃料油　1 吨 = 1015 升

航空煤油　1 吨 = 1246 升

三、从价定率和从量定额复合计征的计税依据

卷烟、白酒采用复合计征方法计税。应纳税额等于应税销售数量乘以定额税率再加上应税销售额乘以比例税率。

纳税人生产销售卷烟和白酒,从量定额计税依据为实际销售数量,从价定率计税依据为销售额。进口、委托加工、自产自用卷烟、白酒,从量定额计税依据分别为海关核定的进口数量、委托加工收回数量、移送使用数量。

四、计税依据的特殊规定

(一)卷烟最低计税价格的核定

根据《卷烟消费税计税价格信息采集和核定管理办法》(国家税务总局令第 26 号)的规

定,自 2012 年 1 月 1 日起,卷烟消费税最低计税价格核定范围为卷烟生产企业在生产环节销售的所有牌号、规格的卷烟。

计税价格由国家税务总局按照卷烟批发环节销售价格扣除卷烟批发环节批发毛利核定并发布。计税价格的核定公式如下:

某牌号、规格卷烟计税价格 = 批发环节销售价格 × (1 - 适用批发毛利率)

卷烟批发环节销售价格,按照税务机关采集的所有卷烟批发企业在价格采集期内销售的该牌号、规格卷烟的数量、销售额进行加权平均计算。其计算公式如下:

$$批发环节销售价格 = \frac{\sum 该牌号规格卷烟各采集点的销售额}{\sum 该牌号规格卷烟各采集点的销售数量}$$

未经国家税务总局核定计税价格的新牌号、新规格卷烟,生产企业应按卷烟调拨价格申报纳税。

已经国家税务总局核定计税价格的卷烟,生产企业实际销售价格高于计税价格的,按实际销售价格确定适用税率,计算应纳税款并申报纳税;实际销售价格低于计税价格的,按计税价格确定适用税率,计算应纳税款并申报纳税。

(二)白酒最低计税价格的核定

根据《国家税务总局关于加强白酒消费税征收管理的通知》(国税函〔2009〕380 号)的规定,自 2009 年 8 月 1 日起,对白酒消费税实行最低计税价格核定管理办法。

1. 白酒消费税最低计税价格核定范围

白酒生产企业销售给销售单位的白酒,生产企业消费税计税价格为销售单位对外销售价格(不含增值税)70% 以下的,税务机关应核定消费税最低计税价格。自 2015 年 6 月 1 日起,纳税人将委托加工收回的白酒销售给销售单位,消费税计税价格为销售单位对外销售价格(不含增值税)70% 以下的,也应核定消费税最低计税价格。

销售单位,是指销售公司、购销公司以及委托境内其他单位或个人包销本企业生产白酒的商业机构。销售公司、购销公司,是指专门购进并销售白酒生产企业生产的白酒,并与该白酒生产企业存在关联性质。包销,是指销售单位依据协定价格从白酒生产企业购进白酒,同时承担大部分包装材料等成本费用,并负责销售白酒。

白酒生产企业应将各种白酒的消费税计税价格和销售单位销售价格,按照规定的式样及要求,在主管税务机关规定的时限内填报。白酒消费税最低计税价格由白酒生产企业自行申报,税务机关核定。

白酒生产企业申报的销售给销售单位的消费税计税价格为销售单位对外销售价格70% 以下、年销售额 1000 万元以上的各种白酒,以及其他需要核定消费税最低计税价格的白酒,消费税最低计税价格由各省、自治区、直辖市和计划单列市税务局核定。

2. 白酒消费税最低计税价格核定标准

(1)白酒生产企业销售给销售单位的白酒,生产企业消费税计税价格为销售单位对外销售价格 70% 以上(含 70%)的,税务机关暂不核定消费税最低计税价格。

(2)白酒生产企业销售给销售单位的白酒,生产企业消费税计税价格为销售单位对外销售价格 70% 以下的,消费税最低计税价格由税务机关核定,核定比例统一确定为 60%。

纳税人应按下列公式计算白酒消费税计税价格：

$$当月该品牌、规格白酒消费税计税价格 = 该品牌、规格白酒销售单位上月平均销售价格 \times 核定比例$$

3. 重新核定

已核定最低计税价格的白酒,销售单位对外销售价格持续上涨或下降时间达到3个月以上、累计上涨或下降幅度在20%(含)以上的白酒,税务机关重新核定最低计税价格。

4. 计税价格的适用

已核定最低计税价格的白酒,生产企业实际销售价格高于消费税最低计税价格的,按实际销售价格申报纳税;实际销售价格低于消费税最低计税价格的,按最低计税价格申报纳税。

白酒生产企业未按规定上报销售单位销售价格的,主管税务局应按照销售单位销售价格征收消费税。

(三)自设非独立核算门市部销售应税消费品的计税规定

纳税人通过自设非独立核算门市部销售的自产应税消费品,应当按照门市部对外销售额或者销售数量计算征收消费税。

(四)应税消费品用于其他方面的计税规定

纳税人自产的应税消费品用于换取生产资料和消费资料、投资入股和抵偿债务等方面,应当按纳税人同类应税消费品的最高销售价格作为计税依据计算消费税。

(五)套装产品的计税依据

纳税人将自产的应税消费品与外购或自产的非应税消费品组成套装销售的,以套装产品的销售额(不含增值税)为计税依据计算消费税。

(六)电子烟生产环节纳税人从事电子烟代加工业务的计税规定

电子烟生产环节纳税人从事电子烟代加工业务的,应当分开核算持有商标电子烟的销售额和代加工电子烟的销售额;未分开核算的,一并缴纳消费税。

(七)计税价格的核定权限

1. 卷烟、小汽车的计税价格由国家税务总局核定,送财政部备案;
2. 白酒以及其他应税消费品的计税价格由省、自治区和直辖市税务局核定;
3. 进口的应税消费品的计税价格由海关核定。

第五节　生产销售应税消费品应纳税额的计算

纳税人在生产销售环节应缴纳的消费税,包括直接对外销售应税消费品应缴纳的消费税和自产自用应税消费品应缴纳的消费税。

一、对外销售应税消费品应纳消费税的计算

按照现行消费税的基本规定,消费税应纳税额的计算分为从价定率、从量定额和复合计税三种计算方法。

(一)从价定率计算方法

在从价定率计算方法下,应纳税额的大小取决于应税消费品的销售额和适用税率两个

因素。其基本计算公式为：

$$应纳税额 = 销售额 \times 比例税率$$

【例3-1】 2024年3月，某手表厂生产销售A款手表300只，取得不含税销售收入360万元；生产销售B款手表500只，取得不含税销售收入80万元；销售手表配件取得不含税销售收入1.2万元。假定该手表厂无其他应税销售业务。请计算该手表厂3月应缴纳的消费税税额（高档手表消费税税率为20%）。

（1）销售A款手表300只，取得不含税销售收入360万元，每只A款手表销售价格（不含增值税）为12000元，为应税消费品，生产销售A款手表应计算缴纳消费税。

（2）销售B款手表500只，取得不含税销售收入80万元，每只B款手表销售价格（不含增值税）为1600元，为非应税消费品，生产销售B款手表不计算缴纳消费税。

（3）手表配件为非应税消费品，生产销售手表配件不计算缴纳消费税。

（4）该手表厂3月应缴纳消费税 = 360 × 20% = 72（万元）

【例3-2】 甲电子烟生产企业生产持有商标A的电子烟产品。

（1）2023年12月，甲企业销售一批A电子烟产品给电子烟批发企业，不含增值税销售额为100万元，请计算甲企业2024年1月应申报缴纳的A电子烟消费税。

（2）若甲企业委托经销商（代理商）销售上述A电子烟产品，经销商（代理商）销售给电子烟批发企业不含增值税销售额为110万元，请计算甲企业2024年1月应申报缴纳的A电子烟消费税。

解析：

（1）甲企业直接销售生产的A电子烟应申报缴纳消费税 = 100 × 36% = 36（万元）

（2）甲企业委托经销商（代理商）销售A电子烟应申报缴纳消费税 = 110 × 36% = 39.6（万元）

【例3-3】 甲电子烟生产企业持有电子烟商标A，生产电子烟产品。2023年12月发生下列业务：

（1）生产销售A电子烟给电子烟批发企业，不含增值税销售额为100万元。

（2）甲企业（不持有电子烟商标B）从事电子烟代加工业务，生产销售B电子烟给B电子烟生产企业（持有电子烟商标B），不含增值税销售额为50万元。

请计算2024年1月甲企业在分开核算A电子烟和B电子烟销售额以及未分开核算A电子烟和B电子烟销售额两种不同情况下应申报缴纳的消费税。

（1）分开核算时甲企业应申报缴纳的电子烟消费税 = 100 × 36% = 36（万元）

（2）未分开核算时甲企业应申报缴纳的电子烟消费税 = （100 + 50）× 36% = 54（万元）

（二）从量定额计算方法

在从量定额计算方法下，应纳税额的大小取决于应税消费品的销售数量和单位税额两个因素。其基本计算公式为：

$$应纳税额 = 销售数量 \times 定额税率$$

【例3-4】 某啤酒厂2024年3月销售啤酒400吨，每吨出厂价格2900元（不含增值税），另收取非重复使用的包装物押金226元/吨。请计算该啤酒厂3月应缴纳的消费税税额。

（1）啤酒定额税率的每吨出厂价格 = 2900 + 226 ÷（1 + 13%）= 3100（元）

（2）每吨出厂价在3000元以上，适用单位税额250元。

（3）该啤酒厂3月应缴纳消费税 = 400 × 250 = 100000（元）

（三）复合计税计算方法

卷烟、白酒采用复合计算方法。其基本计算公式为：

$$应纳税额 = 销售额 \times 比例税率 + 销售数量 \times 定额税率$$

纳税人发生销货退回的应税消费品已缴纳的消费税税款可以办理退税。在办理退税手续时，纳税人应将开具的红字增值税发票、退税说明等资料报主管税务机关备案。主管税务机关核对无误后办理退税。

【例3-5】 2023年5月，某白酒厂销售白酒100吨，取得不含增值税销售额1480万元。请计算该白酒厂当月应缴纳的消费税税额。

该白酒厂5月应缴纳消费税 = 100 × 2000 × 0.5 ÷ 10000 + 1480 × 20% = 306（万元）

二、自产自用应税消费品应纳税额的计算

自产自用，是指纳税人生产应税消费品后，不是直接用于对外销售，而是用于连续生产应税消费品或用于其他方面。

（一）用于连续生产应税消费品的规定

按照《消费税暂行条例》的规定，纳税人自产自用的应税消费品，用于连续生产应税消费品的，不纳税。用于连续生产应税消费品，是指纳税人将自产自用的应税消费品作为直接材料生产最终应税消费品，自产自用应税消费品构成最终应税消费品的实体。对自产自用的应税消费品，用于连续生产应税消费品的，不再征税，体现了税不重征和计税简便的原则，避免了重复征税。如卷烟厂生产的烟丝，如果直接对外销售，应缴纳消费税。但如果烟丝用于本厂连续生产卷烟，用于连续生产卷烟的烟丝就不缴纳消费税，只对生产销售的卷烟征收消费税。

（二）用于其他方面的规定

按照《消费税暂行条例》的规定，纳税人自产自用的应税消费品，用于其他方面的，于移送使用时纳税。用于其他方面的，是指纳税人将自产自用应税消费品用于生产非应税消费

品、在建工程、管理部门、非生产机构、提供劳务、馈赠、赞助、集资、广告、样品、职工福利、奖励等方面。

这里所说的自产自用的应税消费品用于生产非应税消费品,是指把自产的应税消费品用于生产《消费税税目税率表》所列15类应税消费品以外的产品。

纳税人把自产应税消费品用于本企业基本建设、专项工程、生活福利设施等其他方面,从形式上看,并没有取得销售收入,但却要视同对外销售,计征消费税。这是因为,企业如以外购的应税消费品用于本企业基本建设、专项工程、生活福利设施,其外购价款中包含有消费税税金。对用于基本建设、专项工程和生活福利设施的自产应税消费品征税,可以平衡外购应税消费品与自产应税消费品之间的税负,使企业无论使用外购应税消费品,还是使用自产应税消费品进行基本建设等项目,其价款中都含有税金,从而有利于公平税负,并保证财政收入。总之,企业自产的应税消费品虽然没有用于销售,但只要是用于税法所规定的范围都要视同销售,依法缴纳消费税。

自2009年1月1日起,对成品油生产企业在生产成品油过程中,作为燃料、动力及原料消耗掉的自产成品油,免征消费税。对用于其他用途或直接对外销售的成品油照章征收消费税。

(三)自产自用应税消费品的计税依据和应纳税额计算

根据《消费税暂行条例》的规定,纳税人自产自用的应税消费品,凡用于其他方面的,应当纳税。其计税依据和应纳税额计算具体分以下两种情况。

1. 有同类消费品销售价格的

纳税人自产自用的应税消费品用于其他方面,在移送使用时应当纳税的,按照纳税人生产的同类消费品销售价格计算纳税。

同类消费品销售价格,是指纳税人当月销售的同类消费品的销售价格,如果当月同类消费品各期销售价格高低不同,应按销售数量加权平均计算。但销售的应税消费品有下列情况之一的,不得列入加权平均计算:

(1)销售价格明显偏低又无正当理由的。

(2)无销售价格的。

如果当月无销售或者当月未完结,应按照同类消费品上月或最近月份的销售价格计算纳税。

2. 没有同类消费品销售价格的

如果纳税人自产自用的应税消费品,在计算征收消费税时,没有同类消费品销售价格,应按组成计税价格计算纳税。

(1)实行从价定率办法征税的计税依据和应纳税额计算。

实行从价定率办法征税的计税依据为组成计税价格,组成计税价格的计算公式如下:

$$组成计税价格 = \frac{成本 + 利润}{1 - 比例税率} = \frac{成本 \times (1 + 成本利润率)}{1 - 比例税率}$$

$$应纳税额 = 组成计税价格 \times 适用税率$$

【例3-6】 某酒厂将自产的葡萄酒作为年终奖励发给本厂职工,查知无同类产品销售价格,该批葡萄酒的生产成本为15000元。葡萄酒的成本利润率为5%,

消费税适用税率为10%。请计算该酒厂上述业务应缴纳的消费税税额。

组成计税价格 = 15000 × (1 + 5%) ÷ (1 − 10%) = 17500(元)

应缴纳消费税税额 = 17500 × 10% = 1750(元)

（2）实行从量定额办法征税的计税依据和应纳税额计算。

实行从量定额办法征税的计税依据为自产自用数量,应纳税额的计算公式如下:

$$应纳税额 = 自产自用数量 × 定额税率$$

【例3-7】 某酒厂将自产的0.5吨黄酒作为年终奖励发给本厂职工,查知无同类产品销售价格,该批黄酒的生产成本为15000元。黄酒消费税定额税率为240元/吨。请计算该酒厂上述业务应缴纳的消费税税额。

应缴纳消费税税额 = 0.5 × 240 = 120(元)

（3）实行复合计税办法征税的计税依据和应纳税额的计算。

实行复合计税办法征税的计税依据分别为组成计税价格和自产自用数量,组成计税价格的计算公式如下:

$$组成计税价格 = \frac{成本 + 利润 + 自产自用数量 × 定额税率}{1 − 比例税率}$$

$$应纳税额 = 组成计税价格 × 比例税率 + 自产自用数量 × 定额税率$$

上述公式中的"成本"是指应税消费品的生产成本,"利润"是指根据应税消费品的全国平均成本利润率计算的利润。应税消费品的全国平均成本利润率由国家税务总局确定,见表3-2。

表3-2　　　　　　　　　　　应税消费品全国平均成本利润率表

序号	应税消费品	利润率	序号	应税消费品	利润率	序号	应税消费品	利润率
1	甲类卷烟	10%	8	其他酒	5%	15	高尔夫球及球具	10%
2	乙类卷烟	5%	9	高档化妆品	5%	16	高档手表	20%
3	雪茄烟	5%	10	鞭炮、焰火	5%	17	游艇	10%
4	电子烟	10%	11	贵重首饰及珠宝玉石	6%	18	木制一次性筷子	5%
5	烟丝	5%	12	摩托车	6%	19	实木地板	5%
6	粮食白酒	10%	13	乘用车	8%	20	电池	4%
7	薯类白酒	5%	14	中轻型商用客车	5%	21	涂料	7%

【例3-8】 某酒厂将自产的300斤薯类白酒作为年终奖励发给本厂职工,查知无同类产品销售价格,该批白酒的生产成本为15000元,成本利润率为5%。白酒消费税适用比例税率为20%,定额税率为0.5元/斤。请计算该酒厂上述业务应缴纳的消费税税额。

组成计税价格 = [15000 × (1 + 5%) + 0.5 × 300] ÷ (1 - 20%) = 19875(元)

应缴纳消费税税额 = 19875 × 20% + 0.5 × 300 = 4125(元)

三、已纳消费税的扣除

由于某些应税消费品是用外购已缴纳消费税的应税消费品连续生产出来的,为了避免重复征税,现行消费税政策规定,对外购、进口应税消费品和委托加工收回的应税消费品连续生产应税消费品销售的,计算征收消费税时,应按当期生产领用数量计算准予扣除的应税消费品已纳的消费税税款。

(一)外购应税消费品已纳消费税的扣除

1. 外购应税消费品已纳税款扣除范围

(1)外购已税烟丝生产的卷烟。

(2)外购已税高档化妆品生产的高档化妆品。

(3)外购已税珠宝玉石生产的贵重首饰及珠宝玉石。

(4)外购已税鞭炮、焰火生产的鞭炮、焰火。

(5)外购已税汽油、柴油、石脑油、燃料油、润滑油为原料生产的应税成品油。

(6)外购已税杆头、杆身和握把为原料生产的高尔夫球杆。

(7)外购已税木制一次性筷子为原料生产的木制一次性筷子。

(8)外购已税实木地板为原料生产的实木地板。

(9)外购葡萄酒连续生产应税葡萄酒。

纳税人从葡萄酒生产企业购进、进口葡萄酒连续生产应税葡萄酒的,准予从葡萄酒消费税应纳税额中扣除所耗用应税葡萄酒已纳消费税税款。如本期消费税应纳税额不足抵扣的,余额留待下期抵扣。

葡萄酒生产企业之间销售葡萄酒,开具增值税专用发票时,须将应税葡萄酒销售行为单独开具增值税专用发票。

纳税人以进口、外购葡萄酒连续生产应税葡萄酒,分别依据海关进口消费税专用缴款书、增值税专用发票,按照现行政策规定计算扣除应税葡萄酒已纳消费税税款。

(10)啤酒生产集团内部企业间用啤酒液连续灌装生产的啤酒。

啤酒生产集团内部企业间调拨销售的啤酒液,应由啤酒液生产企业按现行规定申报缴纳消费税。

购入方企业应依据取得的销售方销售啤酒液所开具的增值税专用发票上记载的销售数量、销售额、销售单价确认销售方啤酒液适用的消费税单位税额,单独建立外购啤酒液购入使用台账,计算外购啤酒液已纳消费税税额。

购入方使用啤酒液连续灌装生产并对外销售的啤酒,应依据其销售价格确定适用单位税额计算缴纳消费税,但其外购啤酒液已纳的消费税税额,可以从其当期应纳消费税税额中抵减。

2. 准予扣除的已纳税款的计算方法

(1)实行从价定率办法计算已纳税额的。

$$当期准予扣除的外购 \atop 应税消费品已纳税款 = {当期准予扣除的外购 \atop 应税消费品买价} \times {外购应税 \atop 消费品适用税率}$$

$$当期准予扣除的外购 \atop 应税消费品买价 = {期初库存的外购 \atop 应税消费品买价} + {当期购进的外购 \atop 应税消费品买价} - {期末库存的外购 \atop 应税消费品买价}$$

外购应税消费品买价为纳税人取得的规定的发票（含销货清单）注明的应税消费品的销售额（不包括增值税税款）。

需要指出的是，纳税人用外购的已税珠宝玉石生产的，改在零售环节征收消费税的金银首饰（镶嵌首饰）、钻石首饰，在计税时，一律不得扣除外购珠宝玉石的已纳税款。

（2）实行从量定额办法计算已纳税额的。

$$当期准予扣除的外购 \atop 应税消费品已纳税款 = {当期准予扣除的外购 \atop 应税消费品数量} \times {外购应税 \atop 消费品单位税额}$$

$$当期准予扣除的外购 \atop 应税消费品数量 = {期初库存的外购 \atop 应税消费品数量} + {当期购进的外购 \atop 应税消费品数量} - {期末库存的外购 \atop 应税消费品数量}$$

外购应税消费品数量为规定的发票（含销货清单）注明的应税消费品的销售数量。

（二）委托加工收回应税消费品已纳消费税的扣除

根据《消费税若干具体问题的规定》（国税发〔1993〕156号）、《国家税务总局关于消费税若干征税问题的通知》（国税发〔1994〕130号）及《财政部　国家税务总局关于调整和完善消费税政策的通知》（财税〔2006〕33号）等有关规定，纳税人用委托加工收回的下列应税消费品连续生产应税消费品，在计征消费税时可以扣除委托加工收回应税消费品的已纳消费税税款。

1. 委托加工收回应税消费品已纳税款扣除范围

（1）以委托加工收回的已税烟丝为原料生产的卷烟；

（2）以委托加工收回的已税高档化妆品为原料生产的高档化妆品；

（3）以委托加工收回的已税珠宝玉石为原料生产的贵重首饰及珠宝玉石；

（4）以委托加工收回的已税鞭炮、焰火为原料生产的鞭炮、焰火；

（5）以委托加工收回的已税汽油、柴油、石脑油、燃料油、润滑油为原料生产的应税成品油；

（6）以委托加工收回的已税杆头、杆身和握把为原料生产的高尔夫球杆；

（7）以委托加工收回的已税木制一次性筷子为原料生产的木制一次性筷子；

（8）以委托加工收回的已税实木地板为原料生产的实木地板。

2. 准予扣除的已纳税款的计算方法

委托加工收回的应税消费品连续生产的应税消费品，准予从应纳消费税税额中按当期生产领用数量计算扣除其已纳消费税税款。计算公式如下：

$$当期准予扣除的 \atop 委托加工应税 \atop 消费品已纳税款 = {期初库存的 \atop 委托加工应税 \atop 消费品已纳税款} + {当期收回的 \atop 委托加工应税 \atop 消费品已纳税款} - {期末库存的 \atop 委托加工应税 \atop 消费品已纳税款}$$

值得注意的是，纳税人用委托加工收回的已税珠宝玉石生产的改在零售环节征收消费税的金银、钻石首饰,在计税时一律不得扣除委托加工收回的珠宝玉石已纳的消费税税款。

【例3－9】 甲卷烟生产企业2024年3月初库存外购烟丝不含增值税买价150万元,本月从某烟丝厂购进烟丝不含税购进金额为200万元,月末库存烟丝金额50万元,其余由企业领用生产卷烟。请计算甲卷烟厂本月准予扣除的外购烟丝已缴纳的消费税税额。

当期准予扣除外购烟丝的买价 = 150 + 200 - 50 = 300(万元)

甲卷烟厂本月准予扣除的外购烟丝已缴纳的消费税税额 = 300 × 30% = 90(万元)

第六节　委托加工应税消费品应纳税额的计算

一、委托加工应税消费品的确定

委托加工的应税消费品,是指由委托方提供原料和主要材料,受托方只收取加工费和代垫部分辅助材料加工的应税消费品。对于由受托方提供原材料生产的应税消费品,或者受托方先将原材料卖给委托方,然后再接受加工的应税消费品,以及由受托方以委托方名义购进原材料生产的应税消费品,不论纳税人在财务上是否作销售处理,都不得作为委托加工应税消费品,而应当按照销售自制应税消费品缴纳消费税。

二、代收代缴税款

委托加工应税消费品,委托方为消费税纳税人,受托方是代收代缴义务人。委托加工的应税消费品,除受托方为个人外,由受托方在向委托方交货时代收代缴消费税。纳税人委托个人(含个体工商户)加工应税消费品,于委托方收回后在委托方所在地缴纳消费税。

如果受托方没有按有关规定代收代缴消费税,应按照《中华人民共和国税收征收管理法》规定,对受托方处以应代收代缴税款50%以上3倍以下的罚款。对于受托方未按规定代收代缴税款的,不能因此免除委托方补缴税款的责任,应由委托方补缴消费税税款,委托方补缴税款的计税依据是:如果收回的应税消费品已直接销售,按销售额计税补征;如果收回的应税消费品尚未销售或用于连续生产等,按组成计税价格计税补征。计税价格的计算公式与委托加工应税消费品的组成计税价格公式相同。

委托加工的应税消费品,受托方在交货时已代收代缴消费税,委托方收回后直接销售的,不再征收消费税。委托加工的应税消费品直接出售,是指委托方收回的应税消费品,以不高于受托方的计税价格出售。委托方以高于受托方的计税价格出售的,不属于直接出售,需按照规定申报缴纳消费税,在计税时准予扣除受托方已代收代缴的消费税。

根据《国家税务总局关于卷烟生产企业购进卷烟直接销售不再征收消费税的批复》(国税函〔2001〕955号)的规定,对既有自产卷烟,同时又委托联营企业加工与自产卷烟牌号、规格相同卷烟的工业企业(以下简称回购企业),从联营企业购进后再直接销售的卷烟,对外销售时不论是否加价,凡是符合下述条件的不再征收消费税,不符合下述条件的则征收

消费税:

（1）回购企业在委托联营企业加工卷烟时,除提供给联营企业所需加工卷烟牌号外,还须同时提供税务机关已公示的消费税计税价格。

（2）联营企业必须按照已公示的调拨价格申报缴纳消费税。

（3）回购企业将联营企业加工卷烟回购后再销售的卷烟,其销售收入应与自产卷烟的销售收入分开核算,以备税务机关检查;如不分开核算,则一并计入自产卷烟销售收入征收消费税。

三、组成计税价格及应纳税额的计算

根据《消费税暂行条例》的规定,委托加工的应税消费品的计税依据分以下两种情况。

(一)受托方有同类消费品销售价格的

受托方有同类消费品销售价格的,按照受托方的同类消费品的销售价格计算纳税。同类消费品的销售价格,是指受托方(代收代缴义务人)当月销售的同类消费品的销售价格,如果当月同类消费品各期销售价格高低不同,应按销售数量加权平均计算。但销售的应税消费品有下列情况之一的,不得列入加权平均计算:

（1）销售价格明显偏低并无正当理由的;

（2）无销售价格的。

如果当月无销售或者当月未完结,应按照同类消费品上月或者最近月份的销售价格计算纳税。

应代收代缴税额的计算公式有以下两种。

从价定率计税办法的计算公式:

$$应代收代缴税额 = 同类消费品销售额 \times 比例税率$$

复合计税办法的计算公式:

$$应代收代缴税额 = 同类消费品销售额 \times 比例税率 + 委托加工数量 \times 定额税率$$

(二)受托方没有同类消费品销售价格的

受托方没有同类消费品销售价格的,按组成计税价格计税。

从价定率计税办法计算纳税的组成计税价格及应纳税额计算公式:

$$组成计税价格 = (材料成本 + 加工费) \div (1 - 比例税率)$$

$$应代收代缴税额 = 组成计税价格 \times 比例税率$$

复合计税办法计算纳税的组成计税价格及应纳税额计算公式:

$$组成计税价格 = (材料成本 + 加工费 + 委托加工数量 \times 定额税率) \div (1 - 比例税率)$$

$$应代收代缴税额 = 组成计税价格 \times 比例税率 + 委托加工数量 \times 定额税率$$

《消费税暂行条例实施细则》规定,材料成本,是指委托方所提供加工材料的实际成本。委托加工应税消费品的纳税人,必须在委托加工合同上如实注明(或以其他方式提供)材料成本,凡未提供材料成本的,受托方主管税务机关有权核定其材料成本。

《消费税暂行条例实施细则》规定,加工费,是指受托方加工应税消费品向委托方所收

取的全部费用,包括代垫辅助材料的实际成本。

【例3-10】 甲企业委托乙企业加工一批应税消费品,甲企业为乙企业提供原材料,实际成本为7000元,支付给乙企业不含增值税的加工费2000元,其中包括乙企业代垫的辅助材料500元。已知适用消费税税率为10%,且实行从价定率办法计征。受托方无同类消费品销售价格。请计算乙企业代收代缴应税消费品的消费税税款。

组成计税价格=(材料成本+加工费)÷(1-比例税率)=(7000+2000)÷(1-10%)=10000(元)

代收代缴消费税税款=10000×10%=1000(元)

【例3-11】 甲涂料生产企业2024年2月发生如下经营业务:

(1)在境内生产并销售油脂类涂料(施工状态下挥发性有机物含量高于420克/升)1吨,取得不含增值税销售额200万元。

(2)委托境内乙企业加工橡胶类涂料(施工状态下挥发性有机物含量高于420克/升)1吨,收回后再销售的不含税销售额100万元,乙企业同类消费品的销售价格(不含税)为80万元/吨,涂料成本30万元,加工费20万元。涂料消费税税率为4%。根据上述资料回答下列问题:

(1)请计算甲企业生产销售自产涂料应缴纳的消费税。

(2)请计算乙企业受托加工涂料应代收代缴的消费税。

(3)请计算甲企业销售委托加工收回的涂料应缴纳的消费税。

(4)请计算甲企业本月应申报缴纳的消费税。

解析:

(1)甲企业生产销售自产涂料应缴纳的消费税=200×4%=8(万元)

(2)乙企业受托加工涂料应代收代缴的消费税=80×4%=3.2(万元)

(3)甲企业销售委托加工收回的涂料应缴纳的消费税=100×4%-80×4%=0.8(万元)

(4)甲企业本月应申报缴纳的消费税=8+0.8=8.8(万元)

第七节　进口应税消费品应纳消费税的计算

一、进口应税消费品的基本规定

根据《消费税暂行条例》及其实施细则等有关规定,进口应税消费品的有关规定如下。

(一)纳税义务人

进口或代理进口应税消费品的单位和个人,为进口应税消费品消费税的纳税义务人。自2022年11月1日起,进口电子烟的单位和个人为电子烟进口环节纳税人。

(二)税目和税率

进口应税消费品的税目、税率(税额),依照《消费税税目税率表》执行。

（三）进口应税消费品组成计税价格及应纳税额计算

1. 实行从价定率办法应纳税额的计算

组成计税价格的计算公式为：

$$组成计税价格 = \frac{关税完税价格 + 关税}{1 - 消费税比例税率}$$

$$应纳税额 = 组成计税价格 \times 消费税比例税率$$

公式中"关税完税价格"是指海关核定的关税计税价格。

2. 实行从量定额办法应纳税额的计算

$$应纳税额 = 应税消费品数量 \times 消费税定额税率$$

公式中"应税消费品数量"是指海关核定的应税消费品进口征税数量。

3. 实行复合计税办法应纳税额的计算

组成计税价格的计算公式为：

$$组成计税价格 = \frac{关税完税价格 + 关税 + 进口数量 \times 消费税定额税率}{1 - 消费税比例税率}$$

$$应纳消费税税额 = 组成计税价格 \times 消费税比例税率 + 消费税定额税$$

其中

$$消费税定额税 = 海关核定的进口应税消费品数量 \times 消费税定额税率$$

【例3-12】 某公司从境外进口一批高档化妆品，经海关核定，关税的完税价格为54000元，进口关税税率为25%，消费税税率为15%。请计算该公司进口该批高档化妆品应缴纳消费税税额。

$$组成计税价格 = \frac{关税完税价格 + 关税}{1 - 消费税比例税率} = \frac{54000 + 54000 \times 25\%}{1 - 15\%} = 79411.76（元）$$

$$应纳税额 = 组成计税价格 \times 消费税比例税率 = 79411.76 \times 15\% = 11911.76（元）$$

（四）小汽车进口环节消费税

为了引导合理消费，调节收入分配，促进节能减排，经国务院批准，对小汽车进口环节消费税进行调整。

自2016年12月1日起，对我国驻外使领馆工作人员、外国驻华机构及人员、非居民常住人员、政府间协议规定等应税（消费税）进口自用，且完税价格130万元及以上的超豪华小汽车消费税，按照生产（进口）环节税率和零售环节税率（10%）加总计算，由海关代征。

（五）税收优惠政策

根据《财政部 海关总署 国家税务总局关于印发〈关于进口货物进口环节海关代征税税收政策问题的规定〉的通知》（财关税〔2004〕7号）的有关规定，进口货物税收优惠包括以下内容。

1. 经海关批准暂时进境的下列货物，在进境时纳税义务人向海关缴纳相当于应纳税款的保证金或者提供其他担保的,可以暂不缴纳进口环节增值税和消费税,并应当自进境之日起6个月内复运出境;经纳税义务人申请,海关可以根据海关总署的规定延长复运出境的期限。

(1)在展览会、交易会、会议及类似活动中展示或者使用的货物;

(2)文化、体育交流活动中使用的表演、比赛用品;

(3)进行新闻报道或者摄制电影、电视节目使用的仪器、设备及用品;

(4)开展科研、教学、医疗活动使用的仪器、设备及用品;

(5)在第(1)项至第(4)项所列活动中使用的交通工具及特种车辆;

(6)货样;

(7)供安装、调试、检测设备时使用的仪器、工具;

(8)盛装货物的容器;

(9)其他用于非商业目的的货物。

上述所列暂准进境货物在规定的期限内未复运出境的,海关应当依法征收进口环节增值税和消费税。其他暂准进境货物,应当按照该货物的组成计税价格和其在境内滞留时间与折旧时间的比例分别计算征收进口环节增值税和消费税。

2. 因残损、短少、品质不良或者规格不符原因,由进口货物的发货人、承运人或者保险公司免费补偿或者更换的相同货物,进口时不征收进口环节增值税和消费税。被免费更换的原进口货物不退运出境的,海关应当对原进口货物重新按照规定征收进口环节增值税和消费税。

3. 进口环节增值税税额在人民币50元以下的一票货物,免征进口环节增值税;消费税税额在人民币50元以下的一票货物,免征进口环节消费税。

4. 无商业价值的广告品和货样免征进口环节增值税和消费税。

5. 外国政府、国际组织无偿赠送的物资免征进口环节增值税和消费税。

6. 在海关放行前损失的进口货物免征进口环节增值税和消费税。在海关放行前遭受损坏的货物,可以按海关认定的进口货物受损后的实际价值确定进口环节增值税和消费税组成计税价格公式中的关税完税价格和关税,并依法计征进口环节增值税和消费税。

7. 进境运输工具装载的途中必需的燃料、物料和饮食用品免征进口环节增值税和消费税。

8. 有关法律、行政法规规定进口货物减征或者免征进口环节海关代征税的,海关按照规定执行。

(六)征收管理

1. 进口的应税消费品,于报关进口时缴纳消费税。

2. 进口的应税消费品的消费税由海关代征。

3. 进口的应税消费品,由进口人或者其代理人向报关地海关申报纳税。

4. 纳税人进口应税消费品,应当自海关填发海关进口消费税专用缴款书之日起15日内缴纳税款。

二、跨境电子商务零售进口税收政策

自2016年4月8日起,为营造公平竞争的市场环境,促进跨境电子商务零售进口健康发展,跨境电子商务零售(企业对消费者,即B2C)进口税收政策规定如下。

1. 跨境电子商务零售进口商品按照货物征收关税和进口环节增值税、消费税,购买跨境电子商务零售进口商品的个人作为纳税义务人,实际交易价格(包括货物零售价格、运费和保险费)作为完税价格,电子商务企业、电子商务交易平台企业或物流企业可作为代收代缴义务人。

2. 跨境电子商务零售进口税收政策适用于从其他国家或地区进口的、《跨境电子商务零售进口商品清单》范围内的以下商品:

(1)所有通过与海关联网的电子商务交易平台交易,能够实现交易、支付、物流电子信息"三单"比对的跨境电子商务零售进口商品;

(2)未通过与海关联网的电子商务交易平台交易,但快递、邮政企业能够统一提供交易、支付、物流等电子信息,并承诺承担相应法律责任进境的跨境电子商务零售进口商品。

不属于跨境电子商务零售进口的个人物品以及无法提供交易、支付、物流等电子信息的跨境电子商务零售进口商品,按现行规定执行。

3. 跨境电子商务零售进口商品的单次交易限值为人民币 5000 元,个人年度交易限值为人民币 26000 元。完税价格超过 5000 元单次交易限值但低于 26000 元年度交易限值,且订单下仅一件商品时,可以自跨境电商零售渠道进口,按照货物税率全额征收关税和进口环节增值税、消费税,交易额计入年度交易总额,但年度交易总额超过年度交易限值的,应按一般贸易管理。在限值以内进口的跨境电子商务零售进口商品,关税税率暂设为零;进口环节增值税、消费税取消免征税额,暂按法定应纳税额的 70% 征收。

4. 跨境电子商务零售进口商品自海关放行之日起 30 日内退货的,可申请退税,并相应调整个人年度交易总额。

5. 跨境电子商务零售进口商品购买人(订购人)的身份信息应进行认证;未进行认证的,购买人(订购人)身份信息应与付款人一致。

三、跨境电子商务出口退运税收政策

为加快发展外贸新业态,推动贸易高质量发展,对 2023 年 1 月 30 日至 2025 年 12 月 31 日在跨境电子商务海关监管代码(1210、9610、9710、9810)项下申报出口,因滞销、退货原因,自出口之日起 6 个月内原状退运进境的商品(不含食品),免征进口关税和进口环节增值税、消费税;出口时已征收的出口关税准予退还,出口时已征收的增值税、消费税参照内销货物发生退货有关税收规定执行。

四、部分成品油进口环节消费税政策

为维护公平税收秩序,根据国内成品油消费税政策相关规定,财政部、海关总署、国家税务总局发布了《关于对部分成品油征收进口环节消费税的公告》(财政部 海关总署 税务总局公告 2021 年第 19 号),对部分成品油征收进口环节消费税作出了以下具体规定,自 2021 年 6 月 12 日起执行。

1. 对归入税则号列27075000,且在 200 摄氏度以下时蒸馏出的芳烃以体积计小于95%的进口产品,视同石脑油按 1.52 元/升的单位税额征收进口环节消费税。

2. 对归入税则号列27079990、27101299 的进口产品,视同石脑油按 1.52 元/升的单位税额征收进口环节消费税。

3. 对归入税则号列 27150000,且在 440 摄氏度以下时蒸馏出的矿物油以体积计大于 5% 的进口产品,视同燃料油按 1.2 元/升的单位税额征收进口环节消费税。

4. 上述"视同"仅涉及消费税的征、退(免)税政策。

第八节　批发、零售环节应纳消费税的计算

一、卷烟批发环节征收消费税的规定

自 2009 年 5 月 1 日起,在卷烟批发环节加征一道从价税。自 2015 年 5 月 10 日起,卷烟批发环节消费税税率又作调整,实行在从价计征的基础上,同时从量计征的复合计税方式。

1. 纳税义务人:在中华人民共和国境内从事卷烟批发业务的单位和个人。

纳税人销售给纳税人以外的单位和个人的卷烟于销售时纳税。纳税人之间销售的卷烟不缴纳消费税。

2. 征收范围:纳税人批发销售的所有牌号规格的卷烟。

3. 计税依据:纳税人批发卷烟的销售额(不含增值税)和销售数量。

纳税人应将卷烟销售额与其他商品销售额分开核算,未分开核算的,一并征收消费税。

纳税人兼营卷烟批发和零售业务的,应当分别核算批发和零售环节的销售额、销售数量;未分别核算批发和零售环节销售额、销售数量的,按照全部销售额、销售数量计征批发环节消费税。

4. 适用税率:从价税率 11%,从量税率 0.005 元/支。

5. 纳税义务发生时间:纳税人收讫销售款或者取得索取销售款凭据的当天。

6. 纳税地点:卷烟批发企业的机构所在地,总机构与分支机构不在同一地区的,由总机构申报纳税。

7. 卷烟消费税在生产和批发两个环节征收后,批发企业在计算纳税时不得扣除已含的生产环节的消费税税款。

二、电子烟批发环节征收消费税的规定

自 2022 年 11 月 1 日起,对电子烟批发环节征收消费税。

1. 纳税义务人:在中华人民共和国境内批发电子烟的单位为消费税纳税人。电子烟批发环节纳税人,是指取得烟草专卖批发企业许可证并经营电子烟批发业务的企业。

2. 征收范围:电子烟。

3. 税率:电子烟批发环节的税率为 11%。

4. 计税依据:纳税人批发电子烟的,按照批发电子烟的销售额计算纳税。

三、金银首饰零售环节征收消费税的规定

根据《财政部　国家税务总局关于调整金银首饰消费税纳税环节有关问题的通知》[(1994)财税字第 95 号]的规定,金银首饰消费税由生产销售环节征收改为零售环节征收。

(一)纳税义务人

在中华人民共和国境内从事金银首饰零售业务的单位和个人,为金银首饰消费税的纳

税义务人。委托加工（除另有规定外）、委托代销金银首饰的，受托方是纳税人。

（二）改为零售环节征收消费税的金银首饰范围

（1994）财税字第 95 号文件规定，改为零售环节征收消费税的金银首饰范围包括：金、银和金基、银基合金首饰，以及金、银和金基、银基合金的镶嵌首饰。自 2002 年 1 月 1 日起，钻石及钻石饰品消费税改为零售环节征税。自 2003 年 5 月 1 日起，铂金首饰消费税改为零售环节征税。

既销售金银首饰，又销售非金银首饰的生产经营单位，应将两类商品划分清楚，分别核算销售额。凡划分不清楚或不能分别核算的，在生产环节销售的，一律从高适用税率征收消费税；在零售环节销售的，一律按金银首饰征收消费税。金银首饰与其他产品组成成套消费品销售的，应按销售额全额征收消费税。

（三）税率

金银首饰消费税税率为 5%。

（四）计税依据

1. 纳税人销售金银首饰，其计税依据为不含增值税的销售额。如果纳税人销售金银首饰的销售额中未扣除增值税税额，在计算消费税时，应按以下公式换算为不含增值税税额的销售额：

$$金银首饰的销售额 = \frac{含增值税的销售额}{1 + 增值税税率或征收率}$$

2. 金银首饰连同包装物销售的，无论包装物是否单独计价，也无论会计上如何核算，均应并入金银首饰的销售额，计征消费税。

3. 带料加工的金银首饰，应按受托方销售同类金银首饰的销售价格确定计税依据征收消费税。没有同类金银首饰销售价格，按照组成计税价格计算纳税。计算公式为：

$$组成计税价格 = \frac{材料成本 + 加工费}{1 - 金银首饰消费税税率}$$

4. 纳税人采用以旧换新（含翻新改制）方式销售的金银首饰，应按实际收取的不含增值税的全部价款确定计税依据征收消费税。

5. 生产、批发、零售单位用于馈赠、赞助、集资、广告、样品、职工福利、奖励等方面的金银首饰，应按纳税人销售同类金银首饰的销售价格确定计税依据征收消费税；没有同类金银首饰销售价格的，按照组成计税价格计算纳税。计算公式为：

$$组成计税价格 = \frac{购进原价 \times (1 + 利润率)}{1 - 金银首饰消费税税率}$$

纳税人为生产企业时，公式中的"购进原价"为生产成本，"利润率"一律定为 6%。

6. 金银首饰消费税改变纳税环节后，用已税珠宝玉石生产的镶嵌首饰，在计税时一律不得扣除已纳的消费税税款。

（五）申报与缴纳

1. 纳税环节

纳税人销售（指零售）的金银首饰（含以旧换新），于销售时纳税；用于馈赠、赞助、集资、广告、样品、职工福利、奖励等方面的金银首饰，于移送时纳税；带料加工、翻新改制的金银首饰,于受托方交货时纳税。

金银首饰消费税改变征税环节后,经营单位进口金银首饰的消费税,由进口环节征收改为在零售环节征收;出口金银首饰由出口退税改为出口不退消费税。

个人携带、邮寄金银首饰进境,仍按海关现行规定征税。

2. 纳税义务发生时间

(1)纳税人销售金银首饰,其纳税义务发生时间为收讫销货款或取得索取销货凭证的当天;

(2)用于馈赠、赞助、集资、广告、样品、职工福利、奖励等方面的金银首饰,其纳税义务发生时间为移送的当天;

(3)带料加工、翻新改制的金银首饰,其纳税义务发生时间为受托方交货的当天。

3. 纳税地点

纳税人应向其核算地主管税务局申报纳税。

四、超豪华小汽车零售环节征收消费税的规定

自 2016 年 12 月 1 日起,对超豪华小汽车在生产(进口)环节按现行税率征收消费税的基础上,在零售环节加征消费税。

1. 纳税人。将超豪华小汽车销售给消费者的单位和个人为超豪华小汽车零售环节纳税人。

2. 征收范围。每辆零售价格 130 万元(不含增值税)及以上的乘用车和中轻型商用客车,即乘用车和中轻型商用客车中的超豪华小汽车。

3. 税率。税率为 10%。

4. 应纳税额的计算。超豪华小汽车零售环节消费税应纳税额计算公式:

$$应纳税额 = 零售环节销售额(不含增值税) \times 零售环节税率$$

国内汽车生产企业直接销售给消费者的超豪华小汽车,消费税税率按照生产环节税率和零售环节税率加总计算。消费税应纳税额计算公式:

$$应纳税额 = 销售额 \times (生产环节税率 + 零售环节税率)$$

【例 3 - 13】 某汽车厂为增值税一般纳税人,2024 年 3 月向 4S 店销售自产超豪华小汽车,取得不含增值税销售额 2000 万元;当月向消费者销售自产超豪华小汽车,取得含增值税销售额 339 万元。超豪华小汽车生产环节消费税税率为 40%,零售环节消费税税率为 10%。请计算该汽车厂本月应缴纳的消费税税额。

(1)汽车生产企业向 4S 店销售自产超豪华小汽车按照 40% 的税率缴纳消费税。

(2)汽车生产企业直接销售给消费者的超豪华小汽车,消费税税率按照生产环节税率和零售环节税率加总计算。

(3)该汽车厂本月应缴纳消费税 = 2000 × 40% + 339 ÷ (1 + 13%) × (40% + 10%) = 950(万元)

五、其他视同销售应税消费品行为的规定

1. 工业企业以外的单位和个人视同生产销售应税消费品。

工业企业以外的单位和个人的下列行为视为应税消费品的生产行为,按规定征收消费税:

(1)将外购的消费税非应税产品以消费税应税产品对外销售的;

(2)将外购的消费税低税率应税产品以高税率应税产品对外销售的。

2. 工业企业外购应税消费品后销售。

(1)对既有自产应税消费品,同时又购进与自产应税消费品同样的应税消费品进行销售的工业企业,对其销售的外购应税消费品应当征收消费税,同时可以扣除外购应税消费品的已纳税款。

上述允许扣除已纳税款的外购应税消费品仅限于烟丝,高档化妆品,珠宝玉石,鞭炮、焰火和摩托车。

(2)对自己不生产应税消费品,而只是购进后再销售应税消费品的工业企业,其销售的高档化妆品,鞭炮、焰火和珠宝玉石,凡不能构成最终消费品直接进入消费品市场,而需进一步生产加工的(如需进行深加工、包装、贴标、组合的珠宝玉石,高档化妆品,鞭炮、焰火等),应当征收消费税,同时允许扣除上述外购应税消费品的已纳税款。

允许扣除已纳税款的应税消费品包括从工业企业购进的应税消费品和商业企业购进的应税消费品。

3. 外购电池、涂料大包装改成小包装或者外购电池、涂料不经加工只贴商标的行为,视同应税消费品的生产行为。发生上述生产行为的单位和个人应按规定申报缴纳消费税。

4. 对外购润滑油大包装改小包装、贴标等简单加工的征税。

单位和个人外购润滑油大包装经简单加工改成小包装,或者外购润滑油不经加工只贴商标的行为,视同应税消费品的生产行为。单位和个人发生的以上行为应当申报缴纳消费税。准予扣除外购润滑油已纳的消费税税款。

第九节　出口应税消费品的税收政策

根据《财政部　国家税务总局关于出口货物劳务增值税和消费税政策的通知》(财税〔2012〕39号)的规定,出口应税消费品退(免)税或征收消费税政策如下。

一、消费税退(免)税或征税政策的适用范围

适用第二章第十节"一、出口退(免)税政策"中"(一)退(免)税范围"第1项至第3项、"(六)适用免税政策的出口货物劳务"和"(七)适用征税政策的出口货物劳务"规定的出口货物,如果属于消费税应税消费品,实行下列消费税政策。

1. 出口免税并退税

出口企业出口或视同出口适用增值税退(免)税的货物,免征消费税,如果属于购进出口的货物,退还前一环节对其已征的消费税。

2. 出口免税但不退税

出口企业出口或视同出口适用增值税免税政策的货物,免征消费税,但不退还其以前

环节已征的消费税,且不允许在内销应税消费品应纳消费税税款中抵扣。

3. 出口不免税也不退税

出口企业出口或视同出口适用增值税征税政策的货物,应按规定缴纳消费税,不退还其以前环节已征的消费税,且不允许在内销应税消费品应纳消费税税款中抵扣。

二、消费税退税的计税依据

出口货物的消费税应退税额的计税依据,按购进出口货物的消费税专用缴款书和海关进口消费税专用缴款书确定。

1. 属于从价定率计征消费税的,为已征且未在内销应税消费品应纳税额中抵扣的购进出口货物金额。

2. 属于从量定额计征消费税的,为已征且未在内销应税消费品应纳税额中抵扣的购进出口货物数量。

3. 属于复合计征消费税的,按从价定率和从量定额的计税依据分别确定。

三、消费税退税的计算

$$\text{消费税应退税额} = \text{从价定率计征消费税的退税计税依据} \times \text{比例税率} + \text{从量定额计征消费税的退税计税依据} \times \text{定额税率}$$

第十节　征收管理

一、纳税环节

消费税的纳税环节分为以下几种情况。

1. 生产环节。生产应税消费品销售是消费税征收的主要环节,生产应税消费品由生产者于销售时纳税。消费税具有单一环节征税的特点,在生产销售环节征税以后,流通环节一般不需要再缴纳消费税。

2. 委托加工。委托加工应税消费品,由受托方在向委托方交货时代收代缴税款。委托加工的应税消费品直接出售的,不再征收消费税;委托加工应税消费品收回后用于连续生产应税消费品的,可以抵扣委托加工应税消费品的已纳消费税税款。例如,以委托加工收回的高档化妆品为原料生产的高档化妆品因最终生产的消费品需缴纳消费税,因此,对受托方代收代缴的高档化妆品消费税税款准予抵扣。

3. 进口环节。进口的应税消费品,由进口报关者于报关进口时纳税。进口环节消费税由海关代征。

4. 零售环节。金银首饰消费税由生产销售环节征收改为零售环节征收,详细说明见本章第八节。自 2016 年 12 月 1 日起,对超豪华小汽车在生产(进口)环节按现行税率征收消费税基础上,在零售环节加征消费税。

5. 批发环节。除生产环节外,对卷烟批发环节分别加征从价税和从量税。自 2022 年 11 月 1 日起,除生产环节外,对电子烟批发环节加征从价税。

6. 移送使用环节。纳税人自产自用的应税消费品,用于连续生产应税消费品的,不纳税;用于其他方面的,具体包括用于生产非应税消费品、在建工程、管理部门、非生产机构、提供劳务、馈赠、赞助、集资、广告、样品、职工福利、奖励等方面,于移送使用时纳税。

二、纳税义务发生时间

消费税纳税义务发生时间按不同的销售结算方式分为以下几种情况。

1. 纳税人销售的应税消费品,其纳税义务发生的时间为:

(1)纳税人采取赊销和分期收款结算方式的,为书面合同约定的收款日期的当天,书面合同没有约定收款日期或者无书面合同的,为发出应税消费品的当天。

(2)纳税人采取预收货款结算方式的,为发出应税消费品的当天。

(3)纳税人采取托收承付和委托银行收款方式的,为发出应税消费品并办妥托收手续的当天。

(4)纳税人采取其他结算方式的,为收讫销售款或者取得索取销售款凭据的当天。

2. 纳税人自产自用应税消费品的,其纳税义务的发生时间,为移送使用的当天。

3. 纳税人委托加工应税消费品的,其纳税义务的发生时间,为纳税人提货的当天。

4. 纳税人进口应税消费品的,其纳税义务的发生时间,为报关进口的当天。

三、纳税期限

消费税的纳税期限分别为 1 日、3 日、5 日、10 日、15 日、1 个月或者 1 个季度。纳税人的具体纳税期限,由主管税务机关根据纳税人应纳税额的大小分别核定;不能按照固定期限纳税的,可以按次纳税。

纳税人以 1 个月或者 1 个季度为 1 个纳税期的,自期满之日起 15 日内申报纳税;以其他期限纳税的,自期满之日起 5 日内预缴税款,于次月 1 日起 15 日内申报纳税并结清上月税款。

纳税人进口应税消费品,应当自海关填发海关进口消费税专用缴款书之日起 15 日内缴纳税款。

四、纳税地点

消费税纳税地点分为以下几种情况。

1. 纳税人销售的应税消费品及自产自用的应税消费品,除国家另有规定外,应当向纳税人机构所在地或者居住地的主管税务机关申报纳税。

纳税人的总机构与分支机构不在同一县(市)的,应当分别向各自机构所在地的主管税务机关申报纳税;经财政部、国家税务总局或者其授权的财政、税务机关批准,可以由总机构汇总向总机构所在地的主管税务机关申报纳税。

2. 纳税人到外县(市)销售或委托外县(市)代销自产应税消费品的,于应税消费品销售后,向机构所在地或者居住地主管税务机关申报纳税。

3. 委托加工的应税消费品,除受托方为个人外,由受托方向机构所在地或者居住地的主管税务机关解缴消费税税款。委托个人加工的应税消费品,由委托方向其机构所在地或者居住地主管税务机关申报纳税。

4. 进口的应税消费品,由进口人或由其代理人向报关地海关申报纳税。此外,个人携带或者邮寄进境的应税消费品的消费税,连同关税由海关一并计征。具体办法由国务院关税税则委员会会同有关部门制定。

五、纳税申报表

《消费税及附加税费申报表》见表 3－3。

表 3－3 消费税及附加税费申报表

税款所属期:自 年 月 日至 年 月 日

纳税人识别号(统一社会信用代码):□□□□□□□□□□□□□□□□□□□□

纳税人名称: 金额单位:人民币元(列至角分)

项目 应税消费品名称	适用税率		计量单位	本期销售数量	本期销售额	本期应纳税额
	定额税率	比例税率				
	1	2	3	4	5	$6 = 1 \times 4 + 2 \times 5$
合计	—	—	—	—	—	

	栏次	本期税费额
本期减(免)税额	7	
期初留抵税额	8	
本期准予扣除税额	9	
本期应扣除税额	$10 = 8 + 9$	
本期实际扣除税额	$11[10 < (6-7),$ 则为 10,否则为 $6-7]$	
期末留抵税额	$12 = 10 - 11$	
本期预缴税额	13	
本期应补(退)税额	$14 = 6 - 7 - 11 - 13$	
城市维护建设税本期应补(退)税额	15	
教育费附加本期应补(退)费额	16	
地方教育附加本期应补(退)费额	17	

声明:此表是根据国家税收法律法规及相关规定填写的,本人(单位)对填报内容(及附带资料)的真实性、可靠性、完整性负责。

纳税人(签章): 年 月 日

经办人: 经办人身份证号: 代理机构签章: 代理机构统一社会信用代码:	受理人: 受理税务机关(章): 受理日期: 年 月 日

第四章　城市维护建设税

第一节　城市维护建设税概述

一、城市维护建设税的概念及发展历程

城市维护建设税是对缴纳增值税、消费税的单位和个人征收的一种税。

中华人民共和国成立以来，我国城市建设和维护在不同时期都取得了较大成绩，但是国家在城市建设方面一直资金不足。1979年以前，我国用于城市维护建设的资金由当时的工商税附加、城市公用事业附加和国拨城市维护费组成。1979年，国家开始在部分大中城市试行从上年工商利润中提取5%用于城市维护和建设，但是未能从根本上解决问题。1981年，国务院在批转财政部关于改革工商税制的设想中提出："根据城市建设需要，开征城市维护建设税，作为县以上城市和工矿区市政建设的专项资金。"1985年2月8日，国务院正式颁布《中华人民共和国城市维护建设税暂行条例》，并于1985年1月1日起在全国范围内施行，城市维护建设税以纳税人实际缴纳的产品税、增值税、营业税税额为计税依据。由于1994年税制改革决定取消产品税，将其中的部分产品改征消费税，因此，城市维护建设税的计税依据相应也调整为消费税、增值税、营业税税额。2016年5月1日，全国推开营改增试点方案，营业税退出历史舞台，城市维护建设税的计税依据由增值税、消费税和营业税调整为增值税、消费税。2020年8月11日，第十三届全国人民代表大会常务委员会第二十一次会议通过《中华人民共和国城市维护建设税法》，该法自2021年9月1日起施行；1985年2月8日国务院发布的《中华人民共和国城市维护建设税暂行条例》同时废止。

二、城市维护建设税的特点

（一）属于附加税

城市维护建设税与其他税种不同，没有独立的征税对象，而是以增值税、消费税"两税"实际缴纳的税额之和为计税依据，随"两税"征收而征收。

（二）征收范围较广

增值税、消费税在我国现行税制中属于主体税种，而城市维护建设税又是其附加税，缴纳增值税、消费税的单位和个人都要缴纳城市维护建设税，因此城市维护建设税的征税范围也相应较广。

（三）根据城镇规模设计税率

一般来说，城镇规模越大，所需要的建设与维护资金越多，与此相适应，城市维护建设税的税率越高，反之越低。这种根据城镇规模不同，差别设置税率的办法，较好地适应了城市建设的不同需要。

第二节　纳税义务人

凡缴纳增值税、消费税的单位和个人,为城市维护建设税的纳税人。

自 2010 年 12 月 1 日起,对外商投资企业、外国企业及外籍个人征收城市维护建设税。

城市维护建设税的扣缴义务人为负有增值税、消费税扣缴义务的单位和个人,在扣缴增值税、消费税的同时扣缴城市维护建设税。

第三节　征税范围

城市维护建设税的征税范围比较广。具体包括城市市区、县城、建制镇,以及税法规定征收"两税"的其他地区。城市、县城、建制镇的范围,应以行政区划为标准,不能随意扩大或缩小各自行政区域的管辖范围。

对进口货物或者境外单位和个人向境内销售劳务、服务、无形资产缴纳的增值税、消费税税额,不征收城市维护建设税。

第四节　税　　率

城市维护建设税实行地区差别比例税率,纳税人所在地区不同,适用不同档次的税率。城市维护建设税税率具体如下:

1. 纳税人所在地在市区的,税率为 7% ;

2. 纳税人所在地在县城、镇的,税率为 5% ;

3. 纳税人所在地不在市区、县城或者镇的,税率为 1% 。

纳税人所在地,是指纳税人住所地或者与纳税人生产经营活动相关的其他地点,具体地点由省、自治区、直辖市确定。

市区、县城、镇按照行政区划确定。行政区划变更的,自变更完成当月起适用新行政区划对应的城市维护建设税税率,纳税人在变更完成当月的下一个纳税申报期按新税率申报缴纳。

纳税人跨地区提供建筑服务、销售和出租不动产的,应在建筑服务发生地、不动产所在地预缴增值税时,以预缴增值税税额为计税依据,并按预缴增值税所在地的城市维护建设税适用税率就地计算缴纳城市维护建设税。预缴增值税的纳税人在其机构所在地申报缴纳增值税时,以其实际缴纳的增值税税额为计税依据,并按机构所在地的城市维护建设税适用税率计算缴纳城市维护建设税。

城市维护建设税的适用税率,一般规定按纳税人所在地的适用税率执行。但对下列两种情况,可按纳税人缴纳"两税"所在地的规定税率就地缴纳城市维护建设税:

1. 由受托方代收、代扣"两税"的单位和个人;

2. 流动经营等无固定纳税地点的单位和个人。

第五节　税收优惠

城市维护建设税原则上不单独规定减免税。但是,针对一些特殊情况,财政部和国家税务总局作出了一些特别税收优惠规定。

1. 对黄金交易所会员单位通过黄金交易所销售且发生实物交割的标准黄金,免征城市维护建设税。

2. 对上海期货交易所会员和客户通过上海期货交易所销售且发生实物交割并已出库的标准黄金,免征城市维护建设税。

3. 对国家重大水利工程建设基金免征城市维护建设税。

4. 退役士兵创业就业、重点群体创业就业的税收优惠政策见第二章第五节"六、扣减增值税规定"的相关内容。

5. 经中国人民银行依法决定撤销的金融机构及其分设于各地的分支机构(包括被依法撤销的商业银行、信托投资公司、财务公司、金融租赁公司、城市信用社和农村信用社),用其财产清偿债务时,免征被撤销金融机构转让货物、不动产、无形资产、有价证券、票据等应缴纳的城市维护建设税。

6. 自2023年1月1日至2027年12月31日,对增值税小规模纳税人、小型微利企业和个体工商户减半征收城市维护建设税。

7. 继续对经营性文化事业单位转制为企业中资产评估增值、资产转让或划转涉及的城市维护建设税,符合现行规定的享受相应税收优惠政策,政策执行至2027年12月31日。

此外,对由于减免增值税、消费税而发生的退税,同时退还已缴纳的城市维护建设税,对出口产品退还增值税、消费税的,不退还已缴纳的城市维护建设税。对增值税、消费税"两税"实行先征后返、先征后退、即征即退办法的,除另有规定外,对随"两税"附征的城市维护建设税,一律不予退(返)还。

第六节　计税依据

城市维护建设税以纳税人依法实际缴纳的增值税、消费税税额(以下简称"两税"税额)为计税依据。

依法实际缴纳的"两税"税额,是指纳税人依照增值税、消费税相关法律法规和税收政策规定计算的应当缴纳的"两税"税额(不含因进口货物或境外单位和个人向境内销售劳务、服务、无形资产缴纳的"两税"税额),加上增值税免抵税额,扣除直接减免的"两税"税额和期末留抵退税退还的增值税税额后的金额。直接减免的"两税"税额,是指依照增值税、消费税相关法律法规和税收政策规定,直接减征或免征的"两税"税额,不包括实行先征后返、先征后退、即征即退办法退还的"两税"税额。

对于增值税小规模纳税人更正、查补此前按照一般计税方法确定的城市维护建设税计税依据,允许扣除尚未扣除完的留抵退税额。

另外,城市维护建设税计税依据不包括加收的滞纳金和罚款。

第七节　应纳税额的计算

城市维护建设税的应纳税额按以下公式计算：

$$应纳税额 = (实际缴纳的增值税额 + 实际缴纳的消费税额) \times 适用税率$$

【例4-1】　地处市区的某企业,2023年5月实际缴纳增值税247万元,缴纳消费税300万元,因故被加收滞纳金0.25万元。请计算该企业实际应纳城市维护建设税税额。

$$应纳税额 = (247 + 300) \times 7\% = 547 \times 7\% = 38.29(万元)$$

第八节　征收管理

城市维护建设税的纳税义务发生时间、纳税地点、纳税期限比照增值税、消费税的相应规定,城市维护建设税的纳税义务发生时间与"两税"的纳税义务发生时间一致,分别与"两税"同时缴纳。同时缴纳是指在缴纳"两税"时,应当在"两税"同一缴纳地点、同一缴纳期限内,一并缴纳对应的城市维护建设税。

采用委托代征、代扣代缴、代收代缴、预缴、补缴等方式缴纳"两税"的,应当同时缴纳城市维护建设税。代扣代缴,不含因境外单位和个人向境内销售劳务、服务、无形资产代扣代缴增值税情形。

对增值税免抵税额征收的城市维护建设税,纳税人应在税务机关核准免抵税额的下一个纳税申报期内向主管税务机关申报缴纳。

第五章　土地增值税

第一节　土地增值税概述

一、土地增值税的概念

土地增值税是以纳税人转让国有土地使用权、地上的建筑物及其附着物(以下简称转让房地产)所取得的增值额为征税对象,依照规定税率征收的一种税。

对土地和房产课税是一种古老的税收形式,也是各国普遍征收的一种财产税。有些国家和地区将土地单列出来征税,如土地税、地价税、农地税、未开发土地税、荒地税、城市土地税、土地登记税、土地转让税、土地增值税、土地租金税、土地发展税等。有些国家和地区鉴于土地与地面上的房屋、建筑物及其他附着物密不可分,对土地、房屋及其他附着物一起征税,统称为房地产税、不动产税、财产税等。

对土地和房产征税,依据税基不同,大致可以分为两大类。一类是财产性质的土地税,它以土地的数量或价值为税基,实行从量计税或从价计税,前者如我国历史上曾开征的田赋和地亩税,后者如地价税等。这类土地税的历史十分悠久,属于原始的直接税或财产税。另一类是收益性质的土地税,其实质是对土地收益或地租征税。

中华人民共和国成立以来,虽然先后开征过契税、城市房地产税、房产税、城镇土地使用税等税种,但这些税种大多属于传统的土地税,有的还带有行为税的特点,调节房地产市场的力度很有限。

为了规范土地、房地产市场交易秩序,合理调节土地增值收益,维护国家权益,国务院于 1993 年 12 月 13 日发布了《中华人民共和国土地增值税暂行条例》(以下简称《土地增值税暂行条例》),决定自 1994 年 1 月 1 日起在全国开征土地增值税,财政部于 1995年 1 月 27 日颁布了《中华人民共和国土地增值税暂行条例实施细则》(以下简称《土地增值税暂行条例实施细则》),这是我国(除台湾地区外)第一个专门对房地产增值额征税的税种。

二、土地增值税的特点

(一)以增值额为计税依据

我国土地增值税将土地、房屋的转让收入合并征收,作为计税依据的增值额,是纳税人转让房地产的收入减除税法规定准予扣除项目金额后的余额。

(二)征税面比较广

凡在我国境内转让房地产并取得收入的单位和个人,除税法规定免税外,均应依照税法规定缴纳土地增值税。换言之,凡发生应税行为的单位和个人,不论其经济性质,无论专营或兼营房地产业务,均有缴纳土地增值税的义务。

（三）实行超率累进税率

土地增值税的税率是以转让房地产的增值率为依据,按照累进原则设计的,实行分级计税。增值率高的,适用的税率高、多纳税;增值率低的,适用的税率低、少纳税。

第二节　纳税义务人

一、纳税义务人的一般规定

《土地增值税暂行条例》规定,土地增值税的纳税人为转让国有土地使用权、地上的建筑物及其附着物(即本书所简称的转让房地产)并取得收入的单位和个人。单位包括各类企业单位、事业单位、国家机关、社会团体以及其他组织,个人包括个体工商户和自然人个人。

二、纳税义务人的特点

《土地增值税暂行条例》规定的纳税义务人包括以下几个方面,体现了范围比较广泛的特点。

1. 不论是法人还是自然人。不论是企业单位、事业单位、国家机关、社会团体以及其他组织等法人单位,还是个体工商户或者自然人,只要有偿转让房地产并取得收入,就是土地增值税的纳税义务人,均应按《土地增值税暂行条例》的规定照章纳税。

2. 不论是内资企业还是外资企业,中国公民还是外籍个人。根据《国务院关于外商投资企业和外国企业适用增值税、消费税、营业税等税收暂行条例有关问题的通知》(国发〔1994〕10号)等规定,土地增值税也同样适用于涉外企业、单位和个人。因此,外商投资企业、外国企业、外国驻华机构、外国公民、华侨,以及港澳台同胞等,只要有偿转让房地产并取得收入,就是土地增值税的纳税义务人,均应按《土地增值税暂行条例》的规定照章纳税。

3. 不论经济性质。不论是国有企业、集体企业、私营企业、个体经营者,还是联营企业、合资企业、外商独资企业等,只要有偿转让房地产并取得收入,就是土地增值税的纳税义务人,均应按《土地增值税暂行条例》的规定照章纳税。

第三节　征税范围和税率

一、征税范围

《土地增值税暂行条例》及其实施细则规定,土地增值税是对转让国有土地使用权、地上的建筑物及其附着物并取得收入行为征税。

转让国有土地使用权、地上的建筑物及其附着物并取得收入,是指以出售或者其他方式有偿转让房地产的行为,不包括以继承、赠与方式无偿转让房地产的行为。

国有土地,是指按国家法律规定属于国家所有的土地。

国有土地使用权,是指土地使用人根据国家法律,对国家所有的土地享有的使用权利。

地上的建筑物,是指建于土地上的一切建筑物,包括地上地下的各种附属设施。

附着物,是指附着于土地上的不能移动,一经移动即遭损坏的物品。

这样界定有三层含义。一是土地增值税仅对转让国有土地使用权征收,对转让集体土地使用权不征税。国家为了公共利益,可以依照法律规定对集体土地实行征用,依法被征用后的土地属于国家所有。二是只对转让的房地产征收土地增值税,不转让的不征税。是否发生转让行为主要以房地产权属(土地使用权和房产产权)发生变更为标准。如房地产的出租,虽然取得了收入,但没有发生房地产的产权转让,不属于土地增值税的征税范围。三是对转让房地产并取得收入的征税,对发生转让行为而未取得收入的不征税。如通过继承、赠与方式转让房地产的,虽然发生了转让行为,但未取得收入,不属于土地增值税的征税范围。

(一)征税范围的一般规定

1. 转让国有土地使用权

转让国有土地使用权,是指土地使用者通过出让方式,向政府缴纳了土地出让金,有偿受让土地使用权后,将土地使用权再转移的行为,是土地使用权转让的二级市场。

国有土地使用权出让,是指国家以土地所有者的身份将土地使用权在一定年限内让与土地使用者,并由土地使用者向国家支付土地出让金的行为。由于土地使用权的出让方是国家,出让收入在性质上属于政府凭借所有权在土地一级市场收取的租金,所以,政府出让土地的行为及取得的收入不属于土地增值税征税范围之列。

2. 地上的建筑物及其附着物连同国有土地使用权一并转让

地上的建筑物及其附着物连同国有土地使用权一并转让,包括转让新建房产和转让旧房。转让新建房产是指纳税人取得了国有土地使用权,并进行房产开发后出售房产,土地使用权一并随之转让。

转让旧房也属于土地增值税征收范围。凡是已使用一定时间或达到一定磨损程度的房产均属于旧房。使用时间和磨损程度标准可由各省、自治区、直辖市财政部门和税务部门具体规定。

上述两种情况即发生了产权转让又取得了收入,属于土地增值税征税范围。

(二)征税范围的特殊规定

1. 合作建房

对于一方出土地,一方出资金,双方合作建房,建成后分房自用的,暂免征收土地增值税;建成后转让的,应征土地增值税。

2. 房地产抵押

房地产抵押,是指房产的产权所有人、依法取得土地使用权的土地使用人作为债务人或第三人向债权人提供不动产作为清偿债务的担保而不转移房地产权属的法律行为。这种情况由于房产的产权、土地使用权在抵押期间并没有发生权属变更,房产的产权所有人、取得土地使用权的土地使用人仍拥有房地产的占有、使用、收益等权利,因此,在抵押期间不征收土地增值税。待抵押期满后,视该房地产是否转移产权来确定是否征收土地增值税。以房地产抵债而发生房地产产权转让的,属于土地增值税的征税范围。

3. 房地产出租

房地产出租,是指房产的产权所有人、取得土地使用权的土地使用人,将房产、土地使用权租赁给承租人使用,由承租人向出租人支付租金的行为。房地产出租,出租人虽然取得了收入,但没有发生房产产权、土地使用权的转让,不属于土地增值税的征税范围。

4. 房地产评估增值

房地产评估增值,是指企业在清产核资时对房地产进行重新评估而使其账面价值升值。虽然房地产在评估过程中增值,但是并没有发生房地产权属的转让,不属于土地增值税的征税范围。

5. 国家收回国有土地使用权、征收地上建筑物及附着物

国家收回或征收的房地产,虽然发生了权属的变更,原房地产所有人也取得了收入,但按照《土地增值税暂行条例》的有关规定,免征土地增值税。

6. 房地产的代建房行为

代建房,是指房地产开发公司代客户进行房地产开发,开发完成后向客户收取代建收入的行为。对于房地产开发公司而言,虽然取得了收入,但没有发生房地产权属的转移,其收入属于劳务收入性质,故不属于土地增值税的征税范围。

7. 房地产的继承

房地产的继承,是指房产的原产权所有人、依照法律规定取得土地使用权的土地使用人死亡以后,由其继承人依法承受死者房产产权和土地使用权的民事法律行为。这种行为虽然发生了房地产的权属变更,但作为房产产权、土地使用权的原所有人(即被继承人)并没有因为权属变更而取得任何收入。因此,这种房地产的继承不属于土地增值税的征税范围。

8. 房地产的赠与

房地产的赠与,是指房产所有人、土地使用权所有人将自己所拥有的房地产无偿地交给其他单位与个人的行为。房地产的赠与虽发生了房地产的权属变更,但作为房产所有人、土地使用权的所有人并没有因为权属的转让而取得任何收入。因此,房地产的赠与不属于土地增值税的征税范围。但是,不征收土地增值税的房地产赠与行为只包括以下两种情况:

(1)房产所有人、土地使用权所有人将房屋产权、土地使用权赠与直系亲属或承担直接赡养义务人的行为。

(2)房产所有人、土地使用权所有人通过中国境内非营利的社会团体、国家机关将房屋产权、土地使用权赠与教育、民政和其他社会福利、公益事业的行为。其中,社会团体是指中国青少年发展基金会、希望工程基金会、宋庆龄基金会、减灾委员会、中国红十字会、中国残疾人联合会、全国老年基金会、老区促进会,以及经民政部门批准成立的其他非营利的公益性组织。

二、税率

土地增值税采用四级超率累进税率(见表 5 - 1)。其中,最低税率为 30%,最高税率为 60%。

表5-1 　　　　　　　　　　土地增值税四级超率累进税率表　　　　　　　　　单位:%

级数	增值额与扣除项目金额的比率	税率	速算扣除系数
1	未超过50%的部分	30	0
2	超过50%未超过100%的部分	40	5
3	超过100%未超过200%的部分	50	15
4	超过200%的部分	60	35

第四节　计　税　依　据

土地增值税的计税依据是转让房地产所取得的增值额。转让房地产的增值额,是转让房地产的收入减除税法规定的扣除项目金额后的余额。土地增值额的大小,取决于转让房地产的收入额和扣除项目金额两个因素。

一、收入额的确定

根据《土地增值税暂行条例》及其实施细则的规定,纳税人转让房地产所取得的收入,是指转让房地产的全部价款及有关的经济收益,包括货币收入、实物收入和其他收入在内的全部价款及有关的经济利益。营改增后,纳税人转让房地产的土地增值税应税收入为不含增值税的收入。

货币收入。货币收入是指纳税人转让房地产取得的现金、银行存款、支票、银行本票、汇票等各种信用票据和国库券、金融债券、企业债券、股票等有价证券。

实物收入。实物收入是指纳税人转让房地产取得的各种实物形态的收入。实物收入的价值不太容易确定,一般要对这些实物形态的财产进行估价。

其他收入。其他收入是指纳税人转让房地产取得的无形资产或具有财产价值的权利,如专利权、商标权、著作权、专有技术使用权、土地使用权、商誉等。这种类型的收入比较少见,其价值需要进行专门评估确定。

1. 对取得的实物收入,要按取得收入时的市场价格折算成货币收入。

2. 对取得的无形资产收入,要进行专门的评估,在确定其价值后折算成货币收入。

3. 取得的收入为外国货币的,应当以取得收入当天或当月1日国家公布的市场汇价折合成人民币,据以计算土地增值税税额。对于以分期收款方式取得的外币收入,也应按实际收款日或收款当月1日国家公布的市场汇价折合成人民币。

4. 对于县级及县级以上人民政府要求房地产开发企业在售房时代收的各项费用,如果代收费用是计入房价中向购买方一并收取的,可作为转让房地产所取得的收入计税;如果代收费用未计入房价中,而是在房价之外单独收取的,可以不作为转让房地产的收入。

二、扣除项目及其金额

在确定房地产转让的增值额时,允许从房地产转让收入总额中扣除国家规定的各项扣除项目金额。

土地增值税以纳税人房地产成本核算的最基本的核算项目或核算对象为单位计算。

税法规定,准予纳税人从转让收入额中减除的扣除项目包括以下几项。

(一)取得土地使用权所支付的金额

取得土地使用权所支付的金额,是指纳税人为取得土地使用权所支付的地价款和按国家统一规定交纳的有关费用。包括两部分:

1. 纳税人为取得土地使用权支付的地价款。以出让方式取得土地使用权的,为支付的土地出让金;以行政划拨方式取得土地使用权的,为转让土地使用权时按规定补缴的出让金;以转让方式取得土地使用权的,为支付的地价款。

2. 纳税人为取得土地使用权按国家统一规定交纳的有关费用。按国家统一规定交纳的有关费用,是指纳税人在取得土地使用权过程中为办理有关手续,按国家统一规定交纳的有关登记、过户手续费。

房地产开发企业为取得土地使用权所支付的契税,应视同"按国家统一规定交纳的有关费用",计入"取得土地使用权所支付的金额"中扣除。

(二)房地产开发成本

房地产开发成本是开发土地和新建房及配套设施的成本简称,是指纳税人开发房地产项目实际发生的成本,这些成本允许按实际发生数扣除。包括土地征用及拆迁补偿费、前期工程费、建筑安装工程费、基础设施费、公共配套设施费、开发间接费用。

1. 土地征用及拆迁补偿费,包括土地征用费、耕地占用税、劳动力安置费及有关地上、地下附着物拆迁补偿的净支出、安置动迁用房支出等。

2. 前期工程费,包括规划、设计、项目可行性研究和水文、地质、勘察、测绘、"三通一平"等支出。

3. 建筑安装工程费,是指以出包方式支付给承包单位的建筑安装工程费,以自营方式发生的建筑安装工程费。

营改增后,土地增值税纳税人接受建筑安装服务取得的增值税发票,应在发票的备注栏注明建筑服务发生地县(市、区)名称及项目名称,否则不得计入土地增值税扣除项目金额。

4. 基础设施费,包括开发小区内的道路、供水、供电、供气、排污、排洪、通信、照明、环卫、绿化等工程发生的支出。

5. 公共配套设施费,包括不能有偿转让的开发小区内公共配套设施发生的支出。

6. 开发间接费用,是指直接组织、管理开发项目所发生的费用,包括工资、职工福利费、折旧费、修理费、办公费、水电费、劳动保护费、周转房摊销等。

(三)房地产开发费用

房地产开发费用是开发土地和新建房及配套设施的费用简称,是指与房地产开发项目有关的销售费用、管理费用、财务费用。根据现行财务制度的规定,这些费用作为与房地产开发有关的期间费用直接计入当年损益,不完全按房地产项目进行归集或分摊。

《土地增值税暂行条例实施细则》规定,财务费用中的利息支出,凡能够按转让房地产项目计算分摊并提供金融机构证明的,允许据实扣除,但最高不能超过按商业银行同类同期贷款利率计算的金额。其他房地产开发费用,以取得土地使用权所支付的金额和房地产开发成本计算的金额之和的 5% 以内计算扣除。

《土地增值税暂行条例实施细则》规定，凡不能按转让房地产项目计算分摊利息支出或不能提供金融机构证明的，房地产开发费用以取得土地使用权所支付的金额和房地产开发成本计算的金额之和的 10% 以内计算扣除。

上述计算扣除的具体比例，由各省、自治区、直辖市人民政府规定。

上述规定的具体含义如下。

1. 纳税人能够按转让房地产项目计算分摊利息并提供金融机构证明的，其允许扣除的房地产开发费用为：

利息 +（取得土地使用权所支付的金额 + 房地产开发成本）×5% 以内（注：利息最高不能超过按商业银行同类同期贷款利率计算的金额）

2. 纳税人不能按转让房地产项目计算分摊利息支出或不能提供金融机构证明的，其允许扣除的房地产开发费用为：

（取得土地使用权所支付的金额 + 房地产开发成本）×10% 以内

全部使用自有资金，没有利息支出的，按照以上方法扣除，上述计算扣除的具体比例由省、自治区、直辖市人民政府规定。

3. 房地产开发企业既向金融机构借款，又有其他借款的，其房地产开发费用计算扣除时不能同时适用上述第 1 项、第 2 项所述的两种办法。

4. 土地增值税清算时，已经计入房地产开发成本的利息支出，应调整至财务费用中计算扣除。

此外，财政部、国家税务总局还对扣除项目金额中利息支出的计算问题作了两点专门规定：一是利息的上浮幅度按国家的有关规定执行，超过上浮幅度的部分不允许扣除；二是对于超过贷款期限的利息部分和加罚的利息不允许扣除。

（四）与转让房地产有关的税金

与转让房地产有关的税金，是指在转让房地产时缴纳的城市维护建设税、印花税。因转让房地产缴纳的教育费附加也可视同税金予以扣除。

土地增值税扣除项目涉及的增值税进项税额，允许在销项税额中计算抵扣的，不计入扣除项目；不允许在销项税额中计算抵扣的，可以计入扣除项目。

营改增后，房地产开发企业实际缴纳的城市维护建设税、教育费附加，凡能够按清算项目准确计算的，允许据实扣除。凡不能按清算项目准确计算的，则按该清算项目预缴增值税时实际缴纳的城市维护建设税、教育费附加扣除。

印花税是指在转让房地产时缴纳的印花税。按照《施工、房地产开发企业财务制度》的有关规定，房地产开发企业缴纳的印花税列入管理费用，已相应予以扣除，因此，不允许作为与转让环节有关的税金再重复扣除。其他的土地增值税纳税义务人在计算土地增值税时允许扣除在转让时缴纳的印花税（按照产权转移书据记载的金额的 0.5‰ 计算）。

对于个人购入房地产再转让的，其在购入环节缴纳的契税，由于已经包含在旧房及建筑物的评估价格之中，因此，计征土地增值税时，不另作为"与转让房地产有关的税金"予以扣除。

(五)财政部确定的其他扣除项目

对从事房地产开发的纳税人,允许按取得土地使用权时所支付的金额和房地产开发成本之和,加计20%扣除。

由于房地产开发项目从取得土地使用权后投入资金开发房地产,开发周期长,投入资金量大,为了给正常房地产开发以合理的投资回报,调动其从事房地产开发的积极性,准予其按取得土地使用权时所支付的金额和房地产开发成本之和,加计20%扣除。

此项优惠只适用于从事房地产开发的纳税人的房地产开发项目,除此之外的其他纳税人不适用该项优惠。

此外,对于县级及县级以上人民政府要求房地产开发企业在售房时代收的各项费用,可以根据代收费用是否计入房价和是否作为转让收入,确定能否扣除。①如果代收费用计入房价向购买方一并收取,则应作为转让房地产所取得的收入计税。相应地,在计算扣除项目金额时,代收费用可以扣除,但不得作为加计20%扣除的基数。②如果代收费用未计入房价中,而是在房价之外单独收取,则不作为转让房地产的收入征税。相应地,在计算增值额时,代收费用就不得在收入中扣除。

(六)旧房及建筑物的评估价格

旧房,是指已使用一定时间或达到一定磨损程度的房产。使用时间和磨损程度标准可由各省、自治区、直辖市财政厅(局)和税务局具体规定。

纳税人转让旧房及建筑物的扣除项目金额的确定分以下三种情况。

1. 转让旧房及建筑物能够取得评估价格的

纳税人转让旧房能够取得评估价的,应按房屋及建筑物的评估价格、取得土地使用权所支付的地价款和按国家统一规定交纳的有关费用以及在转让环节缴纳的税金作为扣除项目金额计征土地增值税。对取得土地使用权时未支付地价款或不能提供已支付的地价款凭据的,不允许扣除取得土地使用权时所支付的金额。

旧房及建筑物的评估价格,是指转让已使用过的房屋及建筑物时,由政府批准设立的房地产评估机构评定的重置成本价乘以成新度折扣率后的价格。评估价格须经当地税务机关确认。

$$旧房及建筑物的评估价格 = 重置成本价 \times 成新度折扣率$$

使用上述公式计算、评估时应注意以下两点。①重置成本价也称为重新购建成本,是指假设在估价时点重新取得全新状况的估价对象的必要支出,或者重新开发全新状况的估价对象的必要支出及应得利润。②房屋的成新度折扣不同于会计核算中的折旧。房屋的成新度折扣是根据房屋在评估时的实际新旧程度,按专业机构规定的房屋新旧等级标准进行对照,并参考房屋的使用时间、使用程度和保养情况,综合确定的房屋新旧度比例,一般用几成新来表示。

纳税人转让旧房及建筑物时,因计算纳税需要对房地产进行评估,其支付的评估费用允许在计算土地增值税时予以扣除。但是,对纳税人因隐瞒、虚报房地产成交价格等情形而按房地产评估价格计算征收土地增值税时所发生的评估费用,则不允许在计算土地增值税时予以扣除。

2. 转让旧房及建筑物不能取得评估价格，但能提供购房发票的

纳税人转让旧房及建筑物，凡不能取得评估价格，但能提供购房发票的，经当地税务部门确认，取得土地使用权所支付的金额、旧房及建筑物的评估价格，可按发票所载金额并从购买年度起至转让年度止每年加计5%计算扣除。计算扣除项目时"每年"是指按购房发票所载日期起至售房发票开具之日止，每满12个月计一年；超过一年，未满12个月但超过6个月的，可以视同为一年。

对纳税人购房时缴纳的契税，凡能提供契税完税凭证的，准予作为"与转让房地产有关的税金"予以扣除，但不作为加计5%的基数。

营改增后，纳税人转让旧房及建筑物，凡不能取得评估价格，但能提供购房发票的，扣除项目的金额按照下列方法计算：

（1）提供的购房凭据为营改增前取得的营业税发票的，按照发票所载金额（不扣减营业税）并从购买年度起至转让年度止每年加计5%计算。

（2）提供的购房凭据为营改增后取得的增值税普通发票的，按照发票所载价税合计金额从购买年度起至转让年度止每年加计5%计算。

（3）提供的购房发票为营改增后取得的增值税专用发票的，按照发票所载不含增值税金额加上不允许抵扣的增值税进项税额之和，从购买年度起至转让年度止每年加计5%计算。

3. 转让旧房及建筑物不能取得评估价，也不能提供购房发票的

对转让旧房及建筑物，既没有评估价格，又不能提供购房发票的，税务机关可以根据《中华人民共和国税收征收管理法》（以下简称《税收征管法》）第三十五条的规定，实行核定征收。

第五节　税收优惠

一、转让普通标准住宅，转让旧房作为改造安置住房、公租房、保障性住房的税收优惠

1. 纳税人建造普通标准住宅出售，增值额未超过扣除项目金额之和20%（含20%）的，免征土地增值税；增值额超过扣除项目金额之和20%的，应就其全部增值额按规定计税（包括未超过扣除项目金额20%的部分）。

普通标准住宅，是指按所在地一般民用住宅标准建造的居住用住宅。高级公寓、别墅、度假村等不属于普通标准住宅。自2005年6月1日起，享受优惠政策的住房原则上应同时满足以下条件：住宅小区建筑容积率在1.0以上，单套建筑面积在120平方米以下，实际成交价格低于同级别土地上住房平均交易价格1.2倍。各省、自治区、直辖市要根据实际情况，制定本地区享受优惠政策普通住房的具体标准。允许单套建筑面积和价格标准适当浮动，但向上浮动的比例不得超过上述标准的20%。普通标准住宅与其他住宅的具体划分界限由各省、自治区、直辖市人民政府规定。

对纳税人既建普通标准住宅，又建造其他房地产开发的，应分别核算增值额；不分别核算增值额或不能准确核算增值额的，其建造的普通标准住宅不适用该免税规定。

2. 企事业单位、社会团体以及其他组织转让旧房作为改造安置住房房源且增值额未超

过扣除项目金额20%的,免征土地增值税。

改造安置住房,是指相关部门和单位与棚户区被征收人签订的房屋征收(拆迁)补偿协议或棚户区改造合同(协议)中明确用于安置被征收人的住房或通过改建、扩建、翻建等方式实施改造的住房。

3. 对企事业单位、社会团体以及其他组织转让旧房作为公租房房源,且增值额未超过扣除项目金额20%的,免征土地增值税。该项优惠政策执行至2025年12月31日。

享受优惠政策的公租房,是指纳入省、自治区、直辖市、计划单列市人民政府及新疆生产建设兵团批准的公租房发展规划和年度计划,或者市、县人民政府批准建设(筹集),并按照《关于加快发展公共租赁住房的指导意见》(建保〔2010〕87号)和市、县人民政府制定的具体管理办法进行管理的公租房。

4. 自2023年10月1日起,企事业单位、社会团体以及其他组织转让旧房作为保障性住房房源且增值额未超过扣除项目金额20%的,免征土地增值税。

享受优惠政策的保障性住房项目,按照城市人民政府认定的范围确定。城市人民政府住房城乡建设部门将本地区保障性住房项目、保障性住房经营管理单位等信息及时提供给同级财政、税务部门。

二、国家征收、收回的房地产的税收优惠

1. 因国家建设需要依法征收、收回的房地产,免征土地增值税。

因国家建设需要依法征收、收回的房地产,是指因城市实施规划、国家建设的需要而被政府批准征收的房产或收回的土地使用权。

2. 因城市实施规划、国家建设的需要而搬迁,由纳税人自行转让原房地产的,免征土地增值税。

因"城市实施规划"而搬迁,是指因旧城改造或因企业污染、扰民(指产生过量废气、废水、废渣和噪声,使城市居民生活受到一定危害),而由政府或政府有关主管部门根据已审批通过的城市规划确定进行搬迁的情况;因"国家建设的需要"而搬迁,是指因实施国务院、省级人民政府、国务院有关部委批准的建设项目而进行搬迁的情况。

三、企业改制重组的税收优惠

为支持企业改制重组,优化市场环境,自2021年1月1日至2027年12月31日,实施以下土地增值税政策:

1. 企业按照《中华人民共和国公司法》有关规定整体改制,包括非公司制企业改制为有限责任公司或股份有限公司,有限责任公司变更为股份有限公司,股份有限公司变更为有限责任公司,对改制前的企业将房地产转移、变更到改制后的企业,暂不征收土地增值税。

整体改制,是指不改变原企业的投资主体,并承继原企业权利、义务的行为。

2. 按照法律规定或者合同约定,两个或两个以上企业合并为一个企业,且原企业投资主体存续的,对原企业将房地产转移、变更到合并后的企业,暂不征收土地增值税。

3. 按照法律规定或者合同约定,企业分设为两个或两个以上与原企业投资主体相同的企业,对原企业将房地产转移、变更到分立后的企业,暂不征收土地增值税。

4. 单位、个人在改制重组时以房地产作价入股进行投资,对其将房地产转移、变更到被投资的企业,暂不征收土地增值税。

5. 上述改制重组有关土地增值税政策不适用于房地产转移任意一方为房地产开发企业的情形。

6. 改制重组后再转让房地产并申报缴纳土地增值税时,对"取得土地使用权所支付的金额",按照改制重组前取得该宗国有土地使用权所支付的地价款和按国家统一规定缴纳的有关费用确定;经批准以国有土地使用权作价出资入股的,为作价入股时县级及以上自然资源部门批准的评估价格。按购房发票确定扣除项目金额的,按照改制重组前购房发票所载金额并从购买年度起至本次转让年度止每年加计 5% 计算扣除项目金额,购买年度是指购房发票所载日期的当年。

7. 纳税人享受上述税收政策,应按相关规定办理。

8. 不改变原企业投资主体、投资主体相同,是指企业改制重组前后出资人不发生变动,出资人的出资比例可以发生变动;投资主体存续,是指原企业出资人必须存在于改制重组后的企业,出资人的出资比例可以发生变动。

四、其他税收优惠

1. 对个人销售住房暂免征收土地增值税。

2. 对杭州亚运会组委会赛后出让资产取得的收入,免征增值税和土地增值税。

3. 对北京 2022 年冬奥会和冬残奥会组织委员会再销售所获捐赠物品和赛后出让资产取得收入,免征应缴纳的增值税、消费税和土地增值税。

第六节　应纳税额的计算

土地增值税按照纳税人转让房地产所取得的增值额和规定的税率计算征收。计算的基本原理和方法是:首先以转让房地产的总收入减除扣除项目金额,求得增值额;然后将增值额同扣除项目金额相比,其比值即为土地增值率;最后根据土地增值率的高低确定适用税率,按照超率累进税率的计算原理计算应纳税额。

一、增值额的确定

确定增值额是计算土地增值税的基础。核算增值额需要有准确的房地产转让收入和扣除项目金额。

$$增值额 = 转让房地产取得的收入 - 扣除项目金额$$

在实际房地产交易活动中,有些纳税人由于各种原因不能准确提供房地产转让价格或扣除项目金额,无法准确确定房地产转让的增值额,从而影响应纳土地增值税的计算和缴纳。《土地增值税暂行条例》第九条规定,纳税人有下列情形之一的,按照房地产评估价格计算征收。

1. 隐瞒、虚报房地产成交价格的

隐瞒、虚报房地产成交价格,是指纳税人不报或有意低报转让土地使用权、地上建筑物及其附着物价款的行为。

隐瞒、虚报房地产成交价格,应由评估机构参照同类房地产的市场交易价格进行评估。税务机关根据评估价格确定转让房地产的收入。

2. 提供扣除项目金额不实的

提供扣除项目金额不实,是指纳税人在纳税申报时不据实提供扣除项目金额的行为。

提供扣除项目金额不实的,应由评估机构按照房屋重置成本价乘以成新度折扣率计算的房屋成本价和取得土地使用权时的基准地价进行评估。税务机关根据评估价格确定扣除项目金额。

3. 转让房地产的成交价格低于房地产评估价格,又无正当理由的

转让房地产的成交价格低于房地产评估价格,又无正当理由的,是指纳税人申报的转让房地产的实际成交价低于房地产评估机构评定的交易价,纳税人又不能提供凭据或无正当理由的行为。

转让房地产的成交价格低于房地产评估价格,又无正当理由的,由税务机关参照房地产评估价格确定转让房地产的收入。

房地产评估价格,是指由政府批准设立的房地产评估机构根据相同地段、同类房地产进行综合评定的价格。评估价格须经当地税务机关确认。

二、应纳税额的计算

土地增值税以纳税人转让房地产取得的增值额为计税依据,按照规定的超率累进税率计算征收。应纳土地增值税税额可按增值额乘以适用的税率减去扣除项目金额乘以速算扣除系数的简便方法计算。

$$土地增值税税额 = 增值额 \times 适用税率 - 扣除项目金额 \times 速算扣除系数$$

$$增值额 = 收入额 - 扣除项目金额$$

$$增值率 = 增值额 \div 扣除项目金额 \times 100\%$$

根据增值率不同,土地增值税计算具体公式如下:

1. 增值额未超过扣除项目金额50%

$$土地增值税税额 = 增值额 \times 30\%$$

2. 增值额超过扣除项目金额50% 未超过100%

$$土地增值税税额 = 增值额 \times 40\% - 扣除项目金额 \times 5\%$$

3. 增值额超过扣除项目金额100% 未超过200%

$$土地增值税税额 = 增值额 \times 50\% - 扣除项目金额 \times 15\%$$

4. 增值额超过扣除项目金额200%

$$土地增值税税额 = 增值额 \times 60\% - 扣除项目金额 \times 35\%$$

公式中的5%、15%、35%为速算扣除系数。每级"增值额未超过扣除项目金额"的比例,均包括本比例数。

【例 5 - 1】 2023 年某房地产开发公司出售一幢已竣工验收的写字楼,应税收入总额为 10000 万元。开发该写字楼有关支出为:支付地价款及各种费用 1000 万元;房地产开发成本 3000 万元;财务费用中的利息支出为 500 万元(可按转让项目计算分摊并提供金融机构证明),但其中有 50 万元属加罚的利息;转让环节缴纳的有关税费共计 555 万元;该单位所在地政府规定的其他房地产开发费用计算扣除比例为 5%。请计算该房地产开发公司出售该写字楼应缴纳的土地增值税税额。

(1)取得土地使用权支付的地价款及有关费用为 1000 万元。

(2)房地产开发成本为 3000 万元。

(3)房地产开发费用 $= 500 - 50 + (1000 + 3000) \times 5\% = 650$(万元)

(4)允许扣除的税费为 555 万元。

(5)从事房地产开发的纳税人加计扣除 20%。

加计扣除额 $= (1000 + 3000) \times 20\% = 800$(万元)

(6)扣除项目金额 $= 1000 + 3000 + 650 + 555 + 800 = 6005$(万元)

(7)增值额 $= 10000 - 6005 = 3995$(万元)

(8)增值率 $= 3995 \div 6005 \times 100\% = 66.53\%$

(9)应纳税额 $= 3995 \times 40\% - 6005 \times 5\% = 1297.75$(万元)

第七节　房地产开发企业土地增值税清算

为进一步加强房地产开发企业土地增值税清算管理工作,根据《税收征管法》《土地增值税暂行条例》及有关规定,国家税务总局发布了《关于房地产开发企业土地增值税清算管理有关问题的通知》(国税发〔2006〕187 号),规定自 2007 年 2 月 1 日起,各省税务机关可依据国税发〔2006〕187 号文件的规定结合当地实际情况制定具体清算管理办法。2009 年 5 月,国家税务总局印发《土地增值税清算管理规程》(国税发〔2009〕91 号),进一步明确房地产开发企业土地增值税清算的相关问题。

一、土地增值税清算的定义

土地增值税清算,是指纳税人在符合土地增值税清算条件后,依照税收法律、法规及土地增值税有关政策规定,计算房地产开发项目应缴纳的土地增值税税额,并填写《财产和行为税纳税申报表》,向主管税务机关提供有关资料,办理土地增值税清算手续,结清该房地产项目应缴纳土地增值税税款的行为。

纳税人进行土地增值税清算时应当如实申报应缴纳的土地增值税税额,保证清算申报的真实性、准确性和完整性。税务机关应当为纳税人提供纳税服务,加强土地增值税政策宣传辅导。主管税务机关应及时对纳税人清算申报的收入、扣除项目金额、增值额、增值率以及税款计算等情况进行审核,依法征收土地增值税。

二、土地增值税的清算单位

土地增值税以国家有关部门审批的房地产开发项目为单位进行清算,对于分期开发的项目,以分期项目为单位清算。

开发项目中同时包含普通住宅和非普通住宅的,应分别计算增值额。

三、土地增值税的清算条件

1. 符合下列条件之一的,纳税人应进行土地增值税的清算:

(1)房地产开发项目全部竣工、完成销售的;

(2)整体转让未竣工决算房地产开发项目的;

(3)直接转让土地使用权的。

2. 符合以下条件之一的,主管税务机关可要求纳税人进行土地增值税清算:

(1)已竣工验收的房地产开发项目,已转让的房地产建筑面积占整个项目可售建筑面积的比例在85%以上,或该比例虽未超过85%,但剩余的可售建筑面积已经出租或自用的;

(2)取得销售(预售)许可证满3年仍未销售完毕的;

(3)纳税人申请注销税务登记但未办理土地增值税清算手续的;

(4)省税务机关规定的其他情况。

对第(3)项情形,应在办理注销登记前进行土地增值税清算。

四、土地增值税的清算时间

1. 对于符合清算条件应进行土地增值税清算的项目,纳税人应当在满足条件之日起90日内到主管税务机关办理清算手续。

2. 对于符合清算条件,税务机关可要求纳税人进行土地增值税清算的项目,由主管税务机关确定是否进行清算;对于确定需要进行清算的项目,由主管税务机关下达清算通知,纳税人应当在收到清算通知之日起90日内办理清算手续。

3. 应进行土地增值税清算的纳税人或经主管税务机关确定需要进行清算的纳税人,在上述规定的期限内拒不清算或不提供清算资料的,主管税务机关可依据《税收征管法》的有关规定处理。

五、土地增值税清算的收入确认

(一)已销售的房地产项目收入的确认

土地增值税清算时,已全额开具商品房销售发票的,按照发票所载金额确认收入;未开具发票或未全额开具发票的,以交易双方签订的销售合同所载的售房金额及其他收益确认收入。销售合同所载商品房面积与有关部门实际测量面积不一致,在清算前已发生补、退房款的,应在计算土地增值税时予以调整。

房地产开发企业在营改增后进行房地产开发项目土地增值税清算时,按以下方法确定相关金额:

$$土地增值税应税收入 = 营改增前转让房地产取得的收入 + 营改增后转让房地产取得的不含增值税收入$$

253

（二）非直接销售和自用房地产的收入确定

1. 房地产开发企业将开发产品用于职工福利、奖励、对外投资、分配给股东或投资人、抵偿债务、换取其他单位和个人的非货币性资产等，发生所有权转移时应视同销售房地产，其收入按下列方法和顺序确认：

（1）按本企业在同一地区、同一年度销售的同类房地产的平均价格确定。

（2）由主管税务机关参照当地当年、同类房地产的市场价格或评估价值确定。

2. 房地产开发企业将开发的部分房地产转为企业自用或用于出租等商业用途时，如果产权未发生转移，不征收土地增值税，在税款清算时不列收入，不扣除相应的成本和费用。

六、土地增值税清算时的扣除项目

1. 房地产开发企业办理土地增值税清算时，计算与清算项目有关的扣除项目金额，应根据《土地增值税暂行条例》第六条及《土地增值税暂行条例实施细则》第七条的规定执行，即扣除项目包括取得土地使用权所支付的金额、房地产开发成本、房地产开发费用、与转让房地产有关税金以及加计扣除20%。除另有规定外，扣除的土地使用权所支付的金额、房地产开发成本、房地产开发费用、与转让房地产有关税金须提供合法有效凭证；不能提供合法有效凭证的，不予扣除。

2. 房地产开发企业办理土地增值税清算所附送的前期工程费、建筑安装工程费、基础设施费、开发间接费用的凭证或资料不符合清算要求或不实的，税务机关可参照当地建设工程造价管理部门公布的建安造价定额资料，结合房屋结构、用途、区位等因素，核定上述四项开发成本的单位面积金额标准，并据以计算扣除。具体核定方法由省税务机关确定。

3. 房地产开发企业开发建造的与清算项目配套的居委会和派出所用房、会所、停车场（库）、物业管理场所、变电站、热力站、水厂、文体场馆、学校、幼儿园、托儿所、医院、邮电通讯等公共设施，按以下原则处理：

（1）建成后产权属于全体业主所有的，其成本、费用可以扣除；

（2）建成后无偿移交给政府、公用事业单位用于非营利性社会公共事业的，其成本、费用可以扣除；

（3）建成后有偿转让的，应计算收入，并准予扣除成本、费用。

4. 房地产开发企业销售已装修的房屋，其装修费用可以计入房地产开发成本。

房地产开发企业的预提费用，除另有规定外，不得扣除。

5. 属于多个房地产项目共同的成本费用，应按清算项目可售建筑面积占多个项目可售总建筑面积的比例或其他合理的方法，计算确定清算项目的扣除金额。

6. 房地产开发企业在工程竣工验收后，根据合同约定，扣留建筑安装施工企业一定比例的工程款，作为开发项目的质量保证金，在计算土地增值税时，建筑安装施工企业就质量保证金对房地产开发企业开具发票的，按发票所载金额予以扣除；未开具发票的，扣留的质量保证金不得计算扣除。

7. 房地产开发费用的扣除问题。

详见本章第四节"二、扣除项目及其金额"第(三)项相关内容。

8. 房地产开发企业逾期开发缴纳的土地闲置费不得扣除。

9. 房地产开发企业取得土地使用权时支付的契税,应视同"按国家统一规定交纳的有关费用",计入"取得土地使用权所支付的金额"中扣除。

10. 拆迁安置费的扣除按以下规定处理:

(1)房地产企业用建造的本项目房地产安置回迁户的,安置用房视同销售处理,按国税发〔2006〕187号文件第三条第(一)项规定确认收入,即按本企业在同一地区、同一年度销售的同类房地产的平均价格确定,或由主管税务机关参照当地当年、同类房地产的市场价格或评估价值确定。同时,将此确认为房地产开发项目的拆迁补偿费。房地产开发企业支付给回迁户的补差价款,计入拆迁补偿费;回迁户支付给房地产开发企业的补差价款,应抵减本项目拆迁补偿费。

(2)开发企业采取异地安置,异地安置的房屋属于自行开发建造的,房屋价值按国税发〔2006〕187号文件第三条第(一)项的规定计算,计入本项目的拆迁补偿费;异地安置的房屋属于购入的,以实际支付的购房支出计入拆迁补偿费。

(3)货币安置拆迁的,房地产开发企业凭合法有效凭据计入拆迁补偿费。

七、土地增值税清算应报送的资料

纳税人办理土地增值税清算应报送以下资料:

1. 《财产和行为税纳税申报表》。

2. 房地产开发项目清算说明,主要内容应包括房地产开发项目立项、用地、开发、销售、关联方交易、融资、税款缴纳等基本情况及主管税务机关需要了解的其他情况。

3. 项目竣工决算报表、取得土地使用权所支付的地价款凭证、国有土地使用权出让合同、银行贷款利息结算通知单、项目工程合同结算单、商品房购销合同统计表、销售明细表、预售许可证等与转让房地产的收入、成本和费用有关的证明资料。主管税务机关需要相应项目记账凭证的,纳税人还应提供记账凭证复印件。

4. 纳税人委托税务中介机构审核鉴证的清算项目,还应报送中介机构出具的《土地增值税清算税款鉴证报告》。

土地增值税清算资料应按照档案化管理的要求,妥善保存。

八、土地增值税清算的受理

主管税务机关收到纳税人清算资料后,对符合清算条件的项目,且报送的清算资料完备的,予以受理;对纳税人符合清算条件,但报送的清算资料不全的,应要求纳税人在规定限期内补报,纳税人在规定的期限内补齐清算资料后,予以受理;对不符合清算条件的项目,不予受理。上述具体期限由各省、自治区、直辖市、计划单列市税务机关确定。主管税务机关已受理的清算申请,纳税人无正当理由不得撤销。

主管税务机关按《土地增值税清算管理规程》(国税发〔2009〕91号)第六条规定进行项目管理时,对符合税务机关可要求纳税人进行清算情形的,应当作出评估,并经分管领导批准,确定要求纳税人进行清算的时间。对确定暂不清算的,应继续做好项目管理,每年作出评估,及时确定清算时间并通知纳税人办理清算。

九、土地增值税清算项目的审核鉴证

主管税务机关受理纳税人清算资料后,应在一定期限内及时组织清算审核。具体期限由各省、自治区、直辖市、计划单列市税务机关确定。

税务中介机构受托对清算项目审核鉴证时,应按税务机关规定的格式对审核鉴证情况出具鉴证报告。对符合要求的鉴证报告,税务机关可以采信。

税务机关要对从事土地增值税清算鉴证工作的税务中介机构在准入条件、工作程序、鉴证内容、法律责任等方面提出明确要求,并做好必要的指导和管理工作。

十、土地增值税的清算审核

清算审核包括案头审核、实地审核。案头审核,是指对纳税人报送的清算资料进行数据、逻辑审核,重点审核项目归集的一致性、数据计算的准确性等。实地审核,是指在案头审核的基础上,通过对房地产开发项目实地查验等方式,对纳税人申报情况的客观性、真实性、合理性进行审核。

1. 清算审核时,应审核房地产开发项目是否以国家有关部门审批、备案的项目为单位进行清算;对于分期开发的项目,是否以分期项目为单位清算;对同项目中的不同类型房地产(如普通住宅和非普通住宅)是否分别计算增值额、增值率,缴纳土地增值税。

2. 审核收入情况时,应结合销售发票、销售合同(含房管部门网上备案登记资料)、商品房销售(预售)许可证、房产销售分户明细表及其他有关资料,重点审核销售明细表、房地产销售面积与项目可售面积的数据关联性,以核实计税收入;对销售合同所载商品房面积与有关部门实际测量面积不一致,而发生补、退房款的收入调整情况进行审核;对销售价格进行评估,审核有无价格明显偏低的情况。

必要时,主管税务机关可通过实地查验,确认有无少计、漏计事项,确认有无将开发产品用于职工福利、奖励、对外投资、分配给股东或投资人、抵偿债务、换取其他单位和个人的非货币性资产等情况。

3. 收入的确定。详见本节“五、土地增值税清算的收入确认”。

4. 扣除项目审核的内容。

(1)取得土地使用权所支付的金额。

(2)房地产开发成本,包括土地征用及拆迁补偿费、前期工程费、建筑安装工程费、基础设施费、公共配套设施费、开发间接费用。

(3)房地产开发费用。

(4)与转让房地产有关的税金。见本章第四节“二、扣除项目及其金额”第(四)项相关内容。

(5)国家规定的其他扣除项目。

5. 扣除项目的审核要求。

审核扣除项目是否符合下列要求:

(1)在土地增值税清算中,计算扣除项目金额时,其实际发生的支出应当取得但未取得合法凭据的不得扣除。

（2）扣除项目金额中所归集的各项成本和费用，必须是实际发生的。

（3）扣除项目金额应当准确地在各扣除项目中分别归集，不得混淆。

（4）扣除项目金额中所归集的各项成本和费用，必须是在清算项目开发中直接发生的或应当分摊的。

（5）纳税人分期开发项目或者同时开发多个项目的，或者同一项目中建造不同类型房地产的，应按照受益对象，采用合理的分配方法，分摊共同的成本费用。

（6）对同一类事项，应当采取相同的会计政策或处理方法。会计核算与税务处理规定不一致的，以税务处理规定为准。

6. 审核取得土地使用权支付金额和土地征用及拆迁补偿费时应当重点关注：

（1）同一宗土地有多个开发项目，是否予以分摊，分摊办法是否合理、合规，具体金额的计算是否正确。

（2）是否存在将房地产开发费用计入取得土地使用权支付金额以及土地征用及拆迁补偿费的情形。

（3）拆迁补偿费是否实际发生，尤其是支付给个人的拆迁补偿款、拆迁（回迁）合同和签收花名册或签收凭证是否一一对应。

7. 审核前期工程费、基础设施费时应当重点关注：

（1）前期工程费、基础设施费是否真实发生，是否存在虚列情形。

（2）是否将房地产开发费用计入前期工程费、基础设施费。

（3）多个（或分期）项目共同发生的前期工程费、基础设施费，是否按项目合理分摊。

8. 审核公共配套设施费时应当重点关注：

（1）公共配套设施的界定是否准确，公共配套设施费是否真实发生，有无预提公共配套设施费的情况。

（2）是否将房地产开发费用计入公共配套设施费。

（3）多个（或分期）项目共同发生的公共配套设施费，是否按项目合理分摊。

9. 审核建筑安装工程费时应当重点关注：

（1）发生的费用是否与决算报告、审计报告、工程结算报告、工程施工合同记载的内容相符。

（2）房地产开发企业自购建筑材料时，自购建材费用是否重复计算扣除项目。

（3）参照当地当期同类开发项目单位平均建安成本或当地建设部门公布的单位定额成本，验证建筑安装工程费支出是否存在异常。

（4）房地产开发企业采用自营方式自行施工建设的，还应当关注有无虚列、多列施工人工费、材料费、机械使用费等情况。

（5）建筑安装发票是否在项目所在地税务机关开具。

10. 审核开发间接费用时应当重点关注：

（1）是否存在将企业行政管理部门（总部）为组织和管理生产经营活动而发生的管理费用计入开发间接费用的情形。

（2）开发间接费用是否真实发生，有无预提开发间接费用的情况，取得的凭证是否合法有效。

11. 审核利息支出时应当重点关注：

（1）是否将利息支出从房地产开发成本中调整至开发费用。

（2）分期开发项目或者同时开发多个项目的，其取得的一般性贷款的利息支出，是否按照项目合理分摊。

（3）利用闲置专项借款对外投资取得收益，其收益是否冲减利息支出。

12. 代收费用的审核。

对于县级以上人民政府要求房地产开发企业在售房时代收的各项费用，审核其代收费用是否计入房价并向购买方一并收取；当代收费用计入房价时，审核有无将代收费用计入加计扣除以及房地产开发费用计算基数的情形。

13. 关联方交易行为的审核。

在审核收入和扣除项目时，应重点关注关联企业交易是否按照公允价值和营业常规进行业务往来。

应当关注企业大额应付款余额，审核交易行为是否真实。

14. 纳税人委托中介机构审核鉴证的清算项目，主管税务机关应当采取适当方法对有关鉴证报告的合法性、真实性进行审核。

15. 对纳税人委托中介机构审核鉴证的清算项目，主管税务机关未采信或部分未采信鉴证报告的，应当告知其理由。

16. 土地增值税清算审核结束，主管税务机关应当将审核结果书面通知纳税人，并确定办理补、退税期限。

十一、土地增值税的核定征收

在土地增值税清算过程中，发现纳税人符合核定征收条件的，应按原则上不得低于5%的核定征收率对房地产项目进行清算。

1. 在土地增值税清算中符合以下条件之一的，可实行核定征收：

（1）依照法律、行政法规的规定应当设置但未设置账簿的；

（2）擅自销毁账簿或者拒不提供纳税资料的；

（3）虽设置账簿，但账目混乱或者成本资料、收入凭证、费用凭证残缺不全，难以确定转让收入或扣除项目金额的；

（4）符合土地增值税清算条件，企业未按照规定的期限办理清算手续，经税务机关责令限期清算，逾期仍不清算的；

（5）申报的计税依据明显偏低，又无正当理由的。

2. 符合上述核定征收条件的，由主管税务机关发出核定征收的税务事项告知书后，税务人员对房地产项目开展土地增值税核定征收核查，经主管税务机关审核合议，通知纳税人申报缴纳应补缴税款或办理退税。

3. 对于分期开发的房地产项目，各期清算的方式应保持一致。

十二、清算后再转让房地产的处理

在土地增值税清算时未转让的房地产，清算后销售或有偿转让的，纳税人应按规定进行土地增值税的纳税申报，扣除项目金额按清算时的单位建筑面积成本费用乘以销售或转让面积计算。

$$单位建筑面积成本费用 = 清算时的扣除项目总金额 \div 清算的总建筑面积$$

十三、清算后应补缴的土地增值税加收滞纳金问题

纳税人按规定预缴土地增值税后,清算补缴的土地增值税,在主管税务机关规定的期限内补缴的,不加收滞纳金。

第八节 征 收 管 理

一、预征土地增值税

根据《土地增值税暂行条例实施细则》的规定,对纳税人在项目全部竣工结算前转让房地产取得的收入可以预征土地增值税。具体办法由各省、自治区、直辖市税务局根据当地情况制定。因此,对纳税人预售房地产所取得的收入,当地税务机关规定预征土地增值税的,纳税人应当到主管税务机关办理纳税申报,并按规定比例预交,待办理决算后,多退少补;当地税务机关规定不预征土地增值税的,也应在取得收入时先到税务机关登记或备案。

对实行预征办法的地区,除保障性住房外,东部地区省份预征率不得低于2%,中部和东北地区省份不得低于1.5%,西部地区省份不得低于1%,各地要根据不同类型房地产确定适当的预征率。

二、纳税申报

纳税人在转让房地产合同签订后的7日内,到房地产所在地主管税务机关办理纳税申报,并向税务机关提交房屋及建筑物产权、土地使用权证书,土地转让、房产买卖合同,房地产评估报告及其他与转让房地产有关的资料。

纳税人因经常发生房地产转让而难以在每次转让后申报的,可以定期进行纳税申报,具体期限由税务机关根据情况确定。

纳税人因经常发生房地产转让而难以在每次转让后申报,是指房地产开发企业开发建造的房地产因分次转让而频繁发生纳税义务,难以在每次转让后,申报纳税的情况,土地增值税可按月或按各省、自治区、直辖市和计划单列市税务局规定的期限申报缴纳。

三、纳税地点

土地增值税的纳税人应向房地产所在地主管税务机关办理纳税申报,并在税务机关核定的期限内缴纳土地增值税。房地产所在地,是指房地产的坐落地。纳税人转让房地产坐落在两个或两个以上地区的,应按房地产所在地分别申报纳税。

四、纳税申报表

《土地增值税税源明细表》见表 5 - 2,《财产和行为税纳税申报表》见表 5 - 3。

表 5 - 2　　　　　　　　　　　　　　　　土地增值税税源明细表

税款所属期限:自　　年　月　日至　　年　月　日

纳税人识别号(统一社会信用代码):□□□□□□□□□□□□□□□□□□

纳税人名称:　　　　　　　　　　　　　　金额单位:人民币元(列至角分);面积单位:平方米

土地增值税项目登记表(从事房地产开发的纳税人适用)				
项目名称			项目地址	
土地使用权受让(行政划拨)合同号			受让(行政划拨)时间	
建设项目起讫时间		总预算成本		单位预算成本
项目详细坐落地点				
开发土地总面积		开发建筑总面积		房地产转让合同名称
转让次序	转让土地面积(按次填写)		转让建筑面积(按次填写)	转让合同签订日期(按次填写)
第 1 次				
第 2 次				
……				
备注				
土地增值税申报计算及减免信息				
申报类型:				
1. 从事房地产开发的纳税人预缴适用□				
2. 从事房地产开发的纳税人清算适用□				
3. 从事房地产开发的纳税人按核定征收方式清算适用□				
4. 纳税人整体转让在建工程适用□				
5. 从事房地产开发的纳税人清算后尾盘销售适用□				
6. 转让旧房及建筑物的纳税人适用□				
7. 转让旧房及建筑物的纳税人核定征收适用□				
项目名称			项目编码	
项目地址				
项目总可售面积			自用和出租面积	

已售面积		其中:普通住宅已售面积		其中:非普通住宅已售面积		其中:其他类型房地产已售面积	
清算时已售面积				清算后剩余可售面积			

申报类型	项目	序号	金额			
			普通住宅	非普通住宅	其他类型房地产	总额
1. 从事房地产开发的纳税人预缴适用	一、房产类型子目	1				—
	二、应税收入	2 = 3 + 4 + 5				
	1. 货币收入	3				
	2. 实物收入及其他收入	4				
	3. 视同销售收入	5				
	三、预征率(%)	6				—
2. 从事房地产开发的纳税人清算适用 3. 从事房地产开发的纳税人按核定征收方式清算适用 4. 纳税人整体转让在建工程适用	一、转让房地产收入总额	1 = 2 + 3 + 4				
	1. 货币收入	2				
	2. 实物收入及其他收入	3				
	3. 视同销售收入	4				
	二、扣除项目金额合计	5 = 6 + 7 + 14 + 17 + 21 + 22				
	1. 取得土地使用权所支付的金额	6				
	2. 房地产开发成本	7 = 8 + 9 + 10 + 11 + 12 + 13				
	其中:土地征用及拆迁补偿费	8				
	前期工程费	9				
	建筑安装工程费	10				
	基础设施费	11				
	公共配套设施费	12				
	开发间接费用	13				
	3. 房地产开发费用	14 = 15 + 16				
	其中:利息支出	15				
	其他房地产开发费用	16				
	4. 与转让房地产有关的税金等	17 = 18 + 19 + 20				
	其中:营业税	18				
	城市维护建设税	19				
	教育费附加	20				
	5. 财政部规定的其他扣除项目	21				
	6. 代收费用 (纳税人整体转让在建工程不填此项)	22				
	三、增值额	23 = 1 - 5				
	四、增值额与扣除项目金额之比(%)	24 = 23 ÷ 5				
	五、适用税率(核定征收率)(%)	25				

申报类型	项目		序号	金额			总额
				普通住宅	非普通住宅	其他类型房地产	
2. 从事房地产开发的纳税人清算适用 3. 从事房地产开发的纳税人按核定征收方式清算适用 4. 纳税人整体转让在建工程适用	六、速算扣除系数(%)		26				
	七、减免税额		27＝29＋31＋33				
	其中:减免税(1)	减免性质代码和项目名称(1)	28				
		减免税额(1)	29				
	减免税(2)	减免性质代码和项目名称(2)	30				
		减免税额(2)	31				
	减免税(3)	减免性质代码和项目名称(3)	32				
		减免税额(3)	33				
5. 从事房地产开发的纳税人清算后尾盘销售适用	一、转让房地产收入总额		1＝2＋3＋4				
	1. 货币收入		2				
	2. 实物收入及其他收入		3				
	3. 视同销售收入		4				
	二、扣除项目金额合计		5＝6×7＋8				
	1. 本次清算后尾盘销售的销售面积		6				
	2. 单位成本费用		7				
	3. 本次与转让房地产有关的税金		8＝9＋10＋11				
	其中:营业税		9				
	城市维护建设税		10				
	教育费附加		11				
	三、增值额		12＝1－5				
	四、增值额与扣除项目金额之比(%)		13＝12÷5				
	五、适用税率(核定征收率)(%)		14				
	六、速算扣除系数(%)		15				
	七、减免税额		16＝18＋20＋22				
	其中:减免税(1)	减免性质代码和项目名称(1)	17				
		减免税额(1)	18				
	减免税(2)	减免性质代码和项目名称(2)	19				
		减免税额(2)	20				
	减免税(3)	减免性质代码和项目名称(3)	21				
		减免税额(3)	22				

申报类型	项目		序号	金额			
				普通住宅	非普通住宅	其他类型房地产	总额
	一、转让房地产收入总额		1 = 2 + 3 + 4				
	1. 货币收入		2				
	2. 实物收入		3				
	3. 其他收入		4				
	二、扣除项目金额合计		(1) 5 = 6 + 7 + 10 + 15 (2) 5 = 11 + 12 + 14 + 15				
	(1) 提供评估价格						
	1. 取得土地使用权所支付的金额		6				
	2. 旧房及建筑物的评估价格		7 = 8 × 9				
	其中:旧房及建筑物的重置成本价		8				
	成新度折扣率		9				
	3. 评估费用		10				
	(2) 提供购房发票						
	1. 购房发票金额		11				
6. 转让旧房及建筑物的纳税人适用 7. 转让旧房及建筑物的纳税人核定征收适用	2. 发票加计扣除金额		12 = 11 × 5% × 13				
	其中:房产实际持有年数		13				
	3. 购房契税		14				
	4. 与转让房地产有关的税金等		15 = 16 + 17 + 18 + 19				
	其中:营业税		16				
	城市维护建设税		17				
	印花税		18				
	教育费附加		19				
	三、增值额		20 = 1 - 5				
	四、增值额与扣除项目金额之比(%)		21 = 20 ÷ 5				
	五、适用税率(核定征收率)(%)		22				
	六、速算扣除系数(%)		23				
	七、减免税额		24 = 26 + 28 + 30				
	其中:减免税(1)	减免性质代码和项目名称(1)	25				
		减免税额(2)	26				
	减免税(2)	减免性质代码和项目名称(2)	27				
		减免税额(2)	28				
	减免税(3)	减免性质代码和项目名称(3)	29				
		减免税额(3)	30				

表 5－3   **财产和行为税纳税申报表**

纳税人识别号(统一社会信用代码)：□□□□□□□□□□□□□□□□□□

纳税人名称：   金额单位：人民币元(列至角分)

序号	税种	税目	税款所属期起	税款所属期止	计税依据	税率	应纳税额	减免税额	已缴税额	应补(退)税额
1										
2										
3										
4										
5										
6										
7										
8										
9										
10										
11	合计	—	—	—	—	—				

声明：此表是根据国家税收法律法规及相关规定填写的，本人(单位)对填报内容(及附带资料)的真实性、可靠性、完整性负责。

纳税人(签章)：   年 月 日

经办人： 经办人身份证号： 代理机构签章： 代理机构统一社会信用代码：	受理人： 受理税务机关(章)： 受理日期： 年 月 日

注：1. 本表适用于申报城镇土地使用税、房产税、契税、耕地占用税、土地增值税、印花税、车船税、烟叶税、环境保护税、资源税。

    2. 本表根据各税种税源明细表自动生成，申报前需填写税源明细表。

第六章 资　源　税

第一节　资源税概述

一、资源税的概念

资源税是以应税资源为课税对象,对在中华人民共和国领域和中华人民共和国管辖的其他海域开发应税资源的单位和个人,就其应税资源销售额或销售数量为计税依据而征收的一种税。

所谓资源,一般是指自然界存在的所有天然物质财富,包括地下资源、地上资源、空间资源。从物质内容角度看,包括矿产资源、土地资源、水资源、动物资源、植物资源、海洋资源、太阳能资源、空气资源等。对应税资源征收资源税,是落实税收法定原则、完善地方税体系的重要举措,是绿色税制建设的重要组成部分。

二、资源税的改革历程

(一)建立阶段

从中华人民共和国成立初到 1983 年,我国资源税处于空白状态,没有相关的资源税费制度。我国资源税始于 1984 年颁布的《中华人民共和国资源税条例(草案)》。鉴于当时一些客观原因,资源税税目仅限于煤炭、石油和天然气三种资源,计税方式采用累进计税,以销售收入为税基,以销售利润率为累进依据,采取累进税率,实行超率累进征收。同年 9 月,《财政部　国家税务总局关于资源税若干问题的法规》(财税〔1984〕296 号)发布,指出从 1984 年 10 月 1 日起,对原油、天然气、煤炭等先行开征资源税,对金属矿产品和其他非金属矿产品暂缓征收。其目的是调节开发自然资源的单位因资源结构和开发条件的差异而形成的级差收入。资源税开征之初,其功能定位主要是调节级差收入,其绿色环保功能并未得到重视。1986 年,我国颁布的《中华人民共和国矿产资源法》规定,国家对矿产资源实行有偿开采,开采矿产资源,必须按照国家有关规定缴纳资源税和资源补偿费,形成了资源开发领域"税费并存"的局面。

(二)调整完善阶段

我国在 1994 年进行了全方位的税制改革,对资源税也进行了调整。1993 年 12 月 25 日,国务院发布了《中华人民共和国资源税暂行条例》(以下简称《资源税暂行条例》),并于 1994 年 1 月正式实行。此次税制改革形成的资源税被称为第二代资源税制。该条例调整扩大了征税范围,改变了计税依据,不再按超额利润征税,而是按矿产品销售量征税,调整的内容主要体现在三个方面:征收范围、计税方式以及税率的调整。首先是资源税征税对象扩围,应税资源从原来的原油、天然气、煤炭扩围到包括其他非金属原矿、黑色金属原矿、有色金属原矿、盐,应税资源增加到 7 个。其次,征收方式由原来累进计税改为从量定额征收,对开采应税矿产品和生产盐的单位,开始实行"普遍征收、级差调节"的新资源税制,征收范围扩大到开采应税矿产品的所有矿山,不管企业是否赢利,均征收资源税。1994年,我国还颁布了《矿产资源补偿费征收管理规定》(国务院令第150号),对有关资源在征收资源税的基础上征收矿山资源补偿费。2006年,我国开征了石油特别收益金。从1994年资源税改革至21世纪初期,我国资源税制基本保持稳定状态。随着资源开发过程中出现的"采富弃贫"的资源浪费日益严重,矿区生态环境日益恶化,从2005年至2008年,我国资源税税率变动比较频繁,先后对资源税税率进行了几次调整。

（三）从价计征阶段

2010年5月,我国对资源税进行了新一轮改革,决定在新疆进行资源税改革试点,改革的内容主要是资源税计征方式,自2010年6月1日起,对油气资源实行从价计征资源税。2010年12月,资源税改革试点进一步扩大到内蒙古、甘肃等12个省区。2011年9月,国务院公布了修改后的《资源税暂行条例》,决定将以资源税从量计征改为从价计征为核心内容的资源税改革从试点地区向全国推开。修改后的《资源税暂行条例》将石油、天然气的资源税从以前的从量计征改为从价计征,税率为销售额的5%～10%,其他五类应税资源仍然从量计征,以销售数量或自用量作为计税依据,并对焦煤和稀土矿等的资源税税额标准进行了调整。

（四）清费扩围阶段

为全面贯彻党的十八大和十八届三中、四中、五中全会精神,按照"五位一体"总体布局和"四个全面"战略布局,牢固树立和贯彻落实创新、协调、绿色、开放、共享的新发展理念,2016年5月9日,财政部、国家税务总局公布了《关于全面推进资源税改革的通知》(财税〔2016〕53号),决定自2016年7月1日起,我国全面推进资源税改革,改革的主要内容包括:

1. 扩大资源税征收范围

开展水资源税改革试点工作。鉴于取用水资源涉及面广、情况复杂,为确保改革平稳有序实施,先在河北省开展水资源税试点。逐步将其他自然资源纳入征收范围。鉴于森林、草场、滩涂等资源在各地区的市场开发利用情况不尽相同,对其全面开征资源税条件尚不成熟,此次改革不在全国范围统一规定对森林、草场、滩涂等资源征税。各省、自治区、直辖市人民政府可以结合本地实际,根据森林、草场、滩涂等资源开发利用情况提出征收资源税的具体方案建议,报国务院批准后实施。

2. 实施矿产资源税从价计征改革

对《资源税税目税率幅度表》(财税〔2016〕53号附件)中列举名称的21种资源品目和未列举名称的其他金属矿实行从价计征,计税依据由原矿销售量调整为原矿、精矿(或原矿加工品)、氯化钠初级产品或金锭的销售额。对《资源税税目税率幅度表》中未列举名称的其他非金属矿产品,按照从价计征为主、从量计征为辅的原则,由省级人民政府确定计征方式。

3. 全面清理矿产资源的收费基金

在实施资源税从价计征改革的同时,将全部资源品目矿产资源补偿费费率降为零,停止征收价格调节基金,取缔地方针对矿产资源违规设立的各种收费基金项目。地方各级财政部门要会同有关部门对涉及矿产资源的收费基金进行全面清理。凡不符合国家规定、地方越权出台的收费基金项目要一律取消。对确需保留的依法合规收费基金项目,要严格按规定的征收范围和标准执行,切实规范征收行为。

4. 合理确定资源税税率水平

对《资源税税目税率幅度表》中列举名称的资源品目,由省级人民政府在规定的税率幅度内提出具体适用税率建议,报财政部、国家税务总局确定核准。对未列举名称的其他金属和非金属矿产品,由省级人民政府根据实际情况确定具体税目和适用税率,报财政部、国家税务总局备案。省级人民政府在提出和确定适用税率时,要结合当前矿产企业实际生产经营情况,遵循改革前后税费平移原则,充分考虑企业负担能力。

5. 加强矿产资源税收优惠政策管理,提高资源综合利用效率

对符合条件的采用充填开采方式采出的矿产资源,资源税减征50%;对符合条件的衰竭期矿山开采的矿产资源,资源税减征30%。具体认定条件由财政部、国家税务总局规定。对鼓励利用的低品位矿、废石、尾矿、废渣、废水、废气等提取的矿产品,由省级人民政府根据实际情况确定是否减税或免税,并制定具体办法。

(五)法治化阶段

2019年8月26日,第十三届全国人民代表大会常务委员会第十二次会议表决通过了《中华人民共和国资源税法》(以下简称《资源税法》),并于2020年9月1日起实施。

《资源税暂行条例》上升到《资源税法》,提升了资源税法律位阶,是税收法治化的重要组成部分。《资源税法》立法吸收了近年来税收征管与服务上的有效做法,践行了以纳税人为中心的服务理念,体现了深化"放管服"改革的要求,《资源税法》的实施给税收征管服务带来了新的变化。

依照《资源税法》规定的原则,对取用地表水或者地下水的单位和个人试点征收水资源税。水资源税试点实施办法由国务院规定,报全国人民代表大会常务委员会备案。

国务院自《资源税法》施行之日起5年内,就征收水资源税试点情况向全国人民代表大会常务委员会报告,并及时提出修改法律的建议。

第二节 纳税义务人

在中华人民共和国领域和中华人民共和国管辖的其他海域开发应税资源的单位和个人,为资源税的纳税人,应当依照《资源税法》规定缴纳资源税。

国务院根据国民经济和社会发展需要,依照《资源税法》的原则,对取用地表水或者地下水的单位和个人试点征收水资源税。征收水资源税的,停止征收水资源费。

中外合作开采陆上、海上石油资源的企业依法缴纳资源税。

2011年11月1日前已依法订立中外合作开采陆上、海上石油资源合同的,在该合同有效期内,继续依照国家有关规定缴纳矿区使用费,不缴纳资源税;合同期满后,依法缴纳资源税。

第三节 税目和税率

一、税目

资源税的税目反映征收资源税的具体范围,是资源税课征对象的具体表现形式。

《资源税法》采取正列举的方式,共设置5个一级税目,17个二级子税目,具体税目有164个。各税目的征税对象包括原矿或选矿,涵盖了所有已经发现的矿种和盐。根据《资源税法》的规定,对取用地表水或者地下水的单位和个人试点征收水资源税。

(一)能源矿产

能源矿产,包括以下7个子税目:

1. 原油。其征税对象是原矿。

2. 天然气、页岩气、天然气水合物。其征税对象是原矿。

3. 煤。其征税对象是原矿或者选矿。

4. 煤成(层)气。其征税对象是原矿。

5. 铀、钍。其征税对象是原矿。

6. 油页岩、油砂、天然沥青、石煤。其征税对象是原矿或者选矿。

7. 地热。其征税对象是原矿。

(二)金属矿产

金属矿产,包括以下2个子税目:

1. 黑色金属。包括铁、锰、铬、钒和钛。其征税对象是原矿或者选矿。

2. 有色金属。包括铜、铅、锌、锡、镍、锑、镁、钴、铋、汞,铝土矿,钨,钼,金、银、铂、钯、钌、锇、铱、铑,轻稀土,中重稀土,铍、锂、锆、锶、铷、铯、铌、钽、锗、镓、铟、铊、铪、铼、镉、硒、碲。其中,钨、钼、轻稀土、中重稀土的征税对象是选矿,其他有色金属矿产的征税对象是原矿或者选矿。

(三)非金属矿产

非金属矿产,包括以下3类子税目:

1. 矿物类。包括高岭土,石灰岩,磷,石墨,萤石、硫铁矿、自然硫,天然石英砂、脉石英、粉石英、水晶、工业用金刚石、冰洲石、蓝晶石、硅线石(矽线石)、长石、滑石、刚玉、菱镁矿、颜料矿物、天然碱、芒硝、钠硝石、明矾石、砷、硼、碘、溴、膨润土、硅藻土、陶瓷土、耐火粘土、铁矾土、凹凸棒石粘土、海泡石粘土、伊利石粘土、累托石粘土,叶蜡石、硅灰石、透辉石、珍珠岩、云母、沸石、重晶石、毒重石、方解石、蛭石、透闪石、工业用电气石、白垩、石棉、蓝石棉、红柱石、石榴子石、石膏,其他粘土(铸型用粘土、砖瓦用粘土、陶粒用粘土、水泥配料用粘土、水泥配料用红土、水泥配料用黄土、水泥配料用泥岩、保温材料用粘土)。

2. 岩石类。包括大理岩、花岗岩、白云岩、石英岩、砂岩、辉绿岩、安山岩、闪长岩、板岩、玄武岩、片麻岩、角闪岩、页岩、浮石、凝灰岩、黑曜岩、霞石正长岩、蛇纹岩、麦饭石、泥灰岩、含钾岩石、含钾砂页岩、天然油石、橄榄岩、松脂岩、粗面岩、辉长岩、辉石岩、正长岩、火山灰、火山渣、泥炭,砂石。

3. 宝玉石类。包括宝石、玉石、宝石级金刚石、玛瑙、黄玉、碧玺。

所有非金属矿产的征税对象是原矿或者选矿。

(四)水气矿产

水气矿产,包括以下2个子税目:

1. 二氧化碳气、硫化氢气、氦气、氡气。

2. 矿泉水。

水气矿产的征税对象是原矿。

(五)盐

盐,包括以下 3 个子税目:

1. 钠盐、钾盐、镁盐和锂盐。其征税对象是选矿。

2. 天然卤水。其征税对象是原矿。

3. 海盐。

应税资源的具体范围,由《资源税法》所附《资源税税目税率表》确定。具体税目见表 6 - 1。

二、税率

(一)税率的具体规定

《资源税法》规定,对大部分资源税应税产品实行从价计征,部分应税产品从量计征,因此,税率形式有比例税率和定额税率两种。

资源税的税率标准,依照《资源税税目税率表》执行。具体税率见表 6 - 1。

表 6 - 1 资源税税目税率表

税目			征税对象	税率
能源矿产	原油		原矿	6%
	天然气、页岩气、天然气水合物		原矿	6%
	煤		原矿或者选矿	2% ~10%
	煤成(层)气		原矿	1% ~2%
	铀、钍		原矿	4%
	油页岩、油砂、天然沥青、石煤		原矿或者选矿	1% ~4%
	地热		原矿	1% ~ 20% 或者每立方米 1 ~30 元
金属矿产	黑色金属	铁、锰、铬、钒、钛	原矿或者选矿	1% ~9%
	有色金属	铜、铅、锌、锡、镍、锑、镁、钴、铋、汞	原矿或者选矿	2% ~10%
		铝土矿	原矿或者选矿	2% ~9%
		钨	选矿	6.5%
		钼	选矿	8%
		金、银	原矿或者选矿	2% ~6%
		铂、钯、钌、锇、铱、铑	原矿或者选矿	5% ~10%
		轻稀土	选矿	7% ~12%
		中重稀土	选矿	20%
		铍、锂、锆、锶、铷、铯、铌、钽、锗、镓、铟、铊、铪、铼、镉、硒、碲	原矿或者选矿	2% ~10%

税目			征税对象	税率
非金属矿产	矿物类	高岭土	原矿或者选矿	1%～6%
		石灰岩	原矿或者选矿	1%～6% 或者每吨（或者每立方米）1～10元
		磷	原矿或者选矿	3%～8%
		石墨	原矿或者选矿	3%～12%
		萤石、硫铁矿、自然硫	原矿或者选矿	1%～8%
		天然石英砂、脉石英、粉石英、水晶、工业用金刚石、冰洲石、蓝晶石、硅线石（矽线石）、长石、滑石、刚玉、菱镁矿、颜料矿物、天然碱、芒硝、钠硝石、明矾石、砷、硼、碘、溴、膨润土、硅藻土、陶瓷土、耐火粘土、铁矾土、凹凸棒石粘土、海泡石粘土、伊利石粘土、累托石粘土	原矿或者选矿	1%～12%
		叶蜡石、硅灰石、透辉石、珍珠岩、云母、沸石、重晶石、毒重石、方解石、蛭石、透闪石、工业用电气石、白垩、石棉、蓝石棉、红柱石、石榴子石、石膏	原矿或者选矿	2%～12%
		其他粘土（铸型用粘土、砖瓦用粘土、陶粒用粘土、水泥配料用粘土、水泥配料用红土、水泥配料用黄土、水泥配料用泥岩、保温材料用粘土）	原矿或者选矿	1%～5% 或者每吨（或者每立方米）0.1～5元
	岩石类	大理岩、花岗岩、白云岩、石英岩、砂岩、辉绿岩、安山岩、闪长岩、板岩、玄武岩、片麻岩、角闪岩、页岩、浮石、凝灰岩、黑曜岩、霞石正长岩、蛇纹岩、麦饭石、泥灰岩、含钾岩石、含钾砂页岩、天然油石、橄榄岩、松脂岩、粗面岩、辉长岩、辉石岩、正长岩、火山灰、火山渣、泥炭	原矿或者选矿	1%～10%
		砂石	原矿或者选矿	1%～5% 或者每吨（或者每立方米）0.1～5元
	宝玉石类	宝石、玉石、宝石级金刚石、玛瑙、黄玉、碧玺	原矿或者选矿	4%～20%
水气矿产		二氧化碳气、硫化氢气、氦气、氡气	原矿	2%～5%
		矿泉水	原矿	1%～20% 或者每立方米1～30元
盐		钠盐、钾盐、镁盐、锂盐	选矿	3%～15%
		天然卤水	原矿	3%～15% 或者每吨（或者每立方米）1～10元
		海盐		2%～5%

（二）税率确定的依据

1.《资源税税目税率表》中规定实行幅度税率的，其具体适用税率由省、自治区、直辖市人民政府统筹考虑该应税资源的品位、开采条件以及对生态环境的影响等情况，在《资源税税目税率表》规定的税率幅度内提出，报同级人民代表大会常务委员会决定，并报全国人民代表大会常务委员会和国务院备案。

2.《资源税税目税率表》中规定征税对象为原矿或者选矿的，应当分别确定具体适用税率。

纳税人以自采原矿（经过采矿过程采出后未进行选矿或者加工的矿石）直接销售，或者自用于应当缴纳资源税情形的，按照原矿计征资源税。

纳税人以自采原矿洗选加工为选矿产品（通过破碎、切割、洗选、筛分、磨矿、分级、提纯、脱水、干燥等过程形成的产品，包括富集的精矿和研磨成粉、粒级成型、切割成型的原矿加工品）销售，或者将选矿产品自用于应当缴纳资源税情形的，按照选矿产品计征资源税，在原矿移送环节不缴纳资源税。对于无法区分原生岩石矿种的粒级成型砂石颗粒，按照砂石税目征收资源税。

3. 水资源税根据当地水资源状况、取用水类型和经济发展等情况实行差别税率。

4. 纳税人开采或者生产不同税目应税产品的，应当分别核算不同税目应税产品的销售额或者销售数量；未分别核算或者不能准确提供不同税目应税产品的销售额或者销售数量的，从高适用税率。

5. 纳税人开采或者生产同一税目下适用不同税率应税产品的，应当分别核算不同税率应税产品的销售额或者销售数量；未分别核算或者不能准确提供不同税率应税产品的销售额或者销售数量的，从高适用税率。

第四节　税收优惠

一、免征规定

有下列情形之一的，免征资源税：

1. 开采原油以及在油田范围内运输原油过程中用于加热的原油、天然气。

2. 煤炭开采企业因安全生产需要抽采的煤成（层）气。

二、减征规定

1. 从低丰度油气田开采的原油、天然气，减征 20% 资源税。

低丰度油气田，包括陆上低丰度油田、陆上低丰度气田、海上低丰度油田、海上低丰度气田。

陆上低丰度油田是指每平方公里原油可开采储量丰度低于 25 万立方米的油田，陆上低丰度气田是指每平方公里天然气可开采储量丰度低于 2.5 亿立方米的气田。

海上低丰度油田是指每平方公里原油可开采储量丰度低于 60 万立方米的油田，海上低丰度气田是指每平方公里天然气可开采储量丰度低于 6 亿立方米的气田。

2. 高含硫天然气、三次采油和从深水油气田开采的原油、天然气，减征 30% 资源税。

高含硫天然气,是指硫化氢含量在每立方米 30 克以上的天然气。

三次采油,是指二次采油后继续以聚合物驱、复合驱、泡沫驱、气水交替驱、二氧化碳驱、微生物驱等方式进行采油。

深水油气田,是指水深超过 300 米的油气田。

3. 稠油、高凝油减征 40% 资源税。

稠油,是指地层原油粘度大于或等于每秒 50 毫帕或原油密度大于或等于每立方厘米 0.92 克的原油。

高凝油,是指凝固点高于 40℃的原油。

4. 从衰竭期矿山开采的矿产品,减征 30% 资源税。

衰竭期矿山,是指设计开采年限超过 15 年,且剩余可开采储量下降到原设计可开采储量的 20% 以下或者剩余开采年限不超过 5 年的矿山。衰竭期矿山以开采企业下属的单个矿山为单位确定。

5. 自 2018 年 4 月 1 日至 2027 年 12 月 31 日,对页岩气资源税(按 6% 的规定税率)减征 30%。

根据国民经济和社会发展需要,国务院对有利于促进资源节约集约利用、保护环境等情形可以规定免征或者减征资源税,报全国人民代表大会常务委员会备案。

6. 自 2023 年 1 月 1 日至 2027 年 12 月 31 日,对增值税小规模纳税人、小型微利企业和个体工商户减半征收资源税(不含水资源税)。

增值税小规模纳税人、小型微利企业和个体工商户已依法享受资源税等其他优惠政策的,可叠加享受该项优惠政策。

该项优惠政策发布之日(即 2023 年 8 月 2 日)前,已征的相关税款,可抵减纳税人以后月份应缴纳税款或予以退还。发布之日前已办理注销的,不再追溯享受。

三、由省、自治区、直辖市决定的免征或者减征规定

有下列情形之一的,省、自治区、直辖市可以决定免征或者减征资源税:

(1)纳税人开采或者生产应税产品过程中,因意外事故或者自然灾害等原因遭受重大损失;

(2)纳税人开采共伴生矿、低品位矿、尾矿。

免征或者减征资源税的具体办法,由省、自治区、直辖市人民政府提出,报同级人民代表大会常务委员会决定,并报全国人民代表大会常务委员会和国务院备案。

四、其他减免税规定

1. 自 2014 年 12 月 1 日至 2027 年 12 月 31 日,对充填开采置换出来的煤炭,资源税减征 50%。

2. 纳税人开采或者生产同一应税产品,其中既有享受减免税政策的,又有不享受减免税政策的,按照免税、减税项目的产量占比等方法分别核算确定免税、减税项目的销售额或者销售数量。

纳税人开采或者生产同一应税产品,同时符合两项或者两项以上减征资源税优惠政策的,除另有规定外,只能选择其中一项执行。

3. 纳税人的免税、减税项目,应当单独核算销售额或者销售数量;未单独核算或者不能准确提供销售额或者销售数量的,不予免税或者减税。

4. 纳税人享受资源税优惠政策,实行"自行判别、申报享受、有关资料留存备查"的办理方式,另有规定的除外。纳税人对资源税优惠事项留存材料的真实性和合法性承担法律责任。

第五节　计税依据和应纳税额的计算

根据《资源税法》的规定,资源税实行从价计征或者从量计征。

《资源税税目税率表》中规定可以选择实行从价计征或者从量计征的,具体计征方式由省、自治区、直辖市人民政府提出,报同级人民代表大会常务委员会决定,并报全国人民代表大会常务委员会和国务院备案。

一、从价定率征收的计税依据和应纳税额计算

(一)计税依据

1. 计税依据的一般规定

从价计征资源税的计税依据为应税产品的销售额。应税产品为矿产品的,包括原矿和选矿产品。

资源税应税产品的销售额,按照纳税人销售应税产品向购买方收取的全部价款确定,不包括增值税税款。

计入销售额中的相关运杂费用,凡取得增值税发票或者其他合法有效凭据的,准予从销售额中扣除。相关运杂费用,是指应税产品从坑口或者洗选(加工)地到车站、码头或者购买方指定地点的运输费用、建设基金以及随运销产生的装卸、仓储、港杂费用。

2. 计税依据的特殊规定

纳税人申报的应税产品销售额明显偏低且无正当理由的,或者有自用应税产品行为而无销售额的,主管税务机关可以按下列方法和顺序确定其应税产品销售额:

(1)按纳税人最近时期同类产品的平均销售价格确定。

(2)按其他纳税人最近时期同类产品的平均销售价格确定。

(3)按后续加工非应税产品销售价格,减去后续加工环节的成本利润后确定。

(4)按应税产品组成计税价格确定。

$$组成计税价格 = 成本 \times (1 + 成本利润率) \div (1 - 资源税税率)$$

上述公式中的成本利润率由省、自治区、直辖市税务机关确定。

(5)按其他合理方法确定。

(二)应纳税额计算

实行从价计征的,应纳税额按照应税产品的销售额乘以具体适用税率计算。计算公式如下:

$$应纳税额 = 销售额 \times 适用税率$$

【例 6 – 1】 某铜矿开采企业 2023 年 10 月开采并销售铜矿原矿,开具增值税专用发票,注明金额 400 万元、税额 52 万元;销售铜矿选矿取得不含增值税销售额 2500 万元。当地省人民政府规定,铜矿原矿资源税税率为 4%,铜矿选矿资源税税率为 3%。请计算该企业 2023 年 10 月应缴纳的资源税税额。

该企业应缴纳资源税 = 400 × 4% + 2500 × 3% = 91(万元)

【例 6 – 2】 2023 年 10 月,某锡矿开采企业开采锡矿原矿 300 吨。本月销售锡矿原矿 200 吨,取得不含税销售额 500 万元;剩余锡矿原矿 100 吨移送加工选矿 80 吨,本月全部销售,取得不含税销售额 240 万元。锡矿原矿和锡矿选矿资源税税率分别为 5% 和 4.5%。请计算该企业 2023 年 10 月应缴纳的资源税税额。

(1)锡矿原矿为资源税的应税产品,开采销售锡矿原矿应计算缴纳资源税。

销售锡矿原矿应缴纳资源税 = 500 × 5% = 25(万元)

(2)将锡矿原矿移送加工选矿,不征收资源税,生产销售的锡矿选矿属于资源税应税产品,应计算缴纳资源税。

销售锡矿选矿应缴纳资源税 = 240 × 4.5% = 10.8(万元)

(3)该企业应缴纳资源税 = 25 + 10.8 = 35.8(万元)

二、从量定额征收的计税依据和应纳税额计算

(一)计税依据

从量定额征收的资源税的计税依据是应税产品的销售数量。

应税产品的销售数量,包括纳税人开采或者生产应税产品的实际销售数量和自用于应当缴纳资源税情形的应税产品数量。

(二)应纳税额计算

实行从量计征的,应纳税额按照应税产品的销售数量乘以具体适用税率计算。计算公式如下:

$$应纳税额 = 销售数量 × 单位税额$$

【例 6 – 3】 某矿泉水生产企业 2023 年 9 月开发生产矿泉水 6900 立方米,本月销售 6000 立方米。该企业所在省政府规定,矿泉水实行定额征收资源税,资源税税率为 5 元/立方米。请计算该企业 2023 年 9 月应缴纳的资源税税额。

该企业应缴纳资源税 = 5 × 6000 = 30000(元)

三、开采或生产应税产品自用应纳资源税的规定

纳税人开采或者生产应税产品自用的,应当依照《资源税法》的规定缴纳资源税;但是,自用于连续生产应税产品的,不缴纳资源税。

纳税人自用应税产品应当缴纳资源税的情形,包括纳税人以应税产品用于非货币性资产交换、捐赠、偿债、赞助、集资、投资、广告、样品、职工福利、利润分配或者连续生产非应税

产品等。

四、准予扣减外购应税产品的购进金额或购进数量的规定

纳税人外购应税产品与自采应税产品混合销售或者混合加工为应税产品销售的,在计算应税产品销售额或者销售数量时,准予扣减外购应税产品的购进金额或者购进数量;当期不足扣减的,可结转下期扣减。

纳税人应当准确核算外购应税产品的购进金额或者购进数量,未准确核算的,一并计算缴纳资源税。纳税人核算并扣减当期外购应税产品购进金额、购进数量,应当依据外购应税产品的增值税发票、海关进口增值税专用缴款书或者其他合法有效凭据。

由于资源税应税产品包括原矿和选矿,在计算确定扣减外购应税产品购进金额或购进数量时,按照《国家税务总局关于资源税征收管理若干问题的公告》(国家税务总局公告2020年第14号)的规定执行,具体规定如下。

1. 纳税人以外购原矿与自采原矿混合为原矿销售,或者以外购选矿产品与自产选矿产品混合为选矿产品销售的,在计算应税产品销售额或者销售数量时,直接扣减外购原矿或者外购选矿产品的购进金额或者购进数量。

【例6-4】 甲煤炭生产企业位于A地,2023年10月从位于B地的乙煤炭生产企业购进原煤,取得增值税专用发票,注明金额100万元。甲企业将其与部分自采原煤混合为原煤并在本月全部销售,取得不含税销售额为500万元。已知A地和B地原煤资源税税率均为3%。请计算甲企业2023年10月上述业务应缴纳的资源税税额。

甲企业应缴纳资源税 = (500 - 100) × 3% = 12(万元)

2. 纳税人以外购原矿与自采原矿混合洗选加工为选矿产品销售的,在计算应税产品销售额或者销售数量时,按照下列方法进行扣减:

$$准予扣减的外购应税产品购进金额(数量) = 外购原矿购进金额(数量) × \left(\frac{本地区原矿适用税率}{} ÷ \frac{本地区选矿产品适用税率}{} \right)$$

不能按照上述方法计算扣减的,按照主管税务机关确定的其他合理方法进行扣减。

第六节 征收管理

一、纳税义务发生时间

纳税人销售应税产品,资源税纳税义务发生时间为收讫销售款或者取得索取销售款凭据的当日;自用应税产品的,纳税义务发生时间为移送应税产品的当日。

二、纳税期限

资源税按月或者按季申报缴纳;不能按固定期限计算缴纳的,可以按次申报缴纳。

纳税人按月或者按季申报缴纳的,应当自月度或者季度终了之日起15日内,向税务机

关办理纳税申报并缴纳税款;按次申报缴纳的,应当自纳税义务发生之日起 15 日内,向税务机关办理纳税申报并缴纳税款。

三、纳税地点

纳税人应当在矿产品开采地或者海盐生产地缴纳资源税。

海上开采的原油和天然气资源税由海洋石油税务管理机构征收管理。

第七节　水　资　源　税

为促进水资源节约、保护和合理利用,根据党中央、国务院决策部署,自 2016 年 7 月 1 日起在河北省实施水资源税改革试点。

根据财政部、国家税务总局、水利部发布的《扩大水资源税改革试点实施办法》(财税〔2017〕80 号)的规定,自 2017 年 12 月 1 日起,北京市、天津市、山西省、内蒙古自治区、河南省、山东省、四川省、陕西省、宁夏回族自治区(以下简称试点省份)9 个省区市纳入水资源税改革试点,由征收水资源费改为征收水资源税。

一、纳税义务人

除以下不缴纳水资源税的情形外,其他直接取用地表水、地下水的单位和个人为水资源税纳税人,包括直接从江、河、湖泊(含水库)和地下取用地表水、地下水的单位和个人。

下列情形,不缴纳水资源税:

1. 农村集体经济组织及其成员从本集体经济组织的水塘、水库中取用水的;
2. 家庭生活和零星散养、圈养畜禽饮用等少量取用水的;
3. 水利工程管理单位为配置或者调度水资源取水的;
4. 为保障矿井等地下工程施工安全和生产安全必须进行临时应急取用(排)水的;
5. 为消除对公共安全或者公共利益的危害临时应急取水的;
6. 为农业抗旱和维护生态与环境必须临时应急取水的。

二、征税对象

水资源税的征税对象为地表水和地下水。

地表水是陆地表面上动态水和静态水的总称,包括江、河、湖泊(含水库)等水资源。

地下水是埋藏在地表以下各种形式的水资源。

三、税率

(一)水资源税最低平均税额

除中央直属和跨省(区、市)水力发电取用水外,由试点省份省级人民政府统筹考虑本地区水资源状况、经济社会发展水平和水资源节约保护要求,在《试点省份水资源税最低平均税额表》(见表 6 - 2)规定的最低平均税额基础上,分类确定具体适用税额。

试点省份水资源税最低平均税额表

省(区、市)	地表水最低平均税额	地下水最低平均税额
北京	1.6	4
天津	0.8	4
山西	0.5	2
内蒙古	0.5	2
山东	0.4	1.5
河南	0.4	1.5
四川	0.1	0.2
陕西	0.3	0.7
宁夏	0.3	0.7

(二)水资源适用税额的确定

1. 试点省份的中央直属和跨省(区、市)水力发电取用水税额为每千瓦时 0.005 元。跨省(区、市)界河水电站水力发电取用水水资源税税额,与涉及的非试点省份水资源费征收标准不一致的,按较高一方标准执行。

2. 严格控制地下水过量开采。对取用地下水从高确定税额,同一类型取用水,地下水税额要高于地表水,水资源紧缺地区地下水税额要大幅高于地表水。

3. 超采地区的地下水税额要高于非超采地区,严重超采地区的地下水税额要大幅高于非超采地区。在超采地区和严重超采地区取用地下水的具体适用税额,由试点省份省级人民政府按照非超采地区税额的 2~5 倍确定。

4. 在城镇公共供水管网覆盖地区取用地下水的,其税额要高于城镇公共供水管网未覆盖地区,原则上要高于当地同类用途的城镇公共供水价格。

5. 除特种行业和农业生产取用水外,对其他取用地下水的纳税人,原则上应当统一税额。试点省份可根据实际情况分步实施到位。

6. 对特种行业取用水,从高确定税额。特种行业取用水,是指洗车、洗浴、高尔夫球场、滑雪场等取用水。

7. 对超计划(定额)取用水,从高确定税额。

纳税人超过水行政主管部门规定的计划(定额)取用水量,在原税额基础上加征 1~3 倍,具体办法由试点省份省级人民政府确定。

8. 对超过规定限额的农业生产取用水,以及主要供农村人口生活用水的集中式饮水工程取用水,从低确定税额。

农业生产取用水,是指种植业、畜牧业、水产养殖业、林业等取用水。

供农村人口生活用水的集中式饮水工程,是指供水规模在 1000 立方米/天或者供水对象 1 万人以上,并由企事业单位运营的农村人口生活用水供水工程。

9. 对回收利用的疏干排水和地源热泵取用水,从低确定税额。

四、税收优惠

下列情形,予以免征或者减征水资源税:

1. 规定限额内的农业生产取用水,免征水资源税。

2. 取用污水处理再生水,免征水资源税。

3. 除接入城镇公共供水管网以外,军队、武警部队通过其他方式取用水的,免征水资源税。

4. 抽水蓄能发电取用水,免征水资源税。

5. 采油排水经分离净化后在封闭管道回注的,免征水资源税。

6. 财政部、国家税务总局规定的其他免征或者减征水资源税情形。

五、计税依据及应纳税额的计算

水资源税实行从量计征,除水力发电和火力发电贯流式(不含循环式)冷却取用水以外,按照实际取用水量作为计税依据计算纳税。应纳税额的计算公式为:

$$应纳税额 = 实际取用水量 \times 适用税额$$

城镇公共供水企业实际取用水量应当考虑合理损耗因素。

疏干排水的实际取用水量按照排水量确定。疏干排水是指在采矿和工程建设过程中破坏地下水层、发生地下涌水的活动。

水力发电和火力发电贯流式(不含循环式)冷却取用水应纳税额的计算公式为:

$$应纳税额 = 实际发电量 \times 适用税额$$

火力发电贯流式冷却取用水,是指火力发电企业从江河、湖泊(含水库)等水源取水,并对机组冷却后将水直接排入水源的取用水方式。火力发电循环式冷却取用水,是指火力发电企业从江河、湖泊(含水库)、地下等水源取水并引入自建冷却水塔,对机组冷却后返回冷却水塔循环利用的取用水方式。

纳税人应当安装取用水计量设施。纳税人未按规定安装取用水计量设施或者计量设施不能准确计量取用水量的,按照最大取水(排水)能力或者省级财政、税务、水行政主管部门确定的其他方法核定取用水量。

上述适用税额,是指取水口所在地的适用税额。

六、征收管理

(一)纳税义务发生时间

水资源税的纳税义务发生时间为纳税人取用水资源的当日。

(二)纳税期限

除农业生产取用水外,水资源税按季或者按月征收,由主管税务机关根据实际情况确定。对超过规定限额的农业生产取用水水资源税可按年征收。不能按固定期限计算纳税的,可以按次申报纳税。

纳税人应当自纳税期满或者纳税义务发生之日起 15 日内申报纳税。

(三)纳税地点

除跨省(区、市)水力发电取用水外,纳税人应当向生产经营所在地的税务机关申报缴纳水资源税。

在试点省份内取用水,其纳税地点需要调整的,由省级财政、税务部门决定。

跨省(区、市)调度的水资源,由调入区域所在地的税务机关征收水资源税。

跨省(区、市)水力发电取用水的水资源税在相关省份之间的分配比例,比照《财政部关于跨省区水电项目税收分配的指导意见》(财预〔2008〕84 号)明确的增值税、企业所得税等税收分配办法确定。

试点省份主管税务机关应当按照上述规定比例分配的水力发电量和税额,分别向跨省(区、市)水电站征收水资源税。

跨省(区、市)水力发电取用水涉及非试点省份水资源费征收和分配的,比照试点省份水资源税管理办法执行。

(四)协作征税机制

《扩大水资源税改革试点实施办法》确定了税务机关与水行政主管部门协作征税机制。

水行政主管部门应当将取用水单位和个人的取水许可、实际取用水量、超计划(定额)取用水量、违法取水处罚等水资源管理相关信息,定期送交税务机关。

纳税人根据水行政主管部门核定的实际取用水量向税务机关申报纳税。税务机关应当按照核定的实际取用水量征收水资源税,并将纳税人的申报纳税等信息定期送交水行政主管部门。

税务机关定期将纳税人申报信息与水行政主管部门送交的信息进行分析比对。征管过程中发现问题的,由税务机关与水行政主管部门联合进行核查。

第七章　车辆购置税

第一节　车辆购置税概述

一、车辆购置税的概念

车辆购置税是以在中国境内购置的汽车、有轨电车、汽车挂车、排气量超过150毫升的摩托车为课税对象，在特定的环节向车辆购置者征收的一种税。车辆购置税是在交通部门收取的原车辆购置附加费基础上，通过"费改税"方式演变而来。

2018年12月29日，第十三届全国人民代表大会常务委员会第七次会议通过《中华人民共和国车辆购置税法》（以下简称《车辆购置税法》），并于2019年7月1日起施行。

二、车辆购置税的特点

1. 征收范围有限。车辆购置税以购置的特定车辆为课税对象，而不是对所有的财产或消费财产征税，其范围窄，是一种行为税。

2. 征收环节单一。车辆购置税实行一次性课征制，它不是在生产、经营和消费的每个环节道道征收，而是在消费领域中的特定环节一次征收，购置已征车辆购置税的车辆，不再重复征收车辆购置税。

3. 征税目的特定。车辆购置税为中央税，它取之于应税车辆，用之于交通建设，其征税具有专门用途，可作为中央财政的经常性预算科目，由中央财政根据国家交通建设投资计划，统筹安排。

4. 采取价外征收。征收车辆购置税的计税价格中既不含增值税税额也不含车辆购置税税额，车辆购置税是附加在价格之外的。

三、车辆购置税的作用

（一）筹集交通专项资金

国家通过开征车辆购置税参与国民收入的再分配，依法组织收入，筹集交通基础设施建设和维护资金，促进交通基础设施建设发展。

（二）调节社会经济运行

根据国民经济和社会发展的需要，国家通过制定和实施车辆购置税税收优惠政策来调节经济、引导消费、保护环境、服务民生。

（三）引导车辆产业发展

税务机关通过与工业信息化部门、公安部门强化车辆涉税电子信息互联互通，参与车辆全周期管理，促进国内机动车产业健康有序发展。

第二节　纳税义务人

《车辆购置税法》规定的纳税人，是在中华人民共和国境内购置汽车、有轨电车、汽车挂车、排气量超过150毫升的摩托车的单位和个人。

单位，是指企业、行政单位、事业单位、军事单位、社会团体和其他单位；个人，是指个体工商户和自然人。

第三节　征税范围和税率

一、车辆购置税的征税范围

车辆购置税的征税范围，是指在中华人民共和国境内购置应税车辆的行为。具体包括以下几种情况：

1. 购买自用，包括购买自用国产应税车辆和购买自用进口应税车辆。

2. 进口自用，是指直接进口或者委托代理进口自用应税车辆的行为，不包括境内购买的进口车辆。

3. 受赠使用，受赠是指接受他人馈赠。对馈赠人而言，在缴纳车辆购置税前发生财产所有权转移后，应税行为一同转移，其不再是纳税人；而作为受赠人在接受自用（包括接受免税车辆）后，就发生了应税行为，就要承担纳税义务。

4. 自产自用，是指纳税人将自己生产的应税车辆作为最终消费品自己消费使用。

5. 获奖自用，包括从各种奖励形式中取得并自用应税车辆的行为。

6. 其他自用，是指通过除上述以外其他方式取得并自用应税车辆的行为，如通过拍卖、抵债、走私、罚没等方式取得并自用的应税车辆。

车辆购置税的应税车辆包括汽车、有轨电车、汽车挂车、排气量超过150毫升的摩托车。

地铁、轻轨等城市轨道交通车辆，装载机、平地机、挖掘机、推土机等轮式专用机械车，以及起重机（吊车）、叉车、电动摩托车，不属于应税车辆。

二、车辆购置税的税率

我国车辆购置税实行统一比例税率，税率为10%。

第四节　税　收　优　惠

一、车辆购置税法定减免税规定

1. 依照法律规定应当予以免税的外国驻华使馆、领事馆和国际组织驻华机构及其有关人员自用车辆免税。

2. 中国人民解放军和中国人民武装警察部队列入装备订货计划的车辆免税。

3. 悬挂应急救援专用号牌的国家综合性消防救援车辆免税。

4. 设有固定装置的非运输专用作业车辆免税。

5. 城市公交企业购置的公共汽电车辆免税。

二、车辆购置税其他减免税规定

1. 回国服务的在外留学人员用现汇购买 1 辆个人自用国产小汽车免税。

2. 长期来华定居专家进口 1 辆自用小汽车免税。

3. 防汛部门和森林消防部门用于指挥、检查、调度、报汛(警)、联络的由指定厂家生产的设有固定装置的指定型号的车辆免税。

4. 对购置日期在 2024 年 1 月 1 日至 2025 年 12 月 31 日期间的新能源汽车免征车辆购置税,其中,每辆新能源乘用车免税额不超过 3 万元;对购置日期在 2026 年 1 月 1 日至 2027 年 12 月 31 日期间的新能源汽车减半征收车辆购置税,其中,每辆新能源乘用车减税额不超过 1.5 万元。

对购置日期在 2014 年 9 月 1 日至 2023 年 12 月 31 日期间内的新能源汽车免税。

5. 自 2018 年 7 月 1 日至 2027 年 12 月 31 日,对购置挂车减半征收车辆购置税。

6. 中国妇女发展基金会"母亲健康快车"项目的流动医疗车免税。

7. 原公安现役部队和原武警黄金、森林、水电部队改制后换发地方机动车牌证的车辆(公安消防、武警森林部队执行灭火救援任务的车辆除外),一次性免税。

根据国民经济和社会发展的需要,国务院可以规定减征或者其他免征车辆购置税的情形,报全国人民代表大会常务委员会备案。

三、车辆购置税退税的具体规定

纳税人将已征车辆购置税的车辆退回车辆生产企业或者销售企业的,可以向主管税务机关申请退还车辆购置税。退税额以已缴税款为基准,自缴纳税款之日至申请退税之日,每满一年扣减 10%。

应退税额计算公式如下:

$$应退税额 = 已纳税额 \times (1 - 使用年限 \times 10\%)$$

应退税额不得为负数。使用年限的计算方法是,自纳税人缴纳税款之日起,至申请退税之日止。

第五节 计税依据

一、购买自用应税车辆计税价格的确定

纳税人购买自用应税车辆的计税价格,为纳税人实际支付给销售者的全部价款,不包括增值税税款。

$$计税价格 = 全部价款 \div (1 + 增值税税率或征收率)$$

二、进口自用应税车辆计税价格的确定

纳税人进口自用应税车辆的计税价格为组成计税价格。组成计税价格的计算公式为：

$$组成计税价格 = 关税完税价格 + 关税 + 消费税$$

$$组成计税价格 = (关税完税价格 + 关税) \div (1 - 消费税税率)$$

公式中,关税完税价格是指海关核定的此类车型关税计税价格,关税是指由海关课征的进口车辆的关税。计算公式为：

$$应纳关税 = 关税完税价格 \times 关税税率$$

公式中,消费税是指进口车辆应由海关代征的消费税。计算公式为：

$$应纳消费税 = 组成计税价格 \times 消费税税率$$

三、自产、受赠、获奖或者以其他方式取得并自用应税车辆计税价格的确定

1. 纳税人自产自用应税车辆的计税价格

纳税人自产自用应税车辆的计税价格,按照纳税人生产的同类应税车辆(即车辆配置序列号相同的车辆)的销售价格确定,不包括增值税税款;没有同类应税车辆销售价格的,按照组成计税价格确定。组成计税价格计算公式如下：

$$组成计税价格 = 成本 \times (1 + 成本利润率)$$

属于应征消费税的应税车辆,其组成计税价格中应加计消费税税额。上述公式中的成本利润率,由国家税务总局各省、自治区、直辖市和计划单列市税务局确定。

2. 纳税人以受赠、获奖或者其他方式取得自用应税车辆的计税价格

纳税人以受赠、获奖或者其他方式取得自用应税车辆的计税价格,按照购置应税车辆时相关凭证载明的价格确定,不包括增值税税款。其中,购置应税车辆时取得的相关凭证是指原车辆所有人购置或者以其他方式取得应税车辆时载明价格的凭证。无法提供相关凭证的,参照同类应税车辆市场平均交易价格确定其计税价格。原车辆所有人为车辆生产或者销售企业,未开具机动车销售统一发票的,按照车辆生产或者销售同类应税车辆的销售价格确定应税车辆的计税价格。无同类应税车辆销售价格的,按照组成计税价格确定应税车辆的计税价格。

根据《车辆购置税法》第七条的规定,纳税人申报的应税车辆计税价格明显偏低,又无正当理由的,由税务机关依照《中华人民共和国税收征收管理法》的规定核定其应纳税额。

第六节　应纳税额的计算

车辆购置税实行从价定率的办法计算应纳税额,应纳税额的计算公式为：

$$应纳税额 = 计税价格 \times 税率$$

由于应税车辆购置来源、应税行为发生以及计税价格组成的不同,车辆购置税应纳税

额的计算方法也有区别。

一、购买自用应税车辆应纳税额的计算

【例7-1】 张某于2023年12月8日从4S店(增值税一般纳税人)购买一辆轿车供自己使用,取得机动车销售统一发票,注明含增值税车价款113000元。另支付车辆装饰费250元,取得增值税普通发票。请计算车辆购置税应纳税额。

解析:

纳税人购买自用的应税车辆,计税价格为纳税人购买应税车辆而实际支付给销售者的全部价款,不包含增值税税款。支付的车辆装饰费为价外费用,不计入计税价格。

计税价格 = 113000 ÷ (1 + 13%) = 100000(元)

应纳税额 = 100000 × 10% = 10000(元)

二、进口自用应税车辆应纳税额的计算

【例7-2】 某外贸进出口公司于2023年11月12日从国外进口10辆小轿车。该公司报关进口这批小轿车时,经报关地口岸海关对有关报关资料的审查,确定关税计税价格为198000元/辆(人民币),海关按关税政策规定课征关税29700元/辆,并按消费税、增值税有关规定分别代征进口消费税11984元/辆,进口增值税31159元/辆。由于业务工作的需要,该公司将两辆小轿车用于本单位使用。请计算该外贸进出口公司应纳的车辆购置税税额。

解析:

纳税人进口自用的应税车辆,应按组成计税价格计算应纳税额。纳税人应如实提供有关报关和完税证明资料,主管税务机关应按海关审查确认的有关进口车辆的完税证明资料组成计税价格计算应纳税额。

组成计税价格 = 关税完税价格 + 关税 + 消费税 = 198000 + 29700 + 11984 = 239684(元)

应纳税额 = 自用数量 × 组成计税价格 × 税率 = 2 × 239684 × 10% = 47936.8(元)

三、其他方式取得并自用应税车辆应纳税额的计算

(一)自产自用应税车辆应纳税额的计算

【例7-3】 某客车制造厂2023年8月将自产的一辆19座3.0升排量的客车,用于本厂后勤生活服务,该厂在办理车辆上牌落籍前,出具该车的发票注明金额为23000元(不含增值税),并按此金额向主管税务机关申报纳税。经审核,同类型车辆的销售价格为47000元(不含增值税)。该厂对作价问题提不出正当理由。请计算该车应纳的车辆购置税税额。

解析：

纳税人自产自用应税车辆的发票价格是 23000 元，同类车辆销售价格为 47000 元，应按同类型应税车辆的销售价格确定征税。

应纳税额 = 47000 × 10% = 4700（元）

（二）获奖自用应税车辆应纳税额的计算

【例 7-4】 2023 年 5 月王某在某公司举办的有奖销售活动中，中奖获得一辆微型汽车，举办公司开具的销售发票不含税金额为 68700 元。请计算王某应缴纳的车辆购置税税额。

解析：

纳税人从各种奖励方式中取得并自用的应税车辆，按照购置应税车辆时相关凭证载明的价格确定，不包括增值税税款。

应纳税额 = 68700 × 10% = 6870（元）

四、减免税条件消失车辆应纳税额的计算

已经办理免税、减税手续的车辆因转让、改变用途等原因不再属于免税、减税范围的，纳税人在办理纳税申报时，应当如实填报《车辆购置税纳税申报表》。发生二手车交易行为的，提供二手车销售统一发票；属于其他情形的，按照相关规定提供申报材料。

纳税人、纳税义务发生时间、应纳税额按以下规定执行。

1. 发生转让行为的，受让人为车辆购置税纳税人；未发生转让行为的，车辆所有人为车辆购置税纳税人。

2. 纳税义务发生时间为车辆转让或者用途改变等情形发生之日。

3. 应纳税额计算公式如下：

$$应纳税额 = \frac{初次办理纳税申报时}{确定的计税价格} × (1 - 使用年限 × 10\%) × 10\% - 已纳税额$$

应纳税额不得为负数。

使用年限的计算方法是，自纳税人初次办理纳税申报之日起，至不再属于免税、减税范围的情形发生之日止。使用年限取整计算，不满一年的不计算在内。

【例 7-5】 某高速公路集团 2022 年 2 月购置一辆道路检测车用于高速公路安全运行检测，该集团办理纳税申报时，出具该车的发票注明金额 200000 元（不含增值税），经审核，该车符合车辆购置税免税条件。2024 年 3 月，该车因改变用途不再属于车辆购置税免税车辆。请计算该集团应纳的车辆购置税税额。

解析：

该车在初次办理纳税申报时，经审核符合车辆购置税免税条件，但 2 年后因用途改变不属于免税车辆，应按规定缴纳车辆购置税。

应纳税额 = 200000 × (1 - 2 × 10%) × 10% = 16000（元）

第七节　征收管理

一、纳税申报

车辆购置税实行一车一申报制度。车辆购置税实行一次性征收,购置已征车辆购置税的车辆,不再征收车辆购置税。

(一)征税车辆的纳税申报

纳税人办理纳税申报时应如实填写《车辆购置税纳税申报表》,同时提供车辆合格证明和车辆相关价格凭证。

1. 车辆合格证明。

车辆合格证明,是指整车出厂合格证或者《车辆电子信息单》。

2. 车辆相关价格凭证。

车辆相关价格凭证,是指境内购置车辆为机动车销售统一发票或者其他有效凭证;进口自用车辆为《海关进口关税专用缴款书》或者海关进出口货物征免税证明,属于应征消费税车辆的还包括《海关进口消费税专用缴款书》。

3. 自 2019 年 6 月 1 日起,纳税人在全国范围内办理车辆购置税纳税业务时,税务机关不再打印和发放纸质车辆购置税完税证明。纳税人办理完成车辆购置税纳税业务后,在公安机关交通管理部门办理车辆注册登记时,不需向公安机关交通管理部门提交纸质车辆购置税完税证明。

4. 自 2019 年 7 月 1 日起,纳税人在全国范围内办理车辆购置税补税、完税证明换证或者更正等业务时,税务机关不再出具纸质车辆购置税完税证明。纳税人如需纸质车辆购置税完税证明,可向主管税务机关提出,由主管税务机关打印《车辆购置税完税证明(电子版)》,亦可自行通过本省(自治区、直辖市和计划单列市)电子税务局等官方互联网平台查询和打印。

5. 上海市、江苏省、浙江省、宁波市四个地区自 2020 年 2 月 1 日起、其他地区自 2020 年 6 月 1 日起,纳税人购置应税车辆办理车辆购置税纳税申报时,以发票电子信息中的不含税价作为申报计税价格。纳税人依据相关规定提供其他有效价格凭证的情形除外。具体操作参照《国家税务总局关于应用机动车销售统一发票电子信息办理车辆购置税业务的公告》(国家税务总局公告 2020 年第 3 号)。

(二)减免税的纳税申报

纳税人在办理车辆购置税免税、减税时,除如实填报《车辆购置税纳税申报表》,提供车辆合格证明和车辆相关价格凭证外,还应当根据不同的免税、减税情形,分别提供相关资料的原件、复印件。

1. 外国驻华使馆、领事馆和国际组织驻华机构及其有关人员自用车辆,提供机构证明和外交部门出具的身份证明。

2. 城市公交企业购置的公共汽电车辆,提供所在地县级以上(含县级)交通运输主管部门出具的公共汽电车辆认定表。

3. 悬挂应急救援专用号牌的国家综合性消防救援车辆,提供中华人民共和国应急管理部批准的相关文件。

4. 回国服务的在外留学人员购买的自用国产小汽车,提供海关核发的《中华人民共和国海关回国人员购买国产汽车准购单》。

5. 长期来华定居专家进口自用小汽车,提供国家外国专家局或者其授权单位核发的专家证或者 A 类和 B 类《外国人工作许可证》。

(三)车辆购置税退税的程序

已经缴纳车辆购置税的,纳税人向原征收机关申请退税时,应当如实填报《车辆购置税退税申请表》,提供纳税人身份证明,并区别不同情形提供相关资料。

1. 纳税人身份证明。

单位纳税人身份证明是指《统一社会信用代码证书》,或者营业执照,或者其他有效机构证明;个人纳税人身份证明是指居民身份证,或者居民户口簿,或者入境的身份证件。

2. 车辆退回生产企业或者销售企业的,提供生产企业或者销售企业开具的退车证明和退车发票。

3. 其他依据法律法规规定应当退税的,根据具体情形提供相关资料。

根据《国家税务总局关于应用机动车销售统一发票电子信息办理车辆购置税业务的公告》(国家税务总局公告 2020 年第 3 号)规定,上海市、江苏省、浙江省、宁波市四个地区自 2020 年 2 月 1 日起,全国其他地区自 2020 年 6 月 1 日起,纳税人购置并已完税的应税车辆,在申请车辆购置税退税时,税务机关核对纳税人提供的退车发票与发票电子信息无误后,按规定办理退税;核对不一致的,纳税人换取合规的发票后,依法办理退税申报;没有发票电子信息的,销售方向税务机关传输有效发票电子信息后,纳税人依法办理退税申报。

(四)完税或者免税电子信息更正

纳税人名称、车辆厂牌型号、发动机号、车辆识别代号(车架号)、证件号码等应税车辆完税或者免税电子信息与原申报资料不一致的,纳税人可以到税务机关办理完税或者免税电子信息更正,但是不包括以下情形:

1. 车辆识别代号(车架号)和发动机号同时与原申报资料不一致。

2. 完税或者免税信息更正影响到车辆购置税税款。

3. 纳税人名称和证件号码同时与原申报资料不一致。

税务机关核实后,办理更正手续,重新生成应税车辆完税或者免税电子信息,并且及时传送给公安机关交通管理部门。

二、纳税环节

车辆购置税是对应税车辆的购置行为课征,征税环节选择在车辆的最终消费环节。具体而言,纳税人应当在向公安机关交通管理部门办理车辆注册登记前,缴纳车辆购置税。

公安机关交通管理部门办理车辆注册登记,应当根据税务机关提供的应税车辆完税或者免税电子信息对纳税人申请登记的车辆信息进行核对,核对无误后依法办理车辆注册登记。

三、纳税地点

纳税人购置应税车辆,需要办理车辆登记的,向车辆登记地的主管税务机关申报纳税;

不需要办理车辆登记的,单位纳税人向其机构所在地的主管税务机关申报纳税,个人纳税人向其户籍所在地或者经常居住地的主管税务机关申报纳税。

四、纳税期限

车辆购置税的纳税义务发生时间为纳税人购置应税车辆的当日。购买自用应税车辆的为购买之日,即车辆相关价格凭证的开具日期。进口自用应税车辆的为进口之日,即《海关进口增值税专用缴款书》或者其他有效凭证的开具日期。自产、受赠、获奖或者以其他方式取得并自用应税车辆的为取得之日,即合同、法律文书或者其他有效凭证的生效或者开具日期。

纳税人应当自纳税义务发生之日起60日内申报缴纳车辆购置税。

第八章　环境保护税

第一节　环境保护税概述

一、环境保护税的概念

环境保护税,也有人称为生态税、绿色税。一些经济发达国家在经济发展过程中曾饱受环境问题的困扰,率先尝试将税收用于环境保护。荷兰是征收环境保护税比较早的国家,为环境保护设计的税收主要包括燃料税、噪声税、水污染税等,其税收政策已为不少发达国家研究和借鉴。其他国家将税收用于环境保护的有:法国开征的森林砍伐税,德国的矿物油税和汽车税,奥地利的标油消费税,经济合作与发展组织部分成员课征的二氧化碳税和噪声税,美国对化学品、油耗大的汽车征收的消费税以及对经营所得附征的环保税。发达国家用环境保护税加强了环保工作的力度,取得了显著的社会效益。

与发达国家相比,中国在环境保护方面的措施主要是排污费的征收。我国从1979年就确立了排污费制度。通过收费这一经济手段促使企业加强环境治理、减少污染物排放、补充环境治理经费,对防治污染、保护环境起到了重要作用。但是排污费制度存在法律层级比较低、执法刚性不足,行政干预较多、强制性和规范性较为缺乏等问题。雾霾治理的紧迫、水污染防治的难题等种种环境保护问题加剧,都倒逼环境保护税开征步伐加快。

2014年11月3日,财政部会同环境保护部、国家税务总局积极推进环境保护税立法工作,形成《中华人民共和国环境保护税法(草案稿)》并报送国务院。2015年6月10日,国务院法制办公室下发了《关于〈中华人民共和国环境保护税法(征求意见稿)〉公开征求意见的通知》,将财政部、国家税务总局、环境保护部起草的《中华人民共和国环境保护税法(征求意见稿)》及说明全文公布,征求社会各界意见。2015年8月5日,环境保护税法被补充进第十二届全国人民代表大会常务委员会立法规划。2016年8月29日至9月3日,第十二届全国人民代表大会常务委员会第二十二次会议对《中华人民共和国环境保护税法(草案)》进行了初次审议。2016年12月25日,《中华人民共和国环境保护税法》(以下简称《环境保护税法》)在第十二届全国人民代表大会常务委员会第二十五次会议上获表决通过,并于2018年1月1日起施行。2018年10月26日,第十三届全国人民代表大会常务委员会第六次会议对《环境保护税法》进行了修订。

二、环境保护税的特点

(一)征税项目为四类重点污染物

环境保护税开征是原有的排污费"平移"费改税的结果,根据排污费项目设置税目,对大气污染物、水污染物、固体废物、噪声四类重点污染物征税。

289

（二）纳税人主要是企业事业单位和其他生产经营者

根据《环境保护税法》，直接向环境排放应税污染物的企业事业单位和其他生产经营者为环境保护税的纳税人。政府机关、家庭和个人即便有排放污染物的行为，因其不属于企业事业单位和其他生产经营者，不属于环境保护税的纳税人。

（三）直接排放应税污染物是必要条件

与其他税种不同，环境保护税的征税环节不是生产销售环节，也不是消费使用环节，而是直接向环境排放应税污染物的排放环节。直接排放污染物是必要条件。

（四）税额为统一定额税和浮动定额税结合

目前环境保护税税额实行统一定额税和浮动定额税相结合的方法。对于固体废弃物和噪声实行全国统一定额税制，对于大气和水污染物实行各省浮动定额税制。大气和水污染物的税额下限为每污染当量1.2元和1.4元，税额上限则设定为下限的10倍，分别为每污染当量12元和14元。

（五）税收收入全部归地方

纳税人应当向应税污染物排放地的税务机关申报缴纳环境保护税。为鼓励地方做好污染防治的工作，环境保护税收入中央不再参与分成，税收收入全部归地方，用于地方治理环境污染。

第二节　纳税义务人和征税对象

一、纳税人

环境保护税的纳税人是指在中华人民共和国领域和中华人民共和国管辖的其他海域，直接向环境排放应税污染物的企业事业单位和其他生产经营者。

依法设立的城乡污水集中处理、生活垃圾集中处理场所超过国家和地方规定的排放标准向环境排放应税污染物的，应当缴纳环境保护税。城乡污水集中处理场所，是指为社会公众提供生活污水处理服务的场所，不包括为工业园区、开发区等工业聚集区域内的企业事业单位和其他生产经营者提供污水处理服务的场所，以及企业事业单位和其他生产经营者自建自用的污水处理场所。

企业事业单位和其他生产经营者贮存或者处置固体废物不符合国家和地方环境保护标准的，应当缴纳环境保护税。

达到省级人民政府确定的规模标准并且有污染物排放口的畜禽养殖场，应当依法缴纳环境保护税。

二、征税对象

环境保护税的征税对象为纳税人直接向环境排放的应税污染物，是《环境保护税法》所附《环境保护税税目税额表》《应税污染物和当量值表》规定的大气污染物、水污染物、固体废物和噪声。

三、不征税项目

有下列情形之一的，不属于直接向环境排放污染物，不缴纳相应污染物的环境保护税：

1. 企业事业单位和其他生产经营者向依法设立的污水集中处理、生活垃圾集中处理场所排放应税污染物的;

2. 企业事业单位和其他生产经营者在符合国家和地方环境保护标准的设施、场所贮存或者处置固体废物的;

3. 禽畜养殖场依法对畜禽养殖废弃物进行综合利用和无害化处理的。

第三节　税目和税率

一、税目

环境保护税的征收对象是应税污染物,主要是四类重点污染物,即大气污染物、水污染物、固体废物和噪声。

(一)大气污染物

大气污染物,是指由于人类活动或自然过程排入大气的并对人和环境产生有害影响的物质。应税大气污染物包括二氧化硫、氮氧化物、一氧化碳、氯气、氯化氢、氟化物、氰化氢、硫酸雾、铬酸雾、汞及其化合物、一般性粉尘、石棉尘、玻璃棉尘、碳黑尘、铅及其化合物、镉及其化合物、铍及其化合物、镍及其化合物、锡及其化合物、烟尘、苯、甲苯、二甲苯、苯并(a)芘、甲醛、乙醛、丙烯醛、甲醇、酚类、沥青烟、苯胺类、氯苯类、硝基苯、丙烯腈、氯乙烯、光气、硫化氢、氨、三甲胺、甲硫醇、甲硫醚、二甲二硫、苯乙烯、二硫化碳,共计44种。

燃烧产生废气中的颗粒物,按照烟尘征收环境保护税。排放的扬尘、工业粉尘等颗粒物,除可以确定为烟尘、石棉尘、玻璃棉尘、炭黑尘的外,按照一般性粉尘征收坏境保护税。

(二)水污染物

水污染物,是指直接或者间接向水体排放的,能导致水体污染的物质。应税水污染物包括总汞、总镉、总铬、六价铬、总砷、总铅、总镍、苯并(a)芘、总铍、总银等10种第一类水污染物,以及悬浮物(SS)、生化需氧量(BOD_5)、化学需氧量(COD_{cr})、总有机碳(TOC)、石油类、动植物油、挥发酚、总氰化物、硫化物、氨氮、氟化物、甲醛、苯胺类、硝基苯类、阴离子表面活性剂(LAS)、总铜、总锌、总锰、彩色显影剂(CD-2)、总磷、单质磷(以P计)、有机磷农药(以P计)、乐果、甲基对硫磷、马拉硫磷、对硫磷、五氯酚及五氯酚钠(以五氯酚计)、三氯甲烷、可吸附有机卤化物(AOX)(以Cl计)、四氯化碳、三氯乙烯、四氯乙烯、苯、甲苯、乙苯、邻-二甲苯、对-二甲苯、间-二甲苯、氯苯、邻二氯苯、对二氯苯、对硝基氯苯、2,4-二硝基氯苯、苯酚、间-甲酚、2,4-二氯酚、2,4,6-三氯酚、邻苯二甲酸二丁酯、邻苯二甲酸二辛酯、丙烯腈、总硒等51种第二类水污染物。除此之外,应税水污染物还包括造成水质恶化的,如pH值酸碱度失衡、色度变化、大肠菌群数超标或余氯量造成的污染,以及禽畜养殖业、小型企业、饮食娱乐服务业、医院等因素造成的各种污染。第一类水污染物之外的污染统称为其他类水污染物。

(三)固体废物

固体废物,是指在生产、生活和其他活动中产生的丧失原有利用价值,或者虽未丧失利用价值但被抛弃或者放弃的固态、半固态和置于容器中的气态的物品、物质以及法律、行政法规规定纳入固体废物管理的物品、物质。应税固体废物包括煤矸石、尾矿、危险废物、冶炼渣、粉煤灰、炉渣、其他固体废物（含半固态、液态废物）。其中应税其他固体废物的范围由各省、自治区和直辖市人民政府统筹考虑本地区环境承载能力、污染物排放现状和经济社会生态发展目标要求提出，报同级人民代表大会常务委员会决定，并报全国人民代表大会常务委员会和国务院备案。

（四）噪声

噪声，是指在工业生产、建筑施工、交通运输和社会生活中所产生的干扰周围生活环境的声音，当所产生的环境噪声超过国家规定的环境噪声排放标准，并干扰他人正常生活、工作和学习时，就形成噪声污染。目前，只对工业企业厂界噪声超标的情况征收环境保护税。

二、税率

环境保护税实行定额税，具体详见表 8 - 1。

表 8 - 1　　　　　　　　　　　　　环境保护税税目税额表

税目		计税单位	税额	备注
大气污染物		每污染当量	1.2 元至 12 元	
水污染物		每污染当量	1.4 元至 14 元	
固体废物	煤矸石	每吨	5 元	
	尾矿	每吨	15 元	
	危险废物	每吨	1000 元	
	冶炼渣、粉煤灰、炉渣、其他固体废物（含半固态、液态废物）	每吨	25 元	
噪声	工业噪声	超标 1~3 分贝	每月 350 元	1. 一个单位边界上有多处噪声超标，根据最高一处超标声级计算应纳税额；当沿边界长度超过 100 米有两处以上噪声超标，按照两个单位计算应纳税额。 2. 一个单位有不同地点作业场所的，应当分别计算应纳税额，合并计征。 3. 昼、夜均超标的环境噪声，昼、夜分别计算应纳税额，累计计征。 4. 声源一个月内超标不足 15 天的，减半计算应纳税额。 5. 夜间频繁突发和夜间偶然突发厂界超标噪声，按等效声级和峰值噪声两种指标中超标分贝值高的一项计算应纳税额
		超标 4~6 分贝	每月 700 元	
		超标 7~9 分贝	每月 1400 元	
		超标 10~12 分贝	每月 2800 元	
		超标 13~15 分贝	每月 5600 元	
		超标 16 分贝以上	每月 11200 元	

应税大气污染物和水污染物的具体适用税额的确定和调整，由省、自治区、直辖市人民政府统筹考虑本地区环境承载能力、污染物排放现状和经济社会生态发展目标要求，在《环境保护税税目税额表》规定的税额幅度内提出，报同级人民代表大会常务委员会决定，并报全国人民代表大会常务委员会和国务院备案。

第四节　税收优惠

一、环境保护税免征规定

以下情形,暂予免征环境保护税。

1. 农业生产(不包括规模化养殖)排放应税污染物的。

2. 机动车、铁路机车、非道路移动机械、船舶和航空器等流动污染源排放应税污染物的。

3. 依法设立的城乡污水集中处理、生活垃圾集中处理场所排放相应应税污染物,不超过国家和地方规定的排放标准的。

依法设立的生活垃圾焚烧发电厂、生活垃圾填埋场、生活垃圾堆肥厂,属于生活垃圾集中处理场所,其排放应税污染物不超国家和地方规定的排放标准的,依法予以免征环境保护税。

4. 纳税人综合利用的固体废物,符合国家和地方环境保护标准的。

5. 国务院批准免税的其他情形,由国务院报全国人民代表大会常务委员会备案。

二、环境保护税减征规定

纳税人排放应税大气污染物或者水污染物的浓度值低于国家和地方规定的污染物排放标准30%的,减按75%征收环境保护税。

纳税人排放应税大气污染物或者水污染物的浓度值低于国家和地方规定的污染物排放标准50%的,减按50%征收环境保护税。

应税大气污染物或者水污染物的浓度值,是指纳税人安装使用的污染物自动监测设备当月自动监测的应税大气污染物浓度值的小时平均值再平均所得数值或者应税水污染物浓度值的日平均值再平均所得数值,或者监测机构当月监测的应税大气污染物、水污染物浓度值的平均值。

依照《环境保护税法》减征环境保护税的,应当对每一排放口排放的不同应税污染物分别计算。同时,应税大气污染物浓度值的小时平均值或者应税水污染物浓度值的日平均值,以及监测机构当月每次监测的应税大气污染物、水污染物的浓度值,均不得超过国家和地方规定的污染物排放标准。

纳税人任何一个排放口排放应税大气污染物、水污染物的浓度值,以及没有排放口排放应税大气污染物的浓度值,超过国家和地方规定的污染物排放标准的,依法不予减征环境保护税。

纳税人噪声声源一个月内累计昼间超标不足 15 昼或者累计夜间超标不足 15 夜的,分别减半计算应纳税额。

第五节　计税依据与应纳税额计算

一、计税依据

应税污染物的计税依据根据污染物的种类来确定,应税大气污染物和应税水污染物的计税依据为污染物排放量折合的污染当量数,应税固体废物的计税依据为固体废物的排放量,应税噪声计税依据为超过国家规定标准的分贝数。其中,污染当量,是指根据污染物或者污染排放活动对环境的有害程度以及处理的技术经济性,衡量不同污染物对环境污染的综合性指标或者计量单位。同一介质相同污染当量的不同污染物,其污染程度基本相当。

（一）应税大气污染物按照污染物排放量折合的污染当量数确定

应税大气污染物的污染当量数,以该污染物的排放量除以该污染物的污染当量值计算。每种应税大气污染物具体污染当量值,依照表8－2《应税污染物和当量值表》执行。

每一排放口或者没有排放口的应税大气污染物,按照污染当量数从大到小排序,对前三项污染物征收环境保护税。

（二）应税水污染物按照污染物排放量折合的污染当量数确定

应税水污染物的污染当量数,以该污染物的排放量除以该污染物的污染当量值计算。其中,色度的污染当量数,以污水排放量乘以色度超标倍数再除以适用的污染当量值计算。畜禽养殖业水污染物的污染当量数,以该畜禽养殖场的月均存栏量除以适用的污染当量值计算。畜禽养殖场的月均存栏量按照月初存栏量和月末存栏量的平均数计算。

每一排放口的应税水污染物,按照表8－2《应税污染物和当量值表》区分第一类水污染物和其他类水污染物,按照污染当量数从大到小排序,对第一类水污染物按照前五项征收环境保护税,对其他类水污染物按照前三项征收环境保护税。

另外,省、自治区、直辖市人民政府根据本地区污染物减排的特殊需要,可以增加同一排放口征收环境保护税的应税污染物项目数,报同级人民代表大会常务委员会决定,并报全国人民代表大会常务委员会和国务院备案。

表8－2　　　　　　　　　　　　　　　应税污染物和当量值表

一、第一类水污染物污染当量值

污染物	污染当量值/千克
1. 总汞	0.0005
2. 总镉	0.005
3. 总铬	0.04
4. 六价铬	0.02
5. 总砷	0.02
6. 总铅	0.025
7. 总镍	0.025
8. 苯并(a)芘	0.0000003
9. 总铍	0.01
10. 总银	0.02

二、第二类水污染物污染当量值

污染物	污染当量值/千克	备注
11. 悬浮物(SS)	4	
12. 生化需氧量(BOD$_5$)	0.5	同一排放口中的化学需氧量、生化需氧量和总有机碳只征收一项
13. 化学需氧量(CODcr)	1	
14. 总有机碳(TOC)	0.49	
15. 石油类	0.1	
16. 动植物油	0.16	
17. 挥发酚	0.08	
18. 总氰化物	0.05	
19. 硫化物	0.125	
20. 氨氮	0.8	
21. 氟化物	0.5	
22. 甲醛	0.125	
23. 苯胺类	0.2	
24. 硝基苯类	0.2	
25. 阴离子表面活性剂(LAS)	0.2	
26. 总铜	0.1	
27. 总锌	0.2	
28. 总锰	0.2	
29. 彩色显影剂(CD-2)	0.2	
30. 总磷	0.25	
31. 单质磷(以 P 计)	0.05	
32. 有机磷农药(以 P 计)	0.05	
33. 乐果	0.05	
34. 甲基对硫磷	0.05	
35. 马拉硫磷	0.05	
36. 对硫磷	0.05	
37. 五氯酚及五氯酚钠(以五氯酚计)	0.25	
38. 三氯甲烷	0.04	
39. 可吸附有机卤化物(AOX)(以 Cl 计)	0.25	
40. 四氯化碳	0.04	
41. 三氯乙烯	0.04	
42. 四氯乙烯	0.04	
43. 苯	0.02	
44. 甲苯	0.02	
45. 乙苯	0.02	
46. 邻-二甲苯	0.02	
47. 对-二甲苯	0.02	

污染物	污染当量值/千克	备注
48. 间－二甲苯	0.02	
49. 氯苯	0.02	
50. 邻二氯苯	0.02	
51. 对二氯苯	0.02	
52. 对硝基氯苯	0.02	
53. 2,4－二硝基氯苯	0.02	
54. 苯酚	0.02	
55. 间－甲酚	0.02	
56. 2,4－二氯酚	0.02	
57. 2,4,6－三氯酚	0.02	
58. 邻苯二甲酸二丁酯	0.02	
59. 邻苯二甲酸二辛酯	0.02	
60. 丙烯腈	0.125	
61. 总硒	0.02	

三、pH 值、色度、大肠菌群数、余氯量水污染物污染当量值

污染物		污染当量值	备注
1. pH 值	(1)0～1,13～14	0.06 吨污水	pH 值 5～6 指大于等于 5,小于 6; pH 值 9～10 指大于 9,小于等于 10,其余类推
	(2)1～2,12～13	0.125 吨污水	
	(3)2～3,11～12	0.25 吨污水	
	(4)3～4,10～11	0.5 吨污水	
	(5)4～5,9～10	1 吨污水	
	(6)5～6	5 吨污水	
2. 色度		5 吨水·倍	
3. 大肠菌群数(超标)		3.3 吨污水	大肠菌群数和余氯量只征收一项
4. 余氯量(用氯消毒的医院废水)		3.3 吨污水	

四、禽畜养殖业、小型企业、第三产业水污染物污染当量值

类型		污染当量值	备注
禽畜养殖场	1. 牛	0.1 头	仅对存栏规模大于 50 头牛、500 头猪、5000 羽鸡鸭等的禽畜养殖场征收
	2. 猪	1 头	
	3. 鸡鸭等家禽	30 羽	
4. 小型企业		1.8 吨污水	
5. 饮食娱乐服务业		0.5 吨污水	

类型		污染当量值	备注
6. 医院	消毒	0.14 床	医院病床数大于 20 张的按照本表计算污染当量数
		2.8 吨污水	
	不消毒	0.07 床	
		1.4 吨污水	

注:本表仅适用于计算无法进行实际监测或者物料衡算的禽畜养殖业、小型企业和第三产业等小型排污者的水污染物污染当量数。

五、大气污染物污染当量值

污染物	污染当量值/千克
1. 二氧化硫	0.95
2. 氮氧化物	0.95
3. 一氧化碳	16.7
4. 氯气	0.34
5. 氯化氢	10.75
6. 氟化物	0.87
7. 氰化氢	0.005
8. 硫酸雾	0.6
9. 铬酸雾	0.0007
10. 汞及其化合物	0.0001
11. 一般性粉尘	4
12. 石棉尘	0.53
13. 玻璃棉尘	2.13
14. 碳黑尘	0.59
15. 铅及其化合物	0.02
16. 镉及其化合物	0.03
17. 铍及其化合物	0.0004
18. 镍及其化合物	0.13
19. 锡及其化合物	0.27
20. 烟尘	2.18
21. 苯	0.05
22. 甲苯	0.18
23. 二甲苯	0.27
24. 苯并(a)芘	0.000002
25. 甲醛	0.09
26. 乙醛	0.45
27. 丙烯醛	0.06
28. 甲醇	0.67

污染物	污染当量值/千克
29. 酚类	0.35
30. 沥青烟	0.19
31. 苯胺类	0.21
32. 氯苯类	0.72
33. 硝基苯	0.17
34. 丙烯腈	0.22
35. 氯乙烯	0.55
36. 光气	0.04
37. 硫化氢	0.29
38. 氨	9.09
39. 三甲胺	0.32
40. 甲硫醇	0.04
41. 甲硫醚	0.28
42. 二甲二硫	0.28
43. 苯乙烯	25
44. 二硫化碳	20

纳税人委托监测机构对应税大气污染物和水污染物排放量进行监测时,其当月同一个排放口排放的同一种污染物有多个监测数据的,应税大气污染物按照监测数据的平均值计算应税污染物的排放量;应税水污染物按照监测数据以流量为权的加权平均值计算应税污染物的排放量。在生态环境主管部门规定的监测时限内当月无监测数据的,可以跨月沿用最近一次的监测数据计算应税污染物排放量,但不得跨季度沿用监测数据。纳入排污许可管理行业的纳税人,其应税污染物排放量的监测计算方法按照排污许可管理要求执行。

纳税人有下列情形之一的,以其当期应税大气污染物、水污染物的产生量作为污染物的排放量:

(1)未依法安装使用污染物自动监测设备或者未将污染物自动监测设备与生态环境主管部门的监控设备联网;

(2)损毁或者擅自移动、改变污染物自动监测设备;

(3)篡改、伪造污染物监测数据;

(4)通过暗管、渗井、渗坑、灌注或者稀释排放以及不正常运行防治污染设施等方式违法排放应税污染物;

(5)进行虚假纳税申报。

(三)应税固体废物按照固体废物的排放量确定

应税固体废物的排放量为当期应税固体废物的产生量减去当期应税固体废物贮存量、处置量、综合利用量的余额。固体废物的贮存量、处置量,是指在符合国家和地方环境保护标准的设施、场所贮存或者处置的固体废物数量;固体废物的综合利用量,是指按照国务院发展改革、工业和信息化主管部门关于资源综合利用要求以及国家和地方环境保护标准进行综合利用的固体废物数量。纳税人应当准确计量应税固体废物的贮存量、处置量和综合利用量,未准确计量的,不得从其应税固体废物的产生量中减去。

纳税人有下列情形之一的,以其当期应税固体废物的产生量作为固体废物的排放量:

(1)非法倾倒应税固体废物;

(2)进行虚假纳税申报。

纳税人依法将应税固体废物转移至其他单位和个人进行贮存、处置或者综合利用的,固体废物的转移量相应计入其当期应税固体废物的贮存量、处置量或者综合利用量;纳税人接收的应税固体废物转移量,不计入其当期应税固体废物的产生量。纳税人对应税固体废物进行综合利用的,应当符合工业和信息化部制定的工业固体废物综合利用评价管理规范。

纳税人申报纳税时,应当向税务机关报送应税固体废物的产生量、贮存量、处置量和综合利用量,同时报送能够证明固体废物流向和数量的纳税资料,包括固体废物处置利用委托合同、受委托方资质证明、固体废物转移联单、危险废物管理台账复印件等。有关纳税资料已在环境保护税基础信息采集表中采集且未发生变化的,纳税人不再报送。纳税人应当参照危险废物台账管理要求,建立其他应税固体废物管理台账,如实记录产生固体废物的种类、数量、流向以及贮存、处置、综合利用、接收转入等信息,并将应税固体废物管理台账和相关资料留存备查。

未直接向环境排放固体废物,且不享受综合利用税收减免的单位,不再进行纳税申报。

(四)应税噪声按照超过国家规定标准的分贝数确定

应税噪声的应纳税额为超过国家规定标准分贝数对应的具体适用税额。噪声超标分贝数不是整数值的,按四舍五入取整。一个单位的同一监测点当月有多个监测数据超标的,以最高一次超标声级计算应纳税额;当沿边界长度超过 100 米有两处以上噪声超标,按两个单位计算应纳税额。一个单位有不同地点作业场所的,应当分别计算应纳税额,合并计征。昼、夜均超标的环境噪声,昼、夜分别计算应纳税额,累计计征。夜间频繁突发和夜间偶然突发厂界超标噪声,按等效声级和峰值噪声两种指标中超标分贝值最高的一项计算应纳税额。

二、应税污染物排放量的计算

应税大气污染物、水污染物、固体废物的排放量和噪声的分贝数,按照下列方法和顺序计算。

1. 纳税人安装使用符合国家规定和监测规范的污染物自动监测设备的,按照污染物自动监测数据计算。

(1)纳税人按照规定须安装污染物自动监测设备并与生态环境主管部门联网的,当自动监测设备发生故障、设备维护、启停炉、停运等状态时,应当按照相关法律法规和《固定污染源烟气(SO_2、NO_x、颗粒物)排放连续监测技术规范》(HJ 75—2017)、《水污染源在线监测系统数据有效性判别技术规范》(HJ/T 356—2007)等规定,对数据状态进行标记,以及对数据缺失、无效时段的污染物排放量进行修约和替代处理,并按标记、处理后的自动监测数据计算应税污染物排放量。相关纳税人当月不能提供符合国家规定和监测规范的自动监测数据的,应当按照排污系数、物料衡算方法计算应税污染物排放量。纳入排污许可管理行业的纳税人,其应税污染物排放量的监测计算方法按照排污许可管理要求执行。

(2)纳税人主动安装使用符合国家规定和监测规范的污染物自动监测设备,但未与生态环境主管部门联网的,可以按照自动监测数据计算应税污染物排放量;不能提供符合国家规定和监测规范的自动监测数据的,应当按照监测机构出具的符合监测规范的监测数据或者排污系数、物料衡算方法计算应税污染物排放量。

2. 纳税人未安装使用污染物自动监测设备的,按照监测机构出具的符合国家有关规定和监测规范的监测数据计算。

(1)纳税人委托监测机构监测应税污染物排放量的,应当按照国家有关规定制定监测方案,并将监测数据资料及时报送生态环境主管部门。监测机构实施的监测项目、方法、时限和频次应当符合国家有关规定和监测规范要求。监测机构出具的监测报告应当包括应税水污染物种类、浓度值和污水流量;应税大气污染物种类、浓度值、排放速率和烟气量;执行的污染物排放标准和排放浓度限值等信息。监测机构对监测数据的真实性、合法性负责,凡发现监测数据弄虚作假的,依照相关法律法规的规定追究法律责任。

(2)纳税人采用委托监测方式,在规定监测时限内当月无监测数据的,可以沿用最近一次的监测数据计算应税污染物排放量,但不得跨季度沿用监测数据。纳税人采用监测机构出具的监测数据申报减免环境保护税的,应当取得申报当月的监测数据;当月无监测数据的,不予减免环境保护税。有关污染物监测浓度值低于生态环境主管部门规定的污染物检出限的,除有特殊管理要求外,视同该污染物排放量为零。生态环境主管部门、计量主管部门发现委托监测数据失真或者弄虚作假的,税务机关应当按照同一纳税期内的监督性监测数据或者排污系数、物料衡算方法计算应税污染物排放量。

(3)对于纳税人未安装使用污染物自动监测设备的,自行对污染物进行监测所获取的监测数据,符合国家有关规定和监测规范的,视同监测机构出具的监测数据。

3. 因排放污染物种类多等原因不具备监测条件的排污单位,其应税污染物排放量计算方法按如下规定:

(1)属于排污许可管理的排污单位,适用生态环境部发布的排污许可证申请与核发技术规范中规定的排(产)污系数、物料衡算方法计算应税污染物排放量;排污许可证申请与核发技术规范未规定相关排(产)污系数的,适用生态环境部发布的排放源统计调查制度规定的排(产)污系数方法计算应税污染物排放量。

(2)不属于排污许可管理的排污单位,适用生态环境部发布的排放源统计调查制度规定的排(产)污系数方法计算应税污染物排放量。

(3)上述情形中仍无相关计算方法的,由各省、自治区、直辖市生态环境主管部门结合本地实际情况,科学合理制定抽样测算方法。

4. 不能按照上述第 1 项至第 3 项规定的方法计算的,按照省、自治区、直辖市人民政府生态环境主管部门规定的抽样测算的方法核定计算。

另外,对于纳税人从两个以上排放口排放应税污染物的,对每一排放口排放的应税污染物分别计算征收环境保护税;纳税人持有排污许可证的,其污染物排放口按照排污许可证载明的污染物排放口确定。

纳税人因环境违法行为受到行政处罚的,应当依据相关法律法规和处罚信息计算违法行为所属期的应税污染物排放量。生态环境主管部门发现纳税人申报信息有误的,应当通知税务机关处理。

三、应纳税额的计算

环境保护税应纳税额按照下列方法计算：

1. 应税大气污染物的应纳税额为污染当量数乘以具体适用税额；
2. 应税水污染物的应纳税额为污染当量数乘以具体适用税额；
3. 应税固体废物的应纳税额为固体废物排放量乘以具体适用税额；
4. 应税噪声的应纳税额为超过国家规定标准的分贝数对应的具体适用税额。

【例8-1】 某企业2023年6月向大气直接排放二氧化硫160吨、氮氧化物228吨，烟尘45吨、一氧化碳20吨，该企业所在地区大气污染物的税额标准为1.2元/污染当量，该企业只有一个排放口。已知二氧化硫、氮氧化物的污染当量值为0.95千克，烟尘污染当量值为2.18千克，一氧化碳污染当量值为16.7千克。请计算该企业6月大气污染物应缴纳的环境保护税(结果保留两位小数)。

解析：

第一步，计算各污染物的污染当量数。

二氧化硫：$160 \times 1000 \div 0.95 = 168421.05$；氮氧化物：$228 \times 1000 \div 0.95 = 240000$；烟尘：$45 \times 1000 \div 2.18 = 20642.2$；一氧化碳：$20 \times 1000 \div 16.7 = 1197.6$。

第二步，按污染物的污染当量数排序。

氮氧化物(240000) > 二氧化硫(168421.05) > 烟尘(20642.2) > 一氧化碳(1197.6)

第三步，选取前三项污染物计算应纳税额。

氮氧化物：$240000 \times 1.2 = 288000$(元)；二氧化硫：$168421.05 \times 1.2 = 202105.26$(元)；烟尘：$20642.20 \times 1.2 = 24770.64$(元)。

该企业6月应缴纳环境保护税税额 $= 288000 + 202105.26 + 24770.64 = 514875.9$(元)

【例8-2】 某企业2023年8月向水体直接排放第一类水污染物总汞、总镉、总铬、总砷、总铅、总银各20千克。排放第二类水污染物悬浮物(SS)、总有机碳(TOC)、挥发酚、氨氮各20千克。已知水污染物污染当量值分别为总汞0.0005千克、总镉0.005千克、总铬0.04千克、总砷0.02千克、总铅0.025千克、总银0.02千克、悬浮物(SS)4千克、总有机碳(TOC)0.49千克、挥发酚0.08千克、氨氮0.8千克。该企业所在地区水污染物税额标准统一为1.4元/污染当量，请计算该企业8月水污染物应缴纳的环境保护税(结果保留两位小数)。

解析：

第一步，计算第一类水污染物的污染当量数。

总汞：$20 \div 0.0005 = 40000$；总镉：$20 \div 0.005 = 4000$；总铬：$20 \div 0.04 = 500$；总砷：$20 \div 0.02 = 1000$；总铅：$20 \div 0.025 = 800$；总银：$20 \div 0.02 = 1000$。

第二步，对第一类水污染物污染当量数排序。

总汞(40000) > 总镉(4000) > 总砷(1000) = 总银(1000) > 总铅(800) > 总铬(500)

第三步,选取前五项污染物计算第一类水污染物应纳税额。

总汞:40000 × 1.4 = 56000(元);总镉:4000 × 1.4 = 5600(元);总砷:1000 × 1.4 = 1400(元);总银:1000 × 1.4 = 1400(元);总铅:800 × 1.4 = 1120(元)。

第四步,计算第二类水污染物的污染当量数。

悬浮物(SS):20 ÷ 4 = 5;总有机碳(TOC):20 ÷ 0.49 = 40.82;挥发酚:20 ÷ 0.08 = 250;氨氮:20 ÷ 0.8 = 25。

第五步,对第二类水污染物污染当量数排序。

挥发酚(250) > 总有机碳(40.82) > 氨氮(25) > 悬浮物(5)

第六步,选取前三项污染物计算第二类水污染物应纳税额。

挥发酚:250 × 1.4 = 350(元);总有机碳:40.82 × 1.4 = 57.15(元);氨氮:25 × 1.4 = 35(元)。

该企业8月应缴纳环境保护税税额 = 56000 + 5600 + 1400 + 1400 + 1120 + 350 + 57.15 + 35 = 65962.15(元)

第六节 征收管理

一、纳税义务发生时间

环境保护税纳税义务发生时间为纳税人排放应税污染物的当日。

二、纳税地点

纳税人应当向应税污染物排放地的税务机关申报缴纳环境保护税,应税污染物排放地是指:

1. 应税大气污染物、水污染物排放口所在地;

2. 应税固体废物产生地;

3. 应税噪声产生地。

纳税人跨区域排放应税污染物,税务机关对税收征收管辖有争议的,由争议各方按照有利于征收管理的原则协商解决;不能协商一致的,报请共同的上级税务机关决定。

三、纳税期限

环境保护税按月计算,按季申报缴纳。不能按固定期限计算缴纳的,可以按次申报缴纳。

纳税人申报缴纳时,应当向税务机关报送所排放应税污染物的种类、数量,大气污染物、水污染物的浓度值,以及税务机关根据实际需要要求纳税人报送的其他纳税资料。

纳税人按季申报缴纳的,应当自季度终了之日起15日内,向税务机关办理纳税申报并缴纳税款。纳税人按次申报缴纳的,应当自纳税义务发生之日起15日内,向税务机关办理纳税申报并缴纳税款。

四、税务机关与生态环境主管部门职责分工

生态环境主管部门和税务机关应当建立涉税信息共享平台和工作配合机制。生态环境主管部门应当将排污单位的排污许可、污染物排放数据、环境违法和受行政处罚情况等环境保护相关信息,定期交送税务机关。税务机关应当将纳税人的纳税申报、税款入库、减免税额、欠缴税款以及风险疑点等环境保护税涉税信息,定期交送生态环境主管部门。

(一)税务机关职责

税务机关依法履行环境保护税纳税申报受理、涉税信息比对、组织税款入库等职责,同时还需做好以下工作。

1. 纳税人识别。税务机关应当依据生态环境主管部门交送的排污单位信息进行纳税人识别。在生态环境主管部门交送的排污单位信息中没有对应信息的纳税人,由税务机关在纳税人首次办理环境保护税纳税申报时进行纳税人识别,并将相关信息交送生态环境主管部门。

2. 信息比对。税务机关应当将纳税人的纳税申报数据资料与生态环境主管部门交送的相关数据资料进行比对。纳税人申报的污染物排放数据与生态环境主管部门交送的相关数据不一致的,按照生态环境主管部门交送的数据确定应税污染物的计税依据。

税务机关发现纳税人的纳税申报数据资料异常或者纳税人未按照规定期限办理纳税申报的,可以提请生态环境主管部门进行复核,生态环境主管部门应当自收到税务机关的数据资料之日起 15 日内向税务机关出具复核意见。税务机关应当按照生态环境主管部门复核的数据资料调整纳税人的应纳税额。

纳税人的纳税申报数据资料异常,包括但不限于下列情形:①纳税人当期申报的应税污染物排放量与上一年同期相比明显偏低,且无正当理由;②纳税人单位产品污染物排放量与同类型纳税人相比明显偏低,且无正当理由。

3. 涉税信息提交。税务机关应当通过涉税信息共享平台向生态环境主管部门交送下列环境保护税涉税信息:

(1)纳税人基本信息;

(2)纳税申报信息;

(3)税款入库、减免税额、欠缴税款以及风险疑点等信息;

(4)纳税人涉税违法和受行政处罚情况;

(5)纳税人的纳税申报数据资料异常或者纳税人未按照规定期限办理纳税申报的信息;

(6)与生态环境主管部门商定交送的其他信息。

(二)生态环境主管部门职责

生态环境主管部门依法负责应税污染物的监测管理,制定和完善污染物监测规范,同时还需做好以下工作。

1. 污染物排放信息纠正。生态环境主管部门发现纳税人申报的应税污染物排放信息或者适用的排污系数、物料衡算方法有误的,应当通知税务机关处理。

2. 涉税信息提交。生态环境主管部门应当通过涉税信息共享平台向税务机关交送在

环境保护监督管理中获取的下列信息：

（1）排污单位的名称、统一社会信用代码以及污染物排放口、排放污染物种类等基本信息；

（2）排污单位的污染物排放数据（包括污染物排放量以及大气污染物、水污染物的浓度值等数据）；

（3）排污单位环境违法和受行政处罚情况；

（4）对税务机关提请复核的纳税人的纳税申报数据资料异常或者纳税人未按照规定期限办理纳税申报的复核意见；

（5）与税务机关商定交送的其他信息。

（三）其他管理职责

1. 纳税人跨区域排放应税污染物，税务机关对税收征收管辖有争议的，由争议各方按照有利于征收管理的原则协商解决；不能协商一致的，报请共同的上级税务机关决定。

2. 税务机关依法实施环境保护税的税务检查，生态环境主管部门予以配合。

3. 税务机关、生态环境主管部门应当无偿为纳税人提供与缴纳环境保护税有关的辅导、培训和咨询服务。

第九章 烟 叶 税

第一节 烟叶税概述

一、烟叶税的概念

烟叶税是以纳税人收购烟叶的价款总额为计税依据征收的一种税。

二、烟叶税的发展历程

中国对烟草征税始于明朝末年。后来一直保持对烟叶征税,工商统一税和产品税都有对烤烟征税的规定。1994 年的税制改革中,取消了产品税和工商统一税,将农林特产农业税与产品税和工商统一税中的农林牧水产品税目合并,改为统一征收农业特产农业税,并于同年 1 月 30 日发布《国务院关于对农业特产收入征收农业税的规定》(国务院令第 143 号),其中规定对烟叶在收购环节征收,税率为 31%。1999 年,将烟叶特产农业税的税率下调为 20%。2004 年 6 月,财政部、国家税务总局下发《关于取消除烟叶外的农业特产税有关问题的通知》(财税〔2004〕120 号),规定从 2004 年起,除对烟叶暂保留征收农业特产农业税外,取消对其他农业特产品征收的农业特产农业税。2006 年 4 月 28日,《中华人民共和国烟叶税暂行条例》公布施行。2017 年 12 月 27 日,《中华人民共和国烟叶税法》颁布,自 2018 年 7 月 1 日起施行,《中华人民共和国烟叶税暂行条例》同时废止。

第二节 纳税义务人

在中华人民共和国境内收购烟叶的单位为烟叶税的纳税人,烟叶的生产销售方不是烟叶税的纳税人,烟叶的收购方是烟叶税的纳税人。

第三节 征税对象和税率

一、征税对象

烟叶税的征税对象是烟叶,包括烤烟叶、晾晒烟叶。

二、税率

烟叶税实行比例税率,税率为 20%。

第四节 计 税 依 据

烟叶税的计税依据是收购烟叶实际支付的价款总额。

实际支付的价款总额,包括纳税人支付给烟叶生产销售单位和个人的烟叶收购价款和价外补贴。其中,价外补贴统一按烟叶收购价款的10%计算。

计税依据的计算公式如下:

$$实际支付的价款总额 = 收购价款 \times (1 + 10\%)$$

第五节 应纳税额的计算

应纳税额的计算公式为:

$$应纳税额 = 实际支付的价款总额 \times 税率$$

应纳税额以人民币计算。

【例9-1】 2023年5月,某烟草公司向烟农收购一批烟叶,收购价款为200万元(不含价外补贴),另外支付的价外补贴为烟叶收购价款的10%,烟叶税税率为20%,请计算该烟草公司应缴纳的烟叶税。

$$应纳税额 = 200 \times (1 + 10\%) \times 20\% = 44(万元)$$

第六节 征 收 管 理

一、纳税义务发生时间

烟叶税的纳税义务发生时间为纳税人收购烟叶的当天。

二、纳税地点

纳税人收购烟叶,应当向烟叶收购地的主管税务机关申报纳税。

三、纳税期限

烟叶税按月计征,纳税人应当于纳税义务发生月终了之日起15日内申报并缴纳税款。

第十章 关 税

第一节 关 税 概 述

一、关税的概念及特点

关税是由海关根据国家制定的有关法律,以准许进出口的货物和进出境物品为征税对象而征收的一种税收。

关税作为独特的税种,除具有一般税收的特点以外,还有以下特点:

1. 征收的对象是准许进出口的货物和进出境物品。只有准许进出口的货物、进出境物品才需要征收关税。进出口是指国家(地区)与国家(地区)之间的贸易往来,"进"为购入,"出"为外销,是进口和出口的综合。进出境物品是指进出关境的居民或非居民为其进出关境旅行或居留的需要而携带、邮寄的物品。

2. 关税是单一环节的价外税。关税的完税价格中不包括关税,即在征收关税时,以实际成交价格为计税依据。

3. 有较强的涉外性。关税税则的制定、税率的高低,直接影响到国际贸易的开展。随着世界经济一体化的发展,世界各国的经济联系越来越密切,贸易关系不仅反映简单经济关系,还成为一种政治关系。关税政策、关税措施也往往和经济政策、外交政策紧密相关,具有较强的涉外性。

二、关税的分类

(一)按征税对象分类

按征税货物和物品进出方向不同进行分类,可将关税分为进口关税、出口关税。

1. 进口关税

进口关税是海关对进口货物和进境物品所征收的关税,它是关税中最主要的一种征税形式。进口关税有正税和附加税之分。正税是按照税则中法定税率征收的进口税;附加税则是在征收进口正税的基础上额外加征关税,主要为了保护本国生产和增加财政收入,用以补充正税的不足,通常属于临时性的限制进口措施。

附加税的目的和名称繁多,如反倾销税、反补贴税、报复关税、紧急进口税等。附加税不是一个独立的税种,从属于进口正税。

2. 出口关税

出口关税是海关对出口货物和出境物品所征收的关税。除对部分出口货物征收出口关税外,各国一般不对出口产品征收关税。

(二)按计税方式分类

按计税方式分类,可将关税分为从量税、从价税。此外,各国常用的计税方式还有复合税、选择税、滑准税。

1. 从量税

按货物的计量单位（重量、长度、面积、容积、数量等）作为计税方式，以每一计量单位应纳的关税金额作为税率，称为从量税。

2. 从价税

以货物的价格作为计税方式而征收的税称为从价税，从价税的税率表现为货物价格的百分比。货物进口时，以完税价格乘以关税税则中规定的税率，就可得出应纳税额。完税价格是经海关审定的作为计征关税依据的价格。

3. 复合税

复合税又称混合税。在税则的同一税目中，有从价和从量两种税率，征税时既采用从量又采用从价两种税率计征税款的，称为复合税。从理论上讲，复合税使税负适度、公正、科学。当物价上涨时，所征税额比单纯征收从量税多，而比单纯征收从价税少；当物价下跌时，所征税额则刚好相反。因此，复合税有较好的相互补偿作用，特别是在物价波动时可以减少对财政收入的影响，又能保持一定的保护作用。

4. 选择税

在税则的同一税目中，有从价和从量两种税率，征税时由海关选择其中一种计征的称为选择税。海关一般是选择税额较高的一种征税，当物价上涨时，使用从价税；在物价下跌时，使用从量税。这样，不仅能保证国家的财政收入，还可较好地发挥保护本国产业的作用。但由于选择税通常是就高不就低，征税标准摇摆不定，海关计税手续繁杂，同时，纳税人也不能预知缴纳多少税额，容易与海关发生摩擦，妨碍国际贸易的顺利进行。

5. 滑准税

滑准税又称滑动税，是在税则中预先按产品的价格高低分档制定若干不同的税率，然后根据进出口商品价格的变动而增减进出口税率的一种关税。商品价格上涨，采用较低税率，商品价格下跌则采用较高税率，其目的是使该种商品的国内市场价格保持稳定，免受或少受国际市场价格波动的影响。滑准税的优点在于它能平衡物价，保护国内产业发展。

（三）按征税性质分类

按征税性质，关税可分为普通关税、优惠关税和差别关税三种。它们主要适用于进口关税。

1. 普通关税

普通关税又称一般关税，是对与本国没有签署贸易或经济互惠等友好协定的国家原产的货物征收的非优惠性关税。普通关税与优惠关税的税率差别一般较大。

2. 优惠关税

优惠关税一般是互惠关税，即签署优惠协定的双方互相给对方优惠关税待遇，但也有单向优惠关税，即只对受惠国给予优惠待遇，而没有反向优惠。优惠关税一般有特定优惠关税、普遍优惠关税和最惠国待遇三种。

（1）特定优惠关税，又称特惠税，是指某一国家对另一国家或某些国家对另外一些国家的某些方面予以特定优惠关税待遇，而他国不得享受。

（2）普遍优惠关税，是指发达国家对从发展中国家或地区输入的产品，特别是制成品和半制成品普遍给予优惠关税待遇。普遍优惠制，简称普惠制，还可简称为普税制。普惠制的目的是扩大发展中国家向经济发达国家出口制成品,增加财政收入,促使发展中国家工业化,加快发展中国家经济增长速度。

（3）最惠国待遇,是国际贸易协定中的一项重要内容,它规定缔约国双方相互间现在和将来所给予任何第三国的优惠待遇,同样适用于对方。最惠国待遇最初只限于关税待遇,随后范围日益扩大,目前已适用于通商及航海的各个方面,如关税、配额、航运、港口使用、仓储、移民、投资、专利权等,但仍以关税为主。凡贸易协定或航海条约中最惠国待遇的条文都称为最惠国条款。

3. 差别关税

差别关税实际上是保护主义的产物,是保护一国产业所采取的特别手段。差别关税最早产生并运用于欧洲,在重商主义全盛时代曾广为流行。直至近代,由于新重商主义的出现和贸易保护主义的抬头,差别关税得到进一步发展。

一般意义上的差别关税主要分为加重关税、反补贴关税、反倾销关税、报复关税等。

（1）加重关税。加重关税是出于某种原因或为达到某种目的,而对某国货物或某种货物的输入加重征收的关税,如间接输入货物加重税等。

（2）反补贴关税。反补贴关税是对接受任何津贴或补贴的外国进口货物所附加征收的一种关税,是差别关税的重要形式之一。货物输出国为了加强本国输出产品在国际市场的竞争能力,往往对输出产品予以津贴、补贴或奖励,以降低成本,廉价销售于国外市场。输入国为防止他国补贴货物进入本国市场,威胁本国产业正常发展,对凡接受政府、垄断财团补贴、津贴或奖励的他国输入产品,课征与补贴、津贴或奖励额相等的反补贴关税,以抵消别国输入货物因接受补贴、津贴或奖励所形成的竞争优势。

（3）反倾销关税。如果在正常的贸易过程中,一项产品从一国出口到另一国,该产品的出口价格低于在其本国内消费的相同产品的可比价格,即以低于其正常的价值进入另一国的商业渠道,则该产品将被认为是倾销。反倾销关税是对外国的倾销商品,在征收正常进口关税的同时附加征收的一种关税,它是差别关税的又一种重要形式。

（4）报复关税。报复关税是指他国政府以不公正、不平等、不友好的态度对待本国输出的货物时,为维护本国利益,报复该国对本国输出货物的不公正、不平等、不友好待遇,对该国输入本国的货物加重征收的关税。

三、我国现行关税制度基本法律依据

我国现行关税制度的法律依据主要有:全国人大常委会于 1987 年 1 月颁布、2021 年 4 月第六次修正的《中华人民共和国海关法》（以下简称《海关法》）;国务院于 2003 年 11 月颁布、2017 年 3 月第四次修订的《中华人民共和国进出口关税条例》（以下简称《关税条例》）;《中华人民共和国海关关于入境旅客行李物品和个人邮递物品征收进口税办法》（海关总署令第 47 号）;由国务院关税税则委员会审定并报国务院批准,每年发布的《中华人民共和国进出口税则》;2005 年 1 月颁布、2018 年 5 月第四次修正的《中华人民共和国海关进出口货物征税管理办法》（海关总署令第 124 号）;2013 年 12 月颁布的《中华人民共和国海关审定进出口货物完税价格办法》（海关总署令第 213 号）;2020 年 12 月颁布、2021 年 3 月 1 日起实施的《中华人民共和国海关进出口货物减免税管理办法》（海关总署令第 245 号）。

第二节　纳税义务人和征税对象

一、纳税义务人

进口货物的收货人、出口货物的发货人、进出境物品的所有人，是关税的纳税义务人。进出境物品的所有人包括该物品的所有人和推定为所有人的人。一般情况下，对携带进境的物品，推定其携带人为所有人；对分离运输的行李，推定相应的进出境旅客为所有人；对以邮递方式进境的物品，推定其收件人为所有人；对以邮递或其他运输方式出境的物品，推定其寄件人或托运人为所有人。

二、征税对象

关税的征税对象是准许进出口的货物、进出境物品。货物是指贸易性商品，物品是指入境旅客随身携带的行李物品、个人邮递物品、各种运输工具上的服务人员携带进口的自用物品、馈赠物品以及其他方式进境的个人物品。

因品质或者规格原因，出口货物自出口之日起 1 年内原状复运进境的，不征收进口关税。因品质或者规格原因，进口货物自进口之日起 1 年内原状复运出境的，不征收出口关税。

因残损、短少、品质不良或者规格不符原因，由进出口货物的发货人、承运人或者保险公司免费补偿或者更换的相同货物，进出口时不征收关税。被免费更换的原进口货物不退运出境或者原出口货物不退运进境的，海关应当对原进出口货物重新按照规定征收关税。

第三节　税率及税率的适用

一、进口关税税率

（一）进口货物关税税率

1. 进口货物关税税率形式

我国进口关税设有最惠国税率、协定税率、特惠税率、普通税率、关税配额税率等，对进口货物在一定期限内可以实行暂定税率。

（1）最惠国税率。

原产于共同适用最惠国待遇条款的世界贸易组织成员的进口货物，原产于与中华人民共和国签订含有相互给予最惠国待遇条款的双边贸易协定的国家或者地区的进口货物，以及原产于中华人民共和国境内的进口货物，适用最惠国税率。

（2）协定税率。

原产于与中华人民共和国签订含有关税优惠条款的区域性贸易协定的国家或者地区的进口货物，适用协定税率。

（3）特惠税率。

原产于与中华人民共和国签订含有特殊关税优惠条款的贸易协定的国家或者地区的

进口货物,适用特惠税率。

(4)普通税率。

原产于除适用最惠国税率、协定税率、特惠税率国家或者地区以外的国家或者地区的进口货物,以及原产地不明的进口货物,适用普通税率。

(5)关税配额税率。

实行关税配额管理的进口货物,关税配额内的适用关税配额税率,关税配额外的依照《关税条例》有关规定执行。

(6)暂定税率。

适用最惠国税率、协定税率、特惠税率、关税配额税率的进口货物在一定期限内可以实行暂定税率。

2. 进口货物关税税率的适用顺序

当最惠国税率低于或等于协定税率时,协定有规定的,按相关协定的规定执行;协定无规定的,二者从低适用。

适用最惠国税率的进口货物有暂定税率的,应当适用暂定税率;适用协定税率、特惠税率的进口货物有暂定税率的,应当从低适用税率;适用普通税率的进口货物,不适用暂定税率。

3. 进口货物关税税率调整

根据《国务院关税税则委员会关于2024年关税调整方案的公告》(税委会公告2023年第10号),自2024年1月1日起,对部分商品的进口关税进行调整:

(1)进口暂定税率。对1010项商品(不含关税配额商品)实施进口暂定税率。

(2)关税配额税率。继续对小麦等8类商品实施关税配额管理,税率不变。其中,对尿素、复合肥、磷酸氢铵3种化肥的配额税率继续实施1%的暂定税率。继续对配额外进口的一定数量棉花实施滑准税。

(3)协定税率。①根据我国与有关国家或者地区已签署并生效的自由贸易协定和优惠贸易安排,对20个协定项下、原产于30个国家或者地区的部分进口货物实施协定税率:一是按照中国与新西兰、秘鲁、哥斯达黎加、瑞士、冰岛、韩国、澳大利亚、巴基斯坦、毛里求斯、柬埔寨的自由贸易协定和《区域全面经济伙伴关系协定》(RCEP)进一步降税。二是中国与东盟、智利、新加坡、格鲁吉亚自由贸易协定,中国与尼加拉瓜自由贸易协定早期收获,以及内地与香港、澳门《关于建立更紧密经贸关系的安排》(CEPA)等已完成降税,继续实施协定税率。三是亚太贸易协定继续实施。四是《海峡两岸经济合作框架协议》(ECFA)已完成降税,继续实施协定税率,但《国务院关税税则委员会关于中止〈海峡两岸经济合作框架协议〉部分产品关税减让的公告》(税委会公告2023年第9号)所涉及货物除外。②根据《中华人民共和国政府和尼加拉瓜共和国政府自由贸易协定》,对原产于尼加拉瓜的部分进口货物实施协定第1年税率。③当最惠国税率低于或等于协定税率时,协定有规定的,按相关协定的规定执行;协定无规定的,二者从低适用。

(4)特惠税率。继续给予43个与我建交并完成换文手续的最不发达国家零关税待遇,实施特惠税率,适用商品范围和税率维持不变,不再给予瓦努阿图零关税待遇。

(二)进境物品的进口税及税率

进境物品的关税以及进口环节海关代征税合并为进口税。

海关总署规定数额以内的个人自用进境物品,免征进口税。超过海关总署规定数额但仍在合理数量以内的个人自用进境物品,由进境物品的纳税义务人在进境物品放行前按照规定缴纳进口税。超过合理、自用数量的进境物品应当按照进口货物依法办理相关手续。国务院关税税则委员会规定按货物征税的进境物品,按照进口货物相关规定征收关税。进境物品进口税应当按照《中华人民共和国进境物品进口税税率表》(见表10-1)确定适用税率。国务院关税税则委员会负责《中华人民共和国进境物品进口税税率表》的税目、税率的调整和解释。

表10-1　　　　　　　　　中华人民共和国进境物品进口税税率表

税目序号	物品名称	税率/%
1	书报、刊物、教育用影视资料;计算机、视频摄录一体机、数字照相机等信息技术产品;食品、饮料;金银;家具;玩具,游戏品、节日或其他娱乐用品;药品①	13
2	运动用品(不含高尔夫球及球具)、钓鱼用品;纺织品及其制成品;电视摄像机及其他电器用具;自行车;税目1、3中未包含的其他商品	20
3②	烟、酒;贵重首饰及珠宝玉石;高尔夫球及球具;高档手表;高档化妆品	50

注:①对国家规定减按3%征收进口环节增值税的进口药品,按照货物税率征税。②税目3所列商品的具体范围与消费税征收范围一致。

二、出口关税税率

根据《国务院关税税则委员会关于2024年关税调整方案的公告》(税委会公告2023年第10号),自2024年1月1日起,继续对铬铁等107项商品征收出口关税,对其中68项商品实施出口暂定税率。

三、关税税率适用

(一)特殊关税措施适用税率

1. 反倾销税、反补贴税、保障措施关税

按照有关法律、行政法规的规定对进口货物采取反倾销、反补贴、保障措施的,其税率的适用按照《中华人民共和国反倾销条例》《中华人民共和国反补贴条例》和《中华人民共和国保障措施条例》的有关规定执行。征收反倾销税、反补贴税、保障措施关税、临时反倾销税、临时反补贴税、临时保障措施关税,由国务院关税税则委员会另行决定。

2. 报复性关税

任何国家或者地区违反与中华人民共和国签订或者共同参加的贸易协定及相关协定,对中华人民共和国在贸易方面采取禁止、限制、加征关税或者其他影响正常贸易的措施的,对原产于该国家或者地区的进口货物可以征收报复性关税,适用报复性关税税率。征收报复性关税的货物、适用国别、税率、期限和征收办法,由国务院关税税则委员会决定并公布。

(二)进出口关税税率适用日期

1. 进出口货物,应当适用海关接受该货物申报进口或者出口之日实施的税率。

2. 进口货物到达前,经海关核准先行申报的,应当适用装载该货物的运输工具申报进境之日实施的税率。

3. 进口转关运输货物,应当适用指运地海关接受该货物申报进口之日实施的税率;货物运抵指运地前,经海关核准先行申报的,应当适用装载该货物的运输工具抵达指运地之日实施的税率。

4. 出口转关运输货物,应当适用启运地海关接受该货物申报出口之日实施的税率。

5. 经海关批准,实行集中申报的进出口货物,应当适用每次货物进出口时海关接受该货物申报之日实施的税率。

6. 因超过规定期限未申报而由海关依法变卖的进口货物,其税款计征应当适用装载该货物的运输工具申报进境之日实施的税率。

7. 有下列情形之一,需缴纳税款的,应当适用海关接受申报办理纳税手续之日实施的税率:

(1)保税货物经批准不复运出境的;

(2)减免税货物经批准转让或者移作他用的;

(3)暂时进境货物经批准不复运出境,以及暂时出境货物经批准不复运进境的;

(4)租赁进口货物,分期缴纳税款的。

8. 纳税人补征或者退还进出口货物税款,应当按照上述第1项至第7项的规定确定适用的税率。

9. 因纳税义务人违反规定需要追征税款的进出口货物,应当适用违反规定的行为发生之日实施的税率;行为发生之日不能确定的,适用海关发现该行为之日实施的税率。

第四节　关税减免税及管理

关税减免税是对某些纳税人和征税对象给予鼓励和照顾的一种特殊调节手段。关税政策制定工作兼顾了普遍性和特殊性、原则性和灵活性。关税减免税分为法定减免税、暂时免税、特定减免税和临时减免税。根据《海关法》的规定,除法定减免税外的其他减免税均由国务院决定。同时,海关总署制定《中华人民共和国海关进出口货物减免税管理办法》(海关总署令第245号),对减免税过程中的管理事项作出了规定。

一、法定减免税

下列进出口货物、进出境物品,减征或者免征关税:

1. 关税税额在人民币50元以下的一票货物;

2. 无商业价值的广告品和货样;

3. 外国政府、国际组织无偿赠送的物资;

4. 在海关放行前遭受损坏或损失的货物;

5. 规定数额以内的物品;

6. 进出境运输工具装载的途中必需的燃料、物料和饮食用品;

7. 中华人民共和国缔结或者参加的国际条约规定减征、免征关税的货物、物品;

8. 法律规定减征、免征关税的其他货物、物品。

二、暂时免税

暂时进口或者暂时出口的货物，以及特准进口的保税货物，在货物收发货人向海关缴纳相当于税款的保证金或者提供担保后，准予暂时免纳关税。

暂时进境或者暂时出境的下列货物，应当自进境或者出境之日起 6 个月内复运出境或者复运进境；需要延长复运出境或者复运进境期限的，纳税义务人应当根据海关总署的规定向海关办理延期手续：

（1）在展览会、交易会、会议及类似活动中展示或者使用的货物；

（2）文化、体育交流活动中使用的表演、比赛用品；

（3）进行新闻报道或者摄制电影、电视节目使用的仪器、设备及用品；

（4）开展科研、教学、医疗活动使用的仪器、设备及用品；

（5）在第 1 项至第 4 项所列活动中使用的交通工具及特种车辆；

（6）货样；

（7）供安装、调试、检测设备时使用的仪器、工具；

（8）盛装货物的容器；

（9）其他用于非商业目的的货物。

以上所列暂时进境货物在规定的期限内未复运出境的，或者暂时出境货物在规定的期限内未复运进境的，海关应当依法征收关税。以上所列可以暂时免征关税范围以外的其他暂时进境货物，应当按照该货物的完税价格和其在境内滞留时间与折旧时间的比例计算征收进口关税。

三、特定减免税

特定减免税也称政策性减免税。在法定减免税之外，国家按照国际通行规则和我国实际情况，对特定进出口货物减免关税的政策，称为特定或政策性减免税。特定减免税货物一般有地区、企业和用途的限制，海关需要进行后续管理，也需要减免税统计。

（一）科教用品

为深入实施科教兴国战略、创新驱动发展战略，支持科技创新，财政部、海关总署、国家税务总局发布《关于"十四五"期间支持科技创新进口税收政策的通知》（财关税〔2021〕23号），自 2021 年 1 月 1 日至 2025 年 12 月 31 日，实行以下进口税收政策。

1. 对科学研究机构、技术开发机构、学校、党校（行政学院）、图书馆进口国内不能生产或性能不能满足需求的科学研究、科技开发和教学用品，免征进口关税和进口环节增值税、消费税。

科学研究机构、技术开发机构、学校、党校（行政学院）、图书馆是指：

（1）从事科学研究工作的中央级、省级、地市级科研院所（含其具有独立法人资格的图书馆、研究生院）。

（2）国家实验室、国家重点实验室、企业国家重点实验室、国家产业创新中心、国家技术创新中心、国家制造业创新中心、国家临床医学研究中心、国家工程研究中心、国家工程技术研究中心、国家企业技术中心、国家中小企业公共服务示范平台（技术类）。

（3）科技体制改革过程中转制为企业和进入企业的主要从事科学研究和技术开发工作

的机构。

(4)科技部会同民政部核定或者省级科技主管部门会同省级民政、财政、税务部门和社会研发机构所在地直属海关核定的科技类民办非企业单位性质的社会研发机构;省级科技主管部门会同省级财政、税务部门和社会研发机构所在地直属海关核定的事业单位性质的社会研发机构。

(5)省级商务主管部门会同省级财政、税务部门和外资研发中心所在地直属海关核定的外资研发中心。

(6)国家承认学历的实施专科及以上高等学历教育的高等学校及其具有独立法人资格的分校、异地办学机构。

(7)县级及以上党校(行政学院)。

(8)地市级及以上公共图书馆。

2. 对出版物进口单位为科研院所、学校、党校(行政学院)、图书馆进口用于科研、教学的图书、资料等,免征进口环节增值税。

出版物进口单位是指中央宣传部核定的具有出版物进口许可的出版物进口单位,科研院所是从事科学研究工作的中央级、省级、地市级科研院所(含其具有独立法人资格的图书馆、研究生院),学校、党校(行政学院)、图书馆同第 1 项规定。

3. 免税进口商品实行清单管理。免税进口商品清单由财政部、海关总署、国家税务总局征求有关部门意见后另行制定印发,并动态调整。

(二)残疾人专用品

根据《残疾人专用品免征进口税收暂行规定》(海关总署令第 61 号),为支持残疾人的康复工作,对残疾人专用品、有关单位进口国内不能生产的特定残疾人专用品,免征进口关税和进口环节增值税、消费税。

1. 免税进口的残疾人专用品是指:

(1)肢残者用的支辅具,假肢及其零部件,假眼,假鼻,内脏托带,矫形器,矫形鞋,非机动助行器,代步工具(不包括汽车、摩托车),生活自助具,特殊卫生用品;

(2)视力残疾者用的盲杖、导盲镜、助视器、盲人阅读器;

(3)语言、听力残疾者用的语言训练器;

(4)智力残疾者用的行为训练器、生活能力训练用品。

2. 有关单位进口的国内不能生产的下列残疾人专用品,按隶属关系经民政部或者中国残疾人联合会批准,并报海关总署审核后,免征进口关税和进口环节增值税、消费税:

(1)残疾人康复及专用设备,包括床旁监护设备、中心监护设备、生化分析仪和超声诊断仪;

(2)残疾人特殊教育设备和职业教育设备;

(3)残疾人职业能力评估测试设备;

(4)残疾人专用劳动设备和劳动保护设备;

(5)残疾人文体活动专用设备;

(6)假肢专用生产、装配、检测设备,包括假肢专用铣磨机、假肢专用真空成型机、假肢专用平板加热器和假肢综合检测仪;

(7)听力残疾者用的助听器。

有关单位,是指民政部直属企事业单位和省、自治区、直辖市民政部门所属福利机构、假肢厂和荣誉军人康复医院(包括各类革命伤残军人休养院、荣军医院和荣军康复医院);中国残疾人联合会(中国残疾人福利基金会)直属事业单位和省、自治区、直辖市残疾人联合会(残疾人福利基金会)所属福利机构和康复机构。

(三)慈善捐赠物资

为促进慈善事业的健康发展,支持慈善事业发挥扶贫济困积极作用,规范对慈善事业捐赠物资的进口管理,根据《慈善捐赠物资免征进口税收暂行办法》(财政部　海关总署　国家税务总局公告 2015 年第 102 号),自 2016 年 4 月 1 日起,对我国关境外自然人、法人或者其他组织等境外捐赠人,无偿向经民政部或省级民政部门登记注册且被评定为 5A 级的、以人道救助和发展慈善事业为宗旨的社会团体或基金会、中国红十字会总会等七家全国性慈善或福利组织,以及国务院有关部门和各省、自治区、直辖市人民政府捐赠的,直接用于慈善事业的物资,免征进口关税和进口环节增值税。

1. 慈善事业

慈善事业,是指非营利的慈善救助等社会慈善和福利事业,包括以捐赠财产方式自愿开展的下列慈善活动:

(1)扶贫济困,扶助老幼病残等困难群体。

(2)促进教育、科学、文化、卫生、体育等事业的发展。

(3)防治污染和其他公害,保护和改善环境。

(4)符合社会公共利益的其他慈善活动。

2. 用于慈善事业的物资

(1)衣服、被褥、鞋帽、帐篷、手套、睡袋、毛毯及其他生活必需用品等。

(2)食品类及饮用水(调味品、水产品、水果、饮料、烟酒等除外)。

(3)医疗类包括医疗药品、医疗器械、医疗书籍和资料。其中,对于医疗药品及医疗器械捐赠进口,按照相关部门有关规定执行。

(4)直接用于公共图书馆、公共博物馆、各类职业学校、高中、初中、小学、幼儿园教育的教学仪器、教材、图书、资料和一般学习用品。

(5)直接用于环境保护的专用仪器。

(6)经国务院批准的其他直接用于慈善事业的物资。

(四)重大技术装备

为继续支持我国重大技术装备制造业发展,财政部会同工业和信息化部、海关总署、国家税务总局、国家能源局发布了《重大技术装备进口税收政策管理办法》(财关税〔2020〕2号),规定实施以下政策。

工业和信息化部会同财政部、海关总署、国家税务总局、国家能源局制定《国家支持发展的重大技术装备和产品目录》和《重大技术装备和产品进口关键零部件及原材料商品目录》后公布执行。对符合规定条件的企业及核电项目业主为生产国家支持发展的重大技术装备或产品而确有必要进口的部分关键零部件及原材料,免征关税和进口环节增值税。

对国内已能生产的重大技术装备和产品,由工业和信息化部会同财政部、海关总署、国家税务总局、国家能源局制定《进口不予免税的重大技术装备和产品目录》后公布执行。

对按照或比照《国务院关于调整进口设备税收政策的通知》(国发〔1997〕37 号)规定

享受进口税收优惠政策的下列项目和企业,进口《进口不予免税的重大技术装备和产品目录》中自用设备以及按照合同随上述设备进口的技术及配套件、备件,照章征收进口税收:

(1)国家鼓励发展的国内投资项目和外商投资项目;

(2)外国政府贷款和国际金融组织贷款项目;

(3)由外商提供不作价进口设备的加工贸易企业;

(4)中西部地区外商投资优势产业项目;

(5)《海关总署关于进一步鼓励外商投资有关进口税收政策的通知》(署税〔1999〕791号)规定的外商投资企业和外商投资设立的研究中心利用自有资金进行技术改造项目。

工业和信息化部会同财政部、海关总署、国家税务总局、国家能源局核定企业及核电项目业主免税资格,每年对新申请享受进口税收政策的企业及核电项目业主进行认定,每3年对已享受进口税收政策企业及核电项目业主进行复核。

取得免税资格的企业及核电项目业主可向主管海关提出申请,选择放弃免征进口环节增值税,只免征进口关税。企业及核电项目业主主动放弃免征进口环节增值税后,36个月内不得再次申请免征进口环节增值税。

(五)集成电路产业和软件产业

为贯彻落实《国务院关于印发新时期促进集成电路产业和软件产业高质量发展若干政策的通知》,支持集成电路产业和软件产业发展,财政部、海关总署、国家税务总局联合发布《关于支持集成电路产业和软件产业发展进口税收政策的通知》(财关税〔2021〕4号),自2020年7月27日至2030年12月31日,对下列情形免征进口关税:

1. 集成电路线宽小于65纳米(含,下同)的逻辑电路、存储器生产企业,以及线宽小于0.25微米的特色工艺(即模拟、数模混合、高压、射频、功率、光电集成、图像传感、微机电系统、绝缘体上硅工艺)集成电路生产企业,进口国内不能生产或性能不能满足需求的自用生产性(含研发用,下同)原材料、消耗品,净化室专用建筑材料、配套系统和集成电路生产设备(包括进口设备和国产设备)零配件。

2. 集成电路线宽小于0.5微米的化合物集成电路生产企业和先进封装测试企业,进口国内不能生产或性能不能满足需求的自用生产性原材料、消耗品。

3. 集成电路产业的关键原材料、零配件(即靶材、光刻胶、掩模版、封装载板、抛光垫、抛光液、8英寸及以上硅单晶、8英寸及以上硅片)生产企业,进口国内不能生产或性能不能满足需求的自用生产性原材料、消耗品。

4. 集成电路用光刻胶、掩模版、8英寸及以上硅片生产企业,进口国内不能生产或性能不能满足需求的净化室专用建筑材料、配套系统和生产设备(包括进口设备和国产设备)零配件。

5. 国家鼓励的重点集成电路设计企业和软件企业,以及符合第1项、第2项规定的企业(集成电路生产企业和先进封装测试企业)进口自用设备,及按照合同随设备进口的技术(含软件)及配套件、备件,但《国内投资项目不予免税的进口商品目录》《外商投资项目不予免税的进口商品目录》和《进口不予免税的重大技术装备和产品目录》所列商品除外。上述进口商品不占用投资总额,相关项目不需出具项目确认书。

（六）科普用品

1. 根据《财政部　海关总署　税务总局关于"十四五"期间支持科普事业发展进口税收政策的通知》（财关税〔2021〕26 号），为支持科普事业发展，自 2021 年 1 月 1 日至 2025 年 12 月 31 日，对公众开放的科技馆、自然博物馆、天文馆（站、台）、气象台（站）、地震台（站），以及高校和科研机构所属对外开放的科普基地，进口以下商品免征进口关税和进口环节增值税：

（1）为从境外购买自用科普影视作品播映权而进口的拷贝、工作带、硬盘，以及以其他形式进口自用的承载科普影视作品的拷贝、工作带、硬盘。

（2）国内不能生产或性能不能满足需求的自用科普仪器设备、科普展品、科普专用软件等科普用品。

2. 根据《科技部等五部门关于发布"十四五"期间免税进口科普用品清单（第一批）的通知》（国科发才〔2022〕26 号），进口下列科普用品免征进口关税和进口环节增值税：

（1）科普仪器设备：①用于特效场馆画面播放的银幕、激光数字投影机、数字播放系统及音响系统；②光学天象仪；③高速摄影机。

（2）科普展品：①图书、报纸、杂志、期刊、地图；②化石、标本、模型。

（3）科普专用软件：专门用于科普工作的软件及软件许可证。

（七）国家综合性消防救援队伍进口消防救援设备

为支持国家综合性消防救援队伍建设，财政部、海关总署、国家税务总局联合发布《关于国家综合性消防救援队伍进口税收政策的通知》（财关税〔2023〕17 号），对下列情形免征关税：

1. 自 2023 年 1 月 1 日至 2025 年 12 月 31 日，对国家综合性消防救援队伍进口国内不能生产或性能不能满足需求的消防救援装备，免征关税和进口环节增值税、消费税。

2. 享受免税政策的装备列入《消防救援装备进口免税目录》（财关税〔2023〕17 号附件1）。该目录由财政部会同海关总署、国家税务总局、国家消防救援局、工业和信息化部根据消防救援任务需求和国内产业发展情况适时调整。

3. 国家消防救援局对国家综合性消防救援队伍各级队伍进口列入《消防救援装备进口免税目录》的装备出具《国家综合性消防救援队伍进口消防救援装备确认表》（财关税〔2023〕17 号附件2）。国家综合性消防救援队伍各级队伍凭《国家综合性消防救援队伍进口消防救援装备确认表》，按相关规定向海关申请办理消防救援装备进口免税手续。

4. 自 2023 年 1 月 1 日至 2023 年 10 月 23 日前，国家综合性消防救援队伍已进口的装备所缴纳的进口税款，符合本政策规定的，依申请准予退还。

5. 国家消防救援局会同有关部门制定《免税进口消防救援装备管理办法》，明确进口单位条件，以及免税消防救援装备进口后登记、使用、管理要求。

6. 国家消防救援局每年对上一年度的政策执行情况进行总结评估，汇总分析进口装备货值和免税额、政策执行效果、存在问题等，并对主要进口装备分类、分单位进行统计，以上形成报告于每年 3 月 31 日前函告财政部，抄送海关总署、国家税务总局。

四、临时减免税

临时减免税，是指法定减免税、暂时免税和特定减免税以外的其他减免税，即由国务院对某个单位、某类商品、某个项目或某批进出口货物的特殊情况,给予特别照顾,一案一批,专文下达的减免税。一般有单位、品种、期限、金额或数量等限制,不能比照执行。

五、减免税管理基本规定

(一)减免税办理

进出口货物减免税申请人(以下简称减免税申请人)应当向其主管海关申请办理减免税审核确认、减免税货物税款担保、减免税货物后续管理等相关业务。

(二)进口减免税货物监管

除海关总署另有规定外,在海关监管年限内,减免税申请人应当按照海关规定保管、使用进口减免税货物,并依法接受海关监管。在海关监管年限内,减免税申请人应当于每年6月30日(含当日)以前向主管海关提交《减免税货物使用状况报告书》,报告减免税货物使用状况。超过规定期限未提交的,海关按照有关规定将其列入信用信息异常名录。

除海关总署另有规定外,进口减免税货物的监管年限为:船舶、飞机为8年,机动车辆为6年,其他货物为3年。监管年限自货物进口放行之日起计算。

(三)监管解除管理

减免税货物海关监管年限届满的,自动解除监管。对海关监管年限内的减免税货物,减免税申请人要求提前解除监管的,应当向主管海关提出申请,并办理补缴税款手续。

(四)减免税货物办理抵押、转让、移作他用或其他处置管理

在海关监管年限内,减免税申请人要求以减免税货物向银行或者非银行金融机构办理贷款抵押的,应当向主管海关提出申请,随附相关材料,并以海关依法认可的财产、权利提供税款担保。

在海关监管年限内,减免税申请人需要将减免税货物转让给进口同一货物享受同等减免税优惠待遇的其他单位的,应当按照规定办理减免税货物结转手续。

在海关监管年限内,减免税申请人需要将减免税货物转让给不享受进口税收优惠政策或者进口同一货物不享受同等减免税优惠待遇的其他单位的,应当事先向主管海关申请办理减免税货物补缴税款手续。进口时免予提交许可证件的减免税货物,按照国家有关规定需要补办许可证件的,减免税申请人在办理补缴税款手续时还应当补交有关许可证件。有关减免税货物自办结手续之日起,解除海关监管。

第五节　完税价格

依据《海关法》,进出口货物的完税价格,由海关以该货物的成交价格为基础审查确定。成交价格不能确定时,完税价格由海关依法估定。

一、一般进口货物的完税价格

依据《关税条例》,进口货物的完税价格由海关以符合相关规定所列条件的成交价格以及该货物运抵中华人民共和国境内输入地点起卸前的运输及其相关费用、保险费为基础审查确定。

进口货物的成交价格,是指卖方向中华人民共和国境内销售该货物时,买方为进口该

货物向卖方实付、应付的,并按照规定调整后的价款总额,包括直接支付的价款和间接支付的价款。

（一）成交价格应符合的条件

1. 卖方对买方处置或者使用进口货物不予限制,但法律、行政法规规定实施的限制、对货物销售地域的限制和对货物价格无实质性影响的限制除外。有下列情形之一的,应当视为对买方处置或者使用进口货物进行了限制:

（1）进口货物只能用于展示或者免费赠送的;

（2）进口货物只能销售给指定第三方的;

（3）进口货物加工为成品后只能销售给卖方或者指定第三方的;

（4）其他经海关审查,认定买方对进口货物的处置或者使用受到限制的。

2. 进口货物的成交价格不得受到使该货物成交价格无法确定的条件或因素的影响。有下列情形之一的,应当视为进口货物的价格受到了无法确定的条件或者因素的影响:

（1）进口货物的价格是以买方向卖方购买一定数量的其他货物为条件而确定的;

（2）进口货物的价格是以买方向卖方销售其他货物为条件而确定的;

（3）其他经海关审查,认定货物的价格受到使该货物成交价格无法确定的条件或者因素影响的。

3. 卖方不得直接或者间接获得因买方销售、处置或者使用进口货物而产生的任何收益,或者虽有收益但能够按照规定进行调整。

4. 买卖双方没有特殊关系,或者虽有特殊关系但未对成交价格产生影响。有下列情形之一的,应当认为买卖双方存在特殊关系:①买卖双方为同一家族成员的;②买卖双方互为商业上的高级职员或者董事的;③一方直接或者间接地受另一方控制的;④买卖双方都直接或者间接地受第三方控制的;⑤买卖双方共同直接或者间接地控制第三方的;⑥一方直接或者间接地拥有、控制或者持有对方5%以上（含5%）公开发行的有表决权的股票或者股份的;⑦一方是另一方的雇员、高级职员或者董事的;⑧买卖双方是同一合伙的成员的。

买卖双方在经营上相互有联系,一方是另一方的独家代理、独家经销或者独家受让人,如果符合上述规定,也应当视为存在特殊关系。

（二）应计入完税价格的调整项目

以成交价格为基础审查确定进口货物的完税价格时,未包括在该货物实付、应付价格中的下列费用或者价值应当计入完税价格。

1. 由买方负担的除购货佣金以外的佣金和经纪费。其中,购货佣金是指买方为购买进口货物向自己的采购代理人支付的劳务费,经纪费是指买方为购买进口货物向代表买卖双方利益的经纪人支付的劳务费用。

2. 由买方负担的与该货物视为一体的容器费用。

3. 由买方负担的包装材料费用和包装劳务费用。

4. 与进口货物的生产和向中华人民共和国境内销售有关的,由买方以免费或者以低于成本的方式提供,并可以按适当比例分摊的料件、工具、模具、消耗材料及类似货物的价款,以及在境外开发、设计等相关服务的费用。

5. 作为该货物向中华人民共和国境内销售的条件,买方必须支付的、与该货物有关的特许权使用费。但是符合下列情形之一的除外:

（1）特许权使用费与该货物无关；

（2）特许权使用费的支付不构成该货物向中华人民共和国境内销售的条件。

6. 卖方直接或者间接从买方获得的该货物进口后转售、处置或者使用的收益。

（三）不计入完税价格的调整项目

进口时在货物的价款中列明的下列税收、费用，不计入该货物的完税价格：

1. 厂房、机械、设备等货物进口后进行建设、安装、装配、维修和技术服务的费用。

2. 进口货物运抵中华人民共和国境内输入地点起卸后的运输及其相关费用、保险费。

3. 进口关税及国内税收。

（四）进口货物完税价格中相关费用的确定

1. 进口货物的运费

进口货物的运输及其相关费用，应当按照由买方实际支付或者应当支付的费用计算。如果进口货物的运输及其相关费用无法确定的，海关应当按照该货物进口同期的正常运输成本审查确定。

运输工具作为进口货物，利用自身动力进境的，海关在审查确定完税价格时，不再另行计入运费。

2. 进口货物的保险费

进口货物的保险费应当按照实际支付的费用计算。如果进口货物的保险费无法确定或者未实际发生，海关应当按照"货价"和"运费"两者总额的3‰计算保险费，其计算公式如下：

$$保险费 = （货价 + 运费）\times 3‰$$

邮运进口的货物，应当以邮费作为运输及其相关费用、保险费。

（五）进口货物完税价格确定的其他方法

对于进口货物的成交价格不符合规定条件，或者成交价格不能确定，在客观上无法采用货物的实际成交价格时，海关经了解有关情况，并与纳税义务人进行价格磋商后，依次以下列价格估定该货物的完税价格。

1. 相同货物的成交价格估价方法。相同货物的成交价格，是指与该货物同时或者大约同时向中华人民共和国境内销售的相同货物的成交价格。所谓相同，主要表现在货物的物理特性、质量及产品声誉方面。采用这种比照价格时，相同货物必须已经在被估价货物进口的同时或大约同时向进口国进口，若有多批相同货物完全符合条件，应采用其中最低的价格。另外，相同货物与被估货物在商业水平、数量、运输方式、运输距离等贸易上的差别也要作调整。

2. 类似货物的成交价格估价方法。类似货物的成交价格，是指与该货物同时或者大约同时向中华人民共和国境内销售的类似货物的成交价格。类似货物指与被估货物在同一国生产制造，虽然不是在所有方面都相同，但具有相似特征和相似组成材料，从而能起到同样作用，而且在商业上可以互换的货物。选择类似货物时，主要应考虑货物的品质、信誉和现有商标。

3. 倒扣价格估价方法。倒扣价格估价方法，是指海关以进口货物、相同或者类似进口货物在境内的销售价格为基础，扣除境内发生的有关费用后，审查确定进口货物完税价格的估价方法。

4. 计算价格估价方法。采用这种方法，可以按照下列各项总和计算价格：生产该货物所使用的料件成本和加工费用，向中华人民共和国境内销售同等级或者同种类货物通常的利润和一般费用，该货物运抵境内输入地点起卸前的运输及其相关费用、保险费。

5. 合理估价方法。所谓合理估价方法，实际上是对海关估价的一项补救方法，习惯上叫作"最后一招"，也就是在使用上述任何一种估价方法都无法确定海关估价时，海关可以客观量化的数据资料为基础审查确定进口货物的完税价格。规定的原则有两条：一是海关估价应当公平、合理、统一和中性，二是尽可能反映贸易实际。使用合理估价方法不得使用以下价格：①境内生产的货物在境内的销售价格；②可供选择的价格中较高的价格；③货物在出口地市场的销售价格；④以计算价格估价方法中所含价值或费用之外的价值或者费用计算的相同或者类似货物的价格；⑤出口到第三国或者地区的货物的销售价格；⑥最低限价或者武断、虚构的价格。

以上所列的各种估价方法应依次使用，即当完税价格按列在前面的估价方法无法确定时，才能使用后一种估价方法。但是应进口商的要求，第3种和第4种方法的使用次序可以颠倒。

二、特殊进口货物的完税价格

（一）运往境外修理的货物

运往境外修理的机械器具、运输工具或其他货物，出境时已向海关报明，并在海关规定期限内复运进境的，应当以境外修理费和料件费为基础审查确定完税价格。

（二）运往境外加工的货物

运往境外加工的货物，出境时已向海关报明，并在海关规定期限内复运进境的，应当以境外加工费和料件费，以及该货物复运进境的运输及其相关费用、保险费为基础审查确定完税价格。

（三）暂时进境货物

经海关批准的暂时进境的货物应当缴纳税款的，应当按照一般进口货物完税价格确定的有关规定，审查确定关税价格。经海关批准留购的暂时进境货物，以海关审查确定的留购价格作为完税价格。

（四）租赁方式进口货物

1. 租赁方式进口的货物，以租金方式对外支付的，在租赁期间以海关审查确定的租金作为完税价格，利息应当予以计入。

2. 留购的租赁货物，以海关审定的留购价格作为完税价格。

3. 纳税义务人申请一次性缴纳税款的，可以选择申请按照本节"一、一般进口货物的完税价格"第（五）项的相关内容确定完税价格，或者按照海关审查确定的租金总额作为完税价格。

（五）予以补税的减免税货物

减免税货物因转让、提前解除监管以及减免税申请人发生主体变更、依法终止情形或者其他原因需要补征税款的，补税的完税价格以货物原进口时的完税价格为基础，按照减免税货物已进口时间与监管年限的比例进行折旧，其计算公式如下：

$$补税的完税价格 = 减免税货物原进口时的完税价格 \times \left(1 - \frac{减免税货物已进口时间}{监管年限 \times 12}\right)$$

上述计算公式中,减免税货物已进口时间自货物放行之日起按月计算。不足 1 个月但是超过 15 日的,按照 1 个月计算;不超过 15 日的,不予计算。

减免税申请人将减免税货物移作他用,需要补缴税款的,补税的完税价格以货物原进口时的完税价格为基础,按照需要补缴税款的时间与监管年限的比例进行折旧,其计算公式如下:

$$补税的完税价格 = 减免税货物原进口时的完税价格 \times \frac{需要补缴税款的时间}{监管年限 \times 365}$$

上述计算公式中,需要补缴税款的时间为减免税货物移作他用的实际时间,按日计算,每日实际使用不满 8 小时或者超过 8 小时的均按 1 日计算。

(六)不存在成交价格的进口货物

易货贸易、寄售、捐赠、赠送等不存在成交价格的进口货物,海关与纳税义务人进行价格磋商后,依次以下列方法审查确定该货物的完税价格:①相同货物成交价格估价方法;②类似货物成交价格估价方法;③倒扣价格估价方法;④计算价格估价方法;⑤其他合理估价方法。纳税义务人向海关提供有关资料后,可以提出申请,颠倒第③项和第④项的适用次序。

(七)进口软件介质

进口载有专供数据处理设备用软件的介质,具有下列情形之一的,应当以介质本身的价值或者成本为基础审查确定完税价格:①介质本身的价值或者成本与所载软件的价值分列;②介质本身的价值或者成本与所载软件的价值虽未分列,但是纳税义务人能够提供介质本身的价值或者成本的证明文件,或者能提供所载软件价值的证明文件。

含有美术、摄影、声音、图像、影视、游戏、电子出版物的介质不适用上述规定。

三、公式定价进口货物完税价格确定

公式定价,是指在向中华人民共和国境内销售货物所签订的合同中,买卖双方未以具体明确的数值约定货物价格,而是以约定的定价公式确定货物结算价格的定价方式。结算价格是指买方为购买该货物实付、应付的价款总额。

对同时符合下列条件的进口货物,以合同约定定价公式所确定的结算价格为基础确定完税价格:

(1)在货物运抵中华人民共和国境内前或保税货物内销前,买卖双方已书面约定定价公式;

(2)结算价格取决于买卖双方均无法控制的客观条件和因素;

(3)自货物申报进口之日起 6 个月内,能够根据合同约定的定价公式确定结算价格;

(4)结算价格符合《中华人民共和国海关审定进出口货物完税价格办法》中成交价格的有关规定。

公式定价货物进口时结算价格不能确定,以暂定价格申报的,纳税义务人应当向海关办理税款担保。

四、进境物品的完税价格

对于个人进境物品关税完税价格,由海关总署根据《中华人民共和国海关关于入境旅客行李物品和个人邮递物品征收进口税办法》(海关总署令第47号)、《国务院关税税则委员会关于调整进境物品进口税有关问题的通知》(税委会〔2019〕17号),公布《中华人民共和国进境物品完税价格表》,来确定商品归类和完税价格。

五、出口货物的完税价格

出口货物的完税价格由海关以该货物的成交价格为基础审查确定,并应当包括货物运至中华人民共和国境内输出地点装载前的运输及其相关费用、保险费。

(一)以成交价格为基础的完税价格

出口货物的成交价格,是指该货物出口销售时,卖方为出口该货物应当向买方直接收取和间接收取的全部价款。

下列税收、费用不计入出口货物的完税价格:

1. 出口关税。

2. 在货物价款中单独列明的货物运至中华人民共和国境内输出地点装载后的运输及其相关费用、保险费。

(二)出口货物海关估定方法

出口货物的成交价格不能确定的,海关经了解有关情况,并与纳税义务人进行价格磋商后,依次以下列价格审查确定该货物的完税价格:

1. 同时或者大约同时向同一国家或者地区出口的相同货物的成交价格。

2. 同时或者大约同时向同一国家或者地区出口的类似货物的成交价格。

3. 根据境内生产相同或者类似货物的成本、利润和一般费用(包括直接费用和间接费用)、境内发生的运输及其相关费用、保险费计算所得的价格;

4. 按照其他合理方法估定的价格。

第六节　应纳税额的计算

一、从价税应纳税额的计算

$$关税税额 = 应税进(出)口货物数量 \times 单位完税价格 \times 税率$$

进口货物的成交价格,因有不同的成交条件而有不同的价格形式,常用的价格条款,有FOB、CFR 和 CIF 三种。

"FOB"是含义为"船上交货"的价格术语的简称。这一价格术语是指卖方在合同规定的装运港把货物装到买方指定的船上,并负责货物装上船为止的一切费用和风险,又称"离岸价格"。

"CFR"是含义为"成本加运费"的价格术语的简称,又称"离岸加运费价格"。这一价格术语是指卖方负责将合同规定的货物装到买方指定运往目的港的船上,负责货物装上船为止的一切费用和风险,并支付运费。

"CIF"是含义为"成本加运费和保险费"的价格术语的简称,习惯上又称"到岸价格"。这一价格术语是指卖方负责将合同规定的货物装到买方指定运往目的港的船上,办理保险手续,并负责支付运费和保险费。

现根据三种常用的价格条款分别举例介绍进口税款的计算。

1. 以 CIF 成交的进口货物,如果申报价格符合规定的"成交价格"条件,则可直接计算出税款。

【例10-1】 某公司从日本进口铁盘条 10 万吨,其成交价格为 CIF 上海新港 125000 美元。已知铁盘条进口关税税率为 15%,海关填发税款缴款书当日的美元中间价为 100 美元 =719.94 元人民币。请计算应纳关税税额。

(1)审核申报价格,符合成交价格条件。

关税完税价格 =125000÷100×719.94 =899925(元人民币)

(2)应纳关税税额 =899925×15% =134988.75(元人民币)

2. FOB 和 CFR 条件成交的进口货物,在计算税款时应先把进口货物的申报价格折算成 CIF 价,然后再按上述程序计算税款。

【例10-2】 我国从国外进口一批中厚钢板共计 200000 千克,成交价格为 FOB 伦敦 2.5 英镑/千克。已知单位运费为 0.5 英镑,保险费率为 0.25%,中厚板进口关税税率为 10%,海关填发税款缴款书当日的英镑中间价为 100 英镑 = 912.67 元人民币。请计算应纳关税税额。

关税完税价格 =(FOB 价 + 运费)×(1 + 保险费率)=(2.5 + 0.5)×200000×(1 + 0.25%)÷100×912.67 =5489710.05(元人民币)

应纳关税税额 =5489710.05×10% =548971.01(元人民币)

二、从量税应纳税额的计算

关税税额 = 应税进(出)口货物数量×单位货物税额

【例10-3】 某公司进口美国产某品牌啤酒 600 箱,每箱 24 瓶,每瓶容积 500 毫升,价格为 CIF 3000 美元。已知征税日美元与人民币的外汇中间价为 100 美元 = 719.94 元人民币,适用优惠税率为 3 元人民币/升。请计算应纳关税税额。

应纳关税税额 =600×24×500÷1000×3 =21600(元人民币)

三、复合税应纳税额的计算

我国目前实行的复合税都是先计征从量税,再计征从价税。

$$关税税额 = \frac{应税进(出)口}{货物数量}×\frac{单位}{货物税额} + \frac{应税进(出)口}{货物数量}×\frac{单位}{完税价格}×税率$$

【例10-4】 某公司进口 2 台日本产电视摄像机,价格为 CIF 13000 美元。已知征税日美元与人民币的外汇中间价为 100 美元 = 719.94 元人民币,适用优惠税率为:每台完税价格高于 5000 美元的,从量税为每台 13280 元人民币,再征从价税,税率为 3%。请计算应纳关税税额。

应纳关税税额 $= 2 \times 13280 + 13000 \div 100 \times 719.94 \times 3\% = 29367.77$(元人民币)

四、滑准税应纳税额的计算

关税税额 = 应税进(出)口货物数量 × 单位完税价格 × 滑准税税率

第七节 征 收 管 理

一、关税缴纳

进口货物自运输工具申报进境之日起 14 日内,出口货物在货物运抵海关监管区后装货的 24 小时以前,应由进出口货物的纳税义务人向货物进(出)境地海关申报,海关根据进出口货物的税则号列、完税价格、原产地、适用的税率和汇率计征税款,并填发税款缴款书。纳税义务人应当自海关填发税款缴款书之日起 15 日内,向指定银行缴纳税款。如关税缴纳期限的最后 1 日是星期六、星期日等休息日或法定节假日,则关税缴纳期限顺延至休息日或法定节假日过后的第 1 个工作日。为方便纳税义务人,经申请且海关同意,进(出)口货物的纳税义务人可以在设有海关的指运地(启运地)办理海关申报、纳税手续。

纳税义务人因不可抗力或者国家税收政策调整不能按期缴纳税款的,依法提供税款担保后,可以向海关办理延期缴纳税款手续。延期纳税最长不超过 6 个月。

二、关税滞纳金、保全及强制措施

1. 关税滞纳金

纳税义务人应当自海关税款缴纳通知制发之日起 15 日内依法缴纳税款;采用汇总征税模式的,纳税义务人应当自海关税款缴纳通知制发之日起 15 日内或次月第 5 个工作日结束前依法缴纳税款。未在上述期限内缴纳税款的,海关自缴款期限届满之日起至缴清税款之日止,按日加收滞纳税款万分之五的滞纳金。滞纳金的起征点为 50 元。

滞纳金自关税缴纳期限届满之日起,至纳税义务人缴清关税之日止,按滞纳税款万分之五的比例按日征收,周末或法定节假日不予扣除。具体计算公式为:

关税滞纳金金额 = 滞纳关税税额 × 滞纳金征收比率 × 滞纳天数

2. 保全措施

进出口货物的纳税义务人在规定的纳税期限内有明显的转移、藏匿其应税货物以及其他财产迹象的,海关可以责令纳税义务人提供担保;纳税义务人不能提供担保的,海关可以按照《海关法》第六十一条的规定采取以下税收保全措施:

(1)书面通知纳税义务人开户银行或者其他金融机构暂停支付纳税义务人相当于应纳税款的存款;

（2）扣留纳税义务人价值相当于应纳税款的货物或者其他财产。

3. 强制措施

纳税义务人、担保人自缴纳税款期限届满之日起超过 3 个月仍未缴纳税款的,经直属海关关长或者其授权的隶属海关关长批准,海关可以采取下列强制措施:

（1）书面通知其开户银行或者其他金融机构从其存款中扣缴税款;

（2）将应税货物依法变卖,以变卖所得抵缴税款;

（3）扣留并依法变卖其价值相当于应纳税款的货物或者其他财产,以变卖所得抵缴税款。

海关采取强制措施时,对上述纳税义务人、担保人未缴纳的滞纳金同时强制执行。进出境物品的纳税义务人,应当在物品放行前缴纳税款。

三、关税退还

关税退还是关税纳税义务人按海关核定的税额缴纳关税后,因某种原因的出现,海关将税款退还给原纳税义务人的一种行政行为。

1. 申请退还

有下列情形之一的,纳税义务人自缴纳税款之日起 1 年内,可以申请退还关税,并应当以书面形式向海关说明理由,提供原缴款凭证及相关资料:

（1）已征进口关税的货物,因品质或者规格原因,原状退货复运出境的;

（2）已征出口关税的货物,因品质或者规格原因,原状退货复运进境,并已重新缴纳因出口而退还的国内环节有关税收的;

（3）已征出口关税的货物,因故未装运出口,申报退关的。

海关应当自受理退税申请之日起 30 日内查实并通知纳税义务人办理退还手续。纳税义务人应当自收到通知之日起 3 个月内办理有关退税手续。

2. 多征税款退还

如果海关发现实际征收税款多于应征税款,应当立即通知纳税义务人办理退还手续。纳税义务人发现多缴税款的,自缴纳税款之日起 1 年内,可以以书面形式要求海关退还多缴的税款并加算银行同期活期存款利息;海关应当自受理退税申请之日起 30 日内查实并通知纳税义务人办理退还手续。纳税义务人应当自收到通知之日起 3 个月内办理有关退税手续。

四、关税补征和追征

补征和追征是海关在关税纳税义务人按海关核定的税额缴纳关税后,发现实际征收税额少于应当征收的税额(称为短征关税)时,责令纳税义务人补缴所差税款的一种行政行为。《海关法》根据短征关税的原因,将海关征收原短征关税的行为分为补征和追征两种。由于纳税人违反海关规定造成短征关税的,称为追征;非因纳税人违反海关规定造成短征关税的,称为补征。区分关税追征和补征是为了在不同情况下适用不同的征收时效,超过时效规定的期限,海关就丧失了追补关税的权力。根据《海关法》和《关税条例》规定,补征和追征期限分别为:

1. 进出口货物放行后,海关发现少征或者漏征税款的,应当自缴纳税款或者货物放行之日起 1 年内,向纳税义务人补征;

2. 进出口货物放行后,因纳税义务人违反规定造成少征或者漏征税款的,海关可以自

缴纳税款或者货物放行之日起 3 年内追征税款,并从缴纳税款或者货物放行之日起按日加收少征或者漏征税款万分之五的滞纳金;

3. 海关发现海关监管货物因纳税义务人违反规定造成少征或者漏征税款的,应当自纳税义务人应缴纳税款之日起 3 年内追征税款,并从应缴纳税款之日起按日加收少征或者漏征税款万分之五的滞纳金。

五、海关行政复议

为了规范海关行政复议,监督和保障海关依法行使职权,发挥行政复议化解行政争议的主渠道作用,推进海关法治建设,根据《行政复议法》《海关法》的规定,海关总署制定和发布了《中华人民共和国海关审理行政复议案件程序规定》(海关总署令第 265 号),自 2024 年 3 月 1 日起施行。

1. 行政复议申请

公民、法人或者其他组织认为海关行政行为侵犯其合法权益的,可以自知道或者应当知道该行政行为之日起 60 日内提出行政复议申请;但是法律规定的申请期限超过 60 日的除外。

公民、法人或者其他组织认为海关的行政行为所依据的规范性文件不合法,在对行政行为申请行政复议时可以一并提出对该规范性文件的审查申请。

2. 行政复议机关及机构

海关总署、直属海关是海关行政复议机关,依照规定履行行政复议职责。海关总署、直属海关负责法治工作的机构是海关行政复议机构,依照规定办理行政复议事项。

对海关行政行为不服的,向作出该行政行为的海关的上一级海关提出行政复议申请。对海关总署作出的行政行为不服的,向海关总署提出行政复议申请。

3. 行政复议前置情形

有下列情形之一的,申请人应当先向海关申请行政复议,对海关行政复议决定不服的,可以再依法向人民法院提起行政诉讼:①对海关当场作出的行政处罚决定不服;②认为海关未履行法定职责;③申请政府信息公开,海关不予公开;④同海关发生纳税争议;⑤法律、行政法规规定应当先向海关申请行政复议的其他情形。

4. 行政复议受理

海关行政复议机关应当自收到行政复议申请之日起 5 日内进行审查。对符合《行政复议法》规定的受理条件的,海关行政复议机关应当受理,并制发《行政复议申请受理通知书》和《行政复议答复通知书》分别送达申请人和被申请人。对不符合受理条件的,海关行政复议机关不予受理,制发《行政复议申请不予受理决定书》,并送达申请人。

5. 行政复议案件审理及行政复议决定

海关行政复议机关依照《行政复议法》规定适用普通程序或者简易程序审理行政复议案件。适用普通程序审理的行政复议案件,海关行政复议机关应当自受理申请之日起 60 日内作出行政复议决定;适用简易程序审理的行政复议案件,海关行政复议机关应当自受理申请之日起 30 日内作出行政复议决定。

6. 行政复议不服或超限期未回复

申请人不服海关行政复议决定或者海关行政复议机关受理后超过行政复议期限不作

答复的,申请人可以自收到决定书之日起或者行政复议期限届满之日起 15 日内,依法向人民法院提起行政诉讼。

六、进境物品进口税征收管理

进境物品进口税的减征、免征、补征、追征、退还以及对暂准进境物品征收进口税,参照《关税条例》对货物征收进口关税的有关规定执行。

第十一章　非税收入

第一节　非税收入概述

非税收入是政府财政收入的重要组成部分,是国家管理社会公共事务、实施宏观调控的重要政策工具。非税收入项目涉及面广、社会关注度高,对经济社会生活具有广泛深刻的影响,加强和规范非税收入管理,是市场经济条件下理顺政府分配关系的需要,是建立现代财税制度的重要内容,是实现国家治理现代化的客观要求。

根据党的十九届三中全会审议通过的《深化党和国家机构改革方案》以及中共中央办公厅、国务院办公厅出台的《国税地税征管体制改革方案》要求,非税收入分步划转至税务部门征收。这意味着我国税务部门职责从"征税为主"转向了"税费皆重",也使税务部门的征管工作更广泛地融入了国家治理的各个方面。

一、非税收入的概念和特点

(一)非税收入的概念

我国非税收入的前身是预算外收入,非税收入管理改革与财政国库管理制度改革紧密相连。2001 年,我国实施财政国库管理制度改革,首次正式提出了"非税收入"概念,以此为标志,非税收入开始取代预算外资金成为财政管理中的重要概念。2004 年,财政部发布《关于加强政府非税收入管理的通知》(财综〔2004〕53 号),首次界定了非税收入概念;2016年,财政部发布了《政府非税收入管理办法》(财税〔2016〕33 号,以下简称《管理办法》),对非税收入的管理范围、设立、征收、票据、资金和监督管理等方面进行了规定,这是非税收入管理法制建设上的重要一步。本章提及的非税收入以《管理办法》的规定为准。

非税收入,是指除税收以外,由各级国家机关、事业单位、代行政府职能的社会团体及其他组织依法利用国家权力、政府信誉、国有资源(资产)所有者权益等取得的各项收入,不包括社会保险费、住房公积金(指计入缴存人个人账户部分)。

(二)非税收入的特点

非税收入与税收收入共同组成政府的财政收入,相对于税收的强制性、无偿性和固定性而言,非税收入具有灵活性、非普遍性、不稳定性和资金使用上的特定性等特点。

1. 灵活性

非税收入的灵活性表现为形式多样性和时间、标准的灵活性。非税收入既可以按照受益原则采取收费形式收取,也可以以特定项目筹集资金而采取各种基金形式收取等。有的非税收入是政府为了某一特定活动的需要,而在特殊条件下出现的过渡性措施,一旦完成既定目标,就"功成身退",具有明显的阶段性和时效性。非税收入的征收标准及依据多样,地方政府可以根据不同时期本地的实际情况制定不同的标准。非税收入在时间、范围、形式和标准等方面都比税收灵活得多。

2. 非普遍性

非税收入总是和社会管理职能结合在一起,有特定的管理对象和征收对象。例如,行政事业性收费对提供服务和管理的部门来说,其征收对象具有特定性。未消费服务或不在管辖范围的单位和个人不属于征收对象。因此,非税收入一般不具有普遍性。

3. 不稳定性

由于非税收入是对特定行为和特定管理对象征收或在特定的经济形势下征收,一旦该行为或该对象消失或剧减,或者特定经济条件消失,某项非税收入也会随之消失或剧减。例如,随着公民法治意识的增强,违法违规行为减少,相应的罚没收入就会减少。又如,油价调控风险准备金,是为了减轻国际市场油价过高或过低对国内市场的影响,保障国内能源长期安全,进一步完善成品油价格形成机制而设立的非税收入项目。按照有关规定,当国际市场原油价格低于"地板价"①时,汽油、柴油最高零售价格不降低,国内成品油价格未调金额全部纳入油价调控风险准备金。这是一种由国家制度安排形成的政策性非税收入,只有在国际市场原油价格低于规定标准时才触发征收条件,相关收入具有高度的不确定性。从整体上看,与税收收入相比,非税收入具有不稳定性的特点。

4. 资金使用上的特定性

绝大多数非税收入的设立都有明确的目的,资金使用具有特定性。例如,可再生能源发展基金、核电站乏燃料处理处置基金的征收管理使用办法中都明确规定筹集的资金必须专款专用,实行项目管理。

二、非税收入的分类

非税收入作为政府财政收入的重要组成部分,项目种类多,征收形式多样,可以根据不同的标准进行分类。

(一)按照政府对非税收入的管理分类

《管理办法》将现行的非税收入分为12类。

1. 行政事业性收费,是指国家机关、事业单位、代行政府职能的社会团体及其他组织根据法律、行政法规、地方性法规等有关规定,依照国务院规定程序批准,在实施社会公共管理以及向公民、法人和其他组织提供特定公共服务的过程中,向特定对象收取的费用。按照资金性质分类,行政事业性收费可以分为行政性收费和事业性收费。行政性收费包括行政收费(如商品注册费、证件费、药品审批费)和司法收费(如诉讼费),事业性收费包括考试类收费、培训类收费等。

2. 政府性基金,是指根据法律、行政法规规定,为支持特定公共基础设施建设和公共事业发展,向公民、法人和其他组织无偿征收的具有专项用途的财政资金。政府性基金可以分为基金(如可再生能源发展基金、国家重大水利工程建设基金)、资金(如国家电影事业发展专项资金等)、附加(如教育费附加)和专项收费(如客运站场建设费等)四种。政府性基金全额纳入财政预算,实行"收支两条线"管理。

3. 罚没收入,是指执法机关依据法律、法规和规章,对公民、法人和非法人组织实施处罚取得的罚款、没收款、没收非法财物的变价收入。根据《罚没财物管理办法》(财税〔2020〕

---

① "地板价"指国家规定的成品油价格调控下限。

54 号）的规定，罚没财物是指执法机关依法对自然人、法人和非法人组织作出行政处罚决定、没收、追缴决定或者法院生效裁定、判决取得的罚款、罚金、违法所得、非法财物，没收的保证金、个人财产等，包括现金、有价票证、有价证券、动产、不动产和其他财产权利等。

4. 国有资源（资产）有偿使用收入，包括国有资源有偿使用收入和国有资产有偿使用收入。

国有资源有偿使用收入，是指各级政府及其所属部门根据法律、法规，国务院和省、自治区、直辖市人民政府及其财政部门的规定，设立和有偿出让土地、海域、矿产、水、森林、旅游、无线电频率以及城市市政公用设施和公共空间等国有有形或无形资源的开发权、使用权、勘查权、开采权、特许经营权、冠名权、广告权等取得的收入。国有资源有偿使用收入包括土地出让金、新增建设用地土地有偿使用费、海域使用金、矿产资源专项收入、场地和矿区使用费，出租汽车经营权、公共交通线路经营权、汽车号牌使用权等有偿出让取得的收入，政府举办的广播电视机构占用国家无线电频率资源取得的广告收入，以及利用其他国有资源取得的收入。

国有资产有偿使用收入，是指国家机关、实行公务员管理的事业单位、代行政府职能的社会团体以及其他组织按照国有资产管理规定，对其固定资产和无形资产出租、出售、出让、转让等取得的收入，世界文化遗产保护范围内实行特许经营项目的有偿出让收入和世界文化遗产的门票收入，利用政府投资建设的城市道路和公共场地设置停车泊位取得的收入，以及利用其他国有资产取得的收入。

5. 国有资本收益，是指国家以所有者身份依法取得的国有资本投资收益，具体包括：①应交利润，即国有独资企业按规定应当上交国家的利润；②国有股股利、股息，即国有控股、参股企业国有股权（股份）获得的股利、股息收入；③国有产权转让收入，即转让国有产权、股权（股份）获得的收入；④企业清算收入，即国有独资企业清算收入（扣除清算费用），国有控股、参股企业国有股权（股份）分享的公司清算收入（扣除清算费用）；⑤其他国有资本收益。

6. 彩票公益金收入，是指按照规定比例从彩票发行销售收入中提取的，专项用于社会福利、体育等社会公益事业的资金。彩票公益金收入按照政府性基金管理办法纳入预算，实行"收支两条线"管理，结余结转下年继续使用，不得用于平衡财政一般预算。

7. 特许经营收入，是指国家依法特许企业、组织或个人垄断经营某种产品或服务而获得的收入。

8. 中央银行收入，是指中央银行在履行中央银行职能、开展业务经营过程中发生的全部收入包括利息收入、业务收入、其他收入。

9. 以政府名义接受的捐赠收入，是指以各级政府、国家机关、实行公务员管理的事业单位、代行政府职能的社会团体以及其他组织名义接受的非定向捐赠货币收入，不包括定向捐赠货币收入、实物捐赠收入以及以不实行公务员管理的事业单位、不代行政府职能的社会团体、企业、个人或者其他民间组织名义接受的捐赠收入。

10. 主管部门集中收入，是指国家机关、实行公务员管理的事业单位、代行政府职能的社会团体及其他组织集中所属事业单位收入。这部分收入必须经同级财政部门批准。随着事业单位体制改革的深入，主管部门应当与事业单位财务实行逐步脱钩。

11. 政府收入的利息收入，是指税收和非税收入产生的利息收入。政府收入的利息收入按照中国人民银行规定计息,统一纳入非税收入管理范围。

12. 其他非税收入,是指除上述 11 项之外的其他非税收入。其他非税收入不包括社会保险费、住房公积金(指计入缴存个人账户部分)。

(二)按照预算管理分类

从预算列报看,我国非税收入项目分别列示在一般公共预算、政府性基金预算和国有资本经营预算三本预算之中。因此,可以将非税收入分为一般公共预算中的非税收入、政府性基金预算中的非税收入和国有资本经营预算中的非税收入三类,以《2024 年政府收支分类科目》为例加以说明。

1. 一般公共预算中的非税收入

一般公共预算中的非税收入有 8 类,主要包括专项收入、行政事业性收费收入、罚没收入、国有资本经营收入、国有资源(资产)有偿使用收入、捐赠收入、政府住房基金收入和其他收入。其中,专项收入包括教育费附加收入、铀产品出售收入、三峡库区移民专项收入、场外核应急准备收入、地方教育附加收入、文化事业建设费收入、残疾人就业保障金收入、教育资金收入、农田水利建设资金收入、森林植被恢复费、水利建设专项收入、油价调控风险准备金收入和其他专项收入。

2. 政府性基金预算中的非税收入

政府性基金预算中的非税收入包括政府性基金收入和专项债务对应项目专项收入,如农网还贷资金收入、铁路建设基金收入、国家重大水利工程建设基金收入等。

3. 国有资本经营预算中的非税收入

国有资本经营预算中的非税收入仅包括国有资本经营收入一项,主要是利润收入、股利和股息收入、产权转让收入、清算收入、其他国有资本经营预算收入。

(三)按照征收依据分类

根据征收依据不同,非税收入大致可以分为四类。

1. 依据政治权力征收的非税收入

政府政治权力具有公共性和强制性,根据法律规定,公民和法人不得将国家赋予的权力当作攫取利益的资源或资产,行使政府权力所产生的收入必须纳入政府财政收入。政府行使政治权力取得的非税收入有:政府性基金、罚没收入、对政府颁发的证照按照成本收取的工本费等。

2. 依据财产权利征收的非税收入

国有财产包括国有资产和国有资源,政府利用国有财产取得的非税收入主要是国有资源(资产)有偿使用收入,前文已作介绍,在此不再赘述。

3. 依据政府信誉取得的非税收入

政府信誉是一个国家的无形资产,本质上也具有国有资源的属性。利用政府信誉取得的最常见的非税收入为政府发行的彩票收入和接受捐赠收入。

4. 依据提供的公共服务或公共产品取得的非税收入

提供公共服务和公共产品是政府的基本职责。根据提供公共服务方式的不同,政府提供的公共服务可分为两类:一类是由政府直接生产并向社会和公众提供,另一类是由政府向私人部门或"第三方机构"购买后向社会和公众提供。

一般情况下,政府提供的纯公共产品是免费的,只有对局部的特定对象提供准公共产品，才基于成本原则收取一定的价款，从而形成提供准公共产品的收入。

政府提供准公共服务取得的收入也分为两类：一类是政府向特定对象出售其生产的商品和服务取得的收入，属于非税收入，如公共停车泊位收入等。另一类是政府将从私人部门或"第三方机构"购买的公共服务提供给特定主体而取得的收入，这类收入不属于非税收入。

三、非税收入征管职责划转改革

税务部门征收非税收入起步于1986年教育费附加的开征。随着经济社会发展和国家税收征管体制改革与完善，税务部门非税收入征管职责也在持续调整，总体上经历了探索征收、局部改革、全面实施三个阶段。

（一）探索征收阶段（1986—2015年）

从1986年开始，税务部门按照国务院有关规定及相关部门授权，陆续负责教育费附加、地方教育附加、文化事业建设费和废弃电器电子产品处理基金的征收工作。1986年，国务院发布规定，自1986年7月1日起由税务部门负责征收教育费附加，教育费附加与产品税、增值税、营业税同时缴纳。1995年，部分省份按照《中华人民共和国教育法》（以下简称《教育法》）规定，先后决定开征地方教育附加，由税务部门负责征收；2010年，为进一步支持地方教育事业发展，财政部要求全国范围内统一征收地方教育附加。1997年，全国范围内开征文化事业建设费，由提供广告媒介单位和户外广告经营单位，以及提供娱乐服务的单位和个人缴纳，税务部门负责征收。2012年，税务部门又按照有关规定在全国范围内负责征收废弃电器电子产品处理基金。

其后，大部分省份的税务部门按照当地政府的要求陆续征收或代征了残疾人就业保障金，少数省份还征收或代征了地方水利建设基金（含防洪工程维护费）、城镇垃圾处理费、水土保持补偿费、地方大中型水库库区基金、国家重大水利工程建设基金（地方部分）、外商投资企业土地使用费、海上石油矿区使用费、陆上石油矿区使用费等非税收入。部分省市税务部门还接受工会委托，代为征收了不属于非税收入的工会经费。

（二）局部改革阶段（2015—2018年）

2015年12月，中共中央办公厅、国务院办公厅印发《深化国税、地税征管体制改革方案》，明确要求要发挥税务部门税费统征效率高等优势，按照便利征管、节约行政资源的原则，将依法保留、适宜由税务部门征收的行政事业性收费、政府性基金等非税收入项目，改由地税部门统一征收。

其后，部分省市政府按照方案的要求，陆续将10余项非税收入项目交给税务部门征收。主要是：北京市将城市基础设施配套费、防空地下室易地建设费、国家电影事业发展专项资金、无线电频率占用费、彩票公益金、彩票发行和销售机构业务费6项非税收入交由税务部门征收；云南省将防空地下室易地建设费、国家电影事业发展专项资金、无线电频率占用费、国有资产有偿使用收入（包括出租收入、处置收入、利息收入）、国有资本收益、土地复垦费6项非税收入交给税务部门征收。

（三）全面实施阶段（2018—2023年）

2018年3月，中共中央印发的《深化党和国家机构改革方案》明确指出：为降低征纳成本，理顺职责关系，提高征管效率，为纳税人提供更加优质高效便利服务，将省级和省级以下国税地税机构合并，具体承担所辖区域内各项税收、非税收入征管等职责。同年7月，中共中央办公厅、国务院办公厅印发《国税地税征管体制改革方案》，要求按照便民、高效的原则，合理确定非税收入征管职责划转到税务部门的范围，对依法保留、适宜划转的非税收入项目，成熟一批划转一批，逐步推进。自此，非税收入征管职责划转改革正式拉开序幕。

财政部和国家税务总局根据《国税地税征管体制改革方案》的工作要求，结合非税收入征管实际，稳步推进划转工作，分别于 2019 年 1 月、2020 年 1 月、2021 年 1 月、2021 年 7 月、2022 年 1 月、2023 年 1 月，分六批将可再生能源发展基金、土地出让金等 24 个中央项目划转至税务部门征收，分两批划转了北京成人高考招生费等 40 个省级项目。

非税收入征管职责划转到税务部门，是以习近平同志为核心的党中央作出的重大决策部署，是国税地税征管体制改革的重要内容，是坚持以人民为中心促进政府职能转变、优化营商环境、提升国家治理水平、推动高质量发展的重要举措。通过改革，构建起职责清晰、流程顺畅、征管规范、协作有力、便民高效的非税收入征缴体制机制，进一步推动了非税收入法治化进程。

第二节　非税收入的政策内容

一、教育费附加和地方教育附加

（一）教育费附加和地方教育附加概述

教育费附加，是为加快发展地方教育事业、扩大地方教育经费的资金来源，对缴纳增值税、消费税的单位和个人征收的政府性基金。地方教育附加，是指省、自治区、直辖市人民政府根据《教育法》和国务院的有关规定，开征的用于教育的政府性基金。

1985 年 5 月 27 日，中共中央印发《关于教育体制改革的决定》，规定地方可以征收教育费附加，此项收入首先用于改善基础教育的教学设施，不得挪作他用。1986 年 4 月 28 日，国务院印发《征收教育费附加的暂行规定》（国发〔1986〕50 号），规定从 1986 年 7 月 1 日起由税务机关负责征收教育费附加，教育费附加率为 1%，分别与产品税、增值税、营业税同时缴纳。

《教育法》第五十八条第二款规定："省、自治区、直辖市人民政府根据国务院的有关规定，可以决定开征用于教育的地方附加费，专款专用。"为贯彻落实国家中长期教育改革和发展规划纲要，财政部下发了《关于统一地方教育附加政策有关问题的通知》（财综〔2010〕98 号），要求各地统一征收地方教育附加，征收标准统一为单位和个人（包括外商投资企业、外国企业及外籍个人）实际缴纳的增值税、营业税和消费税税额的 2%。自 2016 年 5 月 1 日我国全面推行营改增后，教育费附加和地方教育附加以各单位和个人实际缴纳的增值税、消费税的税额为计征依据，分别与增值税、消费税同时缴纳。

在《2024 年政府收支分类科目》中，教育费附加列为一般公共预算收入科目的 103 类 02 款 03 项，是中央和地方共用收入科目；地方教育附加列为一般公共预算收入科目的 103 类 02 款 16 项，是地方收入科目。

（二）缴费人

凡缴纳增值税、消费税的单位和个人，为教育费附加和地方教育附加的缴费人。

（三）附加率

教育费附加的附加率为 3%，地方教育附加的附加率为 2%。

(四)计费方法

教育费附加和地方教育附加的计费依据与城市维护建设税的计税依据保持一致,以纳税人依法实际缴纳的增值税、消费税税额为计费依据,分别与增值税、消费税同时缴纳。

对海关代征的进口商品增值税、消费税,不征收教育费附加和地方教育附加。经税务部门正式审核批准的当期免抵的增值税税额应纳入教育费附加、地方教育附加的计征范围,按规定的附加率征收教育费附加、地方教育附加。

应缴费额的计算公式如下:

$$\text{应纳教育费附加} \atop (\text{地方教育附加}) = \left({\text{实际缴纳的} \atop \text{增值税税额}} + {\text{实际缴纳的} \atop \text{消费税税额}} \right) \times \text{附加率}$$

(五)优惠政策

1. 对由于减免增值税、消费税而发生退税的,可同时退还已征收的教育费附加。但对出口产品退还增值税、消费税的,不退还已征收的教育费附加。

2. 对国家重大水利工程建设基金免征教育费附加。

3. 自2023年1月1日至2027年12月31日,对增值税小规模纳税人、小型微利企业和个体工商户减半征收教育费附加、地方教育附加。

4. 自2016年2月1日起,按月纳税的月销售额或营业额不超过10万元(按季度纳税的季度销售额或营业额不超过30万元)的缴纳义务人,免征教育费附加、地方教育附加。

5. 退役士兵创业就业、重点群体创业就业的教育费附加和地方教育附加优惠政策,见第二章第五节"六、扣减增值税规定"的相关内容。

【例11-1】 地处市区的某企业,2024年3月实际缴纳国内增值税247万元、缴纳国内消费税300万元,因故被加收滞纳金0.25万元。请计算该企业应缴纳的教育费附加和地方教育附加。

应缴纳教育费附加 = (247 + 300) × 3% = 547 × 3% = 16.41(万元)

应缴纳地方教育附加 = (247 + 300) × 2% = 547 × 2% = 10.94(万元)

(六)征收管理

教育费附加和地方教育附加的缴费时间、缴费地点、缴费期限比照增值税、消费税的相应规定,教育费附加和地方教育附加分别与增值税、消费税同时缴纳。

二、文化事业建设费

(一)文化事业建设费概述

文化事业建设费是国家为进一步完善文化经济政策,拓展文化事业资金投入渠道而对广告、娱乐行业开征的一种政府性基金。

在《2024年政府收支分类科目》中,文化事业建设费列为一般公共预算收入科目的103类02款17项,是中央和地方共用收入科目。

(二)缴费人

1. 在中华人民共和国境内提供广告服务的广告媒介单位和户外广告经营单位,应按照规定缴纳文化事业建设费。

广告媒介单位和户外广告经营单位,是指发布、播映、宣传、展示户外广告和其他广告的单位,以及从事广告代理服务的单位。

2. 在中华人民共和国境内提供娱乐服务的单位和个人,应按照规定缴纳文化事业建设费。

3. 中华人民共和国境外的广告媒介单位和户外广告经营单位在境内提供广告服务,在境内未设有经营机构的,以广告服务接受方为文化事业建设费的扣缴义务人。

(三)征收范围

1. 广告服务

广告服务,是指利用图书、报纸、杂志、广播、电视、电影、幻灯、路牌、招贴、橱窗、霓虹灯、灯箱、互联网等各种形式为客户的商品、经营服务项目、文体节目或者通告、声明等委托事项进行宣传和提供相关服务的业务活动,包括广告代理和广告的发布、播映、宣传、展示等。

2. 娱乐服务

娱乐服务,是指为娱乐活动同时提供场所和服务的业务,具体包括:歌厅、舞厅、夜总会、酒吧、台球、高尔夫球、保龄球、游艺(包括射击、狩猎、跑马、游戏机、蹦极、卡丁车、热气球、动力伞、射箭、飞镖)。

(四)计费方法

文化事业建设费按照提供广告服务、娱乐服务取得的计费销售额和3%的费率计算应缴费额,计算公式如下:

$$应缴费额 = 计费销售额 \times 3\%$$

广告服务计费销售额,为缴纳义务人提供广告服务取得的全部含税价款和价外费用,减除支付给其他广告公司或广告发布者的含税广告发布费后的余额。缴纳义务人减除价款的,应当取得增值税专用发票或国家税务总局规定的其他合法有效凭证,否则,不得减除。

娱乐服务计费销售额,为缴纳义务人提供娱乐服务取得的全部含税价款和价外费用。

按规定扣缴文化事业建设费的,扣缴义务人应按下列公式计算应扣缴费额:

$$应扣缴费额 = 支付的广告服务含税价款 \times 3\%$$

(五)优惠政策

1. 增值税小规模纳税人中月销售额不超过 2 万元(按季纳税 6 万元)的企业和非企业性单位提供的广告服务,免征文化事业建设费。

2. 未达到增值税起征点的提供娱乐服务的单位和个人,免征文化事业建设费。

3. 自 2019 年 7 月 1 日至 2024 年 12 月 31 日,对归属中央收入的文化事业建设费,按照缴纳义务人应缴费额的 50% 减征;对归属地方收入的文化事业建设费,由各省(区、市)决定在应缴费额 50% 的幅度内减征。

(六)征收管理

文化事业建设费的缴纳义务发生时间、缴纳地点、缴纳期限与增值税纳税义务发生时间、纳税地点、纳税期限相同。

文化事业建设费的扣缴义务发生时间,为缴纳义务人的增值税纳税义务发生时间。文化事业建设费的扣缴义务人应当向其机构所在地或者居住地主管税务机关申报缴纳其扣缴的文化事业建设费。

三、残疾人就业保障金

（一）残疾人就业保障金概述

残疾人就业保障金（以下简称残保金），是指为保障残疾人权益，由未按规定安排残疾人就业的机关、团体、企业、事业单位和民办非企业单位缴纳，主要用于支持残疾人就业和保障残疾人生活的资金。

残疾人，是指持有《中华人民共和国残疾人证》上注明属于视力残疾、听力残疾、言语残疾、肢体残疾、智力残疾、精神残疾和多重残疾的人员，或者持有《中华人民共和国残疾军人证》（1 至 8 级）的人员。

在《2024 年政府收支分类科目》中，残保金列为一般公共预算收入科目的 103 类 02 款 18 项，是中央和地方共用收入科目。

（二）缴费人

未按规定比例安排残疾人就业的机关、团体、企业、事业单位和民办非企业单位（以下简称用人单位）是残保金的缴费人。

（三）征收范围

用人单位安排残疾人就业的比例不得低于本单位在职职工总数的 1.5%。具体比例由各省、自治区、直辖市人民政府根据本地区的实际情况规定。

用人单位安排残疾人就业达不到其所在地省、自治区、直辖市人民政府规定比例的，应当缴纳残保金。

（四）计费方法

1. 计算公式

残保金按上年用人单位安排残疾人就业未达到规定比例的差额人数和本单位在职职工年平均工资之积计算缴纳。计算公式如下：

$$
\begin{array}{l}
残保金\\
年缴纳额
\end{array}
=
\left(
\begin{array}{l}
上年用人单位\\
在职职工人数
\end{array}
\times
\begin{array}{l}
所在地省、自治区、\\
直辖市人民政府规定的\\
安排残疾人就业比例
\end{array}
-
\begin{array}{l}
上年用人单位\\
实际安排的\\
残疾人就业人数
\end{array}
\right)
\times
\begin{array}{l}
上年用人单位\\
在职职工年平均工资
\end{array}
\,①
$$

2. 相关规定

（1）上年用人单位在职职工，是指用人单位在编人员或依法与用人单位签订 1 年以上（含 1 年）劳动合同（服务协议）的人员。季节性用工应当折算为年平均用工人数。以劳务派遣用工的，计入派遣单位在职职工人数。

（2）上年用人单位安排残疾人就业未达到规定比例的差额人数，以公式计算结果为准，可以不是整数。

用人单位依法以劳务派遣方式接受残疾人在本单位就业的，由派遣单位和接受单位通过签订协议的方式协商一致后，将残疾人人数计入其中一方的实际安排残疾人就业人数和

---

① 超过当地社会平均工资 2 倍的，按当地社会平均工资的 2 倍计征。

在职职工人数,不得重复计算。

用人单位将残疾人录用为在编人员或依法与就业年龄段内的残疾人签订 1 年以上(含 1 年)劳动合同(服务协议),且实际支付的工资不低于当地最低工资标准,并足额缴纳社会保险费的,方可计入用人单位所安排的残疾人就业人数。

用人单位安排 1 名持有《中华人民共和国残疾人证》(1 至 2 级)或《中华人民共和国残疾军人证》(1 至 3 级)的人员就业的,按照安排 2 名残疾人就业计算。

用人单位跨地区招用残疾人的,应当计入所安排的残疾人就业人数。

用人单位应按规定时限如实向残疾人就业服务机构申报上年本单位安排的残疾人就业人数。未在规定时限申报的,视为未安排残疾人就业。残疾人就业服务机构进行审核后,确定用人单位实际安排的残疾人就业人数,并及时提供给税务机关。

(3)上年用人单位在职职工年平均工资,按用人单位上年在职职工工资总额除以用人单位在职职工人数计算。计算口径以国家统计局指标解释为准。

(4)残保金征收标准上限,按照当地社会平均工资的 2 倍执行。

当地社会平均工资按照所在地城镇非私营单位就业人员平均工资和城镇私营单位就业人员平均工资加权计算。以当地统计行政部门公布的数据为准。

(五)优惠政策

1. 小微企业减免

自工商登记(现为市场主体登记)注册之日起 3 年内,对安排残疾人就业未达到规定比例、在职职工总数 20 人以下(含 20 人)的小微企业,免征残保金。

自 2020 年 1 月 1 日至 2027 年 12 月 31 日,在职职工人数在 30 人(含)以下的企业,暂免征收残保金。

2. 分档征收

自 2020 年 1 月 1 日至 2027 年 12 月 31 日,对残保金实行分档减缴政策。其中:用人单位安排残疾人就业比例达到 1%(含)以上,但未达到所在地省、自治区、直辖市人民政府规定比例的,按规定应缴费额的 50% 缴纳残保金;用人单位安排残疾人就业比例在 1% 以下的,按规定应缴费额的 90% 缴纳残保金。

3. 困难减免

用人单位遇不可抗力自然灾害或其他突发事件遭受重大直接经济损失,可以申请减免或者缓缴残保金。具体办法由各省、自治区、直辖市财政部门规定。

用人单位申请减免残保金的最高限额不得超过 1 年的残保金应缴额,申请缓缴残保金的最长期限不得超过 6 个月。

(六)征收管理

残保金按年计算,缴纳时间各省、自治区、直辖市规定各不相同。

四、可再生能源发展基金

(一)可再生能源发展基金概述

可再生能源发展基金,是指为了促进可再生能源的开发利用,根据《中华人民共和国可再生能源法》的有关规定设立的包括国家财政公共预算安排的专项资金(以下简称可再生能源发展专项资金)和依法向电力用户征收的可再生能源电价附加收入等政府性基金。

可再生能源发展专项资金由中央财政从年度公共预算中予以安排(不含国务院投资主管部门安排的中央预算内基本建设专项资金)。可再生能源电价附加在除西藏自治区以外的全国范围内,对各省、自治区、直辖市扣除农业生产用电(含农业排灌用电)后的销售电量征收。

在《2024年政府收支分类科目》中,可再生能源电价附加列为政府性基金预算收入科目的103类01款68项,收入全部上缴中央国库。

(二)缴费人

可再生能源电价附加的缴费人是除西藏自治区以外的全国范围内的电力用户。

(三)征收范围

可再生能源电价附加在除西藏自治区以外的全国范围内,对各省、自治区、直辖市扣除农业生产用电(含农业排灌用电)后的销售电量征收。

各省、自治区、直辖市纳入可再生能源电价附加征收范围的销售电量包括:

1. 省级电网企业(含各级子公司)销售给电力用户的电量;

2. 省级电网企业扣除合理线损后的趸售电量(即实际销售给转供单位的电量,不含趸售给各级子公司的电量);

3. 省级电网企业对境外销售电量;

4. 企业自备电厂自发自用电量;

5. 地方独立电网(含地方供电企业,下同)销售电量(不含省级电网企业销售给地方独立电网的电量);

6. 大用户与发电企业直接交易的电量。

省(自治区、直辖市)际间交易电量,计入受电省份的销售电量征收可再生能源电价附加。

(四)计费方法

1. 可再生能源电价附加征收标准

(1)居民生活用电征收标准为8厘/千瓦时;

(2)居民生活和农业生产以外全部销售电量的征收标准为1.9分/千瓦时(不含新疆维吾尔自治区、西藏自治区);

(3)新疆维吾尔自治区征收标准为1.5分/千瓦时;

(4)西藏自治区不予征收。

2. 可再生能源电价附加应缴费额的计算

计算公式为:

$$应缴可再生能源电价附加 = 销售电量 × 征收标准$$

(五)优惠政策

对分布式光伏发电自发自用电量免收可再生能源电价附加。

(六)征收管理

可再生能源电价附加按月申报,次年3月底前省级电网企业和地方独立电网企业根据全年实际销售电量进行汇算清缴。

五、大中型水库移民后期扶持基金

(一)大中型水库移民后期扶持基金概述

大中型水库移民后期扶持基金,是国家为扶持大中型水库农村移民解决生产生活问题而设立的政府性基金。

在《2024 年政府收支分类科目》中,大中型水库移民后期扶持基金收入列为政府性基金预算收入科目的 103 类 01 款 49 项,是中央收入科目。

(二)缴费人

除西藏自治区外,其他省(自治区、直辖市)范围内的电力用户为缴费人,由各省级电网企业在向电力用户收取电费时一并代征。

(三)征收范围

大中型水库移民后期扶持基金对省级电网企业在本省(自治区、直辖市)区域内全部销售电量加价征收,但下列电量实行免征:

1. 农业生产用电量;

2. 省级电网企业网间销售电量(由买入方在最终销售环节向用户收取);

3. 经国务院批准,可以免除缴纳的其他电量。

(四)计费方法

根据水库和水电站实际上网销售电量(扣除免征电量)加价征收,应缴费额计算公式为:

应缴大中型水库移民后期扶持基金 = 实际上网销售电量(扣除免征电量)× 征收标准

各地征收标准不完全相同,具体征收标准见表 11 – 1。

表 11 – 1   各省(自治区、直辖市)从销售电价加价中征收的基金标准   单位:厘/千瓦时

省(自治区、直辖市)	基金征收标准	省(自治区、直辖市)	基金征收标准
北京	8.3	河南	8.3
天津	8.3	湖北	8.3
上海	8.3	湖南	8.3
河北	3.5	广东	8.3
山西	3.2	广西	8.3
内蒙古	3.1	海南	8.3
辽宁	8.3	重庆	8.3
吉林	5.5	四川	8.3
黑龙江	3.9	贵州	6.3
江苏	8.3	云南	5.0
浙江	8.3	陕西	8.3
安徽	8.3	甘肃	3.5
福建	8.3	青海	1.9
江西	8.3	宁夏	2.1
山东	8.3	新疆	2.8

注:根据《财政部关于降低国家重大水利工程建设基金和大中型水库移民后期扶持基金征收标准的通知》(财税〔2017〕51 号)规定,现行征收标准在此基础上降低 25%。

（五）优惠政策

对分布式光伏发电自发自用电量免收大中型水库移民后期扶持基金。

（六）征收管理

大中型水库移民后期扶持基金划转至税务部门征收后，由省级电网企业、地方独立电网企业、属地化管理自备电厂于每月 15 日前申报缴纳。根据省级电网企业、地方独立电网企业、属地化管理自备电厂全年实际销售电量，在次年 3 月底前完成对当地省级电网企业、地方独立电网企业、属地化管理自备电厂全年应缴大中型水库移民后期扶持基金的清算和征缴。

六、油价调控风险准备金

（一）油价调控风险准备金概述

油价调控风险准备金，是指当国际市场原油价格低于国家规定的成品油价格调控下限时，由中华人民共和国境内生产、委托加工和进口汽油、柴油的成品油生产经营企业，按照汽油、柴油的销售数量和规定的征收标准（成品油价格未调金额）全额上缴并纳入中央财政预算管理的政策性收入。

在《2024 年政府收支分类科目》中，油价调控风险准备金列为一般公共预算收入科目的 103 类 02 款 24 项，油价调控风险准备金设立专项账户存储，全额上缴中央国库。

（二）缴费人

在中华人民共和国境内生产、委托加工和进口汽油、柴油的成品油生产经营企业为油价调控风险准备金的缴费人。

（三）征收范围

当国际市场原油价格低于每桶 40 美元调控下限时，成品油价格未调金额全部纳入风险准备金。

（四）计费方法

缴费人按照汽油、柴油的销售数量和规定的征收标准申报缴纳油价调控风险准备金。

1. 计征依据

油价调控风险准备金的计征依据是汽油、柴油的销售数量。汽油、柴油销售数量是指缴费人于相邻两个调价窗口期之间实际销售数量。

汽油、柴油实际销售数量按照以下规定确定：

（1）直接生产销售汽油、柴油的（不包括销售未经生产加工的外购汽油、柴油），其销售数量以发票开具日期及数量为准。如无法提供发票的，以无法确定销售日期的全月销售量和窗口期占全月时间比合理确定。

（2）进口汽油、柴油的，其销售数量以报关日期及报关数量为准。

（3）委托加工汽油、柴油的，其销售数量按已委托加工合同签署日期及交货凭证确认。如没有交货凭证的，以月度总交货量和窗口期占全月时间比合理确定。

（4）来料加工贸易以及直接用于一般贸易出口的汽油、柴油，不纳入油价调控风险准备金征收范围。

2. 计征标准

征收标准按照成品油价格未调金额确定。

成品油价格未调金额由国家发展和改革委员会、财政部根据国际原油价格变动情况，按照现行成品油价格形成机制计算核定,于每季度前 10 个工作日内,将上季度每次调价窗口期的征收标准,书面告知征收机关。

3. 应缴费额的计算

计算公式为:

应缴油价调控风险准备金 = 相邻两个调价窗口期之间实际销售数量 × 征收标准

(五)征收管理

缴费人可以选择按季度或者按年度缴纳油价调控风险准备金。具体缴纳方式由缴费人报征收机关核准。缴纳方式一经确定,不得随意变更。

按季度缴纳的,缴费人应于季度终了 2 个月内申报并缴纳应缴费款。按年度缴纳的,缴费人应于次年 2 月底前申报缴纳应缴费款。

缴费人有两个及以上从事成品油生产经营企业的,可由征收机关指定集团公司或其他公司实行汇总缴纳。

七、石油特别收益金

(一)石油特别收益金概述

石油特别收益金,是指国家对石油开采企业销售国产原油因价格超过一定水平所获得的超额收入按比例征收的收益金。

在《2024 年政府收支分类科目》中,石油特别收益金列为一般公共预算收入科目的 103 类 07 款 10 项。

(二)缴费人

凡在中华人民共和国陆地领域和所辖海域独立开采并销售原油的企业,以及在上述领域以合资、合作等方式开采并销售原油的其他企业(以下简称合资合作企业),为石油特别收益金的缴费人。

(三)征收范围

凡在中华人民共和国陆地领域和所辖海域开采的石油,无论其是否在中国境内销售,均应按规定缴纳石油特别收益金。中外合作油田按规定上缴国家的石油增值税、矿区使用费、国家留成油不征收石油特别收益金。

(四)计费方法

石油特别收益金征收比率按石油开采企业销售原油的月加权平均价格确定。为便于参照国际市场油价水平,原油价格按"美元/桶"计价,起征点为 65 美元/桶。

石油特别收益金实行五级超额累进从价定率计征。具体征收比率及速算扣除数见表 11 - 2。

表 11 - 2　　　　　　　　石油特别收益金征收比率及速算扣除数

原油价格(美元/桶)	征收比率	速算扣除数(美元/桶)
65 ~ 70(含)	20%	0
70 ~ 75(含)	25%	0.25

续表

原油价格（美元/桶）	征收比率	速算扣除数（美元/桶）
75－80（含）	30%	0.75
80－85（含）	35%	1.5
85 以上（含）	40%	2.5

应缴费额的计算公式为：

$$\text{应缴石油特别收益金} = \left[\left(\text{石油开采企业销售原油的月加权平均价格} - 65\right) \times \text{征收率} - \text{速算扣除数}\right] \times \text{销售量} \times \text{美元兑换人民币汇率}$$

（五）征收管理

1. 缴纳期限

石油特别收益金实行按月计算、按季申报，按月缴纳。

2. 申报地点

中央石油开采企业及地方石油开采企业向企业所在地征收机关申报缴纳石油特别收益金。合资合作企业应当缴纳的石油特别收益金由合资合作的各方中拥有石油勘探和开采许可证的一方企业统一向征收机关申报。

八、免税商品特许经营费

（一）免税商品特许经营费概述

免税商品特许经营费，是指对中国免税品（集团）总公司的免税商品经营业务，设立在机场、港口、车站和陆路边境口岸和海关监管特定区域的免税商店，以及在出境飞机、火车、轮船上向出境的国际旅客、驻华外交官和国际海员等提供免税商品购物服务的特种销售业务征收的一项非税收入。

免税商品，是指免征关税、进口环节税的进口商品和实行退（免）税（增值税、消费税）进入免税店销售的国产商品。

在《2024 年政府收支分类科目》中，免税商品特许经营费列为一般公共预算收入科目的 103 类 99 款 07 项，为中央收入科目。

（二）缴费人

缴费人包括中国免税品（集团）总公司、深圳市国有免税商品（集团）有限公司、珠海免税企业（集团）有限公司、中国中旅（集团）公司、中国出国人员服务总公司、上海浦东国际机场免税店、海南离岛旅客免税购物商店，以及其他经营免税商品或代理销售免税商品的企业。

海南离岛旅客免税购物商店，是指对乘飞机离岛（不包括离境）旅客实行限次、限值、限量和限品种免进口税购物的经营场所。

（三）征收范围

免税商品经营业务包括：中国免税品（集团）总公司的免税商品经营业务，设立在机场、港口、车站、陆路边境口岸和海关监管特定区域的免税商店以及在出境飞机、火车、轮船上向出境的国际旅客、驻华外交官和国际海员等提供免税商品购物服务的特种销售业务。

（四）计费方法

一般按照经营免税商品业务年销售收入的1%上缴免税商品特许经营费。海南离岛旅客免税购物商店按经营免税商品业务年销售收入的4%缴纳免税商品特许经营费。

（五）征收管理

免税商品特许经营费缴纳企业应于年度终了后5个月内向税务部门申报缴纳。

免税商品特许经营费由企业所在地税务部门负责征收。

九、国家留成油收入

（一）国家留成油收入概述

国家留成油，是指在中华人民共和国陆地领域和所辖海域对外合作勘探开发生产石油的企业（以下简称石油企业），按规定缴纳增值税和矿区使用费后，在余额油分配时根据石油合同的约定比例留给国家的权益，是以实物形态表现的财政资金。

国家留成油收入，是指石油企业应上缴的国家留成油随合作油田生产的原油对外销售实现的变价款收入，属于中央财政非税收入。

在《2024年政府收支分类科目》中，国家留成油收入列为一般公共预算收入科目的103类07款20项，是中央收入科目。

（二）缴费人

中国石油天然气集团公司（以下简称中石油）、中国石油化工集团公司（以下简称中石化）负责对外合作开采陆上石油资源的经营业务，负责与外国企业谈判、签订、执行合作开采陆上石油资源的合同，在国务院批准的对外合作开采陆上石油资源的区域内享有与外国企业合作进行石油勘探、开发、生产的专营权。中华人民共和国对外合作开采海洋石油资源的业务，由中国海洋石油集团公司（以下简称中海油）全面负责。中海油享有在对外合作海区内进行石油勘探、开发、生产和销售的专营权。

依据上述规定，国家留成油收入的缴费人为中石油、中石化、中海油三大石油企业。

（三）征收范围

国家留成油收入的征收范围，为在中华人民共和国陆地领域和所辖海域内，对外合作勘探开发生产石油的企业实现的国家留成油变价款。

（四）计费方法

国家留成油的计算以对外合作项目石油合同约定为依据。一般情况下，石油企业上缴的留成油收入等于总收入减除增值税、矿区使用费等费用的余额，乘以合同约定的比例。

（五）征收管理

按照现行规定，中海油按月申报缴纳，中石化、中石油按年申报缴纳。

十、国有土地使用权出让收入

（一）国有土地使用权出让收入概述

国有土地使用权出让收入，是指政府以出让、划拨等方式配置国有土地使用权取得的全部土地价款，包括受让人支付的征地和拆迁补偿费用、土地前期开发费用和土地出让收益等。

国有土地使用权出让，是指国家以土地所有者的身份将土地使用权在一定年限内让与土地使用者,并由土地使用者向国家支付土地使用权出让金的行为。

在《2024年政府收支分类科目》中,国有土地使用权出让收入列为政府性基金预算收入科目的103类01款48项(不含计提和划转部分的国有土地使用权出让收入),计提的国有土地收益基金收入、农业土地开发资金收入分别列入第46项、第47项。

（二）缴费人

国有土地使用权出让收入的缴费人,为依法取得国有土地使用权的受让人,承租国有土地使用权的承租人,转让已购公有住房、房改房和经济适用住房的房产所有人,包括企业、组织、社会团体和个人。

（三）征收范围

国有土地使用权出让收入的征收范围包括:以招标、拍卖、挂牌和协议方式出让国有土地使用权所确定的总成交价款(不含代收代缴的税费),转让划拨国有土地使用权或依法利用原划拨土地进行经营性建设应当补缴的土地价款,处置抵押划拨国有土地使用权应当补缴的土地价款,转让房改房、经济适用住房按照规定应当补缴的土地价款,改变出让国有土地使用权土地用途、容积率等土地使用条件应当补缴的土地价款,以及其他和国有土地使用权出让或变更有关的收入等。

此外,国有土地使用权出让收入还包括:国土资源管理部门依法出租国有土地向承租者收取的土地租金收入;出租划拨土地上的房屋应当上缴的土地收益;土地使用者以划拨方式取得国有土地使用权,依法向市、县人民政府缴纳的土地补偿费、安置补助费、地上附着物和青苗补偿费、拆迁补偿费等费用(不含征地管理费),一并纳入土地出让收入管理。

按照规定依法向国有土地使用权受让人收取的定金、保证金和预付款,在国有土地使用权出让合同生效后可以抵作土地价款。划拨土地的预付款也按照上述要求管理。

（四）计费方法

不同出让方式的国有土地使用权出让收入计费方法不同。

1. 以招标、拍卖、挂牌方式出让国有土地使用权的,市、县人民政府自然资源部门应当根据土地估价结果和政府产业政策综合确定标底或者底价。标底或者底价不得低于国家规定的最低价标准。招标、拍卖、挂牌活动结束后,市、县人民政府自然资源部门根据中标结果、成交结果确定国有土地使用权出让收入。

2. 以协议方式出让国有土地使用权的,最低价不得低于新增建设用地的土地有偿使用费、征地(拆迁)补偿费用以及按照国家规定应当缴纳的有关税费之和;有基准地价的地区,协议出让最低价不得低于出让地块所在级别基准地价的70%。市、县人民政府自然资源部门与意向用地者就土地出让价格等进行充分协商后,协商一致且议定的出让价格不低于出让底价的,达成出让协议,并确定国有土地使用权出让收入。

3. 已购公有住房和经济适用住房上市出售补缴国有土地使用权出让收入的,计算公式为:

$$\frac{\text{补缴金额}}{\text{（元）}} = \frac{\text{标定地价}}{\text{（元／平方米）}} \times \frac{\text{缴纳比例}}{\text{（≥10\%）}} \times \frac{\text{上市房屋分摊}}{\text{土地面积（平方米）}} \times \text{年期修正系数}$$

（五）优惠政策

暂无相关优惠政策。有关文件明确规定,任何地区、部门和单位都不得以"招商引资"

"旧城改造""国有企业改制"等各种名义减免国有土地使用权出让收入,实行"零地价",甚至"负地价",或者以土地换项目、先征后返、补贴等形式变相减免国有土地使用权出让收入。

(六)征收管理

自然资源部门向税务部门推送合同、缴费人、缴费金额等费源信息,缴费人通过《非税收入通用申报表》向税务部门申报缴纳国有土地使用权出让收入。

十一、矿产资源专项收入

(一)矿产资源专项收入概述

矿产资源专项收入,是指国家基于自然资源所有权对在中华人民共和国领域及管辖海域勘查、开采矿产资源的探矿权人或采矿权人收取的各项收入。矿产资源包括能源矿产、金属矿产、非金属矿产和水气矿产。矿产资源专项收入包括矿业权占用费和矿业权出让收益。

2017 年,我国将探矿权使用费和采矿权使用费整合为矿业权占用费。探矿权使用费,是指国家将矿产资源探矿权出让给探矿权人,按规定向探矿权人收取的使用费;采矿权使用费,是指国家将矿产资源采矿权出让给采矿权人,按规定向采矿权人收取的使用费。

矿业权出让收益,是指国家基于自然资源所有权,依法向矿业权人收取的国有资源有偿使用收入。矿业权出让收益包括探矿权出让收益和采矿权出让收益。

在《2024 年政府收支分类科目》中,矿产资源专项收入列为一般公共预算收入科目的103 类 07 款 14 项,是中央与地方共用的收入科目。

(二)矿业权占用费

1. 缴费人

矿业权占用费的缴费人,是指申请并获得在中华人民共和国领域及管辖海域的矿产资源探矿权和采矿权的矿业权人。

2. 征收范围

矿业权占用费的征收范围,是指在中华人民共和国领域及管辖海域勘查、开采的矿产资源。

3. 计费方法

根据矿产品价格变动情况和经济发展需要实行动态调整的矿业权占用费。

4. 征收管理

矿业权人在办理勘查、采矿登记或年检时,缴纳矿业权占用费。

(三)矿业权出让收益

1. 缴费人

矿业权出让收益的缴费人,是指在中华人民共和国领域及管辖海域勘查、开采矿产资源的矿业权人。

2. 征收范围

矿业权出让收益的征收范围,是指在中华人民共和国领域及管辖海域勘查、开采的矿产资源。

3. 征收方式

矿业权出让方式包括竞争出让和协议出让。

矿业权出让收益征收方式包括按矿业权出让收益率形式征收和按出让金额形式征收。

（1）按矿业权出让收益率形式征收矿业权出让收益的具体规定。

①适用范围。按矿业权出让收益率形式征收矿业权出让收益的矿种的具体范围按《按矿业权出让收益率形式征收矿业权出让收益的矿种目录（试行）》（财综〔2023〕10号附件，以下简称《矿种目录》）执行。《矿种目录》内的矿种有144个，占法定173个矿种的83.2%。

②按竞争方式出让探矿权、采矿权的，在出让时征收竞争确定的成交价；在矿山开采时，按合同约定的矿业权出让收益率逐年征收采矿权出让收益。矿业权出让收益率依据矿业权出让时《矿种目录》规定的标准确定。按协议方式出让探矿权、采矿权的，成交价按起始价确定，在出让时征收；在矿山开采时，按矿产品销售时的矿业权出让收益率逐年征收采矿权出让收益。

矿业权出让收益 = 探矿权（采矿权）成交价 + 逐年征收的采矿权出让收益

逐年征收的采矿权出让收益 = 年度矿产品销售收入 × 矿业权出让收益率

矿产品销售收入，按照矿业权人销售矿产品向购买方收取的全部收入确定，不包括增值税税款。销售收入的具体规定，由自然资源部商财政部、国家税务总局另行明确。

（2）按出让金额形式征收矿业权出让收益的具体规定。

①适用范围。除《矿种目录》所列矿种外，其余矿种按出让金额形式征收矿业权出让收益。

②按竞争方式出让探矿权、采矿权的，矿业权出让收益按竞争结果确定。按协议方式出让探矿权、采矿权的，矿业权出让收益按照评估值、矿业权出让收益市场基准价测算值就高确定。

③探矿权转为采矿权的，继续缴纳原探矿权出让收益，并在采矿权出让合同中约定剩余探矿权出让收益的缴纳时间和期限，不再另行缴纳采矿权出让收益。探矿权未转为采矿权的，剩余探矿权出让收益不再缴纳。

④分期缴纳。按出让金额形式征收的矿业权出让收益，可按照以下原则分期缴纳：

出让探矿权的，探矿权出让收益首次征收比例不得低于探矿权出让收益的10%且不高于20%，探矿权人自愿一次性缴清的除外；剩余部分转采后在采矿许可证有效期内按年度分期缴清。其中，矿山生产规模为中型及以上的，均摊征收年限不少于采矿许可证有效期的一半。

出让采矿权的，采矿权出让收益首次征收比例不得低于采矿权出让收益的10%且不高于20%，采矿权人自愿一次性缴清的除外；剩余部分在采矿许可证有效期内按年度分期缴清。其中，矿山生产规模为中型及以上的，均摊征收年限不少于采矿许可证有效期的一半。

具体首次征收比例和分期征收年限，由省级财政部门商自然资源主管部门按照上述原则制定。

（3）其他规定。

①已设且进行过有偿处置的采矿权，涉及动用采矿权范围内未有偿处置的资源储量时，比照协议出让方式，按以下原则征收采矿权出让收益：《矿种目录》所列矿种，按矿产品销售时的矿业权出让收益率逐年征收采矿权出让收益；《矿种目录》外的矿种，按出让金额形式征收采矿权出让收益。

②探矿权变更勘查主矿种时，原登记矿种均不存在的，原合同约定的矿业权出让收益

不需继续缴纳,按采矿权新立时确定的矿种征收采矿权出让收益。其他情形,应按合同约定继续缴纳矿业权出让收益,涉及增加的矿种,在采矿权新立时征收采矿权出让收益。

采矿权变更开采主矿种时,应按合同约定继续缴纳矿业权出让收益,并对新增矿种直接征收采矿权出让收益。

③矿业权转让时,未缴纳的矿业权出让收益及涉及的相关费用,缴纳义务由受让人承担。

④对发现油气资源并开始开采、产生收入的油气探矿权人,应按矿业权出让收益率形式征收矿业权出让收益的规定,逐年征收矿业权出让收益。

⑤对国家鼓励实行综合开发利用的矿产资源,可结合矿产资源综合利用情况减缴矿业权出让收益。

⑥采矿权人开采完毕注销采矿许可证前,应当缴清采矿权出让收益。因国家政策调整、重大自然灾害等原因注销采矿许可证的,按出让金额形式征收的矿业权出让收益根据采矿权实际动用的资源储量进行核定,实行多退少补。

⑦对于法律法规或国务院规定明确要求支持的承担特殊职能的非营利性矿山企业,缴纳矿业权出让收益确有困难的,经财政部、自然资源部批准,可在一定期限内缓缴应缴矿业权出让收益。

4. 征收管理

(1)征收地点。

矿业权出让收益原则上按照矿业权属地征收。矿业权范围跨市、县级行政区域的,具体征收机关由有关省(自治区、直辖市、计划单列市)税务部门会同同级财政、自然资源主管部门确定;跨省级行政区域,以及同时跨省级行政区域与其他我国管辖海域的,具体征收机关由国家税务总局会同财政部、自然资源部确定。

陆域油气矿业权、海域油气矿业权范围跨省级行政区域的,由各省(自治区、直辖市、计划单列市)税务部门按照财政部门、自然资源主管部门确定的钻井所在地、钻井平台所在海域确定具体征收机关。海域油气矿业权范围同时跨省级行政区域与其他我国管辖海域的,其中按成交价征收的部分,按照海域管辖权确定具体征收机关,并按所占的海域面积比例分别计征;按出让收益率形式征收的部分,依据钻井平台所在海域确定具体征收机关。

(2)缴纳期限。

自然资源主管部门与矿业权人签订合同后,以及发生合同、权证内容变更等影响矿业权出让收益征收的情形时,及时向税务部门推送合同等费源信息。税务部门征收矿业权出让收益后,及时向自然资源主管部门回传征收信息。

按出让金额形式征收的矿业权出让收益,税务部门依据自然资源部门推送的合同等费源信息开具缴款通知书,通知矿业权人及时缴款。矿业权人在收到缴款通知书之日起30日内,按缴款通知及时缴纳矿业权出让收益。分期缴纳矿业权出让收益的矿业权人,首期出让收益按缴款通知书缴纳,剩余部分按矿业权合同约定的时间缴纳。

按矿业权出让收益率形式征收的矿业权出让收益,成交价部分以合同约定及时通知矿业权人缴款,矿业权人在收到缴款通知书之日起30日内,按缴款通知及时缴纳矿业权出让收益(成交价部分)。按矿业权出让收益率逐年缴纳的部分,由矿业权人向税务部门据实申报缴纳上一年度采矿权出让收益,缴款时间最迟不晚于次年 2 月底。

十二、海域使用金和无居民海岛使用金

（一）海域使用金和无居民海岛使用金概述

海域使用金,是指国家以海域所有者身份依法出让海域使用权,而向取得海域使用权的单位和个人收取的费用。

无居民海岛使用金,是指国家在一定年限内出让无居民海岛使用权,由无居民海岛使用者依法向国家缴纳的无居民海岛使用权价款,不包括无居民海岛使用者取得无居民海岛使用权应当依法缴纳的其他相关税费。

在《2024 年政府收支分类科目》中,海域使用金列为一般公共预算收入科目的 103 类 07 款 01 项,无居民海岛使用金列为一般公共预算收入科目的 103 类 07 款 08 项,二者均为中央和地方共用收入科目。

（二）缴费人

使用海域的单位和个人,应当按照国务院的规定缴纳海域使用金。

通过申请审批方式或招标、拍卖、挂牌的方式取得无居民海岛使用权的单位和个人为无居民海岛使用金的缴费人。

（三）征收范围

1. 海域使用金的征收范围

国家实行海域有偿使用制度。单位和个人使用海域,应当按照国务院的规定缴纳海域使用金。海域,是指中华人民共和国内水、领海的水面、水体、海床和底土。内水,是指中华人民共和国领海基线向陆地一侧至海岸线的海域。

2. 无居民海岛使用金的征收范围

国家实行无居民海岛有偿使用制度。单位和个人利用无居民海岛,应当经国务院或者沿海省、自治区、直辖市人民政府依法批准,按照相关规定缴纳无居民海岛使用金。

（四）计费方法

1. 海域使用金的计征标准

海域使用金统一按照用海类型、海域等别以及相应的海域使用金征收标准计算征收。其中,对填海造地、非透水构筑物、跨海桥梁和海底隧道等项目用海实行一次性计征海域使用金,对其他项目用海按照使用年限逐年计征海域使用金。使用海域不超过 6 个月的,按年征收标准的 50%一次性计征海域使用金;超过 6 个月不足 1 年的,按年征收标准一次性计征海域使用金。经营性临时用海按年征收标准的 25%一次性计征海域使用金。用海项目应缴海域使用金金额超过 1 亿元,用海单位或者个人一次性缴纳海域使用金确有困难的,经有关海洋行政主管部门商同级财政部门同意,可批准其分期缴纳。海域使用金分期缴纳的时间跨度最长不得超过 3 年,第一期缴纳的海域使用金不得低于应缴海域使用金金额的 50%。

沿海省、自治区、直辖市、计划单列市应根据本地区情况合理划分海域级别,制定不低于国家标准的地方海域使用金征收标准。以申请审批方式出让海域使用权的,执行地方标准;以招标、拍卖、挂牌方式出让海域使用权的,出让底价不得低于按照地方标准计算的海域使用金金额。尚未颁布地方海域使用金征收标准的地区,执行国家标准。养殖用海海域

使用金执行地方标准。地方人民政府管理海域以外的用海项目,执行国家标准,相关等别按照毗邻最近行政区的等别确定。养殖用海的海域使用金征收标准参照毗邻最近行政区的地方标准执行。

2. 无居民海岛使用金的计征标准

无居民海岛使用权出让实行最低价限制制度。无居民海岛使用权出让最低价标准由国务院财政部门会同国务院海洋主管部门根据无居民海岛的等别、用岛类型和方式、离岸距离等因素,适当考虑生态补偿因素确定,并适时进行调整。无居民海岛使用权出让价款不得低于无居民海岛使用权出让最低价。

无居民海岛使用权出让最低价的计算公式为:

$$\text{无居民海岛使用权出让最低价} = \text{无居民海岛使用权出让面积} \times \text{使用年限} \times \text{无居民海岛使用权出让最低价标准}$$

公式中无居民海岛使用权出让面积以无居民海岛使用批准文件确定的开发利用面积为准。

应缴纳的无居民海岛使用金额度超过1亿元的,无居民海岛使用者可以提出申请,经批准用岛的海洋主管部门商同级财政部门同意后,可以在3年时间内分次缴纳。分次缴纳无居民海岛使用金的,首次缴纳额度不得低于总额度的50%。

(五)优惠政策

1. 海域使用金的减免政策

下列项目用海,依法免缴海域使用金:

(1)军事用海。

(2)用于政府行政管理目的的公务船舶专用码头用海,包括公安边防、海关、交通港航公安、海事、海监、出入境检验检疫、环境监测、渔政、渔监等公务船舶专用码头用海。

(3)航道、避风(避难)锚地、航标、由政府还贷的跨海桥梁及海底隧道等非经营性交通基础设施用海。

(4)教学、科研、防灾减灾、海难搜救打捞、渔港等非经营性公益事业用海。

下列项目用海,依法减免海域使用金:

(1)除避风(避难)以外的其他锚地、出入海通道等公用设施用海。

(2)列入国家发展和改革委员会公布的国家重点建设项目名单的项目用海。

(3)遭受自然灾害或者意外事故,经核实经济损失达正常收益60%以上的养殖用海。养殖用海海域使用金的减免幅度,由省、自治区、直辖市、计划单列市财政部门、海洋行政主管部门作出规定,并报财政部、国家海洋局备案。

2. 无居民海岛使用金的减免政策

下列用岛免缴无居民海岛使用金:

(1)国防用岛。

(2)公务用岛,指各级国家行政机关或者其他承担公共事务管理任务的单位依法履行公共事务管理职责的用岛。

(3)教学用岛,指非经营性的教学和科研项目用岛。

(4)防灾减灾用岛。

（5）非经营性公用基础设施建设用岛，包括非经营性码头、桥梁、道路建设用岛，非经营性供水、供电设施建设用岛，不包括为上述非经营性基础设施提供配套服务的经营性用岛。

（6）基础测绘和气象观测用岛。

（7）国务院财政部门、海洋主管部门认定的其他公益事业用岛。

（六）征收管理

1. 海域使用金的征收管理

单位和个人使用海域，必须依法缴纳海域使用金。用海单位和个人不按规定足额缴纳海域使用金并提供有效缴款凭证的，海洋行政主管部门一律不予核发海域使用权证书。违反相关规定，按年度逐年缴纳海域使用金的海域使用权人不按期缴纳海域使用金的，限期缴纳；在限期内仍拒不缴纳的，由颁发海域使用权证书的人民政府注销海域使用权证书，收回海域使用权。依法申请减免海域使用金，应严格按照《海域使用金减免管理办法》（财综〔2006〕24号）的规定执行，规范申请减免及审批程序。任何地区、部门和单位都不得以"招商引资"等名义违规越权减免海域使用金。

海域使用金中央和地方分成主要是按照用海类型和海域管理权限确定。地方人民政府管理海域以外以及跨省（自治区、直辖市）管理海域的项目用海缴纳的海域使用金，就地全额缴入中央国库；养殖用海缴纳的海域使用金，就地全额缴入同级地方国库；除上述两类以外的其他用海项目缴纳的海域使用金，30%缴入中央国库，70%缴入用海项目所在地的省级地方国库。

2. 无居民海岛使用金的征收管理

无居民海岛使用金按照批准的使用年限实行一次性计征。免缴无居民海岛使用金的，应当依法申请并经核准。无居民海岛使用者申请分次缴纳无居民海岛使用金的申请和批准程序，按照规定的免缴无居民海岛使用金的申请和核准程序执行。

无居民海岛使用金实行中央地方分成。其中20%缴入中央国库，80%缴入地方国库。地方分成的无居民海岛使用金在省（自治区、直辖市）、市、县级之间的分配比例，由沿海各省级人民政府财政部门确定，报省级人民政府批准后执行。拒不缴纳无居民海岛使用金的，由依法颁发无居民海岛使用权证书的海洋主管部门无偿收回无居民海岛使用权。

十三、水土保持补偿费

（一）水土保持补偿费概述

水土保持补偿费，是指对损坏水土保持设施和地貌植被、不能恢复原有水土保持功能的生产建设单位和个人征收并主要用于水土流失预防治理的资金。

水土保持补偿费属于行政事业性收费，属于中央地方共享收入，主要用于被损坏水土保持设施和地貌植被恢复治理工程建设。

在《2024年政府收支分类科目》中，水土保持补偿费收入列为一般公共预算收入科目的103类04款46项09目，是中央和地方共用的收入科目。

（二）缴费人

水土保持补偿费的缴费人，为在山区、丘陵区、风沙区以及水土保持规划确定的容易发生水土流失的其他区域开办生产建设项目或者从事其他生产建设活动，损坏水土保持设施、地貌植被,不能恢复原有水土保持功能的单位和个人。

（三）征收范围

水土保持补偿费的征收范围,为在山区、丘陵区、风沙区以及水土保持规划确定的容易发生水土流失的其他区域开办生产建设项目或者从事其他生产建设活动,损坏水土保持设施、地貌植被,不能恢复原有水土保持功能的行为。其中,从事其他生产建设活动包括取土、挖砂、采石(不含河道采砂)、烧制砖、瓦、瓷、石灰,排放废弃土、石、渣。

（四）计费方法

1. 对一般性生产建设项目,按照征占用土地面积一次性计征,东部地区每平方米不超过1.4元(不足1平方米的按1平方米计,下同),中部地区每平方米不超过1.5元,西部地区每平方米不超过1.7元。

对水利水电工程建设项目,水库淹没区不在水土保持补偿费计征范围之内。

2. 开采矿产资源的,建设期间,按照征占用土地面积一次性计征。开采期间,石油、天然气以外的矿产资源按照开采量(采掘、采剥总量)计征。石油、天然气根据油、气生产井(不包括水井、勘探井)占地面积按年征收,每口油、气生产井占地面积按不超过2000平方米计算;对丛式井每增加一口井,增加计征面积按不超过400平方米计算。每平方米每年收费不超过1.4元。各地在核定具体收费标准时,应充分评估损害程度,对生产技术先进、管理水平较高、生态环境治理投入较大的资源开采企业,在核定收费标准时应按照从低原则制定。

3. 取土、挖砂(河道采砂除外)、采石以及烧制砖、瓦、瓷、石灰的,根据取土、挖砂、采石量,按照每立方米0.3~1.4元计征(不足1立方米的按1立方米计,下同)。对缴纳义务人已按上述第1项、第2项方式计征水土保持补偿费的,不再重复计征。

4. 排放废弃土、石、渣的,根据土、石、渣量,按照每立方米0.3~1.4元计征。对缴纳义务人已按上述第1项至第3项方式计征水土保持补偿费的,不再重复计征。

各省、自治区、直辖市根据本地实际还出台了具体标准。

（五）优惠政策

下列情形免征水土保持补偿费:

1. 建设学校、幼儿园、医院、养老服务设施、孤儿院、福利院等公益性工程项目的;

2. 农民依法利用农村集体土地新建、翻建自用住房的;

3. 按照相关规划开展小型农田水利建设、田间土地整治建设和农村集中供水工程建设的;

4. 建设保障性安居工程、市政生态环境保护基础设施项目的;

5. 建设军事设施的;

6. 按照水土保持规划开展水土流失治理活动的;

7. 法律、行政法规和国务院规定免征水土保持补偿费的其他情形。

（六）征收管理

按次缴纳的,应于项目开工前或建设活动开始前,缴纳水土保持补偿费。按期缴纳的,在期满之日起15日内申报缴纳水土保持补偿费。

自2021年1月1日起,由缴费人向税务部门自行申报缴纳。

十四、防空地下室易地建设费

（一）防空地下室易地建设费概述

防空地下室易地建设费,是指在人防重点城市的市区（直辖市含近郊区）新建民用建筑,因条件限制不能同步配套建设防空地下室,由建设单位提出易地建设申请,经有批准权限的人防主管部门批准后,按应建防空地下室的建筑面积和规定的易地建设费标准缴纳的建设费用。

在《2024 年政府收支分类科目》中,防空地下室易地建设费列为一般公共预算收入科目的 103 类 04 款 24 项 01 目,是中央与地方共用的收入科目。

（二）缴费人

防空地下室易地建设费的缴费人,为需要缴纳防空地下室易地建设费的建设单位。

（三）征收范围

防空地下室易地建设费在全国范围征收,征收对象为在人防重点城市的市区（直辖市含近郊区）新建的民用建筑。

（四）计费方法

计算公式为：

$$应缴防空地下室易地建设费 = 应建防空地下室建筑面积 \times 征收标准$$

（五）优惠政策

以下新建民用建筑项目应适当减免防空地下室易地建设费：

1. 享受政府优惠政策建设的廉租房、经济适用房等居民住房,减半收取;

2. 新建幼儿园、学校教学楼、养老院及为残疾人修建的生活服务设施等民用建筑,减半收取;

3. 临时民用建筑和不增加面积的危房翻新改造商品住宅项目,予以免收;

4. 因遭受水灾、火灾或其他不可抗拒的灾害造成损坏后按原面积修复的民用建筑,予以免收;

5. 对廉租住房和经济适用住房建设、棚户区改造、旧住宅区整治,予以免收;

6. 对所有中小学校"校舍安全工程"建设所涉及的防空地下室易地建设费,全额免收。

7. 用于提供社区养老、托育、家政服务的房产、土地,确因地质条件等原因无法修建防空地下室的,予以免收。

8. 保障性住房项目免收各项行政事业性收费和政府性基金,包括防空地下室易地建设费、城市基础设施配套费、教育费附加和地方教育附加等。

（六）征收管理

防空地下室易地建设费按次申报缴纳。

附录

《税法（Ⅰ）》考试大纲
（2024 年度）

本科目考试适用的已颁布法律、法规、规章和规范性文件的截止日期为 2024 年 3 月 31 日。

一、总体目标

《税法（Ⅰ）》是税务师水平评价类考试科目之一，是考生进一步学习《税法（Ⅱ）》《涉税服务实务》以及《财务与会计》的基础，是税务师高质量执业必须具备的税收专业知识和职业能力的重要组成部分。

《税法（Ⅰ）》考试的总体目标：考查考生对税法与税收制度相关基本原理、立法的基本原则及税法运行规律的总体把握和理解。考查考生对货物劳务现行各个税种税制要素的把握；考查考生对各个税种间的关联关系的把握和理解；考查考生对不同纳税人发生的涉税业务的职业判断和涉税处理的能力；考查考生对同一经营活动涉及的多税种的相互关系及涉税处理的能力。

二、内容特点

《税法（Ⅰ）》科目的特点主要体现在以下几个方面：

2024 年《税法（Ⅰ）》大纲较为全面地体现了货物劳务现行各个税种，包括增值税、消费税、城市维护建设税、教育费附加（地方教育附加）、资源税、土地增值税、车辆购置税、烟叶税、环境保护税和关税。每个税种都是按照概述、纳税义务人、征税对象（税目）、税率、计税依据、税收优惠、应纳税额计算和征收管理的体例编写，便于考生和读者掌握每一个税种的全貌，体现最新税收政策。

三、难易程度区分

根据本科目考试的总体目标和税务师执业必需的知识和能力要求，对知识的掌握程度分为三个等级：

了解是指对《税法（Ⅰ）》的基本知识、基本概念、基本原理进行理解。

熟悉是指能够运用相关专业知识，解决商品和服务流转过程中的实务问题。

掌握是指综合运用相关专业知识，在相对复杂的职业环境中，能够全面、科学地处理经营过程中复杂的涉税实务问题。

四、修订的主要内容

2024 年《税法（Ⅰ）》大纲在整体结构和体例上与上年基本一致，保持了相对的稳定性。同时，根据税收政策变化和税收原理，做了优化和调整，主要体现在以下几个方面：

删减。根据国家税收政策调整，将失效的税收政策进行了删减；为减少内容重复，删减了增值税发票的使用和管理。

增加。增加了自 2023 年 4 月 1 日至 2024 年 3 月 31 日公布实施的税收政策，增加成品油加油站增值税的征收管理。根据税务机关征收职能的变化,增加了第十一章非税收入。

调整。调整部分章节知识点掌握、熟悉和了解的要求。

第一章　税法基本原理

一、税法概述

（一）熟悉税法的特点

（二）掌握税法的原则

（三）熟悉税法的效力与解释

（四）了解税法的作用

（五）了解税法与其他部门法的关系

二、税收法律关系

（一）熟悉税收法律关系的特点

（二）熟悉税收法律关系的主体

（三）了解税收法律关系的产生、变更、消灭

三、税收实体法与税收程序法

（一）掌握税收实体法要素的主要规定

（二）了解税收程序法的基本制度

四、税法的运行

（一）掌握税收立法的有关规定

（二）熟悉税收执法的主要内容

（三）了解税收司法的相关规定

五、税收制度沿革

（一）了解中国历史上的税收制度

（二）熟悉新中国税法的建立与发展

第二章　增值税

一、增值税概述

（一）熟悉增值税的类型

（二）熟悉增值税的性质及计税原理

（三）了解增值税的计税方法

（四）熟悉增值税的特点

（五）了解我国增值税制度的建立与发展

二、纳税义务人与扣缴义务人

（一）熟悉增值税纳税义务人与扣缴义务人的基本规定

（二）熟悉增值税纳税人的分类及依据

（三）掌握小规模纳税人的标准及管理

（四）掌握一般纳税人的登记范围、程序及管理

三、征税范围

（一）掌握增值税征税范围的规定

（二）熟悉境内销售范围的界定

（三）掌握视同销售的征税规定

（四）掌握混合销售和兼营行为的征税规定

（五）掌握特殊销售的征税规定

（六）掌握不征增值税的规定

四、税率和征收率

（一）了解增值税税率概述

（二）熟悉我国增值税税率及征收率

（三）掌握增值税低税率适用范围

（四）熟悉零税率的适用范围

五、税收优惠

（一）熟悉法定优惠规定

（二）熟悉特定优惠规定

（三）掌握临时优惠规定

（四）熟悉即征即退优惠规定

（五）熟悉先征后退优惠规定

（六）熟悉扣减增值税优惠规定

（七）掌握起征点规定和免税规定

六、计税方法

（一）掌握一般计税方法

（二）掌握简易计税方法

（三）熟悉扣缴计税方法

七、一般计税方法应纳税额计算

（一）掌握销项税额的一般规定

（二）掌握特殊方式的销售额

（三）掌握视同销售行为的销售额

（四）掌握销售额的特殊规定

（五）掌握进项税额的具体规定

（六）掌握进项税额的特殊规定

（七）掌握应纳税额的计算

（八）掌握增值税留抵退税制度

（九）熟悉增值税汇总纳税

八、简易计税方法应纳税额计算

（一）熟悉小规模纳税人简易计税方法

（二）掌握一般纳税人按简易方法计税的规定

九、进口环节增值税

（一）了解进口货物的纳税人

（二）了解进口货物征税范围

（三）掌握进口货物应纳税额的计算

（四）熟悉跨境电子商务零售进口商品的征税

十、出口环节增值税

　　（一）熟悉出口货物、劳务退（免）税政策

　　（二）掌握出口退（免）税的计算

　　（三）熟悉境外旅客购物离境退税政策

　　（四）了解海南自贸区有关退税政策

　　（五）了解综合保税区增值税试点政策

十一、特定企业（或交易行为）的增值税

　　（一）掌握转让不动产增值税税收政策

　　（二）掌握提供不动产经营租赁服务增值税税收政策

　　（三）掌握跨县（市、区）提供建筑服务增值税税收政策

　　（四）掌握房地产开发企业销售自行开发的房地产项目增值税税收政策

　　（五）熟悉资管产品增值税的税收政策

　　（六）熟悉加油站增值税的税收政策

十二、征收管理

　　（一）熟悉纳税义务发生时间

　　（二）熟悉纳税期限

　　（三）掌握纳税地点

第三章　消费税

一、消费税概述

　　（一）熟悉消费税的概念

　　（二）掌握消费税的特点

　　（三）了解消费税的演变

　　（四）了解消费税的征税原则

二、纳税义务人和扣缴义务人

　　（一）掌握消费税纳税义务人的规定

　　（二）掌握消费税扣缴义务人的规定

三、税目与税率

　　（一）掌握消费税税目

　　（二）熟悉消费税税率

　　（三）掌握进口卷烟适用税率的规定

四、计税依据

　　（一）掌握从价定率计征的计税依据

　　（二）掌握从量定额计征的计税依据

　　（三）掌握从价定率和从量定额复合计征的计税依据

　　（四）掌握计税依据的特殊规定

五、生产销售应税消费品应纳税额的计算

　　（一）掌握直接对外销售应纳消费税的计算

（二）掌握自产自用应税消费品应纳税额的计算

（三）掌握外购应税消费品已纳消费税的扣除

六、委托加工应税消费品应纳税额的计算

（一）熟悉委托加工应税消费品的确定

（二）掌握代收代缴税款的规定

（三）掌握组成计税价格及应纳税额的计算

七、进口应税消费品应纳消费税的计算

（一）掌握进口环节应纳消费税的基本规定

（二）了解跨境电子商务零售进口税收政策

（三）了解部分成品油进口环节消费税政策

八、批发、零售环节应纳消费税的计算

（一）掌握卷烟批发环节征收消费税的规定

（二）掌握电子烟批发环节征收消费税的规定

（三）掌握金银首饰零售环节征收消费税的规定

（四）掌握超豪华小汽车零售环节征收消费税的规定

九、出口应税消费品的税收政策

（一）熟悉出口免税并退税

（二）熟悉出口免税但不退税

（三）了解出口不免税也不退税

十、征收管理

（一）掌握纳税环节

（二）掌握纳税义务发生时间

（三）熟悉纳税期限

（四）熟悉纳税地点

第四章　城市维护建设税

一、了解城市维护建设税概述

二、熟悉纳税人

三、熟悉征税范围

四、熟悉税率

五、熟悉税收优惠

六、掌握计税依据

七、掌握应纳税额的计算

八、熟悉征收管理

第五章　土地增值税

一、土地增值税概述

（一）了解土地增值税的概念

（二）了解土地增值税特点

二、纳税义务人

（一）熟悉纳税义务人的一般规定

（二）了解纳税义务人的特点

三、征税范围和税率

（一）掌握征税范围

1. 掌握征税范围的一般规定

2. 掌握征税范围的特殊规定

（二）熟悉土地增值税的税率

四、计税依据

（一）掌握应税收入

（二）掌握扣除项目

1. 掌握取得土地使用权所支付的金额

2. 掌握房地产开发成本

3. 掌握房地产开发费用

4. 掌握与转让房地产有关的税金

5. 掌握财政部确定的其他扣除项目

6. 掌握旧房及建筑物的评估价格

五、税收优惠

（一）掌握转让普通标准住宅、转让旧房作为安置住房、公租房的税收优惠

（二）熟悉国家征收、收回的房地产的税收优惠

（三）掌握企业改制重组的税收优惠

（四）熟悉其他税收优惠

六、应纳税额的计算

（一）掌握增值额的确定

（二）掌握应纳税额的计算

七、房地产开发企业土地增值税清算

（一）熟悉土地增值税清算的定义

（二）掌握土地增值税的清算单位

（三）掌握土地增值税的清算条件

（四）掌握土地增值税的清算时间

（五）掌握土地增值税清算的收入确认

（六）掌握土地增值税清算时的扣除项目

（七）熟悉土地增值税清算应报送的资料

（八）了解土地增值税清算的受理

（九）熟悉土地增值税清算项目的审核鉴证

（十）了解土地增值税的清算审核

（十一）掌握土地增值税的核定征收

（十二）掌握清算后再转让房地产的处理

（十三）掌握清算后应补缴土地增值税加收滞纳金问题

八、征收管理

    （一）熟悉预征土地增值税

    （二）熟悉纳税申报

    （三）熟悉纳税地点

第六章　资源税

一、资源税概述

    （一）了解资源税的概念

    （二）了解资源税的改革历程

二、纳税义务人

    掌握纳税义务人的一般规定和特殊规定

三、税目与税率

    （一）掌握资源税税目

    （二）了解资源税税率

四、税收优惠

    （一）掌握资源税免征规定

    （二）掌握资源税减征规定

    （三）了解省、自治区、直辖市决定的免征或者减征规定

    （四）掌握其他减免税规定

五、计税依据和应纳税额的计算

    （一）掌握从价定率征收的计税依据和应纳税额计算

    （二）掌握从量定额征收的计税依据和应纳税额计算

    （三）掌握开采或生产应税产品自用应纳资源税的规定

    （四）掌握准予扣减外购应税产品的购进金额或购进数量的规定

六、征收管理

    （一）熟悉纳税义务发生时间

    （二）了解纳税期限

    （三）熟悉纳税地点

七、水资源税

    （一）熟悉纳税义务人

    （二）掌握征税对象

    （三）熟悉税率

    （四）掌握税收优惠

    （五）掌握计税依据及应纳税额的计算

    （六）熟悉征收管理

第七章　车辆购置税

一、车辆购置税概述

    （一）了解车辆购置税的概念

（二）熟悉车辆购置税的特点

（三）了解车辆购置税的作用

二、纳税人

熟悉车辆购置税的纳税人

三、征税范围及税率

（一）掌握车辆购置税的征税范围

（二）熟悉车辆购置税的税率

四、税收优惠

（一）熟悉车辆购置税法定减免税规定

（二）熟悉车辆购置税其他减免税规定

（三）掌握车辆购置税退税的具体规定

五、计税依据

（一）熟悉购买自用应税车辆计税依据的确定

（二）熟悉进口自用应税车辆计税依据的确定

（三）熟悉其他方式取得并自用应税车辆计税依据的确定

六、应纳税额的计算

（一）掌握购买自用应税车辆应纳税额的计算

（二）掌握进口自用应税车辆应纳税额的计算

（三）掌握其他方式取得并自用应税车辆应纳税额的计算

（四）掌握减免税条件消失车辆应纳税额的计算

七、征收管理

（一）熟悉纳税申报

（二）熟悉纳税环节

（三）熟悉纳税地点

（四）熟悉纳税期限

第八章　环境保护税

一、环境保护税概述

（一）了解环境保护税的概念

（二）熟悉环境保护税的特点

二、纳税人和征税对象

（一）掌握环境保护税纳税人规定

（二）掌握环境保护税征税对象

（三）掌握环境保护税不征税项目

三、税目及税率

（一）熟悉环境保护税的税目

（二）了解环境保护税税率

四、税收优惠

（一）掌握环境保护税免征规定

（二）掌握环境保护税减征规定

五、计税依据和应纳税额

（一）掌握环境保护税计税依据

（二）熟悉应税污染物排放量的计算

（三）掌握环境保护税应纳税额计算

六、征收管理

（一）掌握纳税义务发生时间

（二）熟悉纳税地点

（三）掌握纳税期限

（四）了解税务机关与生态环境主管部门职责分工

第九章　烟叶税

一、烟叶税概述

（一）了解烟叶税的概念

（二）了解烟叶税的发展历程

二、纳税人

熟悉烟叶税的纳税人

三、征税对象及税率

（一）熟悉烟叶税的征税对象

（二）熟悉烟叶税的税率

四、计税依据

熟悉烟叶税的计税依据

五、应纳税额的计算

熟悉烟叶税的应纳税额计算

六、征收管理

（一）熟悉纳税义务发生时间

（二）熟悉纳税地点

（三）熟悉纳税期限

第十章　关税

一、关税概述

（一）了解关税的概念及特点

（二）了解关税的分类

（三）了解我国现行关税制度基本法律依据

二、纳税人及征税对象

（一）熟悉关税纳税人规定

（二）熟悉关税征税对象

三、税率及税率的适用

（一）了解进口关税税率

（二）了解出口关税税率

（三）熟悉关税税率适用

四、减免税及管理

（一）掌握法定减免税

（二）熟悉暂时免税

（三）熟悉特定减免税

（四）了解临时减免税

（五）了解减免税管理基本规定

五、完税价格

（一）掌握一般进口货物完税价格

（二）掌握特殊进口货物完税价格

（三）熟悉公式定价进口货物完税价格确定

（四）熟悉进境物品的完税价格

（五）掌握出口货物的完税价格

六、应纳税额的计算

（一）熟悉从价税应纳税额的计算

（二）了解从量税应纳税额的计算

（三）熟悉复合税应纳税额的计算

（四）了解滑准税应纳税额的计算

七、征收管理

（一）掌握关税缴纳

（二）熟悉关税滞纳金、保全及强制措施

（三）熟悉关税退还

（四）熟悉关税补征和追征

（五）熟悉关税纳税争议

（六）了解进境物品进口税征收管理

第十一章　非税收入

一、非税收入概述

（一）熟悉非税收入的概念和特点

（二）掌握非税收入的分类

（三）了解非税收入征管职责划转改革

二、非税收入的内容

（一）掌握教育费附加和地方教育附加

（二）熟悉文化事业建设费

（三）掌握残疾人就业保障金

（四）掌握可再生能源发展基金

（五）熟悉大中型水库移民后期扶持基金

（六）掌握油价调控风险准备金

（七）熟悉石油特别收益金

（八）熟悉免税商品特许经营费

（九）熟悉国家留成油收入

（十）掌握国有土地使用权出让收入

（十一）掌握矿产资源专项收入

（十二）了解海域和无居民海岛使用金

（十三）熟悉水土保持补偿费

（十四）熟悉防空地下室易地建设费

附:1.《稳外贸稳外资税收政策指引(修订版)》

扫码查看

2.《支持小微企业和个体工商户发展税费优惠政策指引(2.0)》

扫码查看